DAS GROSSE MEDITERRANE KOCHBUCH

DAS GROSSE MEDITERRANE KOCHBUCH

BELLAVISTA

© Copyright, Text, Design, Photographien und Illustrationen – Murdoch Books 2001.
Alle Rechte für diese Ausgabe bei Murdoch Books.
Jegliche – auch auszugsweise – Verwertung, Wiedergabe, Vervielfältigung oder
Speicherung, ob elektronisch, mechanisch, in Fotokopie bedarf der vorherigen
schriftlichen Genehmigung durch Murdoch Books.

für die dt. Ausgabe © 2003 by Bellavista, einem Imprint der Verlag Karl Müller GmbH

www.karl-mueller-verlag.de

Übersetzung aus dem Englischen:
Hildegard Mergelsberg, Constanze Noufal und Ute Perchtold für red.sign, Stuttgart

Redaktion der deutschen Ausgabe:
Mina Langheinrich und Olaf Rappold (red.sign, Stuttgart)

Satz:
red.sign, Stuttgart

Druck und Bindung:
Neografia
Printed in Slovakia

ISBN 3-89893-069-6

SCHWIERIGKEITSGRAD DER REZEPTE: Beim Probekochen wurden die Rezepte dieses Buches nach
Schwierigkeitsgrad bewertet und entsprechend gekennzeichnet.
☆ Ein Stern bedeutet, dass ein Gericht einfach und in der Regel schnell zuzubereiten ist – für Anfänger geeignet.
☆☆ Zwei Sterne weisen darauf hin, dass etwas mehr Mühe bzw. eventuell mehr Zeit erforderlich ist.
☆☆☆ Drei Sterne kennzeichnen besondere Gerichte, die mehr Zeit, Sorgfalt und Geduld erfordern – doch
die Ergebnisse entschädigen für die zusätzliche Mühe. Auch Anfänger können sie problemlos kochen,
wenn sie die Anweisungen genau befolgen.

Die Garzeiten können je nach Backofen variieren. Bei Heißluft- oder Umluftöfen muss die Temperatur
um 15 bis 25 °C niedriger als angegeben eingestellt werden.
In den Rezepten dieses Buches entspricht ein Esslöffel (EL) 20 ml bzw. 20 g. Bei manchen modernen Bestecken
fasst ein Esslöffel nur 15 ml bzw. 15 g. Dieser Unterschied ist zu vernachlässigen, es sei denn, es handelt sich um
Backpulver. Gelatine, Haushaltsnatron, kleine Mengen Mehl oder Stärkemehl. In diesen Fällen sollte zu
jedem Esslöffel einen Teelöffel der jeweiligen Substanz zugegeben werden.
Für alle Rezepte werden Eier der Gewichtsklasse 3 (60–65 g) verwendet.

DAS MITTELMEER

In diesem Buch wird eine Reise durch die Mittelmeerländer unternommen. Kulinarische Spezialitäten aus Griechenland, der Türkei, Italien, Frankreich, Spanien, Nordafrika und dem Nahen Osten werden eine nach der anderen vorgestellt. Die verschiedenartigen Aromen und Geschmacksrichtungen der einzelnen Länder sind durch die Köstlichkeiten vertreten, aus denen die griechischen Meze, die italienischen Antipasti und die spanischen Tapas zusammengestellt werden.

Herrliche Rezepte spiegeln die Kochkunst, Essgewohnheiten und Gebräuche der Mittelmeervölker wider. Viele Gewürze, Kräuter und andere Zutaten sind allen gemeinsam. Doch die reiche Geschichte und die unterschiedliche Herkunft der Bewohner haben Varianten hervorgebracht, die den Reisenden mit faszinierenden Entdeckungen belohnt.

INHALT

Die Mittelmeerküche	8
Mediterrane Zutaten	10
Griechenland	16
Türkei	62
Italien	86
Frankreich	150
Spanien	194
Nordafrika	244
Naher Osten	270
Register	296

SONDERTHEMEN

MEZE	34
ANTIPASTI	96
NUDELN SELBST GEMACHT	106
PIZZA SELBST GEMACHT	118
OLIVENÖL	136
DRESSINGS UND SAUCEN	158
TAPAS	218
OLIVEN ZUBEREITEN	232

DAS GROSSE BUCH DER MITTELMEERKÜCHE

DIE MITTELMEER-KÜCHE

Den Ländern des Mittelmeeraums sind nicht nur ihre geografische Lage und ein gemäßigtes Klima gemeinsam; sie teilen auch eine lange und turbulente Geschichte der Eroberungen und Besetzungen. Phönizier, Ägypter, Griechen, Karthager, Perser und Römer hatten alle einen prägenden Einfluss und schufen Handelsstraßen und große Kulturen, deren Reste noch heute sichtbar sind. Jahrhundertelang fand zwischen den Mittelmeerhäfen ein reger Handelsverkehr statt, der zu einem fruchtbaren kulturellen Austausch führte. Es überrascht dabei nicht, dass sich auch Koch- und Essgewohnheiten über die Ländergrenzen hinweg verbreiteten und von Menschen mit unterschiedlichen Bedürfnissen entsprechend abgewandelt wurden.

So erscheinen Gerichte wie gefüllte Paprikaschoten, gebackene Auberginen, Fischeintöpfe und Pasteten aus Filoteig alle in mannigfaltigen Varianten in den verschiedenen Kapiteln dieses Buches, entsprechend der Reise entlang der Mittelmeerküste. Andererseits sind Speisen wie die provenzalische Pissaladière (Seite 162) oder das griechische Moussaka (Seite 44) eindeutig einem Land zuzuordnen, wo das jeweilige „Nationalgericht" zahlreiche regionale Abwandlungen erfahren kann, ohne dabei seine kulturelle Identität zu verlieren.

Der Mittelmeerraum ist reich an Zutaten und weist viele unterschiedliche Landschaften auf. Kulinarisch und geografisch erstreckt sich dieses Buch von der Türkei im Osten über Griechenland, Italien und Südfrankreich im Norden, dann südwärts über Spanien nach Marokko und Algerien und folgt schließlich der Mittelmeerküste ostwärts bis nach Tunesien, Libyen, Ägypten, Israel, Libanon und Syrien.

Die Araber haben die mediterrane Küche entscheidend beeinflusst. Über die Handelsstraßen brachten sie wohlriechendes Rosen- und Orangenblütenwasser, Granatäpfel, Zitrusfrüchte, Pinienkerne, Walnüsse, Auberginen und Zucchini und Gewürze wie Safran, Kreuzkümmel und Zimt mit nach Europa.

WAS IST DIE MITTELMEERKÜCHE?

Dank der Geschichte der Region ist die mediterrane Küche eine der farbenprächtigsten und abwechslungsreichsten der Welt. Charakteristisch ist der Gebrauch des Olivenöls. Andere grundlegende Zutaten sind Zucchini, Tomaten, Auberginen, Paprika und Knoblauch sowie Obst, Hülsenfrüchte und Getreide, Nudeln, frische Kräuter, Gewürze und Nüsse. Meeresfrüchte spielen verständlicherweise eine große Rolle, rotes Fleisch ist dagegen seltener, denn in den unwirtlichen, bergigen Landstrichen hinter der Küste ist Viehzucht nur unter erschwerten Bedingungen möglich. In vielen Mittelmeerländern ist ein Glas Wein zum Essen unverzichtbar. Im Allgemeinen schmecken die Gerichte würzig und kräftig, und das natürliche Aroma der Zutaten wird nicht von Butter oder schweren Sahnesaucen verfälscht oder überdeckt.

Die mediterrane Kost hat in den letzten Jahren die Aufmerksamkeit der Ernährungswissenschaftler erregt. Derzeit wird intensiv erforscht, ob die Verwendung von Olivenöl, reichlich Meeresfrüchten und frischem Obst, bei minimalem Verzehr von rotem Fleisch und

DIE MITTELMEERKÜCHE

tierischen Fetten in Form von Butter, Sahne und Schweineschmalz, das Risiko, an Herzinfarkt, Fettleibigkeit, Diabetes und Krebs zu erkranken, senken kann.

Dieses Buch enthält eine Auswahl der klassischen Rezepte der Mittelmeerländer, keine jedoch aus Norditalien, dessen Küche so viele Elemente aus denen der kälteren Länder aufgenommen hat, dass ihre mediterrane Herkunft nicht mehr zu erkennen ist. Fragt man einen Italiener, was er unter italienischem Essen versteht, stellt man fest, dass es in Italien viele regionale Küchen gibt, die alle eng mit der Geschichte des Landes und seiner Bewohner verknüpft sind. So spricht man beispielsweise eher von der venezianischen, florentinischen, neapolitanischen oder sizilianischen Küche.

Das Kapitel über Frankreich konzentriert sich auf die Provence, die sich nicht nur aufgrund ihrer Geschichte, sondern auch klimatisch vom übrigen Frankreich unterscheidet. Durch ihre von der Sonne verwöhnte Lage an den Ufern des Mittelmeers entsteht eine enge Verwandtschaft zu den südlichen Nachbarn.

Fast alle Rezepte dieser Sammlung stammen aus einfallsreichen bäuerlichen Küchen mit geschmacksintensiven Grundzutaten wie Safran, Knoblauch und Sardellen, die das Aroma frischen Gemüses und einfacher Fleischstücke verstärken.

TIPPS FÜRS GELINGEN

- Man verwendet Zutaten bester Qualität, möglichst solche der Saison, etwa frische Tomaten, die am Strauch gereift sind. Einen guten Ersatz bieten hochwertige Konserven wie italienische Roma-Tomaten, die bei voller Reife geerntet werden.
- Man verwendet nach Möglichkeit frische Kräuter mit festen Stängeln und Blättern, die nicht zu dunkel oder welk sind. Um frische Kräuter wie Petersilie, Basilikum oder Koriander aufzubewahren, spült man sie kurz unter kaltem Wasser, schüttelt überschüssiges Wasser ab und wickelt sie in feuchten Küchenkrepp.
- Manche Rezepte wie Leber mit Oregano (Seite 26) oder gegrillte Wachteln (Seite 30) benötigen getrocknete Kräuter. Einige Feinkostgeschäfte führen getrocknete Wildkräuter, meist noch am Stängel, die ein viel intensiveres Aroma besitzen und die warmen Hänge der Mittelmeerländer ahnen lassen.
- Da gemahlene Gewürze schnell an Aroma verlieren, empfiehlt es sich, sie nach Bedarf selbst zu rösten und zu mahlen. Reste bewahrt man in luftdichten Behältern auf. Fertig gemahlene Gewürze kauft man am besten in kleinen Mengen.
- Anhand dieses Buches kann man ein landestypisches Menü zusammenstellen oder auch Gerichte aus verschiedenen Ländern kombinieren. Viele kleine Gerichte, etwa Dolmades (Seite 19), Hummus (Seite 64) und italienische gefüllte Sardinen (Seite 92), alle mit Brot serviert, passen gut zusammen. Besonders reizvoll ist die Vielseitigkeit. Ein mediterranes Essen garniert man auf traditionelle Art mit grob gehackten Kräutern, gerösteten Mandeln oder Pinienkernen, Oliven oder ein paar Tropfen Olivenöl extra vergine. Dazu serviert man nach Möglichkeit einen Wein aus derselben Region.

DAS GROSSE BUCH DER MITTELMEERKÜCHE

MEDITERRANE ZUTATEN

SARDELLEN
Die kleinen Fische aus der Familie der Heringe, auch Anchovis genannt, sind vorwiegend in südeuropäischen Gewässern heimisch. Sie können frisch gegessen werden, sind aber nicht lange haltbar und werden meist in Öl, Salz oder Salzlake eingelegt. Sie sind in Dosen oder Gläsern erhältlich (siehe auch Seite 103).

ARBORIO
Dieser Rundkornreis aus Italien wird sowohl für süße als auch für würzige Speisen verwendet. Er ist der klassische Risotto-Reis, da die Körner viel Flüssigkeit aufnehmen und für die erforderliche cremige Konsistenz sorgen, ohne zu zerfallen.

ARTISCHOCKENHERZEN
Das fleischige Innere der Artischocke ist tiefgekühlt sowie in Salzlake oder Olivenöl eingelegt erhältlich. Die eingelegten gibt es einzeln sowie in der Dose oder im Glas zu kaufen.

BOCCONCINI
Diese kleinen Mozzarellakugeln (der Name bedeutet „kleine Bissen") sind auch als Baby-Mozarella bekannt. Zugedeckt in der Molke, in der sie verkauft werden, im Kühlschrank aufbewahrt, bleiben sie mindestens 3 Wochen frisch. Verfärben sie sich gelblich, müssen sie weggeworfen werden. Abgetropft und in Scheiben geschnitten, werden sie in Salaten, zu Nudelgerichten und als Bruschetta- oder Pizza-Belag verwendet.

BORLOTTIBOHNEN
Diese in Italien beliebten nierenförmigen großen Bohnen sind bräunlich rosafarben mit weinroten Sprenkeln. Sie haben einen nussigen Geschmack und werden in Suppen, Eintöpfen und Salaten verwendet. Sie sind getrocknet oder konserviert erhältlich, gelegentlich auch frisch.

BULGUR
Hartweizenkörner werden gekocht, getrocknet und grob oder fein zermahlen. Bulgur, im Mittleren Osten ein Grundnahrungsmittel, muss nur kurz gekocht oder überbrüht werden.

CALASPARRA-REIS
Dieser weiße, spanische Kornreis wird traditionell zur Zubereitung der Paëlla verwendet. Ist er nicht erhältlich, kann man auch die Sorten Arborio, Carnaroli oder Vialone nano verwenden.

CANELLINOBOHNEN
Die weißen, mittelgroßen, nierenförmigen Bohnen sind weich kochend und haben ein mildes Aroma. Sie sind in der italienischen Küche beliebt und eignen sich für Suppen, Aufläufe, Eintöpfe und Salate. Frisch, getrocknet oder als Dosenware erhältlich.

MEDITERRANE ZUTATEN

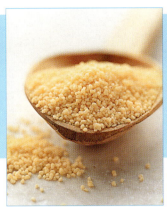

KAPERN
Die in Salz, Salzlake oder Essig eingelegten Knospen eines Strauches, der in vielen Teilen des Mittelmeerraums wild wächst, haben einen scharfen, sauren Geschmack. Vor dem Gebrauch müssen sie gut abgespült werden.

KICHERERBSEN
Eine der vielseitigsten und und in vielen Gegenden beliebtesten Hülsenfrüchte, denn Kichererbsen wurden schon im alten Ägypten angebaut. Je nach Sorte reicht die Farbe von Beige über Gelb und rötliches Braun bis fast Schwarz. Manche der bekanntesten Gerichte aus dem Nahen Osten, darunter Hummus, basieren auf Kichererbsen. Sie können gekocht, geröstet, gerieben, zu Brei gestampft und gemahlen werden und sind getrocknet oder konserviert erhältlich.

COUSCOUS
Weizengrieß wird mit Weizenmehl vermischt, mit Salzwasser beträufelt und zu kleinen Körnern verarbeitet. Couscous dient in Nordafrika als Beilage zu Fleisch- und Gemüsegerichten. Der vorgegarte Instant-Couscous muss nur kurz gekocht werden.

FILOTEIG
Der hauchdünne Teig aus Mehl und Wasser findet breite Verwendung in allen Ländern des östlichen Mittelmeers bei der Zubereitung sowohl von süßen als auch von würzigen Speisen. Die Blätter werden leicht mit Fett bestrichen und entweder aufeinander geschichtet, um Speisen wie Baklava herzustellen, oder um eine Füllung, beispielsweise Käse, zusammengerollt.

ZITRONATZITRONE
Diese Zitronenart, die schon in der Antike bekannt war, hat kaum Fruchtfleisch und wird hauptsächlich wegen der dicken Schale gezüchtet, die abgezogen und kandiert wird. Zitronat ist in großen Stücken oder klein gehackt in Blisterpackungen erhältlich.

CHORIZO
Eine geräucherte spanische Wurst mit vielen regionalen Varianten aus Schweinefleisch, Paprika und Knoblauch. Sie wird als Tapas serviert oder in Paëllas, Eintöpfen und Suppen gekocht.

FETA
Ein weißer, in Salzlake gereifter Käse mit intensivem Aroma. Ursprünglich aus Schafs- oder Ziegenmilch, wird er heute auch aus der billigeren Kuhmilch hergestellt. Er wird als Vorspeise gegessen, gekocht oder eingelegt und gehört zu traditionellen griechischen Salaten.

FRISEESALAT
Dieser grüne Wintersalat, auch als krause Endivie bekannt, schmeckt leicht bitter und passt gut zu kräftigen Dressings mit Schinkenwürfeln, Walnüssen oder Senf.

DAS GROSSE BUCH DER MITTELMEERKÜCHE

HALOUMI
Für den salzigen, halbfesten Käse aus Zypern, traditionell aus Schafsmilch hergestellt, wird heute auch Ziegen- oder Kuhmilch verwendet. Der Käsebruch wird erhitzt und in Salzlake, oft mit Kräutern oder Gewürzen, gereift. Meist wird Haloumi gegrillt oder gebraten, kann aber auch in Salaten oder auf Brot gegessen werden.

KEFALOTIRI
Der milde, sehr harte, geräucherte Käse aus Schafs- oder Ziegenmilch wird jung als Tafelkäse und mittelalt zum Kochen verwendet. Länger als 6 Monate gereift, eignet er sich gut für Gratins. Er lässt sich durch Parmesan oder Pecorino ersetzen.

LE-PUY-LINSEN
Diese kleinen dunkelgrünen Linsen aus der Auvergne werden in Frankreich als Delikatesse geschätzt. Im Gegensatz zu den meisten anderen Linsensorten behalten sie beim Kochen Form und Konsistenz. Sie werden vorwiegend für Salate und Beilagen verwendet.

MARSALA
Ein aufgespritzter Wein aus Marsala (Sizilien). Der trockene wird als Aperitif getrunken und bei der Zubereitung würziger Speisen verwendet; süßer Marsala ist ein Dessertwein, der auch zum Parfümieren von Desserts wie Zabaglione dient.

MELOKHIA
Die Blätter dieser Pflanze werden in vielen Mittelmeerländern als Gemüse gegessen. In Ägypten ist sie die Grundzutat eines Nationalgerichts, einer Suppe gleichen Namens, der die Blätter eine schleimige Konsistenz verleihen. Hierzulande ist Melokhia kaum erhältlich, kann aber durch Spinat ersetzt werden.

MOZZARELLA
Ein weicher Frischkäse mit mildem, leicht süßlichem Geschmack, der traditionell aus Büffelmilch, heute aber auch aus Kuhmilch gewonnen wird. Er ist sowohl als Tafelkäse wie auch als Schmelzkäse, beispielsweise auf Pizza, zu verwenden.

SCHWARZKÜMMEL
Diese Samen haben einen nussigen, pfeffrigen Geschmack und werden in Nordafrika, im Nahen Osten und in Indien als Gewürz für Gemüse, Hülsenfrüchte und Brot verwendet. Er darf nicht mit schwarzem Kreuzkümmel verwechselt werden.

OKRA
Diese grünen, fingerdicken, sechskantigen Schoten sind im östlichen Mittelmeerraum beliebt, vor allem zu Lammgerichten. Sie enthalten viele kleine Samen, und zerschnitten sondern sie beim Kochen eine Substanz ab, die Suppen und Saucen bindet. Sie schmecken säuerlich herb und leicht bohnenartig und passen gut zu scharfen Gewürzen.

MEDITERRANE ZUTATEN

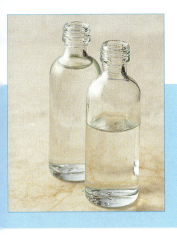   

ORANGENBLÜTENWASSER
Diese Essenz wird durch Destillieren der stark duftenden Blüten der Bitterorange, auch als Pomeranze oder Sevilla-Orange bekannt, gewonnen. Das Öl wird abgeschöpft und bei der Parfümherstellung verwendet, der wässrige Teil dient in den östlichen Mittelmeerländern zum Würzen von Gebäck, Süßspeisen, Sirups und Getränken.

PARMESAN
Ein harter Kuhmilchkäse, der quer durch die italienische Küche Verwendung findet, entweder gerieben als Zutat und zum Streuen oder in Spänen als Garnierung, etwa auf Salaten. Da geriebener Parmesan schnell austrocknet, kauft man ihn am besten am Stück und reibt ihn nach Bedarf. Parmigiano Reggiano ist die berühmteste Sorte.

POLENTA
Der grob oder fein gemahlene Maisgrieß gehört in Norditalien zu den Grundnahrungsmitteln, wo er zu einem Brei gekocht und mit Butter und Parmesan abgeschmeckt wird. Der Brei kann auch dünn auf ein Brett gestrichen und nach dem Erkalten in Scheiben geschnitten und gebraten als Beilage zu Fleisch- und Gemüsegerichten serviert werden.

STEINPILZE
Diese dickfleischigen Pilze, in der französischen und italienischen Küche besonders geschätzt, werden vor allem für Risotto und Omelett verwendet. Sie sind frisch oder getrocknet erhältlich. Die getrockneten werden vor dem Kochen eingeweicht, dann abgespült; das Einweichwasser kann gefiltert der Sauce zugefügt werden.

PANCETTA
Den gepökelten, durchwachsenen Bauchspeck aus Italien gibt es in vielen regionalen Varianten. Gerollt und in sehr dünne Scheiben geschnitten, reicht man ihn als Vorspeise; luftgetrocknet wird er in Saucen, Nudelgerichten und Eintöpfen verwendet.

PECORINO
Der scharfe italienische Hartkäse, aus Schafsmilch gewonnen, wird meist wie Parmesan verwendet. Jung wird er auch als Tafelkäse gegessen. Die bekannteste Sorte ist der Pecorino romano.

GRANATAPFELMELASSE
Auch als Grenadinesirup oder -konzentrat bekannt, besteht sie aus dem eingekochten Saft einer sauren Granatapfelsorte, die in Syrien und im Libanon verwendet wird. Sie schmeckt süßsauer und wird in Saucen und Dressings verwendet.

EINGELEGTE ZITRONEN
In Salz und Gewürze eingelegte Zitronen werden vor dem Gebrauch abgespült; das Fruchtfleisch wird entfernt und weggeworfen. In der nordafrikanischen Küche würzt man mit der Schale Couscous und maghrebinische Schmorgerichte.

13

DAS GROSSE BUCH DER MITTELMEERKÜCHE

PROSCIUTTO
Ein italienischer Schinken, der gepökelt, gewürzt und luftgetrocknet wird. Die Reifezeit beträgt bis zu 18 Monaten. In dünne Scheiben geschnitten ist er als Vorspeise geschätzt, wird aber auch gewürfelt oder in schmale Striefen geschnitten zum Kochen verwendet. Berühmt ist der Prosciutto di Parma.

RAS EL-HANOUT
Eine nordafrikanische Gewürzmischung mit bis zu 27 Zutaten, darunter gemahlener Kreuzkümmel, Zimt, Kardamom, Ingwer, Kurkuma (Gelbwurz), Muskatnuss, Gewürznelken, Rosenknospen, Pfefferkörner und Oregano. Traditionell enthält sie auch Aphrodisiaka wie Spanische Fliege.

ROSENWASSER
Die Essenz wird durch Destillieren aus Rosenblättern gewonnen und im östlichen Mittelmeerraum dazu verwendet, Süßigkeiten wie Rachatlukum und Süßspeisen sowie Getränke zu würzen.

GESALZENER KABELJAU
Kabeljaufilets, gesalzen und getrocknet, in Spanien Bacalao genannt, sind in Nordeuropa als Klippfisch bekannt. Vor Gebrauch müssen sie mindestens 2 Tage lang gewässert werden. Gesalzener Kabeljau ist in Spezialitätengeschäften erhältlich.

PROVOLONE
Der goldgelbe süditalienische Käse aus Kuhmilch wird in eine Form gepresst, in Salzlake getaucht und zum Reifen aufgehängt. Jung wird er für Soufflés verwendet, mit zunehmender Reife schmeckt er kräftiger und eignet sich als Reibkäse für Gratins.

RUCOLA
Die Blätter dieses grünen Salats – der ältere deutsche Name ist Rauke –, ähneln denen des Löwenzahns. Er hat einen pfeffrigen Geschmack und wird auf gebackene Pizza gestreut oder in gemischtem grünem Salat verwendet.

SAFRAN
Das Gewürz, aus den Blütennarben des Safrankrokus gewonnen, ist durch das aufwändige Herstellungsverfahren das teuerste Gewürz der Welt. Eine winzige Menge genügt, um einer Speise den charakteristischen Geschmack und die Farbe zu verleihen. Safran wird als Fäden oder als Pulver verkauft; letzteres wird oft mit Farbstoffen verfälscht.

WEIZENGRIESS
Dieses Produkt wird aus dem geschälten Hart- oder Weichweizenkorn hergestellt, das angefeuchtet und dann ausgemahlen wird. Hartweizengrieß wird für Nudeln verwendet, Weichweizengrieß, der schneller weich und sämig wird, für Aufläufe, Breie, Suppen und gelegentlich auch für Kuchen.

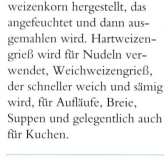

14

MEDITERRANE ZUTATEN

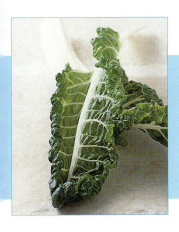   

MANGOLD
Mit der Roten Bete verwandt, hat Mangold hell- bis dunkelgrüne, gekräuselte oder glatte Blätter, die an Spinat erinnern und ihn auch ersetzen können. Die Stiele, die rot oder weiß sein können, sind ebenfalls essbar. Beide können gekocht, gedämpft oder im Backofen geschmort werden. Roh schmecken junge Mangoldblätter gut als Salat.

SUMACH
Die rötlichen Beeren des Gerbersumachs werden zu einem herb-säuerlichen Gewürz verarbeitet, das in der türkischen und arabischen Küche häufig verwendet wird, auch als Zitronenersatz. Es verleiht Fleisch, vor allem Kebab, Fisch und Gemüse Aroma und Farbe.

SONNENGETROCKNETE TOMATEN
Sie sind trocken und lose verpackt oder in Öl eingelegt erhältlich. Die trockenen muss man vor dem Gebrauch mit kochendem Wasser übergießen und etwa 10 Minuten einweichen. Das Olivenöl von den eingelegten Tomaten kann zum Kochen verwendet werden und verleiht dem Gericht zusätzliches Aroma.

TAHIN
Die ölige Paste aus zerstoßenen Sesamsamen verleiht den Speisen einen kräftigen nussigen Geschmack. Sie ist in den Ländern des östlichen Mittelmeerraums besonders beliebt.

TARAMA
Der gesalzene und getrocknete Rogen von Meeräsche oder Dorsch wird zur Zubereitung der beliebten griechischen Fischrogenpaste Taramosalata verwendet. Kabeljaurogen ist leichter erhältlich und dient daher oft als Ersatz.

PASSIERTE TOMATEN
Abgebrühte, enthäutete und passierte Tomaten ergeben zusammen mit Basilikum, Zwiebeln und Knoblauch ein küchenfertiges Produkt, das dicker als Tomatensaft und flüssiger als Tomatenmark ist. Die *passata di pomodori* findet vorwiegend in der italienischen Küche, aber auch in vielen anderen mediterranen Rezepten Verwendung.

WEINBLÄTTER
Junge Blätter vom Rebstock werden blanchiert und anschließend in Salzlake konserviert. In Blisterpackungen, Gläsern und Dosen erhältlich.

ZAHTAR
Eine in der Türkei und in Nordafrika beliebte Gewürzmischung aus gerösteten Sesamsamen, getrocknetem Thymian, Sumach und Salz, je nach Region in wechselndem Verhältnis. Zahtar wird zum Würzen von Fleisch und Gemüse verwendet, mit Öl vermengt und mit Brot aufgenommen oder auf mit Öl bestrichenes Fladenbrot gestreut, das dann leicht geröstet wird.

GRIECHENLAND

In der Taverne sitzen, im Hintergrund das glitzernde Mittelmeer unter tiefblauem Himmel – die Vorstellung schafft sofort Appetit auf die Spezialitäten der griechischen Küche. Die lebensfrohe Einstellung der Griechen spiegelt sich auch in ihren gesunden, herzhaften Speisen. In vielen Landesteilen war das Meer lange Zeit der Hauptnahrungslieferant, doch finden sich heute Lamm und Rind ebenso auf dem Tisch wie frische Kräuter, Früchte und Gemüse. Kalamata-Oliven, gefüllte Weinblätter und Fischrogenpaste gehören zu den typisch griechischen Vorspeisen. Die folgenden Seiten bieten eine Auswahl an Gerichten, die nach Belieben adaptiert werden können, wie das auch bei griechischen Köchen Brauch ist.

DAS GROSSE BUCH DER MITTELMEERKÜCHE

KNOBLAUCH

Als eines der kleinsten Mitglieder der Zwiebelfamilie ist Knoblauch auch das schärfste. Je feiner Knoblauch zerdrückt wird, desto mehr Schärfe wird freigesetzt. Für viele Gerichte, wie etwa Skordalia, ist das einzigartige Aroma unentbehrlich. Zudem ist Knoblauch reich an Mineralstoffen und Vitaminen. Beim Kauf wählt man feste, große, runde Knollen, die keine schimmeligen Stellen aufweisen.

OBEN: Tsatsiki

TSATSIKI
(Joghurt-Dip mit Gurke)

Zubereitungszeit: 10 Minuten
 + 15 Minuten Ruhezeit
Kochzeit: keine
Ergibt 500 ml

2 Salatgurken (je ca. 300 g)
Salz
400 g griechischer Naturjoghurt
4 Knoblauchzehen, zerdrückt
3 EL frische Minze, fein gehackt
1 EL Zitronensaft
etwas frische Minze, gehackt, zum Garnieren

1 Gurken längs halbieren, Kerne herausschaben und wegwerfen. Gurken mit Schale in einen Durchschlag grob raspeln. Mit Salz bestreuen und 15 Minuten abtropfen lassen.
2 Inzwischen Joghurt, Knoblauch, Minze und Zitronensaft miteinander verrühren.
3 Gurken kalt abspülen, dann mit den Händen fest ausdrücken. Gurken und Joghurtmischung verrühren und abschmecken. Sofort servieren oder bis zum Verzehr kalt stellen. Mit Minze garnieren. Schmeckt als Dip zu Fladenbrot oder als Sauce zu Meeresfrüchten und Fleisch.

SKORDALIA
(Knoblauchsauce)

Zubereitungszeit: 15 Minuten
Kochzeit: 10 Minuten
Ergibt 500 ml

500 g mehlig kochende Kartoffeln, in 2 cm
  große Würfel geschnitten
5 Knoblauchzehen, zerdrückt
Salz und weißer Pfeffer
180 ml Olivenöl
2 EL Weißweinessig

1 Wasser in einem großen Topf zum Kochen bringen, Kartoffeln hineingeben und 10 Minuten sehr weich kochen. Gründlich abtropfen lassen und zu einer glatten Masse stampfen.
2 Knoblauch, 1 TL Salz und Prise Pfeffer unter die Kartoffeln rühren, dann nach und nach Olivenöl zugießen und gründlich mischen. Essig einrühren und abschmecken. Warm oder kalt als Dip mit knusprigem Brot oder Kräcker servieren oder zu gegrilltem Fleisch, Fisch oder Hähnchen reichen.

GRIECHENLAND

DOLMADAKIA
(Gefüllte Weinblätter)

Zubereitungszeit: 40 Minuten
 + 15 Minuten Einweichzeit
Kochzeit: 45 Minuten
Ergibt 24 Stück

200 g Weinblätter in Salzlake
250 g Mittelkornreis
1 kleine Zwiebel, fein gehackt
1 EL Olivenöl
60 g Pinienkerne, geröstet
2 EL Rosinen
2 EL frischer Dill, gehackt
1 EL frische Minze, fein gehackt
1 EL frische glatte Petersilie, fein gehackt
Salz und Pfeffer
80 ml Olivenöl
2 EL Zitronensaft
500 ml Hühnerbrühe

1 Weinblätter 15 Minuten in kaltem Wasser einweichen, herausnehmen und trockentupfen. Stiele abschneiden. Einige Blätter beiseite legen, löchrige oder unschöne wegwerfen. Inzwischen Reis in kochendem Wasser 10 Minuten einweichen, dann abtropfen lassen.
2 Reis, Zwiebel, Olivenöl, Pinienkerne, Rosinen und Kräuter mit etwas Salz und Pfeffer gründlich mischen.
3 Einige Blätter mit den Adern nach unten flach ausbreiten. Je 1 EL Füllung in die Mitte geben, zuerst Stielende vom Blatt, dann linke und rechte Seite über die Füllung schlagen und Blatt zur Spitze hin fest zusammenrollen; die Röllchen sollten kleinen Zigarren ähneln. Vorgang mit den restlichen Blättern wiederholen.
4 Mit den beiseite gelegten Blättern einen großen Topf auslegen. Mit 1 EL Olivenöl beträufeln. Die Röllchen dicht gepackt in einer Schicht hineinlegen und restliches Öl und Zitronensaft darüber gießen.
5 Brühe angießen und Röllchen mit einem umgedrehten Teller beschweren. Zum Kochen bringen, die Hitze reduzieren und zugedeckt 45 Minuten köcheln lassen. Mit dem Schaumlöffel herausnehmen. Heiß oder kalt, nach Belieben mit Zitronenschnitzen garniert, servieren.
Hinweis Nicht benötigte Weinblätter können in der Lake im luftdicht verschließbaren Behälter bis zu 1 Woche im Kühlschrank aufbewahrt werden.

DOLMADAKIA

Die Blätter seitlich über die Füllung legen und zur Spitze hin aufrollen.

Die Rollen in einer Schicht in den Topf legen; Öl und Zitronensaft zufügen.

Die fertig gegarten Rollen mit dem Schaumlöffel herausnehmen.

LINKS: Dolmadakia

DAS GROSSE BUCH DER MITTELMEERKÜCHE

TARAMA
Tarama ist der gesalzene, getrocknete und gepresste Rogen von Meeräsche oder Dorsch und gilt seit Jahrhunderten als Delikatesse. Nach der traditionellen Methode wurde der ganze Rogen gesalzen, in der Sonne zu einer festen Masse getrocknet und mit Bienenwachs überzogen. In dünne Scheiben geschnitten wird die Rogenpaste mit Brot gegessen oder zerdrückt für Taramosalata verwendet. Mit Kartoffelpüree und Gewürzen kann man aus Tarama auch köstliche Frikadellen bereiten.

RECHTS: Taramosalata

TARAMOSALATA
(Fischrogenpaste)

Zubereitungszeit: 10 Minuten + Einweichzeit
Kochzeit: keine
Ergibt 375 ml

5 Scheiben Weißbrot, Rinde entfernt
80 ml Milch
100 g Tarama (gepresster Fischrogen)
1 Eigelb
1/2 kleine Zwiebel, gerieben
1 Knoblauchzehe, zerdrückt
2 EL Zitronensaft
80 ml Olivenöl
frisch gemahlener weißer Pfeffer

1 Brot 10 Minuten in der Milch einweichen. In einem Sieb ausdrücken, dann in der Küchenmaschine mit Tarama, Eigelb, Zwiebel und Knoblauch etwa 30 Sekunden glatt pürieren. 1 EL Zitronensaft unterrühren.
2 Bei laufender Maschine Öl nach und nach zugießen. Restlichen Zitronensaft und Pfeffer zufügen. Schmeckt die Paste zu salzig, etwas Brot zugeben.
Hinweis Auch mit Tarama von geräuchertem Kabeljaurogen schmeckt der Dip vorzüglich.

MELITZANOSALATA
(Auberginenpüree)

Zubereitungszeit: 25 Minuten
  + 3 Stunden Kühlzeit
Backzeit: 1 Stunde
Für 6 Personen

2 große Auberginen
2 Knoblauchzehen, grob gehackt
4 EL frische glatte Petersilie, gehackt
1 kleine Zwiebel, gerieben
1/2 rote Paprika, entkernt und gehackt
1 große vollreife Tomate, fein gehackt
2 kleine frische rote Chilischoten, entkernt
60 g Weißbrotbrösel
Salz und Pfeffer
80 ml Zitronensaft
125 ml Olivenöl
1–2 EL Olivenöl zum Beträufeln nach Belieben
6 schwarze Oliven

1 Backofen auf 180 °C (Gas 2) vorheizen. Auberginen mit einer Gabel einige Male einstechen und auf einem Blech 1 Stunde backen. Haut abziehen, Fruchtfleisch grob hacken und in einem Sieb abtropfen lassen.
2 Auberginen, Knoblauch, Petersilie, Zwiebel,

GRIECHENLAND

Paprika, Tomate, Chilischoten und Brot in der Küchenmaschine grob vermengen und mit Salz und Pfeffer würzen.
3 Bei laufendem Motor abwechselnd Zitronensaft und Öl in dünnem Strahl wie bei der Zubereitung von Mayonnaise zugießen.
4 Püree in einer großen Schüssel zugedeckt 3 Stunden im Kühlschrank ziehen lassen, bis es fest ist. Zum Servieren auf einen flachen Teller streichen, nach Belieben mit Öl beträufeln und mit Oliven garnieren.

LATHOLEMONO
(Öl-Zitronen-Dressing)

125 ml Olivenöl in einer Schüssel mit 60 ml Zitronensaft und 2 TL gehacktem frischem Oregano mischen. Kräftig mit Salz und Pfeffer würzen und kurz vor dem Servieren erneut mischen. Das Dressing passt hervorragend zu gedämpften grünen Bohnen, Zucchini, Blumenkohl oder anderem Gemüse. Man kann auch Fleisch oder Meeresfrüchte beim Grillen damit bestreichen. Ergibt 185 ml.

SAGANAKI HALOUMI
(Gebratener Schafskäse)

Zubereitungszeit: 5 Minuten
Kochzeit: 2 Minuten
Für 6 Personen

☆

400 g Haloumi
Olivenöl zum Braten
2 EL Zitronensaft
frisch gemahlener schwarzer Pfeffer

1 Haloumi mit Küchenkrepp gründlich trockentupfen und in 1 cm dicke Scheiben schneiden.
2 Öl 5 mm hoch in eine große Bratpfanne gießen und bei mäßiger Temperatur erhitzen. Käse auf jeder Seite 1 Minute goldbraun braten. Vom Herd nehmen, Zitronensaft über den Käse träufeln und mit Pfeffer würzen. Direkt aus der Pfanne oder als Teil eines Vorspeisentellers mit knusprigem Brot servieren, um die Zitronen-Öl-Mischung aufzutunken.
Hinweis Das Gericht ist nach der Pfanne benannt, in der es traditionell zubereitet wird.

HALOUMI
Dieser salzige, halbfeste Schafskäse aus Zypern wird gern naturbelassen gegessen. Er wird aber auch häufig mit Minze bestreut serviert oder in dicken Scheiben gegrillt oder gebraten und mit einem Schuss Zitronensaft angerichtet.

OBEN: Saganaki haloumi

TIROPITAKIA

Gruyère, Eier und Pfeffer mit dem Feta mischen.

Den Teig über der Füllung zu einem Dreieck schließen, dann weiter falten.

KEFTEDES
(Fleischklößchen)

Zubereitungszeit: 15 Minuten
 + 1 Stunde Kühlzeit
Kochzeit: 15 Minuten
Für 4 Personen

1 Ei, leicht verschlagen
40 g frische Weißbrotbrösel
1 Zwiebel, fein gehackt
2 EL frische glatte Petersilie, gehackt
3 EL frische Minze, gehackt
500 g Hackfleisch vom Rind oder Lamm
2 EL Zitronensaft
Salz und Pfeffer
Mehl zum Bestäuben
Pflanzenöl zum Braten
Zitronenschnitze, unbehandelt, zum Servieren

1 Ei, Brösel, Zwiebel, Kräuter, Hackfleisch und Zitronensaft gut mischen und mit Salz und Pfeffer kräftig würzen. Mit nassen Händen walnussgroße Kugeln formen, leicht abflachen und auf einem Tablett zugedeckt 1 Stunde kalt stellen.
2 Kugeln in Mehl wenden und Überschuss abschütteln. Öl in einer großen Pfanne stark erhitzen. Klößchen portionsweise auf jeder Seite 3–4 Minuten knusprig braun braten und auf zerknülltem Küchenkrepp abtropfen lassen. Mit Zitronenschnitzen servieren.

WACHTELN IN WEINBLÄTTERN

Zubereitungszeit: 15 Minuten
Kochzeit: 25 Minuten
Für 4 Personen

12 blaue Trauben
1 EL Olivenöl
1 Knoblauchzehe, zerdrückt
4 große Wachteln
8 frische oder eingelegte Weinblätter
4 Scheiben Prosciutto
blaue Trauben zum Garnieren

1 Backofen auf 180 °C (Gas 2) vorheizen. Trauben halbieren und in Öl und Knoblauch wenden. Je 6 Hälften in die Bauchhöhle der Wachteln legen.
2 Frische Weinblätter 1 Minute in kochendem Wasser blanchieren, dann die mittlere Blattader entfernen. Eingelegte Weinblätter unter fließendem Wasser gründlich abspülen.
3 Wachteln in je 1 Scheibe Prosciutto wickeln und auf ein Weinblatt legen. Mit einem Weinblatt bedecken und mit Küchengarn zu Päckchen schnüren. Auf einem Blech 20–25 Minuten backen, je nach Größe der Wachteln. Mit den ganzen Trauben garniert serviert.
Hinweis Weinblätter findet man in Feinkostläden und beim griechischen Lebensmittelhändler.

TIROPITAKIA
(Käsetaschen)

Zubereitungszeit: 35 Minuten
Backzeit: 20 Minuten
Ergibt 30 Stück

250 g griechischer Feta
180 g geriebener Gruyère
2 Eier, leicht verschlagen
weißer Pfeffer
15 Filoteigblätter
125 ml Olivenöl
125 g Butter, zerlassen

1 Backofen auf 180 °C (Gas 2) vorheizen. Feta in einer Schüssel mit einer Gabel zerdrücken. Mit Gruyère, Eier und etwas Pfeffer mischen.
2 Filoblätter quer halbieren. Bis zur Verwendung mit einem feuchten Geschirrtuch zudecken, damit sie nicht austrocknen. Eine Blatthälfte auf die Arbeitsfläche legen. Öl und Butter mischen und das Blatt damit bestreichen. Längs in Drittel falten und erneut bestreichen.
3 1 EL Käsemischung auf eine Ecke des Teigstreifens geben. Diese Ecke über die Füllung zum Teigrand hin falten, dabei ein Dreieck formen. Weiter bis zum Ende des Streifens falten, bis die Füllung eingeschlossen ist. Verfahren mit dem restlichen Teig wiederholen.
4 Die Dreiecke auf ein leicht eingefettetes Blech legen und mit der Öl-Butter-Mischung bestreichen. 20 Minuten knusprig backen.
Hinweis Diese Teigtaschen lassen sich leicht abwandeln, indem man sie etwa mit Ricotta statt Gruyère und mit fein gehackten frischen Kräutern nach Wahl füllt. Geeignet sind glatte Petersilie, Minze und Thymian.

GEGENÜBERLIEGENDE SEITE, VON OBEN: Keftedes; Wachteln in Weinblättern; Tiropitakia

GRIECHENLAND

OBEN: Lachano dolmathes

LACHANO DOLMATHES
(Kohlrouladen)

Zubereitungszeit: 30 Minuten
Kochzeit: 1 Stunde 35 Minuten
Ergibt 12 große Rouladen

☆☆☆

1 EL Olivenöl
1 Zwiebel, fein gehackt
große Prise Piment
1 TL gemahlener Kreuzkümmel
große Prise gemahlene Muskatnuss
2 Lorbeerblätter
1 großer Kohlkopf
500 g Hackfleisch vom Lamm
250 g Rundkornreis
4 Knoblauchzehen, zerdrückt
50 g Pinienkerne, geröstet
2 EL frische Minze, gehackt
2 EL frische glatte Petersilie, gehackt
1 EL Rosinen, gehackt
250 g Olivenöl
80 ml Zitronensaft
1 TL Salz
Olivenöl extra vergine zum Beträufeln
Zitronenschnitze, unbehandelt, zum Servieren

1 Olivenöl im Topf erhitzen und Zwiebel bei mäßiger Hitze goldbraun braten. Piment, Kreuzkümmel und Muskatnuss zufügen und 2 Minuten erhitzen, bis sie duften. Herausnehmen und beiseite stellen.
2 In einem sehr großen Topf Wasser zum Kochen bringen und Lorbeerblätter zufügen. Die äußeren Kohlblätter und etwa 5 cm vom Strunk abschneiden, dann den Kohl vorsichtig ins kochende Wasser legen. 5 Minuten garen, dann ein ganzes Blatt mit einer Zange lösen und herausnehmen. Weiter garen, dabei alle Blätter nach und nach herausholen und abtropfen lassen. Kochflüssigkeit zum Abkühlen beiseite stellen.
3 12 Blätter gleicher Größe wählen. Den dicken Ansatz der mittleren Rippe v-förmig ausschneiden und alle starken Rippen mit einem scharfen Messer flach schneiden. Drei Viertel der restlichen Blätter auf dem Boden eines sehr großen Topfes auslegen, damit die Rouladen nicht anhängen.
4 Hackfleisch, Zwiebelmischung, Reis, Knoblauch, Pinienkerne, Minze, Petersilie und Rosinen gründlich mischen. 2 EL davon zu einer Wurst formen und in die Mitte eines Kohlblattes legen. Das Blatt vom Strunk her aufrollen, dabei die Seiten über die Füllung schlagen. Die restlichen Blätter ebenso füllen. Die Rouladen mit der Nahtstelle nach unten in einer Schicht in den Topf legen.
5 600 ml Kochflüssigkeit mit Öl, Zitronensaft und Salz mischen und über die Rouladen gießen; sie sollten knapp bedeckt sein. Die restlichen Kohlblätter darüber verteilen und alles zugedeckt bei starker Hitze zum Kochen bringen. Die Hitze reduzieren und 1¼ Stunden garen. Mit dem Schaumlöffel herausnehmen und mit Olivenöl beträufeln. Mit Zitronenschnitzen servieren.
Hinweis Zu den Kohlrouladen passt auch Saltsa avgolemono (Seite 37) sehr gut. Statt Hühnerbrühe kann nach Belieben die Kochflüssigkeit der gegarten Rouladen für diese Sauce verwendet werden.

GRIECHENLAND

ROTE BETEN MIT SKORDALIA

Zubereitungszeit: 25 Minuten
Kochzeit: 55 Minuten
Für 6–8 Personen

1 kg mittelgroße Rote Beten mit Blättern
60 ml Olivenöl extra vergine
1 EL Rotweinessig
½ Rezeptmenge Skordalia (S. 18) zum Servieren

1 Stiele der Roten Beten bis auf ein kurzes Stück abschneiden. Blätter von harten Stellen befreien und mit den Stielen längs halbieren oder dritteln und gut waschen.
2 Rote Beten gründlich unter fließendem Wasser abbürsten und in Salzwasser je nach Größe 30–45 Minuten weich kochen (mit der Messerspitze prüfen). Mit dem Schaumlöffel herausnehmen und etwas abkühlen lassen.
3 Wasser wieder zum Kochen bringen, Blätter und Stiele sowie Wasser nach Bedarf zufügen und 8 Minuten weich kochen. Abgießen, abkühlen lassen und mit den Händen ausdrücken.
4 Gummihandschuhe anziehen und die Roten Beten abziehen, dann halbieren und in dicke Scheiben schneiden. Diese mit den Blättern auf einem großen Teller anrichten. Öl und Essig mischen, mit Salz und Pfeffer würzen und über die Beten träufeln. Mit Skordalia servieren.

EINGELEGTER BLUMENKOHL

Zubereitungszeit: 10 Minuten
Kochzeit: 10 Minuten
Für 4–6 Personen

500 ml Weißweinessig
1 EL gelbe Senfkörner
½ TL Kreuzkümmelsamen
3 Lorbeerblätter
180 g feiner Zucker
400 g Blumenkohl, in Röschen geteilt

1 Essig, Senf, Kreuzkümmel, Lorbeerblätter und Zucker in einen Topf geben. Bei mäßiger Temperatur erhitzen und rühren, bis sich der Zucker auflöst. Zum Kochen bringen, die Hitze reduzieren, den Blumenkohl zugeben und etwa 4 Minuten bissfest garen. Vom Herd nehmen und den Blumenkohl in der Kochflüssigkeit abkühlen lassen. Gekühlt oder zimmerwarm servieren.
Hinweis Um den Blumenkohl aufzubewahren, ein verschließbares Glas mit Deckel heiß waschen und spülen. Nicht trocken wischen, sondern im Backofen bei 120 °C (Gas 1) etwa 20 Minuten oder bis zur Verwendung vollständig trocknen lassen. Blumenkohl mit der heißen Kochflüssigkeit in das Glas füllen und sofort verschließen. Ungeöffnet bis zu 3 Monate haltbar.

EINGELEGTES GEMÜSE
In früheren Zeiten, als frische Produkte nur in der jeweiligen Saison erhältlich waren und es noch keine anderen Konservierungsmöglichkeiten wie etwa Gefrieren gab, war es wichtig, Lebensmittel durch Einlegen haltbar zu machen. Heute wird knackig eingelegtes Gemüse immer noch gern gegessen. Die meisten Gemüsesorten des Mittelmeerraums eignen sich gut dazu; sie sind fester Bestandteil eines Vorspeisentellers, werden aber auch häufig als Beilage zu Hauptgerichten serviert.

LINKS: Rote Beten mit Skordalia

25

DAS GROSSE BUCH DER MITTELMEERKÜCHE

INNEREIEN

In Griechenland werden Gerichte mit Innereien zwar häufig an kirchlichen Feiertagen wie etwa zu Ostern gegessen, doch galten Innereien früher als Armeleuteessen und bilden daher die Grundlage vieler traditioneller Speisen. Leber kann beispielsweise gedünstet, gebraten, gegrillt oder gebacken werden, wobei sie nicht zu lang gegart werden darf, da sie schnell zäh wird.

LEBER MIT OREGANO

Zubereitungszeit: 15 Minuten
Kochzeit: 10 Minuten
Für 6–8 Personen

☆☆

500 g Lamm- oder Kalbsleber
30 g Mehl
je 1/2 TL Paprikapulver, Salz und zerstoßener schwarzer Pfeffer
2 EL Olivenöl
2 EL Zitronensaft
1 TL getrockneter oder frischer Oregano

1 Leber gegebenenfalls von Fett befreien, mit Küchenkrepp trocken tupfen, in 2 cm dicke Scheiben schneiden und größere Scheiben halbieren oder dritteln.
2 Mehl, Paprika, Salz und Pfeffer auf einem Teller mischen. Öl in einer Pfanne bei mäßiger Temperatur erhitzen. Leber portionsweise im Mehl wenden, Überschuss abschütteln und auf jeder Seite 1 Minute braten; das Fleisch sollte innen noch rosa sein. Auf Küchenkrepp abtropfen lassen und mit Alufolie bedeckt warm halten.
3 Pfanne vom Herd nehmen und Bratensatz mit Zitronensaft ablöschen. Wenn die Flüssigkeit nicht mehr schäumt, aus der Pfanne über die Leber gießen. Mit Oregano bestreuen und heiß servieren.

GESCHMORTE LAMMKEULE

Zubereitungszeit: 10 Minuten
Garzeit: 2 Stunden 15 Minuten
Für 4–6 Personen

☆☆

1 Lammkeule (1,5 kg)
3 längs geviertelte Knoblauchzehen
80 ml Zitronensaft
125 ml Olivenöl
250 ml Hühnerbrühe
1/4 TL gemahlener Zimt
Salz und Pfeffer
2 TL getrockneter Oregano
4 große geschälte und geachtelte Kartoffeln

1 Backofen auf 210 °C (Gas 3–4) vorheizen. Die äußere Fettschicht der Lammkeule entfernen. 12 tiefe Einschnitte in das Fleisch machen und die Knoblauchstifte hineinstecken.
2 Fleisch in eine tiefe, feuerfeste Form legen. Saft, Öl und Brühe verrühren und darüber gießen. Mit Zimt, Salz, Pfeffer und Oregano würzen.
3 45 Minuten ohne Deckel im Ofen braten. Kartoffeln in die Form legen. Auf 180 °C (Gas 2) zurückschalten und noch weitere 1 1/2 Stunden braten. Gelegentlich mit Bratensaft begießen.
3 Aus dem Backofen nehmen, locker mit Folie bedecken und vor dem Anschneiden 10 Minuten an einem warmen Ort ruhen lassen.

RECHTS: Leber mit Oregano

GRIECHENLAND

KALAMARIA TOURSI
(Eingelegter Kalmar)

Zubereitungszeit: 25 Minuten
  + 1 Woche Marinierzeit
Kochzeit: 5 Minuten
Für 4 Personen

1 kg kleine Kalmare
4 frische Lorbeerblätter
1 TL Salz
4 frische Oreganozweige
10 schwarze Pfefferkörner
2 TL Koriandersamen
1 kleine frische rote Chilischote, halbiert und entkernt
625 ml Weißweinessig
2–3 EL Olivenöl

1 Körperbeutel des Kalmars mit einer Hand, Kopf mit Tentakeln mit der anderen fassen und auseinander ziehen. Tentakel unterhalb der Augen abschneiden, den Kopf wegwerfen. Die innere Schale (Schulp) aus dem Körperbeutel ziehen und wegwerfen; das Maul (Kauwerkzeuge) herausdrücken und ebenfalls wegwerfen. Unter fließendem kaltem Wasser die Haut abziehen (die Flossen können verwendet werden). Körperbeutel in etwa 7 mm breite Ringe schneiden.
2 In einem großen Topf 1 Lorbeerblatt mit 2 l Wasser zum Kochen bringen, dann Kalmar und Salz zufügen. Hitze reduzieren und 5 Minuten köcheln lassen. Kalmar gründlich trocken tupfen.
3 Kalmar in ein sterilisiertes Einmachglas (siehe Hinweis) mit 500 ml Fassungsvermögen schichten. Oregano, Pfefferkörner, Koriander, Chili und restliche Lorbeerblätter zufügen. Vollständig mit Essig bedecken, dann behutsam Öl 2 cm hoch zugießen. Glas verschließen und 1 Woche kalt stellen. Zum Servieren Kalmar aus der Marinade nehmen, auf einer Platte anrichten und mit Zitronenschnitzen und gehackter frischer Petersilie garnieren.
Hinweis Glas und Deckel heiß waschen und spülen. Nicht trocken wischen, sondern im Backofen bei 120 °C (Gas 1) 20 Minuten vollständig trocknen lassen.

NATURJOGHURT

Um Naturjoghurt selbst herzustellen, 1 l Milch in einem Topf bei geringer Hitze langsam zum Kochen bringen und 5 Minuten unter häufigem Rühren köcheln lassen. Vom Herd nehmen und lauwarm abkühlen lassen. 60 ml Naturjoghurt behutsam in die Milch rühren, dann in eine große Schüssel gießen. Mit Klarsichtfolie bedecken und in ein dickes Tuch wickeln; so bleibt die Wärme erhalten, die den Fermentierungsprozess fördert. Bis zu 12 Stunden an einem warmen Ort stehen lassen, bis der Joghurt stichfest ist. Nicht länger stehen lassen, sonst wird der Joghurt immer saurer. Vor der Verwendung mindestens 4 Stunden in den Kühlschrank stellen. Ergibt 1 l. Um eine weitere Portion herzustellen, kann man die Milch mit 60 ml dieses selbstgemachten Joghurts versetzen.

OBEN: Kalamaria toursi

DAS GROSSE BUCH DER MITTELMEERKÜCHE

GRIECHISCHER BAUERN-SALAT

Salata choriatiki (wörtlich: Dorf- oder Landsalat), der hierzulande bekannteste griechische Salat, ist nur einer der zahlreichen Salate der griechischen Küche. Seinem Namen entsprechend, ist er rustikal. Tomaten, Gurken, Feta, Oliven und Paprika sind die Hauptzutaten, zu denen sich noch Romana-Salat, Sardellenfilets, glatte Petersilie, Kapern und eine Prise Oregano gesellen können.

OBEN: Griechischer Bauernsalat

SALATA CHORIATIKI
(Griechischer Bauernsalat)

Zubereitungszeit: 20 Minuten
Kochzeit: keine
Für 4 Personen

1 Salatgurke
2 grüne Paprikaschoten
4 Strauchtomaten, in Spalten geschnitten
1 rote Zwiebel, in feine Ringe geschnitten
16 Kalamata-Oliven
250 g griechischer Feta, gewürfelt
24 frische glatte Petersilienblätter
12 ganze frische Minzeblätter
125 ml Olivenöl
2 EL Zitronensaft
1 Knoblauchzehe, zerdrückt
Salz und Pfeffer

1 Gurke längs halbieren und Kerne ausschaben; Gurke in mundgerechte Stücke schneiden. Paprika längs halbieren, von Häutchen und Kernen befreien und in schmale Streifen schneiden. Beides mit Tomaten, Zwiebel, Oliven, Feta, Petersilie und Minze in einer Salatschüssel mischen.
2 Öl, Zitronensaft, Knoblauch, Salz und Pfeffer in ein Glas mit Schraubverschluss geben, gründlich schütteln und über den Salat gießen.

AUBERGINENSALAT

Zubereitungszeit: 20 Minuten
 + 30 Minuten Abtropfzeit
Kochzeit: 1 Stunde 35 Minuten
Für 6 Personen

1 kg große Auberginen
Salz
125 ml Olivenöl
1 Zwiebel, fein gehackt
1/2 TL gemahlener Zimt
4 Knoblauchzehen, zerdrückt
2 x 400 g zerkleinerte Tomaten aus der Dose
2 EL frischer Koriander, gehackt
3 EL frische glatte Petersilie, gehackt
1 EL Zitronensaft
2 EL frische Minze, gehackt
150 g griechischer Naturjoghurt
30 g Pinienkerne, geröstet

1 Auberginen in 2 cm große Würfel schneiden, mit reichlich Salz bestreuen und 30 Minuten im Durchschlag abtropfen lassen. Kalt abspülen und mit einem Geschirrtuch trocken tupfen.
2 In einer großen Bratpfanne 2 EL Öl erhitzen und die Auberginen portionsweise goldbraun braten; bei Bedarf Öl zugeben. Auf Küchenkrepp abtropfen lassen.

GRIECHENLAND

3 Weitere 2 EL Öl erhitzen und Zwiebel darin 1 Minute braten. Zimt und die Hälfte des Knoblauchs zufügen, 1 Minute mitbraten, dann Tomaten zugeben. Auberginen zufügen und 1 Stunde im offenen Topf köcheln lassen, bis die Flüssigkeit fast verdampft ist. Die Hälfte des Korianders und der Petersilie zugeben, umrühren und die Mischung abkühlen lassen.
4 Zitronensaft mit 2 EL Öl mischen, restlichen Knoblauch und Minze zugeben und in den Joghurt rühren.
5 Pinienkerne behutsam unterheben und mit restlichen frischen Kräutern garnieren. Zimmerwarm mit dem Joghurt-Dressing servieren.

HALOUMI MIT SALAT UND KNOBLAUCHBROT

Zubereitungszeit: 20 Minuten
Kochzeit: 5 Minuten
Für 4 Personen

4 feste, vollreife Tomaten
1 Salatgurke
140 g Rucola
80 g Kalamata-Oliven
1 Laib knuspriges Weißbrot
5 EL Olivenöl
Salz und Pfeffer
1 große Knoblauchzehe, halbiert
400 g Haloumi, in 8 Scheiben geschnitten
1 EL Zitronensaft
1 EL frischer Oregano, gehackt

1 Backofen auf 180 °C (Gas 2) vorheizen. Grill auf höchster Stufe heizen.
2 Tomaten und Gurke in mundgerechte Stücke schneiden und mit Rucola und Oliven auf einem großen Teller gründlich mischen.
3 Brot in 8 je 1,5 cm dicke Scheiben schneiden, mit 1 1/2 EL Olivenöl beträufeln, salzen und pfeffern. Hell goldbraun grillen, dann mit Knoblauch gründlich einreiben. Locker in Alufolie wickeln und im Backofen warm halten.
4 1/2 TL Öl in einer flachen Pfanne erhitzen und Käsescheiben auf jeder Seite 1–2 Minuten knusprig und goldbraun braten.
5 Zitronensaft, Oregano, restliches Öl und Salz und Pfeffer nach Geschmack verrühren. Hälfte über den Salat gießen und gründlich mischen. Käse darauf anrichten und mit restlichem Dressing beträufeln. Mit Knoblauchbrot servieren.

KALAMATA-OLIVEN
Diese mandelförmigen Oliven, die aus Kalamata auf dem südlichen Peloponnes stammen, gelten wegen ihres intensiven fruchtigen Aromas und festen Fleisches als die besten Griechenlands. Sie werden in Olivenöl oder Essig eingelegt, um ihren kräftigen Geschmack zu verstärken, und sind häufig auf Vorspeisenplatten oder in Salaten, Saucen und Brot zu finden.

LINKS: Haloumi mit Salat und Knoblauchbrot

DAS GROSSE BUCH DER MITTELMEERKÜCHE

GEGRILLTE WACHTELN

Mit einer Geflügelschere am Rückgrat der Wachteln entlang schneiden.

Die Wachteln auf der Arbeitsfläche behutsam flach drücken.

Jede Wachtel durch die Brust halbieren, dann die Hälften nochmals halbieren.

GEGRILLTE WACHTELN

Zubereitungszeit: 30 Minuten
    + 3 Stunden Kühlzeit
Grillzeit: 10 Minuten
Für 6 Personen

☆☆

6 Wachteln
250 ml trockener Rotwein
2 Stängel Sellerie, mit Spitzen, gehackt
1 Möhre, gehackt
1 kleine Zwiebel, gehackt
1 Lorbeerblatt, klein zerteilt
1 TL Piment
1 TL getrockneter Thymian
Salz und Pfeffer
2 Knoblauchzehen, zerdrückt
2 EL Olivenöl
2 EL Zitronensaft
1 Zitrone, in Schnitze geteilt, zum Servieren

1 Um die Wachteln vorzubereiten, mit einer Geflügelschere an beiden Seiten des Rückgrats entlang schneiden und diese entfernen. Die Innereien entfernen, die Bauchhöhle auswaschen und mit Küchenkrepp trocken tupfen. Die Wachteln mit der Brust nach oben ausbreiten und behutsam flach drücken. Jede Wachtel mit der Geflügelschere längs durch die Brust halbieren, dann die Hälften jeweils in ein Schenkel- und Schlegelstück und ein Brust- und Flügelstück teilen.

2 Wein, Sellerie, Möhre, Zwiebel, Lorbeerblatt und Piment in einer Schüssel (kein Metall) mischen und die Wachteln darin wenden. Zugedeckt mindestens 3 Stunden – besser eine Nacht – im Kühlschrank ziehen lassen; dabei gelegentlich umrühren. Abtropfen lassen und mit Thymian und etwas Salz und Pfeffer bestreuen.

3 Knoblauch mit Öl und Zitronensaft gründlich verrühren.

4 Einen leicht geölten Tischgrill erhitzen oder den Grill auf höchster Stufe heizen, dann die Hitze reduzieren und die Bruststücke der Wachteln auf jeder Seite 4–5 Minuten, die Schlegelstücke 3 Minuten grillen, bis das Fleisch gar ist; dabei häufig mit der Öl-Zitronen-Mischung bepinseln. Mit den Zitronenschnitzen heiß servieren.

Hinweis Wachteln dürfen nicht zu lange gegart werden, da das Fleisch sonst hart und zäh wird; das Brustfleisch sollte innen noch rosa sein. Nach diesem Rezept können auch Jungtauben zubereitet werden.

RECHTS: Gegrillte Wachteln

GRIECHENLAND

LINSEN-BULGUR-PUFFER MIT JOGHURTSAUCE

Zubereitungszeit: 20 Minuten
 + 1 Stunde 30 Minuten Ruhezeit
Kochzeit: 1 Stunde
Ergibt 35 Stück

140 g braune Linsen, abgespült
90 g Bulgur
80 ml Olivenöl
1 Zwiebel, fein gehackt
2 Knoblauchzehen, fein gehackt
3 TL gemahlener Kreuzkümmel
2 TL gemahlener Koriander
3 EL frische Minze, fein gehackt
4 Eier, leicht verschlagen
60 g Mehl
1 TL Meersalz

JOGHURTSAUCE
1 kleine Salatgurke, geschält
250 g griechischer Naturjoghurt
1–2 Knoblauchzehen, zerdrückt

1 Linsen in einem Topf mit 600 ml Wasser bei großer Hitze zum Kochen bringen, dann Hitze reduzieren und Linsen 30 Minuten köcheln lassen, bis sie weich sind. Vom Herd nehmen und mit so viel Wasser auffüllen, dass die Linsen gerade bedeckt sind. Bulgur dazugeben und zugedeckt 1 1/2 Stunden quellen lassen.
2 Für die Joghurtsauce die Gurke längs halbieren und die Kerne herausschaben. Gurke reiben und mit Joghurt und Knoblauch mischen.
3 Die Hälfte des Öls bei mäßiger Hitze in einer großen Bratpfanne heiß werden lassen und Zwiebel und Knoblauch 5 Minuten weich braten. Kreuzkümmel und Koriander unterrühren. Zwiebelmischung, Minze, Eier, Mehl und Meersalz zu den Linsen geben und gründlich mischen. Die Masse sollte so dickflüssig sein, dass sich ein gehäufter Esslöffel beim Backen zu einem Puffer mit etwa 5 cm Durchmesser ausbreitet; ist sie zu feucht, Mehl zum Binden zufügen.
4 Pfanne auswischen und darin restliches Öl bei mäßiger Temperatur erhitzen. Gehäufte Esslöffel der Linsen-Bulgur-Mischung in die Pfanne setzen und auf jeder Seite 3 Minuten braun braten. Puffer auf Küchenkrepp abtropfen lassen, mit Meersalz würzen und warm mit der Joghurtsauce servieren.

GEBACKENE SARDINEN

Backofen auf 210 °C (Gas 3–4) vorheizen. 6 frische ganze Sardinen mit einem kleinen Messer vom Schwanzende zum Kopf hin unter fließendem Wasser schuppen. Bauch aufschneiden, Sardinen am Kopf rundum einschneiden und diesen vorsichtig abziehen; dabei sollten die Innereien mit herausgezogen werden. Bauchhöhle öffnen und säubern. Sardinen mit Küchenkrepp trockentupfen und in eine ofenfeste Form legen, die groß genug ist, sie in einer Schicht aufzunehmen. Mit Salz und 1/2 TL Pfeffer würzen, mit 3 EL Öl und 2 EL Zitronensaft beträufeln und mit 1 kleinen gehackten Knoblauchzehe und 1 1/2 TL getrocknetem Oregano bestreuen. Sardinen wenden, um sie mit der Mischung zu überziehen, dann in der oberen Hälfte des Backofens 12–15 Minuten backen, bis sich das Fleisch von den Gräten löst. Heiß oder warm mit Zitronenschnitzen servieren.
Für 6 Personen.

OBEN: Linsen-Bulgur-Puffer mit Joghurtsauce

DAS GROSSE BUCH DER MITTELMEERKÜCHE

KICHERERBSEN

Auf dem Speisezettel der Mittelmeerländer, die für ihre gesunde Ernährungsweise berühmt sind, spielen Hülsenfrüchte eine bedeutende Rolle. Kichererbsen wurden schon in der Levante und im alten Ägypten angebaut und sind in zahlreichen Ländern zu einem wichtigen Nahrungsmittel geworden. Sie bilden in der mediterranen Küche die Grundlage für viele bekannte Gerichte. Getrocknete Kichererbsen werden in kaltem Wasser eingeweicht, um die Garzeit zu verringern.

OBEN: Frittierte Kichererbsen

FRITTIERTE KICHERERBSEN

Zubereitungszeit: 30 Minuten
 + 1 Nacht Einweichzeit
Frittierzeit: 15 Minuten
Für 6 Personen

275 g getrocknete Kichererbsen
Öl zum Frittieren
1/2 TL Paprikapulver
1/4 TL Cayennepfeffer
Salz

1 Kichererbsen über Nacht in reichlich kaltem Wasser einweichen. Gründlich abtropfen lassen und mit Küchenkrepp trockentupfen.
2 Einen Frittiertopf ein Drittel hoch mit Öl füllen und auf 180 °C erhitzen; ein Brotwürfel sollte in 15 Sekunden braun werden. Die Hälfte der Kichererbsen hineingeben und 3 Minuten frittieren (dabei den Topf halb zudecken, da es Spritzer geben kann; nicht unbeaufsichtigt lassen). Mit dem Schaumlöffel herausnehmen und auf Küchenkrepp abtropfen lassen. Vorgang mit den restlichen Kichererbsen wiederholen.
3 Die Erbsen erneut portionsweise 3 Minuten frittieren und auf Küchenkrepp abtropfen lassen. Paprikapulver und Cayennepfeffer mit etwas Salz mischen und über die heißen Erbsen streuen. Vor dem Servieren abkühlen lassen.

FAVA
(Erbsenpaste)

Zubereitungszeit: 5 Minuten
Kochzeit: 1 Stunde 15 Minuten
Für 4–6 Personen

3 EL Olivenöl
1 Zwiebel, fein gehackt
350 g getrocknete gelbe Schälerbsen, abgespült
Salz und Pfeffer
1–2 EL Zitronensaft
2 EL kleine Kapern, abgespült, zum Garnieren
60 g Feta, zerbröselt, zum Garnieren
2 EL Olivenöl extra vergine zum Servieren
1 Zitrone, in schmale Schnitze geschnitten, zum Servieren

1 Öl in einem großen Topf bei mäßiger Temperatur erhitzen und Zwiebel 5 Minuten weich braten.
2 Erbsen und 1,25 l Wasser zufügen und aufkochen lassen. Hitze reduzieren, Deckel aufsetzen und Erbsen unter häufigem Rühren 45–50 Minuten garen; sie müssen sehr weich sein und auseinander fallen. Weitere 15–20 Minuten im offenen Topf garen, bis die Mischung eindickt. Mit Salz und Pfeffer abschmecken und Zitronensaft hineinrühren.

GRIECHENLAND

3 Mit Kapern und Feta garnieren, mit Olivenöl beträufeln und heiß oder zimmerwarm mit Zitronenschnitzen servieren. Köstlich mit knusprigem Brot.

MUSCHEL-SAGANAKI

Zubereitungszeit: 45 Minuten
Kochzeit: 25 Minuten
Für 6 Personen

750 g Miesmuscheln

125 ml trockener Weißwein

3 Zweige frischer Thymian

1 Lorbeerblatt

1 EL Olivenöl

1 große Zwiebel, fein gehackt

1 Knoblauchzehe, fein gehackt

420 g vollreife Tomaten, abgezogen und sehr fein gehackt

2 EL Tomatenmark

½ TL Zucker

1 EL Rotweinessig

70 g griechischer Feta, zerkleinert

1 TL frische Thymianblätter

1 Muscheln kräftig abbürsten und entbarten. Offene, die sich beim Klopfen auf die Arbeitsfläche nicht schließen, sowie beschädigte wegwerfen. Gut abspülen.

2 Wein, Thymian und Lorbeerblatt in einem großen Topf aufkochen, Muscheln zufügen und 4–5 Minuten garen, bis sie sich leicht öffnen. Kochflüssigkeit durch ein Sieb in ein hitzebeständiges Gefäß abgießen und beiseite stellen. Geschlossene Muscheln wegwerfen. Die obere Schalenhälfte jeder Muschel entfernen und wegwerfen.

3 Öl erhitzen und Zwiebel bei mäßiger Hitze unter Rühren 3 Minuten braten. Knoblauch zufügen und 1 Minute mitbraten. Aufgefangene Kochflüssigkeit zugießen, zum Kochen bringen und 2 Minuten weiter erhitzen, bis sie fast verdunstet ist. Tomaten, Tomatenmark und Zucker zufügen, Hitze reduzieren und 5 Minuten köcheln lassen. Essig zugeben und weitere 5 Minuten köcheln lassen.

4 Muscheln zufügen und bei mäßiger Temperatur 1 Minute erhitzen. In eine große vorgewärmte Servierschüssel füllen, mit Feta und Thymianblättern bestreuen und heiß servieren.

Hinweis Saganaki ist die Bezeichnung für eine Pfanne mit 2 Griffen, in der viele Vorspeisen in Griechenland zubereitet und auch auf den Tisch gebracht werden. Jede Pfanne in passender Größe ist geeignet.

MUSCHEL-SAGANAKI

Frische Muscheln müssen mit einer harten Bürste sorgfältig gesäubert werden.

Anschließend werden die Muscheln entbartet. Zerbrochene Muscheln wirft man weg, ebenso offene, die sich nicht schließen, wenn man sie auf die Arbeitsfläche klopft.

LINKS: Muschel-Saganaki

MEZE

Wie die spanischen Tapas und die italienischen Antipasti gibt es auch in den Ländern des Nahen Ostens und der Levante kleine Gerichte als Vorspeise oder Appetithäppchen. Ob Mezethakia in Griechenland, Meze in der Türkei und dem Nahen Osten oder Mukabalatt in den maghrebinischen Ländern Marokko, Tunesien und Algerien: Bei der traditionellen Geselligkeit und der Gästebewirtung spielen die Gerichte eine wichtige Rolle.

URSPRÜNGE DER MEZE

Abgeleitet vom Wort für „halb", bezeichnet Meze ebenso einzelne Gerichte wie eine bestimmte Art zu essen. In den nichtmuslimischen Gemeinden der Region rührt sie von der Gewohnheit her, Alkohol nur zusammen mit kleinen Happen zu trinken. In Bars und Restaurants werden zu Wein, Bier, Raki, Ouzo und Arak Melonenscheiben, Feta, Oliven oder Brot gereicht, und Griechenlandbesucher sind angenehm überrascht, wenn sie zum Ouzo einen Gratisteller mit Feta, Oliven und Tomatenscheiben serviert bekommen. Es gibt sogar besondere Wirtshäuser, Mezepoulio genannt, in denen nur Mezethakia serviert werden. Die enge Beziehung zwischen Essen und Trinken findet sich auch in der Türkei, wo der Vorspeisentisch gemeinhin als Raki-Tafel bekannt ist.

In Gemeinschaften, in denen kein Alkohol getrunken wird, werden Meze-Platten mit Kaffee oder Sirup gereicht. Jüdische Familien treffen sich nach dem Sabbat- oder Festtagsgottesdienst oft an einer Meze-Tafel.

Meze sind integraler Bestandteil der levantinischen Lebensart, und viele gesellschaftliche Anlässe finden um eine Meze-Tafel statt. Früher gab es sie nur in wohlhabenden Haushalten oder Restaurants und zu besonderen Anlässen wie religiösen Feiertagen und Hochzeiten. Heutzutage gehören sie in jedem Haus zur alltäglichen Gästebewirtung. In vielen modernen Speisekammern finden sich die Grundbestandteile einer Meze-Auswahl

wie Käse, Würstchen, Oliven, selbst gemachte Pickles und Dips, frische Tomaten und Gurken, damit man für unerwartete Gäste gerüstet ist, und Kochbegeisterte halten im Gefriergerät Brotteige und gefüllte Filotaschen bereit.

In Meze-Gerichten sind die ureigenen Zutaten der mediterranen Küche enthalten: Oliven, Olivenöl, Auberginen, Knoblauch, Käse, Kichererbsen, Joghurt, Nüsse, Tomaten, Meeresfrüchte. Viele beliebte Vorspeisen haben ihren Ursprung in den Garküchen, beispielsweise Felafel, Hummus, Fleischbällchen und Baba Ghannouij.

Da die Variationsmöglichkeiten grenzenlos sind, ist es wichtig, auf kontrastierende Farben und Aromen zu achten. Gegartes wird ebenso wie Rohkost gereicht; manche Gerichte werden heiß, manche zimmerwarm serviert. Man findet Salate, Dips, Brote, Nüsse, Gebäck, gefüllte Weinblätter, marinierte oder eingelegte Meeresfrüchte sowie die passenden Würzmittel.

WAS GEHÖRT ZU MEZE?

Grundsätzlich kann jedes Gericht der Region, das sich in kleinen Portionen servieren lässt, Teil des Vorspeisentellers sein. Viele dieser Gerichte dienen auch als Beilagen zu Hauptgerichten und schaffen eine fließende Überleitung von einem Gang zum nächsten. Viele Restaurants wetteifern mit der Anzahl ihrer Meze-Gerichte, und einige locken ihre Gäste sogar mit mehr als 70 verschiedenen.

Obwohl sie als Appetitanreger gedacht sind, kann das Knabbern an den Vorspeisen mehrere Stunden dauern, vor allem auf Partys, wo die Auswahl besonders groß ist.

Meze können einfach aus einer Schüssel frischer Kräuter mit Nüssen bestehen, aber auch raffiniertere Gerichte sind häufig vertreten. Fleischbällchen wie Keftedes (S. 22) oder die türkische Spezialität Cerkes tavugu (S. 78) sind sättigender, dafür aber arbeitsintensiver.

Auch wenn die Auswahl endlos ist, sollte man sich auf einige wenige Gerichte beschränken, vor allem wenn sie den Auftakt zu einer größeren Mahlzeit bilden; sie sollen den Appetit anregen, nicht sättigen. Je nach Anzahl können Meze jedoch eine vollständige Mahlzeit darstellen oder mit Getränken zu jeder Tageszeit gereicht werden.

IM UHRZEIGERSINN, VON LINKS OBEN: Skordalia (S.18); Lubyi bi zayt (S. 66); Saganaki haloumi (S 21); Taramosalata (S. 20); Dolmadakia (S. 19); Hummus (S. 64); Kalamaria tiganita (S. 49)
IM HINTERGRUND: Türkisches Brot

DAS GROSSE BUCH DER MITTELMEERKÜCHE

KAKAVIA
Die Bouillabaisse ist zwar die berühmteste Variante der vielen Fischeintöpfe und -suppen, die rund ums Mittelmeer zu finden sind, doch es gibt auch andere wie etwa die griechische Kakavia, die ebenso vorzüglich schmecken. Der Name leitet sich vom Kakavi ab, einem dreibeinigen Kochtopf, den die Ionier einst auf ihren Fischerbooten mitnahmen. Für diese Suppe kamen die kleinsten Fische des Fanges hinein, dazu noch Olivenöl, Zwiebeln und Safran. Auch heute wird jeder kleine Fisch, der gerade erhältlich ist, dafür verwendet; für die kräftige Farbe sorgen heute allerdings Tomaten, nicht Safran.

RECHTS: Kakavia

KAKAVIA

Zubereitungszeit: 20 Minuten
Kochzeit: 20 Minuten
Für 6 Personen

2 Zwiebeln, in feine Ringe geschnitten
400 g zerkleinerte Tomaten aus der Dose
750 g Kartoffeln, in dünne Scheiben geschnitten
Salz und Pfeffer
1 TL frischer Oregano, gehackt
150 ml Olivenöl
2 l Fischfond oder Gemüsebrühe
1,5 kg weiße Fischfilets wie Kabeljau, Brasse, Seebarsch, in Stücke geschnitten
500 g geschälte Garnelen
125 ml Zitronensaft
frische glatte Petersilie, gehackt, zum Garnieren

1 Zwiebeln, Tomaten und Kartoffeln in einen großen Topf schichten, dabei jede Lage mit Salz, Pfeffer und Oregano würzen. Öl und Brühe zufügen, zum Kochen bringen, Hitze reduzieren und 10 Minuten köcheln lassen, bis die Kartoffeln weich sind.
2 Fisch und Garnelen zugeben und 5 Minuten garen. Zitronensaft zugeben, auf Suppenschüsseln verteilen und mit Petersilie bestreuen.

BOHNENSUPPE

Zubereitungszeit: 20 Minuten
 + 1 Nacht Einweichzeit
Kochzeit: 1 Stunde 15 Minuten
Für 8 Personen

500 g getrocknete Cannellino-Bohnen
2 EL Olivenöl
2 Zwiebeln, gehackt
2 Knoblauchzehen, zerdrückt
450 g vollreife Tomaten, abgezogen und gehackt
3 EL passierte Tomaten
2 große Möhren (400 g), gewürfelt
2 Stängel Sellerie (200 g), geputzt und gewürfelt
1,75 l Gemüse- oder Hühnerbrühe
2 Lorbeerblätter
2 EL Zitronensaft
Salz und Pfeffer
30 g frische glatte Petersilie, gehackt

1 Bohnen in einer Schüssel mit kaltem Wasser bedecken und über Nacht einweichen.
2 Kalt abspülen und abtropfen lassen. Öl in einem Topf mit 5 l Fassungsvermögen erhitzen und Zwiebeln 10 Minuten unter gelegentlichem Rühren braten. Knoblauch 1 Minute mitbraten.

GRIECHENLAND

3 Bohnen, gehackte und passierte Tomaten, Möhren, Sellerie und Brühe hineinrühren und Lorbeerblätter zugeben. Aufkochen, Hitze reduzieren und zugedeckt 45–60 Minuten garen.
4 Zitronensaft unterrühren und mit Salz und Pfeffer abschmecken. Etwas Petersilie unterheben, den Rest als Garnierung verwenden.
Hinweis Diese Suppe schmeckt kräftiger, wenn man sie am Vortag zubereitet und ziehen lässt. Bei geringer Hitze erwärmen und bei Bedarf mit etwas Wasser verdünnen.

HÜHNERSUPPE AVGOLEMONO

Zubereitungszeit: 20 Minuten
Kochzeit: 30 Minuten
Für 4 Personen

1 Zwiebel, halbiert
2 Gewürznelken
1 Möhre, in Stücke geschnitten
1 Lorbeerblatt
500 g Hähnchenbrustfilets
Salz und Pfeffer
80 g Rundkornreis
3 Eier, getrennt
3 EL Zitronensaft
2 EL frische glatte Petersilie, gehackt
4 dünne Zitronenscheiben zum Garnieren

1 Zwiebel mit Nelken spicken und mit 1,5 l Wasser in einen großen Topf geben. Möhre, Lorbeerblatt und Hühnerfleisch zufügen, mit Salz und Pfeffer würzen. Zum Kochen bringen, Hitze reduzieren und 10 Minuten köcheln lassen, bis das Fleisch gar ist.
2 Brühe in einen zweiten Topf abseihen, Fleisch beiseite stellen und Gemüse wegwerfen. Reis in der Brühe aufkochen, Hitze reduzieren und 15 Minuten köcheln lassen, bis der Reis weich ist. Inzwischen Fleisch klein schneiden.
3 Eiweiße steif schlagen, dann Eigelbe unterheben. Zitronensaft langsam unterrühren. Etwa 150 ml der heißen (nicht kochenden) Brühe hineingeben und gründlich verrühren. Die Eimischung zufügen und leicht erhitzen, aber nicht kochen lassen, sonst gerinnt die Suppe. Fleisch hinzufügen und mit Salz und Pfeffer würzen.
4 Suppe 2–3 Minuten ziehen lassen, damit sich das Aroma entfalten kann, dann mit Petersilie bestreuen. Mit Zitronenscheiben garnieren.

SALTSA AVGOLEMONO
(Ei-Zitronen-Sauce)

375 ml Hühnerbrühe zum Kochen bringen. 1 EL Stärkemehl mit etwas kaltem Wasser zu einer Paste verrühren. Zur Brühe geben und rühren, bis die Mischung eindickt. 2–3 Minuten köcheln lassen, vom Herd nehmen und leicht abkühlen lassen. 3 Eier trennen und die Eiweiße steif schlagen. Eigelbe zufügen und schlagen, bis die Masse hell und schaumig ist. 2–3 EL Zitronensaft einrühren. Nach und nach die Brühe unter Rühren zugießen. Die Sauce im Topf bei geringer Hitze unter ständigem Rühren 1–2 Minuten kochen. Mit Salz und Pfeffer abschmecken, vom Herd nehmen und noch 1 Minute rühren. Sofort über das jeweilige Gericht gießen. Mit Dolmadakia (S. 19), Lachano dolmathes (S. 24) oder gedünstetem Fisch oder Gemüse servieren. Für 4 Personen.

OBEN: Hühnersuppe Avgolemono

DAS GROSSE BUCH DER MITTELMEERKÜCHE

OBEN: Psari plaki

PSARI PLAKI
(Gebackener Fisch)

Zubereitungszeit: 20 Minuten
Kochzeit: 45 Minuten
Für 4 Personen

60 ml Olivenöl
2 Zwiebeln, fein gehackt
1 kleiner Stängel Sellerie, fein gehackt
1 kleine Möhre, fein gehackt
2 Knoblauchzehen, gehackt
400 g zerkleinerte Tomaten aus der Dose
2 EL passierte Tomaten
1/4 TL getrockneter Oregano
1/2 TL Zucker
50 g Weißbrot, am besten vom Vortag
Salz und Pfeffer
500 g weiße Fischfilets oder Steaks wie Brasse oder Kabeljau
3 EL frische glatte Petersilie, gehackt
1 EL frischer Zitronensaft

1 Backofen auf 180 °C (Gas 2) vorheizen. 2 EL Öl in einer Bratpfanne erhitzen. Zwiebeln, Sellerie und Möhre zufügen und 10 Minuten bei geringer Hitze braten. Knoblauch zugeben und 2 Minuten mitbraten. Tomaten, Oregano und Zucker zufügen und etwa 10 Minuten unter gelegentlichem Rühren köcheln lassen, bis die Sauce eindickt. Mit Salz und Pfeffer würzen.
2 Brot im Mixer zu feinen Bröseln hacken.
3 Fisch in einer Schicht in eine Auflaufform legen. Petersilie und Zitronensaft in die Sauce rühren, abschmecken und über den Fisch gießen. Mit den Bröseln bestreuen und mit dem restlichen Öl beträufeln. Etwa 20 Minuten backen, bis der Fisch gerade gar ist.

SPANAKORIZO
(Spinatreis)

Zubereitungszeit: 15 Minuten
Kochzeit: 30 Minuten
Für 6 Personen

400 g Blattspinat
6 Frühlingszwiebeln
2 EL Olivenöl
1 große Zwiebel, gehackt
2 Knoblauchzehen, zerdrückt
330 g Rundkornreis

GRIECHENLAND

2 EL Zitronensaft
1 EL frischer Dill, gehackt
1 EL frische glatte Petersilie, gehackt
Salz und Pfeffer
375 ml Gemüsebrühe

1 Spinat gründlich waschen, die Blätter grob zerteilen und die Stiele hacken. Frühlingszwiebeln mit dem Grün fein hacken.
2 Öl in einem großen breiten Schmortopf erhitzen und Zwiebel und Knoblauch bei mäßiger Hitze 5–7 Minuten weich braten. Frühlingszwiebeln und Reis zufügen, gründlich verrühren und 2 Minuten unter Rühren braten. Spinat, 1 EL Zitronensaft und Kräuter zugeben, mit Salz und Pfeffer kräftig würzen. Brühe und 375 ml Wasser unterrühren. Im geschlossenen Topf zum Kochen bringen, dann bei geringer Hitze 15 Minuten garen.
3 Vom Herd nehmen und 5 Minuten ziehen lassen. Restlichen Zitronensaft einrühren und abschmecken.

Hinweis Statt Blattspinat kann auch Mangold verwendet werden. Mangold abspülen, dicke Stiele abschneiden und Blätter grob hacken. Blätter in einem großen Topf mit kochendem Salzwasser blanchieren und unter kaltem Wassser abspülen.

ZITRONENHÄHNCHEN

Zubereitungszeit: 10 Minuten
Kochzeit: 45 Minuten
Für 4 Personen

3 EL Olivenöl
1 kg Hähnchenkeulen, gesalzen und gepfeffert
1 große Stange Lauch, halbiert, gewaschen und in dünne Scheiben geschnitten
4 große Streifen dünn abgeschnittene Schale einer unbehandelten Zitrone
125 ml Zitronensaft
250 ml trockener Weißwein
500 g kleine Möhren, geputzt

1 Öl in einer großen Pfanne erhitzen, Hähnchen in 2 Portionen je 6–8 Minuten braun und knusprig braten. Alle Hähnchenteile in die Pfanne geben, Lauch zufügen und diesen bissfest garen. Zitronenschale 1–2 Minuten mitbraten.
2 Zitronensaft und Wein zugießen, umrühren, Möhren zufügen und alles zugedeckt 30–35 Minuten unter gelegentlichem Rühren garen. Zitronenschale entfernen und Gericht mit Salz und Pfeffer abschmecken.

ZITRONEN

In Griechenland wie auch in den meisten anderen Mittelmeerländern werden Zitronen für viele verschiedene Gerichte verwendet. Fleisch und Geflügel werden in Zitronensaft gebraten und geschmort und Gemüse darin gedünstet. Er ist auch eine wesentliche Zutat der Avgolemono-Suppe. Zitronenschnitze drückt man über gegartem und rohem Gemüse wie über gegrillten oder gebratenen Meeresfrüchten, Fleisch und Käse aus. Die Schale wird in Zucker eingelegt und für süße Leckereien verwendet. Um möglichst viel Saft zu erhalten, wählt man Zitronen mit dünner Schale und rollt sie mit der flachen Hand kräftig auf der Arbeitsfläche hin und her.

LINKS: Zitronenhähnchen

STIFADO
(Schmortopf)

Zubereitungszeit: 15 Minuten
Kochzeit: 1 Stunde 30 Minuten
Für 4 Personen

1 kg Rindfleisch (Schulter oder Nacken)
60 ml Olivenöl
750 g ganze kleine Zwiebeln
3 Knoblauchzehen, längs halbiert
125 ml Rotwein
1 Zimtstange
4 Gewürznelken
1 Lorbeerblatt
1 EL Rotweinessig
2 EL Tomatenmark
Salz und zerstoßener schwarzer Pfeffer
2 EL Rosinen

1 Fleisch gegebenenfalls von überschüssigem Fett und Sehnen befreien und in mundgerechte Würfel schneiden. Öl bei mäßiger Hitze in einem großen Topf erhitzen und Zwiebeln unter Rühren 5 Minuten goldbraun braten. Herausnehmen und auf Küchenkrepp abtropfen lassen.
2 Fleisch zugeben und unter Rühren bei starker Hitze 10 Minuten rundum braun braten; der Fleischsaft sollte nahezu eintrocknen.
3 Knoblauch, Wein, Gewürze, Lorbeerblatt, Essig, Tomatenmark, etwas Salz, 1/4 TL Pfeffer und 375 ml Wasser hinzufügen und zum Kochen bringen. Hitze reduzieren und Gericht zugedeckt 1 Stunde unter gelegentlichem Rühren schmoren.
4 Zwiebeln zufügen und Rosinen behutsam untermischen. Zugedeckt 15 Minuten schmoren. Zimtstange vor dem Servieren entfernen. Reis, Brot oder Kartoffeln dazureichen.
Hinweis Für ein kräftigeres Aroma statt Wasser 375 ml Fleischbrühe oder je 250 ml Wein und Wasser verwenden.

SOFRITO
(Kalbfleisch mit Essig)

Zubereitungszeit: 10 Minuten
Kochzeit: 1 Stunde 50 Minuten
Für 6–8 Personen

60 g Mehl
große Prise Cayennepfeffer
Salz und Pfeffer
1 kg Kalbsteaks
60 ml Olivenöl
1 Lorbeerblatt
5 Knoblauchzehen, zerdrückt
170 ml Rotweinessig
625 ml Fleischbrühe
glatte Petersilie, gehackt, zum Servieren

1 Mehl mit Cayennepfeffer mischen und mit Salz und Pfeffer kräftig würzen. Fleisch darin wenden und Überschuss abschütteln.
2 Öl in einer großen, tiefen Pfanne bei hoher Temperatur erhitzen und Fleisch portionsweise 1 Minute auf jeder Seite hellbraun braten. Herausnehmen und beiseite stellen.
3 Lorbeerblatt, Knoblauch, Essig und Brühe in der Pfanne aufkochen, dabei den Bratensatz vom Boden lösen. Hitze auf kleinste Stufe schalten und Fleisch gegebenenfalls mit ausgetretenem Saft in die Pfanne geben. Zugedeckt 1 1/2 Stunden unter gelegentlichem behutsamem Rühren

UNTEN: Stifado

schmoren, bis das Fleisch sehr zart und die Sauce sämig ist. Ist sie noch zu wässrig, das Fleisch herausnehmen und die Sauce noch etwas einkochen. Mit Petersilie bestreut servieren.

HÄHNCHENPASTETE

Zubereitungszeit: 30 Minuten
Kochzeit: 1 Stunde 10 Minuten
Für 6 Personen

1 kg Hähnchenbrüste ohne Haut und Knochen
500 ml Hühnerbrühe
60 g Butter
2 Frühlingszwiebeln, geputzt und fein gehackt
60 g Mehl
125 ml Milch
8 Blätter Filoteig (40 x 30 cm)
60 g Butter, zerlassen
200 g Feta, zerkleinert
1 EL frischer Dill, gehackt
1 EL frischer Schnittlauch, gehackt
1/4 TL gemahlene Muskatnuss
1 Ei, leicht verschlagen
Salz und frisch gemahlener schwarzer Pfeffer

1 Hühnerfleisch in mundgerechte Stücke schneiden. Brühe in einem Topf bei starker Hitze zum Kochen bringen, auf kleinste Stufe schalten, Fleisch zugeben und 10–15 Minuten gar ziehen lassen. Abgießen, dabei die Brühe auffangen. Mit Wasser auf 500 ml verlängern. Backofen auf 180 °C (Gas 2) vorheizen.
2 Butter in einem Topf bei geringer Hitze zerlassen und Frühlingszwiebeln unter Rühren 5 Minuten braten. Mehl zufügen und 30 Sekunden rühren. Vom Herd nehmen, nach und nach unter ständigem Rühren Hühnerbrühe und Milch zugeben und langsam zum Kochen bringen. Einige Minuten köcheln lassen, bis die Sauce sämig wird. Vom Herd nehmen.
3 4 Blätter Filoteig jeweils auf einer Seite mit zerlassener Butter bestreichen und damit eine 25 x 18 x 4 cm große Backform auslegen, die gebutterten Seiten nach unten; der Teig hängt über den Rand der Form. Restliche Filoblätter mit einem feuchten Geschirrtuch bedecken, damit sie nicht austrocknen.
4 Hähnchen, Feta, Dill, Schnittlauch, Muskatnuss und Ei in die Sauce rühren und mit Salz und Pfeffer abschmecken. Die Mischung auf dem Filoteig verteilen, den überhängenden Teig über die Füllung klappen und die Pastete mit den restlichen Teigblättern bedecken, dabei jedes Blatt mit zerlassener Butter bestreichen. Die Ecken der Pastete so zusammendrücken, dass sie in die Form passen, und den Teig mit Butter bestreichen. 45–50 Minuten goldbraun und knusprig backen.
Hinweis Statt Filoteig kann auch Blätterteig verwendet werden. In diesem Fall die Pastete zunächst 15 Minuten bei 220 °C (Gas 4–5) backen, Hitze auf 180 °C (Gas 2) reduzieren und weitere 30 Minuten backen.

OBEN: Hähnchenpastete

DAS GROSSE BUCH DER MITTELMEERKÜCHE

GRIECHENLAND

MEERÄSCHE IN WEIN-BLÄTTERN

Zubereitungszeit: 20 Minuten
 + 30 Minuten Abtropfzeit
Kochzeit: 15 Minuten
Für 4 Personen als erster Gang

4 große Strauchtomaten
2 Knoblauchzehen, zerdrückt
4 Sardellenfilets, gehackt
4 EL frische glatte Petersilie, gehackt
2 EL frisches Basilikum, gehackt
4 Kalamata-Oliven, entsteint und gehackt
Salz und Pfeffer
4 rote Meeräschen (je etwa 250 g), ausgenommen und geschuppt
8 eingelegte Weinblätter
1 EL Olivenöl
1 EL Zitronensaft
Zitronenschnitze, unbehandelt, zum Garnieren

1 Tomaten auf der Unterseite kreuzweise einschneiden, 10 Sekunden in kochendes Wasser legen, kalt abschrecken und die Haut abziehen. Kerne mit einem Teelöffel entfernen. Fruchtfleisch fein hacken und in einem Sieb über einer Schüssel 30 Minuten abtropfen lassen. Backofen auf 180 °C (Gas 2) vorheizen.
2 Aufgefangene Flüssigkeit von den Tomaten wegschütten und Tomaten in einer Schüssel mit Knoblauch, Sardellen, Petersilie, Basilikum und Oliven mischen. Mit Salz und Pfeffer würzen.
3 Fische innen und außen kräftig mit Salz und Pfeffer würzen, dann mit je 1/2 EL Tomatenmischung füllen.
4 Weinblätter gut abspülen und trockentupfen. Je 2 Blätter leicht überlappend aneinander legen. Restliche Tomatenmischung in 4 Portionen teilen. Die Hälfte einer Portion auf 2 Weinblätter verteilen, einen Fisch darauf legen und die zweite Hälfte darüber geben. Blätter über dem Fisch so zu einem Päckchen falten, dass Kopf und Schwanz teilweise frei bleiben. 3 weitere Päckchen ebenso bereiten.
5 Öl und Zitronensaft gründlich mischen. Die Fischpäckchen in eine Auflaufform (kein Metall) legen und mit reichlich Öl-Zitronensaft-Mischung bestreichen (vor allem die Fischschwänze, die sonst schnell schwarz werden können). 15 Minuten backen, dann behutsam auf Tellern anrichten und mit Zitronenschnitzen garnieren.

GARIDES ME FETA
(Gebackene Garnelen mit Feta)

Zubereitungszeit: 20 Minuten
Kochzeit: 30 Minuten
Für 4 Personen als erster Gang

300 g große Garnelen
2 EL Olivenöl
2 kleine rote Zwiebeln, fein gehackt
1 große Knoblauchzehe, zerdrückt
350 g vollreife Tomaten, gewürfelt
2 EL Zitronensaft
2 EL frischer oder 1 TL getrockneter Oregano
Salz und Pfeffer
200 g Feta
Olivenöl extra vergine zum Beträufeln
schwarzer Pfeffer, zerstoßen, zum Bestreuen
frische glatte Petersilie, gehackt, zum Garnieren

1 Garnelen in einem Stück aus der Schale entfernen. Am Rücken einen kleinen Einschnitt anbringen und, am Kopfende beginnend, den schwarzen Faden (Darm) behutsam herausziehen.
2 Backofen auf 180 °C (Gas 2) vorheizen. Öl in einem Topf bei mäßiger Temperatur erhitzen, Zwiebel zufügen und 3 Minuten unter gelegentlichem Rühren braten. Knoblauch zugeben und einige Sekunden mitbraten. Tomaten zufügen und 10 Minuten köcheln lassen, bis die Mischung etwas eindickt. Zitronensaft und Oregano zugeben und mit Salz und Pfeffer abschmecken.
3 Die Hälfte der Sauce in eine 15 cm große quadratische Auflaufform mit 750 ml Fassungsvermögen gießen. Garnelen darauf legen, restliche Sauce darüber verteilen und Feta darüber bröckeln. Mit Olivenöl beträufeln und mit Pfeffer bestreuen.
4 Garnelen 15 Minuten backen und sofort servieren. Leicht getoastetes Brot dazureichen, um die Sauce aufzutunken.

MEERÄSCHE IN WEIN-BLÄTTERN

Jeden Fisch mit etwas Tomatenmischung füllen.

Etwas Tomatenmischung auf die Fische verteilen.

GEGENÜBERLIEGENDE SEITE: Garides me feta (oben); Meeräsche in Weinblättern

OBEN: Moussaka

MOUSSAKA

Zubereitungszeit: 20 Minuten
+ 30 Minuten Ruhezeit
Kochzeit: 2 Stunden
Für 6 Personen

1,5 kg Auberginen, in 5 mm dicke Scheiben geschnitten
125 ml Olivenöl
2 Zwiebeln, fein gehackt
2 große Knoblauchzehen, zerdrückt
½ TL Piment, gemahlen
1 TL gemahlener Zimt
750 g Hackfleisch vom Rind
2 große vollreife Tomaten, abgezogen und gehackt
2 EL Tomatenmark
125 ml Weißwein
3 EL frische glatte Petersilie, gehackt
Salz und Pfeffer

KÄSESAUCE
60 g Butter
60 g Mehl
625 ml Milch
Prise gemahlene Muskatnuss
40 g fein geriebener Kefalotyri oder Parmesan
2 Eier, leicht verschlagen

1 Auberginen mit Salz bestreuen und 30 Minuten ziehen lassen. Abspülen und trockentupfen. Backofen auf 180 °C (Gas 2) vorheizen.
2 In einer Bratpfanne 2 EL Öl erhitzen und Auberginen portionsweise auf jeder Seite 1–2 Minuten braten. Öl nach Bedarf zufügen.
3 In einem großen Topf 1 EL Öl erhitzen, Zwiebel zufügen und bei mäßiger Hitze 5 Minuten braten. Knoblauch, Piment und Zimt zugeben und 30 Sekunden mitbraten. Hackfleisch zufügen und 5 Minuten braten; dabei etwaige Klumpen mit dem Löffelrücken verteilen. Tomaten, Tomatenmark und Wein zugeben und bei geringer Hitze 30 Minuten köcheln lassen, bis die Flüssigkeit verdunstet. Petersilie hineinrühren und mit Salz und Pfeffer würzen.
4 Für die Käsesauce Butter in einem Topf bei geringer Hitze zerlassen. Mehl einrühren und 1 Minute erhitzen, bis die Mischung schäumt. Vom Herd nehmen und nach und nach Milch und Muskatnuss einrühren. Wieder unter Rühren erhitzen, bis die Sauce aufkocht und eindickt. Hitze reduzieren und 2 Minuten köcheln lassen. 1 EL Käse gründlich unterrühren. Die Eier erst kurz vor der Weiterverwendung einrühren.
5 Eine 25 x 30 cm große Auflaufform mit 3 l Fassungsvermögen mit einem Drittel der Auberginenscheiben auslegen. Die Hälfte der Fleischsauce darüber verteilen und mit einer weiteren Lage Auberginen bedecken. Restliche Fleischsauce darauf geben und mit restlichen Auberginen bedecken. Die Käsesauce darüber verteilen und mit dem restlichen Käse bestreuen. 1 Stunde backen. Vor dem Anschneiden 10 Minuten stehen lassen.
Hinweis Die Auberginen können durch die gleiche Menge gebratener Zucchini- oder Kartoffelscheiben oder durch jede Kombination dieser Gemüsesorten ersetzt werden.

GRIECHENLAND

GEFÜLLTE PAPRIKA

Zubereitungszeit: 25 Minuten
Kochzeit: 1 Stunde 15 Minuten
Für 6 Personen

180 g Langkornreis
320 ml Hühnerbrühe
6 mittelgroße rote, gelbe oder orangefarbene Paprikaschoten
60 g Pinienkerne
80 ml Olivenöl
1 große Zwiebel, gehackt
125 g passierte Tomaten
60 g Rosinen
2½ EL frische glatte Petersilie, gehackt
2½ EL frische Minzeblätter, gehackt
½ TL gemahlener Zimt
Salz und Pfeffer

1 Reis und Brühe in einem Topf bei mäßiger Hitze zum Kochen bringen. Hitze etwas reduzieren, Deckel fest auflegen und den Reis 15 Minuten weich garen. Zugedeckt beiseite stellen.

2 Wasser in einem großen Topf zum Kochen bringen. Jeweils einen Deckel von den Paprikaschoten abschneiden und beiseite legen. Kerne und Häutchen entfernen. Schoten ohne Deckel 2 Minuten im kochenden Wasser blanchieren, abgießen und umgekehrt auf Küchenkrepp trocknen lassen.

3 Backofen auf 180 °C (Gas 2) erhitzen. Pinienkerne in einer kleinen Pfanne bei geringer Hitze goldbraun rösten, dann herausnehmen und beiseite stellen. Bei mäßiger Hitze 2 EL Öl erhitzen und Zwiebel 10 Minuten unter gelegentlichem Rühren weich braten.

4 Tomaten, Rosinen, Petersilie, Minze, Zimt, Reis und Pinienkerne in die Pfanne geben, 2 Minuten rühren und mit Salz und Pfeffer abschmecken.

5 Paprikaschoten in eine Auflaufform stellen, in die sie gerade hineinpassen, mit Reismischung füllen und jeweils einen Deckel aufsetzen.

6 100 ml kochendes Wasser in die Form gießen und das restliche Öl über die Paprikaschoten träufeln. 40 Minuten backen; mit einer Messerspitze prüfen, ob die Schoten weich sind. Heiß oder kalt servieren.

GEFÜLLTES GEMÜSE
Jemista oder gefülltes Gemüse ist ein wichtiger Bestandteil der griechischen Gastronomie und in den Tavernen überall in Griechenland sehr beliebt. Vegetarische Versionen werden mit Reis, Kräutern, Rosinen oder Korinthen und Nüssen gefüllt. Wenn Hackfleisch zugefügt wird, dann meist nur in kleiner Menge, um den Geschmack abzurunden.

LINKS: Gefüllte Paprika

DAS GROSSE BUCH DER MITTELMEERKÜCHE

SÜSS-SAURE GERICHTE
Meist verbindet man süßsaure Gerichte mit der chinesischen Küche, doch auch in den mediterranen Ländern haben sie eine lange Tradition. Das Mischen gegensätzlicher Aromen und Konsistenzen spiegelt den mythologischen Glauben wider, dadurch ein Gleichgewicht der Kräfte zu erreichen. So wird z. B. Fleisch schon seit Jahrhunderten mit Früchten zubereitet, die ursprünglich dazu dienten, zähere Stücke zart zu machen. Im Rezept auf dieser Seite geht das Feigenaroma eine besonders harmonische Verbindung mit den Gewürzen und der Zitrone ein.

RECHTS: Kotopoulo me syko

KOTOPOULO ME SYKO
(Hähnchen mit Feigen)

Zubereitungszeit: 20 Minuten
Kochzeit: 1 Stunde 10 Minuten
Für 4 Personen

1 Hähnchen (1,5 kg), in 8 gleich große Stücke geteilt
Salz und Pfeffer
1 EL Olivenöl
12 frische, nicht zu große oder 12 getrocknete Feigen, 2 Stunden in heißem Wasser eingeweicht
10 ganze Knoblauchzehen
1 große Zwiebel, in dünne Ringe geschnitten
1/2 TL gemahlener Koriander
1/2 TL gemahlener Zimt
1/2 TL gemahlener Kreuzkümmel
Prise Cayennepfeffer
3 Lorbeerblätter
375 ml Ruby Port
1 TL abgeriebene Schale einer unbehandelten Zitrone
2 EL Zitronensaft

1 Backofen auf 180 °C (Gas 2) vorheizen. Hähnchen von Fett befreien. Innereien gegebenenfalls beiseite legen. Fleisch leicht salzen und pfeffern. Öl in einer großen Pfanne stark erhitzen und Hähnchen portionsweise mit der Hautseite nach unten 5 Minuten braten.
2 Mit der Hautseite nach unten zusammen mit den Innereien in einen 33 x 23 cm großen Bräter legen. Feigen dazwischenlegen. Knoblauch und Zwiebel darüber verteilen und in die Lücken drücken; dabei Feigen nicht verletzen. Gewürze darüber streuen, Lorbeerblätter dazwischenstecken, dann Portwein zugießen. Zugedeckt 25 Minuten braten, Hähnchen wenden und weitere 20 Minuten offen braten. Zitronenschale und Saft unterrühren und noch 15 Minuten braten, bis das Fleisch sehr weich ist.

ARNI JAHNI
(Lammeintopf)

Zubereitungszeit: 25 Minuten
Kochzeit: 2 Stunden 15 Minuten
Für 4 Personen

3 EL Olivenöl
1 kg Lammschulter ohne Knochen, in 2 cm große Würfel geschnitten

GRIECHENLAND

1 Zwiebel, gehackt

2 Knoblauchzehen, zerdrückt

2 Stängel Sellerie, gehackt

1 große Möhre, gehackt

4 vollreife Tomaten, abgezogen, entkernt und gehackt

2 EL Tomatenmark

1 TL Zucker

180 ml Rotwein

2 Lorbeerblätter

3 Gewürznelken

1/4 TL gemahlener Zimt

250 g kleine Zwiebeln

350 g Zucchini, in dicke Scheiben geschnitten

frische glatte Petersilie, gehackt, zum Servieren

1 In einem großen Topf 1 EL Öl erhitzen und Fleisch portionsweise auf allen Seiten braten; bei Bedarf Öl zugeben. Fleisch beiseite stellen.
2 Noch 1 EL Öl erhitzen, Zwiebel darin 4 Minuten weich braten, dann Knoblauch, Sellerie und Möhre zufügen und 1 Minute mitbraten. Tomaten, Tomatenmark, Zucker, Rotwein, Lorbeerblätter, Gewürznelken, Zimt und 375 ml Wasser zugeben. Fleisch zufügen, Deckel auflegen, aufkochen, dann Hitze reduzieren und 1 1/2 Stunden schmoren.
3 Restliches Öl in einer Pfanne erhitzen und Zwiebeln goldbraun und weich braten. Mit Zucchini zum Eintopf geben und weitere 30 Minuten garen. Mit Petersilie bestreuen. Sofort servieren.

SOUVLAKI
(Lammfleischspieße)

Zubereitungszeit: 20 Minuten
  + 1 Nacht Marinierzeit + 30 Minuten Ruhezeit
Grillzeit: 10 Minuten
Für 4 Personen

☆☆

1 kg Lammfleisch aus der Keule, vom Fett befreit, in 2 cm große Würfel geschnitten

60 ml Olivenöl

2 TL abgeriebene unbehandelte Zitronenschale

80 ml Zitronensaft

125 ml trockener Weißwein

2 TL getrockneter Oregano

2 große Knoblauchzehen, fein gehackt

2 frische Lorbeerblätter

schwarzer Pfeffer

250 g griechischer Naturjoghurt

2 Knoblauchzehen, zerdrückt

1 In einer Schüssel (kein Metall) Lamm, 2 EL Öl, Zitronenschale und -saft, Wein, Oregano, Knoblauch, Lorbeer und etwas Pfeffer vermischen und zugedeckt über Nacht kalt stellen.
2 Joghurt und Knoblauch gut vermischen und 30 Minuten ziehen lassen.
3 Lamm abtropfen lassen. Auf 8 Spieße stecken und 7–8 Minuten grillen; dabei mit restlichem Öl bestreichen. Mit Joghurt und Brot servieren.

LAMM

In Griechenland ist Lammfleisch sehr beliebt. Das hügelige Land mit seinen oft kargen Böden eignet sich nicht für die Rinderzucht, und als Fleisch- und Milchlieferanten werden Schafe und Ziegen gehalten. Weil Fleisch schon immer knapp und teuer war, bleibt es traditionell religiösen Festen und anderen besonderen Gelegenheiten vorbehalten. Zu Ostern, dem wichtigsten kirchlichen Fest der orthodoxen Griechen, ist es Brauch, ein ganzes Lamm mitsamt der Innereien am Spieß zu grillen. Griechen bevorzugen ihr Fleisch gut durchgebraten, sodass es fast vom Knochen fällt; aber bei den Rezepten dieses Kapitels können die Garzeiten ganz nach dem persönlichen Geschmack bestimmt werden.

OBEN: Souvlaki

OBEN: Spanakopitta

SPANAKOPITTA
(Mangold-Käse-Pastete)

Zubereitungszeit: 25 Minuten
 + Kühlzeit
Kochzeit: 1 Stunde
Für 4–6 Personen

1,5 kg Mangold
3 EL Olivenöl
1 weiße Zwiebel, fein gehackt
10 Frühlingszwiebeln, gehackt (mit etwas Grün)
1½ EL frischer Dill, gehackt
200 g griechischer Feta, zerbröckelt
125 g körniger Frischkäse
3 EL fein geriebener Kefalotyri
¼ TL Muskatnuss, gemahlen
4 Eier, leicht verschlagen
Salz und Pfeffer

10 Blätter Filoteig
80 g Butter, zerlassen, zum Bestreichen

1 Mangold gut abspülen und abtropfen lassen. Stiele entfernen und Blätter klein schneiden. Öl in einer großen Pfanne erhitzen und Zwiebel bei mäßiger Hitze 5 Minuten weich braten. Frühlingszwiebeln und Mangold zugeben und zugedeckt bei mäßiger Hitze 5 Minuten garen. Dill zufügen und offen 3–4 Minuten garen, bis die Flüssigkeit fast verdunstet ist. Abkühlen lassen.
2 Backofen auf 180 °C (Gas 2) vorheizen und 20 x 25 cm große Auflaufform mit 2½ l Fassungsvermögen leicht einfetten. Gesamten Käse mit der Mangoldmischung verrühren und Muskatnuss zufügen. Nach und nach Eier unterrühren. Mit Salz und Pfeffer würzen.
3 Boden und Seiten der Form mit einem Blatt Filoteig auslegen (restliche Blätter mit einem feuchten Geschirrtuch bedecken, damit sie nicht austrocknen), mit Butter bestreichen und ein weiteres Teigblatt darauf legen. Wieder buttern und Verfahren mit 3 Teigblättern wiederholen. Füllung in die Form geben und glätten. Überstehenden Teig über die Füllung klappen. Mit einem Teigblatt bedecken, mit Butter bestreichen und Verfahren mit restlichen Blättern wiederholen. Überhängende Teigränder zurückschneiden und seitlich in die Form stecken.
4 Oberfläche mit Butter bestreichen und mit einem scharfen Messer Quadrate markieren. Einige Tropfen kaltes Wasser auf den Teig sprenkeln, damit er sich nicht aufrollt. 45 Minuten backen. Vor dem Servieren 10 Minuten bei Raumtemperatur stehen lassen.
Hinweis Kefalotyri kann durch Pecorino ersetzt werden.

REISPILAW

In einem Topf 60 g Butter bei geringer Hitze zerlassen, 1 fein gehackte Zwiebel zufügen und in 5 Minuten unter häufigem Rühren weich braten. 400 g Langkornreis gründlich unterrühren. 1 l heiße Hühner- oder Gemüsebrühe zugeben und unter häufigem Rühren zum Kochen bringen. Deckel fest aufsetzen und Reis bei geringer Hitze 10 Minuten garen. Vom Herd nehmen und 10 Minuten ziehen lassen. Reis mit einer Gabel lockern und sofort servieren. Pilaw kann auch in einzelne eingeölte Förmchen gepresst und auf eine Servierplatte gestürzt werden.
Für 6–8 Personen.

GRIECHENLAND

OKTAPODI KRASSATO
(Krake in Rotwein)

Zubereitungszeit: 15 Minuten
Kochzeit: 1 Stunde 10 Minuten
Für 4–6 Personen

1 kg kleine Kraken
2 EL Olivenöl
1 große Zwiebel, gehackt
3 Knoblauchzehen, zerdrückt
1 Lorbeerblatt
750 ml Rotwein
60 ml Rotweinessig
400 g zerkleinerte Tomaten aus der Dose
1 EL Tomatenmark
1 EL frischer Oregano, fein gehackt
1/4 TL gemahlener Zimt
kleine Prise Nelken, gemahlen
1 TL Zucker
2 EL frische glatte Petersilie, gehackt
Salz und Pfeffer

1 Um die Kraken vorzubereiten, mit einem kleinen Messer zwischen Kopf und Tentakeln knapp unterhalb der Augen durchschneiden. Körper festhalten und Maul (Kauwerkzeuge) mit den Fingern zwischen den Tentakeln nach oben herausdrücken. Augen kreisförmig aus dem Kopf schneiden und wegwerfen. Kopf vorsichtig seitlich aufschneiden und Innereien entfernen. Alle Teile der Kraken unter fließendem Wasser gründlich abspülen.
2 Öl in einem großen Topf erhitzen, Zwiebel bei starker Hitze 5 Minuten braten, Knoblauch und Lorbeerblatt zufügen und 1 Minute mitbraten. Kraken gründlich hineinrühren.
3 Wein, Essig, Tomaten, Tomatenmark, Oregano, Zimt, Nelken und Zucker zufügen. Zum Kochen bringen und bei geringer Hitze 1 Stunde garen, bis die Kraken weich sind und die Sauce etwas eindickt. Petersilie unterrühren und mit Salz und Pfeffer würzen.
Hinweis Die Garzeit hängt von der Größe der Kraken ab. Kleinere sind zarter als größere und müssen nicht so lang gekocht werden.

KALAMARIA TIGANITA
(Frittierter Kalmar)

Zubereitungszeit: 20 Minuten
Frittierzeit: 15 Minuten
Für 4 Personen

1 kg kleine Kalmare
Mehl, Salz und Pfeffer, vermischt, zum Bestäuben
Öl zum Frittieren
Zitronenschnitze zum Servieren
Skordalia (S. 18) zum Servieren

1 Tentakel samt Kopf aus dem Körperbeutel ziehen, innere Schale und Innereien entfernen. Tentakel unterhalb der Augen abschneiden, Kauwerkzeuge entfernen. Unter fließendem kaltem Wasser Körperbeutel häuten, Flossen abtrennen. Beutel in 5 mm dicke Ringe schneiden, mit Flossen und Tentakeln trockentupfen.
2 Öl im Frittiertopf auf 180 °C erhitzen; ein Brotwürfel sollte in 15 Sekunden bräunen. Kalmare im Mehl wenden, Überschuss abschütteln. Portionsweise 2–3 Minuten goldbraun frittieren. Mit Zitronenschnitzen und Skordalia servieren.

MEERESFRÜCHTE GAREN
Für Meeresfrüchte wie Kalmar oder Krake gilt allgemein, dass sie entweder sehr kurz oder sehr lang gegart werden sollten, da alles dazwischen sie zäh werden lässt. Die Garzeit beim Braten oder Grillen beträgt nur wenige Minuten; in einer Flüssigkeit werden sie 1 Stunde oder länger geschmort.

UNTEN: Oktapodi krassato

LAMMBRATEN MIT ZITRONE UND KARTOFFELN

Kleine Schlitze ins Fleisch schneiden und Knoblauchstifte hineinstecken.

Kartoffeln mit Oregano, Salz und Pfeffer bestreuen.

GEGENÜBERLIEGENDE SEITE: Lammbraten mit Zitrone und Kartoffeln (oben und unten); Bohnenkasserolle

GESCHMORTE ARTISCHOCKEN MIT DICKEN BOHNEN

Zubereitungszeit: 25 Minuten
Kochzeit: 35 Minuten
Für 4 Personen

1 unbehandelte Zitrone
6 große Artischocken
75 ml Olivenöl extra vergine
4 Frühlingszwiebeln, in dünne Ringe geschnitten
300 g frische dicke Bohnen, enthülst
3 EL frischer Dill, gehackt
Salz und Pfeffer

1 Zitrone in eine große Schüssel Wasser auspressen; Schale mit hineinlegen. Mit einem Messer Heu aus den Artischocken entfernen, harte äußere Blätter abschneiden und unteres Ende knapp abschneiden. Artischocken vierteln und ins Zitronenwasser legen.
2 In einem großen Topf (kein Aluminium) Öl erhitzen, Frühlingszwiebeln 1–2 Minuten braten. Abgetropfte Artischocken, Bohnen und Dill zufügen, mit Wasser knapp bedecken und zugedeckt 30 Minuten köcheln lassen. Überschüssiges Wasser abgießen, Gericht mit Salz und Pfeffer würzen und heiß oder zimmerwarm servieren.

LAMMBRATEN MIT ZITRONE UND KARTOFFELN

Zubereitungszeit: 20 Minuten
Kochzeit: 3 Stunden
Für 6 Personen

2,5–3 kg Lammkeule
2 Knoblauchzehen, in Stifte geschnitten
125 ml Zitronensaft
Salz und Pfeffer
3 EL getrockneter Oregano
1 Zwiebel, in Ringe geschnitten
2 Stängel Sellerie, in Scheiben geschnitten
40 g weiche Butter
1 kg Kartoffeln, geviertelt

1 Backofen auf 180 °C (Gas 2) vorheizen. Im Fleisch kleine Einschnitte anbringen und Knoblauchstifte hineinstecken. Fleisch mit der Hälfte des Zitronensafts einreiben, mit Salz, Pfeffer und der Hälfte des Oreganos bestreuen. In einen Bräter legen und 1 Stunde braten.
2 Fett abgießen, Zwiebel, Sellerie und 250 ml heißes Wasser zufügen. Butter auf das Fleisch verteilen. Hitze auf 160 °C (Gas 1–2) reduzieren und Fleisch 1 Stunde braten; mehrmals wenden.
3 Kartoffeln zufügen, mit restlichem Oregano, Zitronensaft und etwas Salz und Pfeffer bestreuen. Noch 1 Stunde braten; bei Bedarf Wasser zufügen und nach ½ Stunde Kartoffeln wenden. Lamm in Stücke schneiden. Bratensaft von überschüssigem Fett befreien und mit Kartoffeln und Lamm servieren.

BOHNENKASSEROLLE

Zubereitungszeit: 20 Minuten
  + 1 Nacht Einweichzeit
Kochzeit: 2 Stunden
Für 6–8 Personen

180 g getrocknete Limabohnen
60 ml Olivenöl
1 Zwiebel, halbiert, in Scheiben geschnitten
1 Knoblauchzehe, gehackt
1 kleine Möhre, gehackt
1 kleiner Stängel Sellerie, gehackt
400 g zerkleinerte Tomaten aus der Dose
1 EL Tomatenmark
2 TL frischer Dill, gehackt
Salz und Pfeffer
Olivenöl extra vergine zum Servieren

1 Bohnen mit kaltem Wasser bedecken, über Nacht einweichen. Gründlich abtropfen lassen.
2 Wasser zum Kochen bringen, Bohnen zufügen, erneut aufkochen und bei mäßiger Hitze und leicht geöffnetem Deckel 45–60 Minuten weich, aber nicht breiig kochen. Abgießen. Backofen auf 180 °C (Gas 2) vorheizen.
3 Öl bei mäßiger Temperatur in einem ofenfesten Schmortopf mit 2,5 l Fassungsvermögen erhitzen und Zwiebel, Knoblauch, Möhre und Sellerie 5 Minuten braten. Tomaten, Tomatenmark und 125 ml Wasser zugeben. Aufkochen, Hitze reduzieren und 3 Minuten köcheln lassen.
4 Bohnen und Dill zugeben, mit Salz und Pfeffer abschmecken. Aufkochen, zugedeckt 50 Minuten backen, bis die Sauce eindickt. Mit Öl beträufelt heiß oder zimmerwarm servieren.

GRIECHENLAND

51

DAS GROSSE BUCH DER MITTELMEERKÜCHE

GEMÜSE IN DER GRIECHISCHEN KÜCHE
Die Griechen verzehren mehr Gemüse als die meisten anderen Europäer, und zwar roh, eingelegt oder auf verschiedenste Art gegart. Auf den Speisekarten der Restaurants in Griechenland findet man Gemüse nicht nur als Beiwerk, sondern auch in Form von eigenständigen Hauptgerichten. In vielen Tavernen können die Gäste in die Küche gehen und nach einem Blick in die Töpfe und auf die Backbleche die Speisen ganz nach ihrem eigenen Geschmack auswählen.

BRIAMI
(Kartoffel-Zucchini-Auflauf)

Zubereitungszeit: 20 Minuten
Kochzeit: 1 Stunde 45 Minuten
Für 4–6 Personen

1 große rote Paprikaschote
60 ml Olivenöl
2 Zwiebeln, in Ringe geschnitten
2 Knoblauchzehen, zerdrückt
400 g Zucchini, in dicke Scheiben geschnitten
400 g kleine, mehlig kochende Kartoffeln, ungeschält, in 1 cm dicke Scheiben geschnitten
1 kg vollreife Tomaten, abgezogen und grob gehackt
1 TL getrockneter Oregano
2 EL frische glatte Petersilie, gehackt
2 EL frischer Dill, gehackt
1/2 TL gemahlener Zimt
Salz und Pfeffer

1 Backofen auf 180 °C (Gas 2) vorheizen. Paprika von Kernen und Häutchen befreien und würfeln.
2 Bei mäßiger Hitze 2 EL Öl in einer Pfanne erhitzen und Zwiebeln unter häufigem Rühren 10 Minuten braten. Knoblauch zufügen und 2 Minuten mitbraten. Alle anderen Zutaten in eine große Schüssel mit reichlich Salz und Pfeffer geben und mit Zwiebeln und Knoblauch gründlich mischen. In eine große Auflaufform füllen und mit dem restlichen Öl beträufeln.
3 Zugedeckt 1–1½ Stunden backen, dabei alle 30 Minuten umrühren; das Gericht ist gar, wenn sich die Kartoffeln leicht mit einer Messerspitze einstechen lassen.
Hinweis Warm zu gegrilltem Fleisch, Hähnchen oder Fisch schmeckt dieses Gemüsegericht köstlich, kann aber auch zimmerwarm als Teil eines Vorspeisentellers serviert werden.

RECHTS: Briami

GRIECHENLAND

TOMATES JEMISTES
(Mit Reis gefüllte Tomaten)

Zubereitungszeit: 30 Minuten
Kochzeit: 1 Stunde
Ergibt 8 Stück

☆☆

8 mittelgroße Tomaten
Salz und frisch gemahlener schwarzer Pfeffer
110 g Rundkornreis
2 EL Olivenöl
1 rote Zwiebel, fein gehackt
1 Knoblauchzehe, zerdrückt
1 TL getrockneter Oregano
40 g Pinienkerne
40 g Rosinen
30 g frisches Basilikum, gehackt
2 EL frische glatte Petersilie, gehackt
1 EL frischer Dill, gehackt
Olivenöl zum Bestreichen

1 Eine große flache Auflaufform leicht einölen. Backofen auf 160 °C (Gas 1–2) vorheizen. Von jeder Tomate Deckel abschneiden und beiseite legen. Fruchtfleisch mit einem Teelöffel herausholen und in einem Sieb über einer Schüssel abtropfen lassen. Saft beiseite stellen und Fruchtfleisch fein würfeln. Ausgehöhlte Tomaten umgekehrt auf einem Gitter abtropfen lassen.
2 Wasser mit wenig Salz zum Kochen bringen, Reis hineingeben und 10–12 Minuten im sprudelnd kochenden Wasser garen. Abgießen und abkühlen lassen.
3 Olivenöl in einer Pfanne erhitzen und Zwiebel, Knoblauch und Oregano 8 Minuten braten. Pinienkerne und Rosinen zufügen und 5 Minuten unter häufigem Rühren mitbraten. Vom Herd nehmen und Basilikum, Petersilie und Dill einrühren. Mit Salz und Pfeffer abschmecken.
4 Zwiebelmischung, Tomatenfleisch und Reis gründlich vermengen und in die Tomaten geben. Je 1 EL Tomatensaft darüber träufeln und Deckel aufsetzen.
5 Tomaten leicht mit Olivenöl bestreichen, in die Form setzen und 20–30 Minuten backen. Heiß oder kalt servieren.

GEFÜLLTES GEMÜSE
Wie viele griechische Gerichte wird gefülltes Gemüse nach Belieben heiß oder kalt gegessen. Tatsächlich ist es eine eher moderne Gewohnheit, das Essen sofort heiß auf den Tisch zu bringen, denn früher war das selten möglich, da nur die reichsten Haushalte einen eigenen Backofen besaßen. Viele Speisen mussten daher in den örtlichen Backhäusern gegart und später zimmerwarm verzehrt werden.

OBEN: Tomates jemistes

KALAMARIA JEMISTA
(Gefüllter Kalmar)

Zubereitungszeit: 40 Minuten
Kochzeit: 35 Minuten
Für 4 Personen

TOMATENSAUCE

4 große vollreife Tomaten
1 EL Olivenöl
1 Zwiebel, fein gehackt
1 Knoblauchzehe, zerdrückt
60 ml Rotwein
1 EL frischer Oregano, gehackt

OBEN: Kalamaria jemista

FÜLLUNG

1 EL Olivenöl
2 Frühlingszwiebeln, gehackt
280 g kalter, gegarter Reis (siehe Hinweis)
60 g Pinienkerne
80 g Rosinen
2 EL frische glatte Petersilie, gehackt
2 TL fein abgeriebene Schale einer unbehandelten Zitrone
1 Ei, leicht verschlagen

1 kg mittelgroße Kalmarkörper

1 Backofen auf 160 °C (Gas 1–2) vorheizen. Für die Sauce Tomaten auf der Unterseite kreuzweise einschneiden und 10 Sekunden in kochendes Wasser tauchen. Kalt abschrecken und die Haut vom Einschnitt aus abziehen. Fruchtfleisch hacken. Öl in einer Pfanne bei geringer Temperatur erhitzen und Zwiebel und Knoblauch unter häufigem Rühren etwa 2 Minuten braten. Tomaten, Wein und Oregano zugeben und aufkochen. Hitze auf kleinste Stufe schalten und Sauce zugedeckt 10 Minuten garen.
2 Inzwischen alle Zutaten für die Füllung außer dem Ei vermischen. Genügend Ei zufügen, um die Mischung anzufeuchten.
3 Kalmare waschen und mit Küchenkrepp trockentupfen. Jeden Körperbeutel zu drei Vierteln mit der Mischung füllen und die Öffnung mit Zahnstochern oder Spießchen verschließen. Kalmare in einer einzigen Schicht in eine Auflaufform legen.
4 Tomatensauce über die Kalmare verteilen und zugedeckt etwa 20 Minuten backen. Kalmare in dicke Scheiben schneiden. Kurz vor dem Servieren die Sauce darüber verteilen.
Hinweis Für 280 g gegarten Reis benötigt man 100 g ungegarten. Die Garzeit der Tintenfische hängt von ihrer Größe ab. Kleine Tintenfische sind schneller fertig.

ZUCCHINISALAT

1 kg sehr kleine Zucchini von den Stielen befreien und in kochendem Salzwasser 5 Minuten bissfest garen. Abgießen in eine Schüssel mit 1 in dünne Ringe geschnittenen roten Zwiebel, 3 EL gehackter frischer glatter Petersilie und 1 Rezeptmenge Öl-Zitronen-Dressing (S. 21) gut mischen. Zimmerwarm mit gegrilltem Fleisch oder Fisch servieren. Für 6–8 Personen.

PASTITSIO
(Makkaroni-Auflauf)

Zubereitungszeit: 45 Minuten
Kochzeit: 1 Stunde 30 Minuten
Für 6 Personen

150 g Makkaroni
Salz
40 g Butter
1/4 TL Muskatnuss, gemahlen
60 g geriebener Kefalotyri oder Parmesan
Salz und Pfeffer
1 Ei, leicht verschlagen

FLEISCHSAUCE
2 EL Öl
1 Zwiebel, fein gehackt
2 Knoblauchzehen, zerdrückt
500 g Hackfleisch vom Rind
125 ml Rotwein
250 ml Fleischbrühe
3 EL Tomatenmark
1 TL frischer Oregano, gehackt
Salz und Pfeffer

BÉCHAMELSAUCE
40 g Butter
1 1/2 EL Mehl
375 ml Milch
Prise Muskatnuss
Salz und Pfeffer
1 Ei, leicht verschlagen

1 Backofen auf 180 °C (Gas 2) vorheizen. Eine Auflaufform mit 1 1/2 l Fassungsvermögen leicht einfetten. Salzwasser zum Kochen bringen und Makkaroni 10 Minuten bissfest garen. Abgießen und wieder in den Topf geben. Butter in einem kleinen Topf goldbraun zerlassen und über die Makkaroni gießen. Muskatnuss und die Hälfte des Käses unterrühren und mit Salz und Pfeffer würzen. Abkühlen lassen, dann mit dem Ei vermischen und beiseite stellen.
2 Für die Fleischsauce Öl in einer großen Pfanne erhitzen, Zwiebel und Knoblauch zufügen und bei mäßiger Hitze 6 Minuten braten. Temperatur erhöhen, Hackfleisch zugeben und unter Rühren 5 Minuten braun braten. Wein zufügen und bei starker Hitze etwa 1 Minute kochen, bis er verdunstet. Brühe, Tomatenmark, Oregano, Salz und Pfeffer zufügen. Hitze reduzieren und zugedeckt 20 Minuten köcheln lassen.
3 Inzwischen für die Béchamelsauce Butter in einem kleinen Topf bei mäßiger Hitze zerlassen. Mehl einrühren und 1 Minute erhitzen, bis es schäumt. Vom Herd nehmen und nach und nach Milch unterrühren. Wieder unter ständigem Rühren erhitzen, bis die Sauce sämig wird. Hitze reduzieren und 2 Minuten köcheln lassen. Muskatnuss und etwas Salz und Pfeffer zufügen. Leicht abkühlen lassen, dann das Ei unterrühren. 3 EL Sauce in die Fleischsauce rühren.
4 Die Hälfte der Fleischsauce in der Form verteilen und die Hälfte der Nudeln darauf geben. Mit der restlichen Fleischsauce bedecken und restliche Nudeln darauf verteilen. Mit dem Löffelrücken fest zusammendrücken. Béchamelsauce über die Nudeln verteilen und restlichen Käse darüber streuen. 45–50 Minuten backen. Vor dem Servieren 15 Minuten stehen lassen.
Hinweis Röhrennudeln wie Bucatini können als Ersatz für Makkaroni verwendet werden. Die Nudeln sollten etwas dicker als Spaghetti sein.

UNTEN: Pastitsio

KOURABIEDES
(Mandelgebäck)

Zubereitungszeit: 25 Minuten
+ 10 Minuten Abkühlzeit + 1 Stunde Kühlzeit
Kochzeit: 15 Minuten
Ergibt 22 Stück

☆☆

250 g kalte Butter
100 g gestiftelte Mandeln
250 g Mehl
1 TL Backpulver
90 g Puderzucker, gesiebt
1 Eigelb
5 Tropfen Vanillearoma
1 EL Ouzo
4 EL gemahlene Mandeln
60 g Puderzucker zum Bestäuben

1 Butter bei geringer Hitze in einem kleinen Topf zerlassen, ohne zu rühren oder den Topf zu bewegen. Geklärte Butter behutsam in eine Schüssel abgießen und weißes Sediment auf dem Topfboden wegwerfen. Butter 1 Stunde kalt stellen.

2 Backofen auf 170 °C (Gas 1–2) vorheizen und 2 Backbleche mit Backpapier auslegen. Gestiftelte Mandeln mittelfein mahlen. Mehl und Backpulver in eine Schüssel sieben.

3 Butter mit dem Handrührgerät schaumig schlagen. Nach und nach Puderzucker zufügen und gründlich mischen. Eigelb, Vanillearoma und Ouzo hineinrühren, bis eine homogene Masse entsteht. Mehl und gemahlene Mandeln unterheben.

4 Halmonde aus je 1 gehäuften Esslöffel Teig formen, auf die Bleche legen und etwa 12 Minuten hellbraun backen. Herausnehmen, mit reichlich Puderzucker bestäuben und 10 Minuten auf den Blechen abkühlen lassen.

5 Ein Backblech mit Backpapier auslegen und das Papier mit Puderzucker bestreuen. Die warmen Plätzchen darauf setzen und nochmals mit Puderzucker bestreuen. Wenn das Gebäck kalt ist, erneut mit Puderzucker bestäuben und in einem luftdicht verschließbaren Behälter aufbewahren.

KOURABIEDES
In der Weihnachtszeit werden ganze Berge dieser griechischen Spezialität in den Familien gebacken, und auch in den Schaufenstern der Konditoreien häufen sie sich. Bis Neujahr ist nur noch ein Häufchen Zuckerstaub davon übrig. Von diesem Rezept gibt es viele Versionen, doch allen gemeinsam sind die große Menge Butter und die geringe Menge Zucker, die dem Gebäck seine charakteristische dichte Konsistenz verleihen. Nach dem Backen werden die Plätzchen mit reichlich Puderzucker bestäubt.

RECHTS: Kourabiedes

GRIECHENLAND

KATAIFI ME AMIGDALA
(Engelshaarröllchen mit Mandeln)

Zubereitungszeit: 45 Minuten
  + 2 Stunden Ruhezeit
Backzeit: 50 Minuten
Ergibt 40 Stück

500 g fertiger Kataifi (siehe Hinweis)
250 g Butter, zerlassen
125 g Pistazien, gemahlen
250 g gemahlene Mandeln
625 g feiner Zucker
1 TL gemahlener Zimt
1/4 TL gemahlene Nelken
1 EL Weinbrand
1 Eiweiß
1 TL Zitronensaft
1 Streifen Schale einer unbehandelten Zitrone, 5 cm lang
4 Gewürznelken
1 Zimtstange
1 EL Honig

1 Kataifi in der Packung etwa 2 Stunden zimmerwarm werden lassen; so lässt er sich leichter verarbeiten.
2 Backofen auf 170 °C (Gas 1–2) vorheizen. Ein 20 x 30 cm großes Backblech mit etwas zerlassener Butter bestreichen.
3 Nüsse mit 125 g Zucker, Zimt, Nelken und Weinbrand vermischen. Eiweiß mit einer Gabel leicht verschlagen, der Nussmischung zufügen und zu einem Teig verrühren. In 8 Portionen teilen und jede zu einer etwa 18 cm langen Rolle formen.
4 Eine kleine Hand voll der Kataifi-Stränge ziemlich dicht beieinander ausbreiten; sie sollten eine Fläche von 25 x 18 cm bilden. Teig mit Butter bestreichen, eine Nussrolle auf das untere Ende legen und mit dem Teig aufrollen. Vorgang mit den restlichen Portionen wiederholen.
5 Die Rollen dicht nebeneinander auf das Backblech legen und erneut mit Butter bestreichen. 50 Minuten goldbraun backen.
6 Inzwischen restlichen Zucker bei geringer Hitze in 500 ml Wasser auflösen. Zitronensaft, Schale, Gewürznelken und Zimtstange zufügen und 10 Minuten erhitzen. Honig einrühren, dann zum Abkühlen beiseite stellen.
7 Teigrollen aus dem Backofen nehmen und Sirup darüber gießen. Vollständig abkühlen lassen, dann mit einem scharfen Messer jede Rolle in 5 Stücke schneiden.
Hinweis Kataifi ähnelt einem Strang Wolle und ist in griechischen Feinkostläden erhältlich.

Das Gebäck muss heiß und der Sirup kalt sein, wenn er darüber gegossen wird, sonst wird er nicht so gut und gleichmäßig aufgenommen.

Zugedeckt halten sich die Röllchen etwa 1 Woche. Nicht im Kühlschrank aufbewahren.

OBEN: Kataifi me amigdala

DAS GROSSE BUCH DER MITTELMEERKÜCHE

GALAKTOBOURIKO
(Cremeschnitten)

Zubereitungszeit: 35 Minuten + Abkühlzeit
Kochzeit: 1 Stunde
Für 6–8 Personen

1 Vanilleschote, längs aufgeschnitten
750 ml Milch
110 g feiner Zucker
110 g Weizengrieß
1 EL fein abgeriebene Schale einer unbehandelten Zitrone
1 Zimtstange
40 g Butter, gewürfelt
4 Eier, leicht verschlagen
12 Filoteigblätter (je 40 x 30 cm groß)
60 g Butter, zerlassen

SIRUP

75 g feiner Zucker
1/2 TL gemahlener Zimt
1 EL Zitronensaft
1 Streifen Schale einer unbehandelten Zitrone, 5 cm lang

1 Mark aus der Vanilleschote in einen Topf schaben, Schote, Milch, Zucker, Grieß, Zitronenschale und Zimtstange zufügen und unter Rühren langsam zum Kochen bringen. Bei geringer Hitze 2 Minuten köcheln lassen, bis die Creme eindickt. Vom Herd nehmen und Butter untermischen. 10 Minuten abkühlen lassen, Zimtstange und Vanilleschote entfernen und Eier nach und nach einrühren. Backofen auf 180 °C (Gas 2) vorheizen.
2 Filoteig mit einem feuchten Geschirrtuch zudecken. 1 Blatt auf einer Seite mit Butter bestreichen und mit der Butterseite nach unten in eine 30 x 20 x 3 cm große Backform legen, Ränder überhängen lassen. Mit weiteren 5 Blättern wiederholen.
3 Creme über den Teig gießen und mit restlichen Blättern bedecken; dabei jedes Blatt und zum Schluss die Oberfläche mit Butter bestreichen. Überhängenden Teig abschneiden. 40 bis 45 Minuten goldbraun backen. Abkühlen lassen.
4 Alle Sirupzutaten mit 70 ml Wasser in einem Topf mischen. Langsam zum Kochen bringen und bei geringer Hitze etwa 10 Minuten eindicken lassen. Vom Herd nehmen und 10 Minuten abkühlen lassen.
5 Zitronenschale entfernen und Sirup über das Gebäck gießen; obere Teiglage gegebenenfalls mit der Hand andrücken, damit der Sirup nicht überläuft. Abkühlen lassen und aufschneiden.

MELOMAKARONA
(Honigküchlein)

Zubereitungszeit: 20 Minuten + Abkühlzeit
Kochzeit: 35 Minuten
Ergibt 20 Stück

210 g Mehl
1 TL Backpulver
1 EL fein abgeriebene Schale einer unbehandelten Orange
1 TL gemahlener Zimt
60 g Walnüsse, fein gehackt
60 g weiche Butter
60 g feiner Zucker
60 ml Olivenöl
60 ml Orangensaft

SIRUP

70 g feiner Zucker
2 EL flüssiger Honig
1 TL gemahlener Zimt
2 EL Orangensaft

1 Backofen auf 180 °C (Gas 2) vorheizen. Backblech mit Backpapier auslegen. Mehl und Backpulver in eine Schüssel sieben. Orangenschale, Zimt und die Hälfte der Walnüsse untermischen.
2 Butter und Zucker mit dem Handrührgerät cremig schlagen. Öl mit Orangensaft mischen und nach und nach unterrühren.
3 Mehl in 2 Portionen unterheben und mit den Händen zu einem Teig vermengen. Esslöffelweise zu Kugeln formen und auf das Blech setzen. Leicht abflachen und 20–25 Minuten goldbraun backen. Auf dem Blech abkühlen lassen.
4 Alle Sirupzutaten mit 60 ml Wasser und restlichen Walnüssen in einem kleinen Topf mischen. Bei mäßiger Hitze zum Kochen bringen, bis sich der Zucker auflöst, dann bei geringer Hitze etwa 10 Minuten eindicken lassen.
5 Jeweils ein paar Küchlein mit dem Schaumlöffel in den heißen Sirup tauchen, mit einem Löffel Sirup darüber gießen, dann auf einem Teller anrichten.

GRIECHENLAND

GALAKTOBOURIKO

Verschlagene Eier nach und nach unterrühren.

Überstehenden Teig mit einem scharfen Messer abschneiden.

GEGENÜBERLIEGENDE SEITE: Galaktobouriko (oben); Melomakarona

DAS GROSSE BUCH DER MITTELMEERKÜCHE

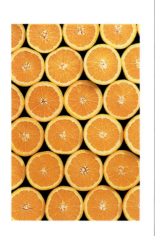

TSOUREKIA
(Osterbrot)

Zubereitungszeit: 1 Stunde
    + 1 Stunde 50 Minuten Aufgehzeit
Backzeit: 40 Minuten
Ergibt 1 Laib

☆☆

1 Päckchen (7 g) Trockenhefe

125 ml Milch

60 g Butter

60 g feiner Zucker

1 TL abgeriebene Schale einer unbehandelten Orange

½ TL Salz

375 g Mehl

1 TL gemahlener Anis

1 Ei, leicht verschlagen

Belag

1 Ei, mit 1 EL Milch leicht verschlagen

1 EL Sesamsaat

1 EL gehackte Mandeln

1 EL feiner Zucker

rot gefärbte Eier nach Belieben

OBEN: Tsourekia

1 Hefe mit 2 EL warmem Wasser gründlich verrühren und an einem warmen, zugfreien Ort 10 Minuten gehen lassen, bis die Hefe Bläschen bildet.
2 Milch, Butter, Zucker, Orangenschale und Salz in einem kleinen Topf erhitzen, bis die Butter geschmolzen und die Milch warm ist. 310 g Mehl und Anis in eine Schüssel sieben. In die Mitte eine Mulde drücken, Hefe, Milchmischung, dann Ei zufügen und alles zu einem glatten Teig schlagen.
3 Auf der leicht bemehlten Arbeitsfläche 10 Minuten kneten, bis ein glatter, geschmeidiger Teig entsteht; dabei restliches Mehl einarbeiten. In eine geölte Schüssel legen, mit Öl bepinseln und mit Klarsichtfolie bedeckt an einem warmen Ort 1 Stunde gehen lassen.
4 Backblech leicht einfetten. Teig mit der Faust zusammendrücken und 1 Minute kneten. In 3 gleiche Portionen teilen und jede Portion zu einem 35 cm langen Strang rollen. Aus den Strängen einen Zopf flechten und die Enden nach unten einschlagen. Auf das Blech legen. Ei und Milch mischen und Zopf damit bestreichen. Mit Sesam, Mandeln und Zucker bestreuen und die gefärbten Eier in die Zwischenräume zwischen den Teigsträngen drücken. Mit leicht geölter Klarsichtfolie bedeckt an einem warmen Ort 40 Minuten gehen lassen.

GRIECHENLAND

5 Inzwischen den Backofen auf 180 °C (Gas 2) vorheizen. Das Brot 30–40 Minuten goldbraun backen; es sollte hohl klingen, wenn man darauf klopft.

HALVAS FOURNO
(Grießkuchen)

Zubereitungszeit: 20 Minuten
Kochzeit: 1 Stunde
Für 6–8 Personen

SIRUP
625 g Zucker
2 EL Zitronensaft

125 g Butter
180 g feiner Zucker
2 TL fein abgeriebene Schale einer unbehandelten Zitrone
3 Eier
180 g Weizengrieß
125 g Mehl
1¼ TL Backpulver

125 ml Milch
80 g geschälte Mandeln, geröstet und fein gehackt
Mandelblättchen zum Dekorieren

1 Backofen auf 170 °C (Gas 1–2) vorheizen. Eine 30 x 20 cm große Backform einfetten.
2 Zucker in einem Topf mit 750 ml Wasser bei starker Hitze auflösen. Zitronensaft zufügen, zum Kochen bringen und bei mäßiger Hitze 20 Minuten köcheln lassen. Vom Herd nehmen und abkühlen lassen.
3 Inzwischen Butter, Zucker und Zitronenschale mit dem Handrührgerät cremig schlagen. Eier einzeln zufügen und jeweils gründlich einrühren.
4 Grieß, Mehl und Backpulver in eine Schüssel sieben und mischen, dann im Wechsel mit der Milch unter die Buttermischung heben. Mandeln einrühren, dann den Teig in der Form verstreichen und Mandelblättchen in Reihen darauf verteilen. 35–40 Minuten goldbraun backen; der Kuchen soll sich leicht von den Seiten der Form abgelöst haben. Oberfläche mit einem Hölzchen einstechen und den abgekühlten Sirup über den heißen Kuchen gießen. Kuchen abkühlen lassen, dann in Quadrate oder Rauten schneiden.

GRIECHISCHE SÜSSIGKEITEN
Den Abschluss einer griechischen Mahlzeit bilden in der Regel Früchte und nur selten Süßspeisen. Die vielen süßen Kuchen, Kekse und Leckereien werden dagegen am späten Nachmittag oder abends gereicht. Sie zeugen sowohl von der Gastfreundschaft als auch von den Kochkünsten der Gastgeber. Viele Gebäcksorten wie etwa das Osterbrot sind mit bestimmten Feiertagen verbunden. Griechischer Halva unterscheidet sich von dem gleichnamigen Konfekt des Nahen Ostens, das aus gemahlener Sesamsaat und Honig zubereitet wird.

LINKS: Halvas fourno

TÜRKEI

Die türkische Küche ist neben der französischen eine der besten der Welt. Sie verdankt ihr Ansehen dem kulinarischen Können, das schon vor Jahrhunderten in den Palastküchen der Sultane entwickelt wurde. Hier spezialisierte sich eine große Zahl von Köchen jeweils auf bestimmte Teilbereiche der Kochkunst, und ihre Kenntnisse wurden von Generation zu Generation weitergegeben. Die türkische Küche ist reich an Gemüse und in den Küstengebieten auch an Fisch und Meeresfrüchten. Viele der Fleischspezialitäten wie Shish Kebab und Pilaw werden mit Lammfleisch zubereitet. Joghurt und allerlei Brotsorten gehören zu den Grundnahrungsmitteln. Unter den Getränken ist Kaffee eines der beliebtesten.

HUMMUS
(Kichererbsenpüree)

Zubereitungszeit: 20 Minuten
 + 1 Nacht Einweichzeit
Kochzeit: 1 Stunde 15 Minuten
Ergibt 750 g

☆ ☆

220 g getrocknete Kichererbsen
2 EL Tahin (Sesampaste)
4 Knoblauchzehen, zerdrückt
2 TL gemahlener Kreuzkümmel
80 ml Zitronensaft
3 EL Olivenöl
1 große Prise Cayennepfeffer
Salz
Zitronensaft nach Belieben
Olivenöl extra vergine zum Beträufeln
Paprikapulver zum Bestreuen
frische glatte Petersilie, gehackt, zum Garnieren

1 Die Kichererbsen in eine Schüssel geben, 1 l Wasser zugießen und die Erbsen über Nacht einweichen. Abgießen, in einen großen Topf geben und 2 l Wasser zufügen. Zum Kochen bringen, dann die Hitze reduzieren und 1 Stunde 15 Minuten köcheln lassen, bis die Kichererbsen sehr weich sind. Den Schaum von der Oberfläche abschöpfen. Abtropfen lassen, dabei die Flüssigkeit auffangen, die Erbsen etwas abkühlen lassen, dann von allen losen Häutchen befreien.
2 Kichererbsen, Tahin, Knoblauch, Kreuzkümmel, Zitronensaft, Olivenöl, Cayennepfeffer und 1½ TL Salz im Mixer zu einer dicken, glatten Masse verrühren. Nach und nach etwa 180 ml Kochflüssigkeit von den Kichererbsen zufügen, bis ein glattes Püree entsteht. Mit Salz oder etwas Zitronensaft würzen.
3 Auf flache Schalen verteilen, mit Öl beträufeln, mit Paprikapulver und Petersilie bestreuen. Die Paste schmeckt köstlich zu warmem Fladenbrot.

WALNUSS-TARATOOR

Vorbereitungszeit: 5 Minuten
Kochzeit: keine
Für 8 Personen

☆

250 g Walnüsse, geschält
80 g Weißbrotbrösel
3 Knoblauchzehen
60 ml Weißweinessig
250 ml Olivenöl
Salz und Pfeffer
frische Petersilie, gehackt, zum Garnieren

1 Die Walnüsse in der Küchenmaschine oder im Mixer fein hacken und ½ TL der gehackten Nüsse zum Garnieren beiseite stellen. Brösel, Knoblauch, Essig und 3 EL Wasser zu den restlichen Nüssen geben und alles vermengen.
2 Nach und nach das Öl in einem dünnen Strahl zufügen, bis die Sauce glatt ist. Bei Bedarf noch etwas Wasser zugeben. Salzen und pfeffern, in eine Schüssel geben und kalt stellen.
3 Die Walnüsse und die Petersilie mischen und vor dem Servieren über die Sauce streuen.
Hinweis Die Sauce schmeckt gut zu Fisch und Meeresfrüchten, Salat und gebratenem Gemüse.

UNTEN: Hummus

TÜRKEI

BOREK
(Türkische Teigtaschen)

Vorbereitungszeit: 1 Stunde
Backzeit: 20 Minuten
Ergibt 24 Stück

400 g Feta
2 Eier, leicht verschlagen
25 g frische glatte Petersilie, gehackt
frisch gemahlener schwarzer Pfeffer
375 g Filoteig
80 ml Olivenöl von guter Qualität

1 Backofen auf 180 °C (Gas 2) vorheizen. Ein Backblech leicht einfetten. Feta mit einer Gabel oder mit den Fingern in eine große Schüssel bröckeln. Eier und Petersilie untermischen und mit Pfeffer würzen.
2 Filoteig mit einem feuchten Küchentuch bedecken, damit er nicht austrocknet, und die Teigblätter einzeln abnehmen. Je 4 Blätter übereinander legen, dabei jedes leicht mit Öl bestreichen. In 4 Streifen schneiden, je etwa 7 cm lang.
3 Jeweils 2 gehäufte TL der Fetamischung auf eine Ecke jedes Streifens geben und diesen diagonal zum Dreieck zusammenfalten. Umgedreht auf das Backblech legen und mit Olivenöl bestreichen. Vorgang wiederholen, bis Teig und Füllung zu 24 Teigtaschen verarbeitet sind. 20 Minuten goldgelb backen. Als Bestandteil einer großen Vorspeisenplatte (Meze) servieren.
Hinweis Die Füllung kann nach Belieben variiert werden; auch Käsesorten wie Gruyère, Cheddar oder Mozzarella sind gut geeignet.

GURKEN-JOGHURT-SALAT

Anders als das griechische Tsatsiki enthält dieser in der Türkei sehr beliebte Salat nur wenig Knoblauch. Außerdem ist er mit Dill statt mit Minze aromatisiert.
1 große ungeschälte Salatgurke grob raspeln oder hacken, in einen Durchschlag geben, mit Salz bestreuen und 15–20 Minuten beiseite stellen. In einer Schüssel 500 g dicken, cremigen Joghurt mit einer zerdrückten Knoblauchzehe, 2 EL gehacktem frischem Dill und 1 EL Weißweinessig mischen. Die Gurke zufügen und den Salat mit etwas Salz und weißem Pfeffer abschmecken. Zudecken und kühl stellen. Wenn man diesen Salat unmittelbar vor dem Servieren zubereitet, braucht man die Gurke nicht zu salzen. Den Salat mit Olivenöl beträufelt servieren. Für 6–8 Personen.

FETA
Dieser Käse wird traditionell aus Schaf- oder Ziegenmilch zubereitet, aber heutzutage wird häufiger Kuhmilch verwendet. Feta wird in großen Blöcken hergestellt und in Salzlake haltbar gemacht und gelagert. Er entwickelt ein intensives salziges Aroma und ist relativ krümelig.

OBEN: Borek

BESANMEHL

Dieses Mehl wird aus sehr fein gemahlenen getrockneten Kichererbsen hergestellt. Es hat seinen Ursprung in der ostindischen Küche, ist nahrhaft und eiweißreich, von feiner Konsistenz und heller, gelblicher Farbe. Besanmehl wird als Alternative zu Weizenmehl für Brote, Nudeln und Klöße sowie zum Binden von Suppen und Saucen verwendet. In erster Linie nimmt man es jedoch für Backteig, der frittierte Speisen umhüllt. Besanmehl ist bei türkischen Lebensmittelhändlern und in Naturkostläden erhältlich.

OBEN: Lubyi bi zayt

LUBYI BI ZAYT
(Grüne Bohnen mit Tomaten und Olivenöl)

Vorbereitungszeit: 10 Minuten
Kochzeit: 25 Minuten
Für 4 Personen

80 ml Olivenöl
1 große Zwiebel, gehackt
3 Knoblauchzehen, fein gehackt
400 g zerkleinerte Tomaten aus der Dose
½ TL Zucker
Salz und frisch gemahlener schwarzer Pfeffer
750 g grüne Bohnen, geputzt
3 EL frische glatte Petersilie, gehackt

1 Öl in einer großen Pfanne erhitzen, Zwiebel hineingeben und bei mittlerer Hitze 4-5 Minuten weich braten. Knoblauch zufügen und weitere 30 Sekunden braten.
2 Tomaten, Zucker und 125 ml Wasser zugeben, dann mit Salz und Pfeffer würzen. Zum Kochen bringen, die Hitze sofort reduzieren und 10 Minuten köcheln lassen.
3 Bohnen zufügen und weitere 10 Minuten köcheln lassen, bis sie weich sind und die Tomatenmischung sämig ist. Petersilie unterrühren. Abschmecken und nach Belieben nachwürzen. Sofort als Beilage servieren.

FRITTIERTER BLUMENKOHL

Vorbereitungszeit: 10 Minuten
 + 30 Minuten Ruhezeit
Frittierzeit: 15 Minuten
Für 4–6 Personen

600 g Blumenkohl
55 g Besanmehl
2 TL gemahlener Kreuzkümmel
je 1 TL gemahlener Koriander und Kurkuma
1 Prise Cayennepfeffer
Salz
1 Ei, leicht verschlagen, und 1 Eigelb
Öl zum Frittieren
Cayennepfeffer nach Belieben

1 Blumenkohl in mundgerechte Röschen teilen. Mehl und Gewürze in eine Schüssel sieben, dann ½ TL Salz untermischen.
2 Ei und Eigelb mit 60 ml Wasser verschlagen. Mulde in die Mitte der Mehlmischung drücken, Eimischung hineingießen und zu einem glatten Teig verrühren. 30 Minuten ruhen lassen.
3 Frittiertopf zu einem Drittel mit Öl füllen und das Öl auf 180 °C erhitzen; ein Brotwürfel sollte in 15 Sekunden braun werden. Blumenkohlröschen in den Teig tunken und Überschuss abtropfen lassen. Portionsweise 3–4 Minuten

TÜRKEI

frittieren, bis der Teig gebräunt ist. Abtropfen lassen, mit Salz und nach Belieben mit Cayennepfeffer bestreuen und heiß servieren.

SIGARA BOREGI
(Frittierte Teigröllchen)

Vorbereitungszeit: 30 Minuten
Frittierzeit: 20 Minuten
Ergibt 12 Stück

500 g Spinat
1 EL Olivenöl
4 Knoblauchzehen, zerdrückt
200 g Schalotten, fein gehackt
75 g Feta, zerbröckelt
1 Ei, leicht verschlagen
3 EL frische glatte Petersilie, gehackt
1/4 TL fein geriebene Schale einer unbehandelten Zitronen
1/4 TL Paprikapulver
1 Prise Muskatnuss
Salz und Pfeffer
6 Blätter Filoteig
125 g Butter, zerlassen
leichtes Olivenöl zum Frittieren

1 Spinat waschen, mit anhaftendem Wasser in einen großen Topf geben und zugedeckt bei schwacher Hitze kurz garen, bis die Blätter zusammenfallen. In einen Durchschlag geben, abkühlen lassen und mit den Händen die Flüssigkeit ausdrücken.

2 Öl in einer Pfanne erhitzen, Knoblauch und Schalotten zufügen und 2 Minuten weich braten. Mit Feta, Ei, Petersilie, Spinat und Zitronenschale in eine Schüssel geben. Mit Paprikapulver, Muskatnuss, Salz und Pfeffer würzen und alles gut mischen.

3 Ein Teigblatt abnehmen und restlichen Teig mit einem feuchten Küchentuch bedecken, damit er nicht austrocknet. Teigblatt mit Butter bestreichen, dann der Länge nach zusammenfalten; das Stück sollte etwa 32 x 12 cm groß sein. Quer halbieren. Mit Butter bestreichen und je etwa 1 gehäuften EL der Füllung entlang einer Schmalseite so verteilen, dass an jeder Längsseite ein 1 cm breiter Rand bleibt. Diesen über die Füllung schlagen und auch restliche Längsseite jeweils 1 cm einschlagen. Teig mit Butter bestreichen und fest aufrollen. Röllchen mit Butter bestreichen und Rand fest andrücken. Vorgang wiederholen, bis alle Röllchen fertig sind; mit einem feuchten Küchentuch bedecken.

4 Öl in einer tiefen Pfanne auf 180 °C erhitzen; ein Brotwürfel sollte in 15 Sekunden braun werden. Röllchen in kleinen Portionen goldgelb frittieren. Heiß oder zimmerwarm servieren.

SIGARA BOREGI

Beim Verteilen der Füllung einen Rand lassen.

Den Teig um die Füllung fest aufrollen.

LINKS: Sigara boregi

67

DAS GROSSE BUCH DER MITTELMEERKÜCHE

IMAM BAYILDI

Der Name bedeutet so viel wie „der Priester, der in Ohnmacht fiel". Das wohl berühmteste aller Auberginengerichte wird in der ganzen arabischen Welt gegessen. Wie das Gericht zu seinem Namen kam, ist nicht eindeutig geklärt. Wurde der Priester ohnmächtig, weil er zu sehr dem üppigen Mahl frönte oder weil er angesichts der Menge teuren Olivenöls, die für die Zubereitung verwendet wird, einen Schock bekam?

IMAM BAYILDI
(Gebackene Auberginen)

Vorbereitungszeit: 15 Minuten
Kochzeit: 1 Stunde
Für 4– 6 Personen

185 ml Olivenöl
1 kg längliche Auberginen, der Länge nach halbiert
3 Zwiebeln, in dünne Ringe geschnitten
3 Knoblauchzehen, fein gehackt
400 g Roma-Tomaten, abgezogen und gehackt, oder zerkleinerte Tomaten aus der Dose
2 TL getrockneter Oregano
4 EL frische glatte Petersilie, gehackt
35 g Rosinen
1/4 TL gemahlener Zimt
Salz und Pfeffer
2 EL Zitronensaft
1 Prise Zucker
125 ml Tomatensaft

1 Backofen auf 180 °C (Gas 2) vorheizen. Die Hälfte des Olivenöls in einer großen Bratpfanne erhitzen und die Auberginen darin auf allen Seiten 8–10 Minuten braten, bis die Schnittflächen goldgelb sind. Aus der Pfanne nehmen und bis auf eine dünne Schicht Fruchtfleisch aushöhlen. Fruchtfleisch zerkleinern und beiseite stellen.
2 Das restliche Öl in der Bratpfanne erhitzen und Zwiebeln darin bei mittlerer Hitze 8–10 Minuten glasig braten. Knoblauch zufügen und 1 Minute braten. Tomaten, Oregano, Petersilie, Rosinen, Zimt und Auberginenfruchtfleisch zufügen und mit Salz und Pfeffer würzen.
3 Ausgehöhlte Auberginenhälften in eine große ofenfeste Form geben und mit der Tomatenmischung füllen.
4 Zitronensaft, Zucker, Tomatensaft und etwas Salz mischen und über die Auberginen gießen. Zugedeckt 30 Minuten garen, dann ohne Deckel weitere 10 Minuten garen. Auf einer Servierplatte anrichten und mit Saft aus der Form beträufeln.
Hinweis Dieses köstliche Gericht eignet sich ausgezeichnet als Vorspeise.

RECHTS: Imam bayildi

TÜRKEI

ZUCCHINIFRIKADELLEN

Vorbereitungszeit: 20 Minuten
Kochzeit: 15 Minuten
Ergibt 16 Stück

300 g Zucchini, geraspelt
1 kleine Zwiebel, fein gehackt
30 g Mehl
1 Msp. Backpulver
35 g geriebener Kefalotyri oder Parmesan
1 EL frische Minze, gehackt
2 TL frische glatte Petersilie, gehackt
1 Prise gemahlene Muskatnuss
25 g Paniermehl
1 Ei, leicht verschlagen
Salz und zerstoßener schwarzer Pfeffer
Olivenöl zum Braten

1 Zucchini und Zwiebel in die Mitte eines sauberen Küchentuchs legen, die Ränder des Tuchs zusammenhalten und das Tuch fest drehen, um die Flüssigkeit herauszudrücken. Zucchini, Zwiebel, Mehl, Backpulver, Käse, Minze, Petersilie, Muskatnuss, Paniermehl und Ei in einer großen Schüssel mischen. Kräftig mit Salz und Pfeffer würzen und anschließend mit den Händen zu einer steifen Mischung kneten.
2 Öl bei mittlerer Hitze in einer großen Bratpfanne erhitzen, dann jeweils einige gestrichene Esslöffel der Mischung in die Pfanne geben und 2–3 Minuten braten, bis sie von allen Seiten gut gebräunt sind. Auf Küchenkrepp abtropfen lassen und heiß servieren, etwa mit Zitronenschnitzen oder Gurken-Joghurt-Salat (Seite 65).

KICHERERBSENSALAT

220 g getrocknete Kichererbsen in kaltem Wasser 8 Stunden oder über Nacht einweichen. Abgießen, in einen großen Topf geben und mit Wasser bedeckt bei starker Hitze zum Kochen bringen. Auf niedrigste Stufe schalten und 1½ Stunden köcheln lassen, dabei gelegentlich Wasser auffüllen, damit die Erbsen bedeckt bleiben. Abgießen und abkühlen lassen. Kichererbsen in einer Schüssel mit 2 EL fein gehackter frischer glatter Petersilie, 1 fein gehackten kleinen roten Zwiebel, 1 fein gehackten Knoblauchzehe, 60 ml Zitronensaft, 2 EL Olivenöl, je ½ EL gemahlenem Kreuzkümmel und Salz, 1 Prise Cayennepfeffer und ½ TL frisch gemahlenem schwarzem Pfeffer gründlich mischen. Für 6 Personen.

OBEN: Zucchinifrikadellen

DAS GROSSE BUCH DER MITTELMEERKÜCHE

JOGHURT

Vor Tausenden von Jahren entdeckten durch Zufall Angehörige eines Nomadenstammes auf dem Balkan, wie man Joghurt herstellt. In der Folge wurde das Verfahren dazu verwendet, Milch zu konservieren. Heute bringt man die Milch durch die Zufuhr bestimmter Bakterienkulturen zum Fermentieren. Das Ergebnis ist ein Joghurt von cremiger Konsistenz mit einem leicht säuerlichen Aroma.

OBEN: Joghurtsuppe

JOGHURTSUPPE

Vorbereitungszeit: 15 Minuten
Kochzeit: 20 Minuten
Für 4–6 Personen

1,5 l Gemüsebrühe
75 g weißer Rundkornreis
80 g Butter
50 g Mehl
250 g Naturjoghurt
1 Eigelb
1 EL frische Minze, fein geschnitten
½ TL Salz
¼ TL Cayennepfeffer

1 Brühe und Reis in einem Topf bei starker Hitze zum Kochen bringen. Hitze reduzieren und 10 Minuten köcheln lassen, dann vom Herd nehmen und beiseite stellen.
2 In einem zweiten Topf 60 g Butter bei schwacher Hitze zerlassen. Mehl hineinrühren und 2–3 Minuten erhitzen, bis es schäumt. Nach und nach unter Rühren Brühe mit Reis zufügen und bei mittlerer Hitze 2 Minuten etwas eindicken lassen. Auf niedrigste Stufe schalten.
3 In einer kleinen Schüssel Joghurt und Eigelb mit dem Schneebesen verrühren, dann nach und nach in die Suppe rühren. Vom Herd nehmen, Minze und Salz untermischen.
4 Restliche Butter bei mittlerer Hitze zerlassen. Cayennepfeffer zugeben und Mischung leicht bräunen. Über die Suppe gießen und servieren.

ROTE-LINSEN-SUPPE

Vorbereitungszeit: 25 Minuten
Kochzeit: 1 Stunde
Für 6 Personen

CROÛTONS
4 dicke Scheiben Brot, Rinde entfernt
60 g Butter
1 EL Öl

1½ TL Kreuzkümmelsamen
185 g rote Linsen
80 g Butter
1 große braune Zwiebel, gewürfelt
1,5 l Hühner- oder Rinderbrühe
2 EL Mehl
2 Eigelb
185 ml Milch
Salz und Pfeffer

1 Für die Croûtons das Brot in 1 cm große Würfel schneiden. Butter und Öl in einer Pfanne erhitzen; wenn die Butter schäumt, Brot zugeben und bei mittlerer Hitze knusprig braten. Auf Küchenkrepp abtropfen lassen.
2 In einer Pfanne Kreuzkümmel ohne Fett rösten, bis die Samen aufplatzen. Abkühlen lassen, dann in einem Mörser fein zerstoßen.
3 Linsen unter kaltem Wasser abspülen und anschließend abtropfen lassen.
4 Die Hälfte der Butter in einem Topf zerlassen und Zwiebel darin bei mittlerer Hitze 5–6 Minuten weich braten. Linsen, Kreuzkümmel und Brühe zufügen und zum Kochen bringen. Zudecken und 30–35 Minuten köcheln lassen, bis die Linsen sehr weich sind. Abkühlen lassen, dann portionsweise im Mixer pürieren und in eine Schüssel geben.
5 In einem großen Topf restliche Butter bei schwacher Hitze zerlassen. Mehl hineinrühren und 2–3 Minuten erhitzen, bis es schäumt. Linsenpüree unter ständigem Rühren zufügen, dann 4–5 Minuten köcheln lassen.
6 In einer Schüssel Eigelbe und Milch verquirlen. Mit dem Schneebesen etwas Suppe in die Eimischung rühren und diese dann in die Suppe rühren. Die Suppe darf nicht mehr kochen, da sonst das Ei gerinnt. Mit Salz und Pfeffer würzen. Suppe bis knapp vor den Siedepunkt erhitzen und mit den Croûtons servieren.

OLIVEN-GRANATAPFEL-SALAT MIT WALNÜSSEN

Vorbereitungszeit: 10 Minuten
Kochzeit: keine
Für 4 Personen

100 g Walnusshälften
125 ml Olivenöl
1 1/2 EL Granatapfelsirup
1/2 TL Chiliflocken
350 g grüne Oliven, entkernt und halbiert
175 g Granatapfelsamen
1 große rote Zwiebel, gehackt
20 g frische glatte Petersilienblättchen
Salz und Pfeffer

1 Walnüsse 3–4 Minuten in kochendes Wasser legen. Abtropfen lassen, Haut abziehen und Nüsse trockentupfen. Unter dem Grill leicht rösten, abkühlen lassen, dann grob hacken.
2 Öl, Sirup und Chiliflocken in ein verschließbares Glas geben und gut schütteln.
3 Oliven, Granatapfelsamen, Zwiebel, Nüsse und Petersilie in einer Schüssel vermengen. Vor dem Servieren Dressing darüber gießen, mit Salz und Pfeffer abschmecken und alles gut mischen.

TÜRKEI

GRANATAPFEL
Die runde Frucht hat eine dünne, ledrige rötliche Schale und enthält eine Vielzahl an kleinen, durchscheinenden roten Samen. Diese Samen können einfach so verzehrt oder als hübsche Garnierung für süße oder pikante Gerichte verwendet werden. Sie haben ein köstliches und unverwechselbares süß-saures Aroma.

LINKS: Oliven-Granatapfel-Salat mit Walnüssen

HUNKAR BEGENDI

Die Haut der gegarten Auberginen vollständig abziehen.

Butter und Mehl bei mittlerer Hitze verrühren, bis die Mischung etwas dunkler wird.

GEGENÜBERLIEGENDE SEITE: Hunkar begendi (oben); Schwertfisch-Spieße

HUNKAR BEGENDI
(Lammfleisch mit Auberginencreme)

Vorbereitungszeit: 30 Minuten
Kochzeit: 1 Stunde 45 Minuten
Für 6–8 Personen

2 EL Olivenöl
1 kg Lammfleisch, in 2 cm große Würfel geschnitten
1 große Zwiebel, gehackt
1 Lorbeerblatt
1 kleine Prise gemahlene Gewürznelken
2 Knoblauchzehen, zerdrückt
2 EL Tomatenmark
400 g zerkleinerte Tomaten aus der Dose
30 g glatte Petersilie, gehackt
750 ml Rinderbrühe
Salz und Pfeffer
125 g Strauchtomaten, zerkleinert
frische glatte Petersilie, gehackt, zum Garnieren

AUBERGINENCREME
1 kg Auberginen
60 g Butter
2½ EL Mehl
300 ml Sahne
60 g geriebener Kasseri (siehe Hinweis)
1 große Prise gemahlene Muskatnuss

1 Backofen auf 200 °C (Gas 3) vorheizen. Öl bei starker Hitze in einem großen hohen Topf erhitzen und Fleisch darin in 3 Portionen jeweils 4–5 Minuten braun braten. Mit einem Schaumlöffel herausnehmen und beiseite stellen.
2 Zwiebel in den Topf geben, 5 Minuten goldgelb braten, dann Lorbeerblatt, Gewürznelken, Knoblauch, Tomatenmark, Dosentomaten, Petersilie, Brühe und Fleisch zufügen und gründlich umrühren. Zum Kochen bringen, Hitze auf niedrigste Stufe schalten und alles zugedeckt 1½ Stunden unter gelegentlichem Rühren köcheln lassen, bis das Fleisch sehr weich und die Sauce dickflüssig ist. Mit Salz und Pfeffer würzen.
3 In der Zwischenzeit die Auberginen einige Male mit einer Gabel einstechen und über offenem Feuer (z. B. über der Flamme eines Gasherds) etwa 5 Minuten rösten, bis die Haut schwarz wird und Blasen bildet. Auf ein Backblech legen und etwa 30 Minuten backen, bis sie schrumpelig sind und das Fruchtfleisch weich ist. In einem Durchschlag abkühlen lassen.

4 Auberginen häuten. Fruchtfleisch zerkleinern und beiseite stellen. Butter bei mittlerer Hitze zerlassen, Mehl zufügen und 2 Minuten unter Rühren erhitzen, bis die Mischung dunkler wird. Nach und nach Sahne mit dem Schneebesen unterrühren, Auberginen untermischen, Käse und Muskat zugeben und rühren, bis der Käse geschmolzen ist. Mit Salz und Pfeffer würzen.
5 Auberginencreme auf einer Servierplatte verteilen, dann Lammfleisch in die Mitte legen und mit Tomaten und Petersilie bestreuen.
Hinweis Kasseri, ein Schaf- oder Ziegenkäse, ist in Feinkostläden oder beim türkischen Lebensmittelhändler erhältlich.

SCHWERTFISCH-SPIESSE

Vorbereitungszeit: 15 Minuten
 + 3 Stunden Marinierzeit
Grillzeit: 5 Minuten
Für 6 Personen

MARINADE
80 ml Zitronensaft
2 EL Olivenöl
1 kleine rote Zwiebel, in Ringe geschnitten
1 TL Paprikapulver
2 frische Lorbeerblätter, zerdrückt
10 frische Salbeiblätter, grob zerkleinert
1 TL Salz
frisch gemahlener schwarzer Pfeffer

1,5 kg Schwertfisch, in 3 cm große Würfel geschnitten, oder anderer Fisch mit festem Fleisch, z. B. Seehecht

ZITRONENSAUCE
je 60 ml Olivenöl und Zitronensaft
3 EL frische glatte Petersilie, gehackt

1 Alle Zutaten für die Marinade in einer Schüssel mischen. Fisch untermengen und zugedeckt 3 Stunden kalt stellen; dabei Fisch gelegentlich wenden.
2 Fisch auf 6 Metallspieße stecken und bei starker Hitze 5 Minuten grillen, dabei mehrmals wenden und mit Marinade bestreichen.
3 Saucenzutaten in einem verschließbaren Glas mischen und mehrmals schütteln. Sauce über den Fisch gießen und servieren.

TÜRKEI

73

SHISH KEBAB MIT PAPRIKA UND KRÄUTERN
(Fleischspieße)

Vorbereitungszeit: 20 Minuten
 + 4 Stunden Marinierzeit
Grillzeit: 5 Minuten
Für 4 Personen

1 kg Lammkeule ohne Knochen
1 rote Paprikaschote
1 grüne Paprikaschote
3 rote Zwiebeln
Olivenöl zum Bestreichen

MARINADE
1 Zwiebel, in dünne Ringe geschnitten
2 Knoblauchzehen, zerdrückt
60 ml Zitronensaft
80 ml Olivenöl
1 EL frischer Thymian, gehackt
1 EL Paprikapulver
½ TL Chiliflocken
2 TL gemahlener Kreuzkümmel
15 g frische glatte Petersilie, gehackt
20 g frische Minze, gehackt
Salz und Pfeffer

1 Fleisch von Sehnen und sichtbarem Fett befreien und in 3 cm große Würfel schneiden.
2 Marinadezutaten in einer großen Schüssel mischen. Fleisch untermengen und zugedeckt 4–6 Stunden oder über Nacht kalt stellen.
3 Paprikaschoten in 3 cm große Quadrate schneiden. Zwiebeln in je 6 Schnitze schneiden.
4 Fleisch aus der Marinade nehmen und diese aufbewahren. Fleisch abwechselnd mit Zwiebelschnitzen und Paprika auf Spieße stecken. 5–6 Minuten grillen, dabei in den ersten Minuten öfter mit der Marinade bestreichen. Sofort servieren. Die Spieße schmecken köstlich mit Brot oder Pilaw.

MARINADEN
Fleisch, Huhn und Fisch werden durch das Marinieren nicht nur zarter und saftiger, sie bekommen auch mehr Aroma. Wie lange die Marinade einziehen soll, hängt von Größe und Art der Fleischstücke bzw. der Fische ab. Häufig wird eine Marinade auch dazu verwendet, Fleisch während des Garens zu begießen, damit das Aroma verstärkt wird.

RECHTS: Shish kebab mit Paprika und Kräutern

TÜRKEI

CILBIR
(Pochierte Eier mit Joghurt)

Vorbereitungszeit: 10 Minuten
Kochzeit: 20 Minuten
Für 4 Personen

60 g Butter
1 Zwiebel, in dünne Ringe geschnitten
250 g stichfester Naturjoghurt
Salz und Pfeffer
4 Eier, Gewichtsklasse L
1 TL scharfes Paprikapulver

1 Backofen auf 150 °C (Gas 1) vorheizen. Ein Drittel der Butter in einer Bratpfanne zerlassen und Zwiebel darin bei schwacher Hitze 15 Minuten goldbraun braten. Herausnehmen und etwas abkühlen lassen. In einer kleinen Schüssel Zwiebel und Joghurt mischen und mit Salz abschmecken.
2 Mischung auf 4 ofenfeste, 4 cm hohe Förmchen mit 7,5 cm Durchmesser verteilen. Auf ein Backblech stellen und im Backofen leicht erhitzen.
3 In der Zwischenzeit eine große, tiefe Bratpfanne drei Viertel hoch mit Wasser füllen, eine Prise Salz zufügen und das Wasser zum Köcheln bringen. Eier nacheinander in eine Schüssel schlagen und ins Wasser gleiten lassen. Hitze so weit reduzieren, dass sich das Wasser kaum noch bewegt, und Eier 2–3 Minuten pochieren, bis sie gerade fest sind. Mit einem Schaumlöffel herausnehmen und mit Küchenkrepp abtupfen. Ein Ei in jedes Förmchen geben und mit Salz und Pfeffer würzen.
4 Restliche Butter in einem kleinen Topf zerlassen und Paprikapulver unterrühren. Über die Eier träufeln und sofort servieren.
Hinweis Dieses Gericht passt gut als Abendessen oder Brunch. Zusätzlich zur Zwiebel oder als Ersatz dafür kann man 2 zerdrückte und in der Butter gebratene Knoblauchzehen nehmen.

PAPRIKAPULVER
Dieses Gewürzpulver besteht aus den getrockneten und gemahlenen Schoten des Gewürzpaprikas. Die Pflanze stammt ursprünglich aus Südamerika und wurde von den Spaniern nach Europa gebracht, wo das Gewürz sehr früh Einzug in die türkische Küche fand. Das Pulver ist in verschiedenen Schärfegraden erhältlich, die von sehr mild über edelsüß und halbsüß bis sehr scharf reichen; die schärfste Sorte ist der Rosenpaprika. Alle können als Gewürz oder zum Garnieren verwendet werden.

OBEN: Cilbir

PERLBOHNEN
In der Regel werden diese kleinen weißen Bohnen getrocknet angeboten. Sie haben ein mildes Aroma und sind vor allem in Form von „baked beans" in der Dose bekannt. Wie alle getrockneten Bohnen müssen sie in kaltem Wasser über Nacht einweichen. Dann werden sie abgegossen und weich gekocht.

OBEN: Geschmorte Lammhaxen mit Perlbohnen

GESCHMORTE LAMMHAXEN MIT PERLBOHNEN

Vorbereitungszeit: 10 Minuten
 + 1 Nacht Einweichzeit
Kochzeit: 2 Stunden 15 Minuten
Für 4 Personen

☆☆

400 g getrocknete Perlbohnen

4 EL Öl

4 Lammhaxen, küchenfertig

2 EL Butter

2 Knoblauchzehen, zerdrückt

2 Zwiebeln, fein gehackt

1½ EL Thymianblätter

2 EL Tomatenmark

800 g zerkleinerte Tomaten aus der Dose

1 EL Paprikapulver

Salz und Pfeffer

1 getrocknete Jalapeño-Chilischote, gehackt

30 g frische glatte Petersilie, gehackt

1 Bohnen in eine Schüssel geben, mit Wasser bedecken und über Nacht einweichen.
2 3 EL Öl bei mittlerer Hitze in einer großen Bratpfanne erhitzen und die Haxen darin von allen Seiten bräunen. Herausnehmen und beiseite stellen. Pfannenfett abgießen.
3 Butter und restliches Öl in der Bratpfanne erhitzen, Knoblauch und Zwiebeln bei mittlerer Hitze 3–4 Minuten weich braten. Thymian, Tomatenmark, Tomaten und Paprika zufügen und 5 Minuten köcheln lassen. Lammhaxen und 500 ml heißes Wasser zugeben. Mit Salz und Pfeffer kräftig würzen und zum Kochen bringen. Pfanne zudecken, die Hitze reduzieren und alles 30 Minuten sanft köcheln lassen.
4 Bohnen abgießen und mit Chilischote und 500 ml heißem Wasser in die Pfanne geben. Erneut zum Kochen bringen, zudecken und 1–1½ Stunden köcheln lassen, bis die Bohnen und das Fleisch weich sind. Nach Bedarf Wasser zugeben, aber höchstens 125 ml auf einmal. Abschmecken und die Hälfte der Petersilie unterrühren. Restliche Petersilie darüber streuen und heiß servieren.

TÜRKEI

KEFTA GHAN' MI BEL'
(Lammfleischbällchen)

Vorbereitungszeit: 30 Minuten
Kochzeit: 1 Stunde
Für 4 Personen

1 kg Hackfleisch vom Lamm
1 Zwiebel, fein gehackt
2 Knoblauchzehen, fein gehackt
2 EL frische glatte Petersilie, fein gehackt
2 EL frische Korianderblätter, fein gehackt
½ TL Cayennepfeffer
½ TL Piment
½ TL gemahlener Ingwer
½ TL gemahlener Kardamom
1 TL gemahlener Kreuzkümmel
1 TL Paprikapulver
Salz und Pfeffer

SAUCE

2 EL Olivenöl
1 Zwiebel, fein gehackt
2 Knoblauchzehen, fein gehackt
2 TL gemahlener Kreuzkümmel
½ TL gemahlener Zimt
1 TL Paprikapulver
Salz und Pfeffer
800 g zerkleinerte Tomaten aus der Dose
2 TL Harissa (Würzpaste)
4 EL frische Korianderblätter, gehackt

1 Backofen auf 180 °C (Gas 2) vorheizen und 2 Backbleche leicht einfetten. Hackfleisch, Zwiebel, Knoblauch, Petersilie und alle Gewürze in einer Schüssel gut mischen. Mit Salz und Pfeffer kräftig würzen. Mischung esslöffelweise zu Bällchen formen und diese auf die Backbleche verteilen. 18–20 Minuten braun backen.
2 Inzwischen für die Sauce Öl in einem Topf erhitzen. Zwiebel bei mittlerer Hitze 5 Minuten weich braten. Knoblauch, Kreuzkümmel, Zimt, Paprika und etwas Salz und Pfeffer zugeben und 1 Minute erhitzen.
3 Tomaten und Harissa unterrühren und zum Kochen bringen. Bei schwacher Hitze 20 Minuten köcheln lassen, Fleischbällchen zufügen und 10 Minuten weiter köcheln lassen, bis sie durchgewärmt sind. Koriander hineinrühren und abschmecken.

GERÖSTETE PAPRIKA

8 rote Paprikaschoten jeweils in 4 gleich große Stücke schneiden und die Kerne und die weißen Häutchen entfernen. Auf ein Backblech verteilen und unter dem Grill bei starker Hitze rösten, bis die Haut schwarz wird und aufplatzt. In eine Schüssel geben, mit einem Teller oder mit Klarsichtfolie bedecken und 10 Minuten stehen lassen. Die Haut abziehen und die Paprikastücke in 3 cm breite Streifen schneiden. In eine Schüssel geben. 2 zerdrückte Knoblauchzehen mit 80 ml Rotweinessig und etwas Salz in einer Schüssel mischen. Das Dressing über die Paprikastreifen gießen und vermengen, bis diese vollständig mit dem Dressing überzogen sind. 2 TL frische Thymianblätter darüber streuen und mindestens 4 Stunden kalt stellen. Zimmerwarm servieren. Für 4–6 Personen.

UNTEN: Kefta ghan' mi bel'

DAS GROSSE BUCH DER MITTELMEERKÜCHE

CERKES TAVUGU
(Tscherkessisches Huhn)

Vorbereitungszeit: 25 Minuten
Kochzeit: 1 Stunde
Für 6 Personen

☆☆

- 2 TL Paprikapulver
- 1/4 TL Cayennepfeffer
- 1 EL Walnussöl
- 4 Hühnerbrüste mit Knochen und 4 Flügel
- 1 große Zwiebel, gehackt
- 2 Selleriestangen, grob gehackt
- 1 Möhre, gehackt
- 1 Lorbeerblatt
- 4 Zweige frische Petersilie
- 1 Zweig frischer Thymian
- 6 Pfefferkörner
- 1 TL Koriandersamen
- Salz und Pfeffer
- 250 g Walnüsse, geröstet
- 2 Scheiben Weißbrot, Rinde entfernt
- 1 EL Paprikapulver
- 4 Knoblauchzehen, zerdrückt

1 Paprikapulver und Cayennepfeffer in eine kleine Pfanne geben und bei schwacher Hitze ohne Fettzugabe etwa 2 Minuten erhitzen, bis die Gewürze aromatisch duften, dann Öl zugeben und Pfanne beiseite stellen.

2 Hühnerbrüste und -flügel mit Zwiebel, Sellerie, Möhre, Lorbeerblatt, Petersilie, Thymian, Pfefferkörnern und Koriander in einen großen Topf geben. 1 l Wasser zugießen und zum Kochen bringen. Bei schwacher Hitze Mischung 15–20 Minuten köcheln lassen, bis das Hühnerfleisch weich ist. Vom Herd nehmen und abkühlen lassen, dann Hühnerfleisch herausnehmen. Brühe wieder erhitzen und 20–25 Minuten köcheln lassen, bis sie auf die Hälfte reduziert ist. Durchseihen, Fett abschöpfen und Brühe beiseite stellen. Haut vom Huhn entfernen und Fleisch in mundgerechte Stücke teilen. Mit Salz und Pfeffer würzen und mit etwas Brühe begießen. Beiseite stellen.

3 Einige Walnüsse für die Garnierung beiseite stellen und die restlichen im Mixer zu einer groben Paste verarbeiten. Brot mit 125 ml Brühe mischen, ebenfalls in den Mixer geben und stoßweise mehrmals kurz verrühren. Paprikapulver, Knoblauch und etwas Salz und Pfeffer zufügen und glatt pürieren. Nach und nach 250 ml warme Brühe zugießen, bis die Sauce glatt und flüssig ist. Nach Bedarf noch etwas Brühe zufügen.

4 Die Hälfte der Sauce mit dem Huhn mischen und auf einer Servierplatte anrichten. Restliche Sauce darüber gießen, dann mit dem gewürzten Öl beträufeln und mit den Walnüssen bestreuen. Zimmerwarm servieren.

TSCHERKESSISCHES HUHN

Dieses Gericht stammt aus dem kulinarischen Erbe der tscherkessischen Frauen, die zu Zeiten des Osmanischen Reiches zum Harem des Sultans gehörten. Die Tscherkessinnen, die gleichermaßen für ihre Schönheit und ihre Kochkünste berühmt waren, kreierten dieses köstliche Gericht, das ihren Namen trägt und zu einem Klassiker der türkischen Küche wurde.

RECHTS: Cerkes tavugu

TÜRKEI

LAMMPILAW

Vorbereitungszeit: 25 Minuten
  + 1 Stunde Ruhezeit
Kochzeit: 40 Minuten
Für 4–6 Personen

1 große Aubergine, etwa 500 g, in 1 cm große
  Würfel geschnitten
Salz und Pfeffer
125 ml Olivenöl
1 große Zwiebel, fein gehackt
2 TL gemahlener Kreuzkümmel
1 TL gemahlener Zimt
1 TL gemahlener Koriander
300 g Langkornreis
500 ml Hühner- oder Gemüsebrühe
500 g Hackfleisch vom Lamm
½ TL Piment
2 EL Olivenöl
2 Strauchtomaten, geachtelt
2 EL Pistazien, geröstet
2 EL Korinthen
2 EL frische Korianderblätter, gehackt, zum
  Garnieren

1 Auberginenwürfel in einen Durchschlag geben, mit Salz bestreuen und 1 Stunde stehen lassen. Abspülen und in einem sauberen Küchentuch trockendrücken. 2 EL Öl in einer großen, tiefen Bratpfanne erhitzen, Auberginenwürfel zugeben und bei mittlerer Hitze 8–10 Minuten goldgelb braten. Auf Küchenkrepp abtropfen lassen.
2 Restliches Öl erhitzen und Zwiebel darin 4–5 Minuten weich braten. Kreuzkümmel, Zimt und Koriander je zur Hälfte zufügen. Reis zugeben und mit Ölmischung gründlich verrühren, Brühe zugießen, mit Salz und Pfeffer würzen und zum Kochen bringen. Hitze reduzieren und zugedeckt 15 Minuten köcheln lassen; etwas Wasser zugießen, falls der Reis zu trocken wird.
3 In der Zwischenzeit Fleisch mit Piment und restlichem Kreuzkümmel, Zimt und Koriander in eine Schüssel geben, mit Salz und Pfeffer würzen, mischen und zu Bällchen formen. Öl in der Pfanne erhitzen und Bällchen darin portionsweise bei mittlerer Hitze jeweils 5 Minuten hellbraun braten. Auf Küchenkrepp abtropfen lassen. Tomaten in die Pfanne geben und 3–5 Minuten goldgelb braten. Herausnehmen.
4 Aubergine, Pistazien, Korinthen und Fleischbällchen unter den Reis mischen. Tomaten rund um das Pilaw anrichten, Korianderblättchen darüber streuen und servieren.

PISTAZIEN

Diese Nüsse haben in ihrer harten, hellen Schale einen grünen Kern, der in der ganzen Welt geschätzt wird. Wenn Pistazien reifen, öffnen sich die Schalen leicht, und der Kern mit dem feinen Aroma kommt zum Vorschein. Pistazien werden geröstet und gesalzen aus der Hand gegessen oder als Zutat bei sowohl süßen als auch pikanten Gerichten verwendet.

OBEN: Lammpilaw

DAS GROSSE BUCH DER MITTELMEERKÜCHE

TÜRKISCHES BROT

Vorbereitungszeit: 30 Minuten + Aufgehzeit
Backzeit: 30 Minuten
Ergibt 6 Stück

☆☆☆

2 Päckchen (je 7 g) Trockenhefe
1/2 TL Zucker
500 g Mehl
1 TL Salz
60 ml Olivenöl
1 Ei
schwarzer Kreuzkümmel oder Sesamsamen zum Bestreuen

1 Hefe, Zucker und 125 ml warmes Wasser in einer Schüssel mischen. 60 g Mehl zugeben und alles glatt rühren. Mit einem Teller bedecken und 30 Minuten gehen lassen, bis die Mischung schaumig ist und ihr Volumen verdreifacht hat.
2 Restliches Mehl mit Salz in eine große Schüssel geben. Öl, Hefemischung und zunächst 125 ml warmes Wasser unterrühren, dann nach und nach Wasser zufügen, bis ein weicher Teig entsteht. Auf die leicht bemehlte Arbeitsfläche legen und 15 Minuten kneten. Dabei möglichst wenig Mehl verwenden; der Teig soll weich und feucht sein.
3 Zu einer Kugel formen und in eine große eingeölte Schüssel legen. Mit einem Küchentuch bedecken und 1 Stunde an einem warmen Ort gehen lassen, bis die Kugel ihr Volumen verdoppelt hat. Mit der Faust zusammendrücken, damit die Luft entweicht, dann in 6 Stücke teilen und diese zu kleinen Kugeln formen; dabei so wenig wie möglich kneten. Auf ein Tablett legen und 10 Minuten in einen Gefrierbeutel geben.
4 Ein großes Backblech mit Mehl bestreuen. 2 Teigkugeln zu Fladen von je 15 cm Durchmesser ausrollen und in einigem Abstand zueinander auf das Blech legen. Mit einem Küchentuch bedecken und 20 Minuten beiseite stellen. Backofen auf 230 °C (Gas 4–5) vorheizen und ein zweites Backblech zum Erhitzen auf die mittlere Schiene schieben.
5 Fladen in der Mitte mit dem Finger eindrücken. Ei mit 60 ml Wasser leicht verschlagen und Fladen mit der Mischung bestreichen, dann mit Samen bestreuen. Backblech auf das heiße Blech stellen und Fladen 8–10 Minuten backen, bis sie goldgelb sind. In ein Küchentuch wickeln, damit die Rinde während des Abkühlens weich wird. In der Zwischenzeit die übrigen Teigkugeln ebenso verarbeiten.

TÜRKISCHE PIZZA

Vorbereitungszeit: 25 Minuten + Aufgehzeit
Backzeit: 45 Minuten
Ergibt 8 Stück

☆☆☆

1 TL Trockenhefe
1/2 TL Zucker
225 g Mehl
Salz und Pfeffer
4 EL Olivenöl
250 g Zwiebeln, fein gehackt
500 Hackfleisch vom Lamm
2 Knoblauchzehen
1 TL gemahlener Zimt
1 1/2 TL gemahlener Kreuzkümmel
1/2 TL Cayennepfeffer
3 EL Tomatenmark
400 g zerkleinerte Tomaten aus der Dose
50 g Pinienkerne
3 EL frischer Koriander, gehackt
Naturjoghurt nach griechischer Art

1 Hefe, Zucker und 60 ml warmes Wasser in einer Schüssel mischen. An einem warmen Ort 20 Minuten stehen lassen, bis die Mischung schaumig ist und sich vergrößert hat.
2 Mehl und 1 TL Salz in eine Schüssel sieben, Hefemischung, 1 EL Öl und 100 ml warmes Wasser unterrühren, bis ein weicher Teig entsteht. Auf ein bemehltes Brett legen und 10 Minuten kneten. In einer eingeölten Schüssel 1 Stunde an einem warmen Ort gehen lassen.
3 In einer Pfanne 2 EL Öl bei geringer Temperatur erhitzen und Zwiebel 5 Minuten weich braten. Fleisch zufügen und 10 Minuten braun braten. Knoblauch, Gewürze, Tomatenmark und Tomaten zugeben und 15 Minuten erhitzen, bis die Mischung trocken ist. Die Hälfte der Pinienkerne und 2 EL Koriander zufügen. Mit Salz und Pfeffer würzen und anschließend abkühlen lassen. Backofen auf 210 °C (Gas 3–4) vorheizen und 2 Backbleche einfetten.
4 Teig mit der Faust zusammendrücken und auf eine bemehlte Fläche legen. In 8 Stücke teilen, diese zu Ovalen ausrollen, auf die Backbleche legen. Fleischmischung auf die Ovale verteilen, dabei einen Rand lassen. Mit Pinienkernen bestreuen. Ränder mit Öl bestreichen. Teig an den länglichen Seiten hochziehen und Ränder an beiden Enden zusammendrücken. Mit Öl bestreichen und 15 Minuten backen. Mit Koriander bestreuen und mit Joghurt servieren.

TÜRKISCHE PIZZA

Den Teig mit der Faust zusammendrücken und auf eine bemehlte Fläche legen.

Die Fleischmischung auf die Teigovale verteilen und Pinienkerne darüber streuen.

GEGENÜBERLIEGENDE SEITE: Türkisches Brot (oben); Türkische Pizza

OBEN: Feigen in Honigsirup

FEIGEN IN HONIGSIRUP

Vorbereitungszeit: 20 Minuten
Kochzeit: 1 Stunde
Für 4 Personen

100 g ganze blanchierte Mandeln
12 frische Feigen
125 g Zucker
115 g Honig
2 EL Zitronensaft
1 Streifen unbehandelte Zitronenschale, 6 cm lang
1 Zimtstange
250 g Naturjoghurt nach griechischer Art

1 Backofen auf 180 °C (Gas 2) vorheizen. Mandeln auf ein Backblech legen und 5 Minuten goldgelb backen. Abkühlen lassen. Feigen von den Stielen befreien und oben 5 mm tief kreuzweise einschneiden. In jede Feige eine Mandel drücken. Restliche Mandeln hacken.
2 Zucker mit 750 ml Wasser in einen großen Topf geben und bei mittlerer Hitze rühren, bis sich der Zucker auflöst. Anschließend das Wasser zum Kochen bringen. Honig, Zitronensaft, Zironenschale und Zimtstange untermischen. Hitze wieder reduzieren, Feigen in den Topf geben und 30 Minuten sanft köcheln lassen. Mit einem Schaumlöffel herausnehmen und auf eine große Servierplatte legen.
3 Flüssigkeit 15–20 Minuten bei starker Hitze kochen, bis sie dick und sirupartig ist. Zimtstange und Zitronenschale entfernen. Sirup leicht abkühlen lassen und über die Feigen gießen. Mit Mandeln bestreuen und warm oder kalt mit Joghurt servieren.

RACHATLUKUM
(Türkisches Konfekt)

Vorbereitungszeit: 10 Minuten
Kochzeit: 1 Stunde
Ergibt 25 Stück

1 kg Zucker
125 g Stärkemehl
1 TL Weinstein
2 EL Rosenwasser
rote Lebensmittelfarbe
40 g Puderzucker
2 EL Stärkemehl

1 630 ml Wasser in einem großen Topf zum Kochen bringen. Zucker zufügen und rühren, bis er sich vollständig aufgelöst hat. Vom Herd nehmen.
2 In einer großen Schüssel Stärkemehl und Weinstein mit 250 ml kaltem Wasser verrühren. Nach und nach zum Sirup geben und Mischung bei mittlerer Hitze rühren, bis sie kocht.
3 Hitze reduzieren und 45 Minuten unter häufigem Rühren köcheln lassen. Dabei wird die Mischung klar und goldgelb und dickt ein.
4 Rosenwasser und einige Tropfen Lebensmittelfarbe zugeben, dann Mischung in eine leicht geölte, 30 x 20 cm große flache Form gießen, abkühlen und fest werden lassen. Anschließend in 2 cm große Quadrate schneiden. Puderzucker und Stärkemehl mischen und die Stücke darin wälzen.
Hinweis Dieses Rezept kann man vielfältig variieren, z. B. indem man 1–2 EL Orangenblütenwasser statt Rosenwasser und orangefarbene statt roter Lebensmittelfarbe nimmt.

TÜRKEI

JOGHURT TATLISI
(Joghurtkuchen mit Sirup)

Vorbereitungszeit: 20 Minuten + Kühlzeit
Backzeit: 50 Minuten
Für 8–10 Personen

185 g weiche Butter
250 g feiner Zucker
5 Eier, getrennt
250 g Naturjoghurt nach griechischer Art
2 TL geriebene Schale einer unbehandelten Zitrone
3 Tropfen Vanillearoma
280 g Mehl
½ TL Natron
2 TL Backpulver
Sahne, geschlagen, zum Servieren

Sirup

250 g feiner Zucker
1 Zimtstange
1 Streifen unbehandelte Zitronenschale, 4 cm lang
1 EL Zitronensaft

1 Backofen auf 180 °C (Gas 2) vorheizen. Eine 20 x 10 cm große Kastenform leicht einfetten.
2 Butter und Zucker mit den Rührbesen des Handrührgeräts schaumig schlagen. Eigelbe einzeln zugeben und jeweils kräftig schlagen. Joghurt, Zitronenschale und Vanillearoma unterrühren. Durchgesiebtes Mehl, Natron und Backpulver mit einem Metalllöffel unterziehen.
3 Eiweiße in einer sauberen, trockenen Schüssel steif schlagen und vorsichtig unter den Teig heben. In die Form füllen und 50 Minuten backen. Der Kuchen ist gar, wenn an einem in die Mitte gesteckten Holzstäbchen kein Teig haften bleibt. In der Form 10 Minuten abkühlen lassen, dann auf ein Kuchengitter stürzen.
4 In der Zwischenzeit für den Sirup Zucker, Zimtstange und 185 ml kaltes Wasser in einen kleinen Topf geben. Bei mittlerer Hitze rühren, bis sich der Zucker aufgelöst hat. Zum Kochen bringen, Zitronenschale und -saft zugeben, dann die Hitze reduzieren und 5–6 Minuten köcheln lassen. Durchseihen, anschließend den Sirup über den heißen Kuchen verteilen und vor dem Servieren fast vollständig einziehen lassen. Den Kuchen in Scheiben schneiden und warm mit geschlagener Sahne servieren.

ZERDE
(Süßer Safranreis)

1 TL Safranfäden mit den Fingern zerreiben und 30 Minuten in 2 EL kochendem Wasser einweichen. 1,25 l Wasser in einem großen Topf zum Kochen bringen, dann 110 g Rundkornreis zufügen. Die Hitze reduzieren und den Reis 20 Minuten unter gelegentlichem Rühren kochen. 250 g feinen Zucker, 2 EL Rosenwasser und den Safran mit der Einweichflüssigkeit hineinrühren und den Reis weitere 10 Minuten köcheln lassen. 3 EL geröstete Pinienkerne und 3 EL gehackte Pistazien zugeben und wieder 10 Minuten köcheln lassen. Die Mischung sollte dick und sämig sein. Wenn sie zu fest ist, noch etwas Wasser zugeben. Entweder heiß oder kalt servieren (der Reis wird fester, wenn er abkühlt). Nach Belieben garnieren, z. B. mit Granatapfelsamen oder Pistazien. Mit Naturjoghurt nach griechischer Art servieren. Für 6 Personen.

OBEN: Joghurt tatlisi

TÜRKISCHER KAFFEE

Wie in vielen Ländern rund um das Mittelmeer wird der Kaffee in der Türkei in Töpfen mit einem langen Griff zubereitet. In der Türkei heißen diese speziellen Gefäße Jezve. Wichtig ist, dass der Kaffee unmittelbar vor dem Aufbrühen zu einem feinen Pulver gemahlen wird. Man kann mittlere und dunkle Röstungen nehmen. Wenn man eine Kardamomkapsel zugibt, bekommt der Kaffee einen wundervollen Duft.

UNTEN: Baklava

BAKLAVA
(Nuss-Honig-Schnitten)

Vorbereitungszeit: 30 Minuten + Kühlzeit
Backzeit: 1 Stunde 15 Minuten
Ergibt 18 Stück

560 g feiner Zucker
1½ TL geriebene unbehandelte Zitronenschale
90 g Honig
60 ml Zitronensaft
2 EL Orangenblütenwasser
je 200 g Walnüsse und Mandeln, fein gehackt
200 g Pistazien ohne Schale, fein gehackt
2 EL feiner Zucker
2 TL gemahlener Zimt
200 g Butter, zerlassen
375 g Filoteig

1 Zucker, Zitronenschale und 375 ml Wasser in einen Topf geben und bei starker Hitze rühren, bis sich der Zucker auflöst, dann 5 Minuten kochen. Hitze auf niedrigste Stufe schalten und Sirup 5 Minuten köcheln lassen, bis er leicht eindickt und an einem Löffelrücken als dünne Schicht haften bleibt. Honig, Zitronensaft und Blütenwasser zufügen und 2 Minuten kochen. Vom Herd nehmen und abkühlen lassen.
2 Backofen auf 170 °C (Gas 1–2) vorheizen. Nüsse, Zucker und Zimt in einer Schüssel mischen. Filoteig mit einem feuchten Küchentuch bedecken. Boden und Rand einer großen, quadratischen Auflaufform mit Butter bestreichen. Boden mit einem Blatt Filoteig bedecken, Teig leicht mit Butter bestreichen und gegebenenfalls überhängende Ränder einschlagen. Insgesamt 10 Teigblätter auslegen, dabei jede Lage mit Butter bestreichen und die Ränder jeweils einschlagen.
3 Die Hälfte der Nussmischung gleichmäßig auf den Teig verteilen und andrücken. Weitere 5 Filoteigblätter aufeinander auslegen und jeweils mit Butter bestreichen, restliche Nussmischung darauf verteilen, dann restliche Teigblätter auslegen und mit Butter bestreichen. Teig mit den Händen nach unten drücken, sodass Teig und Nussmischung aneinander haften. Mit einem großen scharfen Messer rautenförmig schneiden, dabei darauf achten, dass auch die unterste Schicht durchgeschnitten wird. Restliche Butter gleichmäßig auf die Oberfläche verteilen und mit den Händen glatt streichen. 30 Minuten backen, dann die Temperatur auf 150 °C (Gas 1) reduzieren und weitere 30 Minuten backen.
4 Nach dem Backen Rauten sofort nachschneiden und Sirup durch ein Sieb darüber gießen. Vollständig abkühlen lassen, dann Stücke aus der Form nehmen und auf eine Servierplatte legen.
Hinweis Damit die Schnitten die richtige Konsistenz bekommen, müssen sie beim Begießen mit Sirup sehr heiß sein, der Sirup dagegen kalt.

TÜRKISCHER KAFFEE

2 EL fein gemahlenen Kaffee, 2 TL (oder nach Geschmack) feinen Zucker und 1 aufgebrochene Kardamomkapsel mit 250 ml kaltem Wasser in einen kleinen Topf geben. Bei mittlerer Hitze rühren, bis der Kaffee aufsteigt. Sofort vom Herd nehmen. Den Schaum mit einem Löffel in 2 kleine Tassen geben und den Topf wieder auf die Herdplatte stellen. Wenn der Kaffee erneut aufsteigt, vom Herd nehmen und in die Tassen gießen. Guten türkischen Kaffee erkennt man an seinem cremigen Schaum. Für 2 Personen.

TÜRKEI

GRIESSRAUTEN MIT NÜSSEN

Vorbereitungszeit: 30 Minunten
 + 30 Minuten Ruhezeit
Backzeit: 40 Minuten
Ergibt 12 Stück

115 g weiche Butter
125 g feiner Zucker
125 g Grieß
110 g Haselnüsse, geröstet und gemahlen
2 TL Backpulver
3 Eier, leicht verschlagen
1 EL fein geriebene, unbehandelte
  Orangenschale
2 EL Orangensaft
geschlagene Sahne oder Joghurt mit Honig, zum
  Servieren

SIRUP

750 g Zucker
4 Zimtstangen
1 EL in feine Streifen geschnittene Schale einer
  unbehandelten Orange
80 ml Zitronensaft
125 ml Orangenblütenwasser

BELAG

60 g Mandelsplitter
70 g Haselnüsse, geröstet und grob
  gehackt

1 Backofen auf 210 °C (Gas 3–4) vorheizen. Eine quadratische Form mit etwa 23 cm Seitenlänge leicht einfetten und den Boden mit Backpapier auslegen. Butter und Zucker in einer mittelgroßen Schüssel schaumig schlagen. Grieß, gemahlene Haselnüsse und Backpulver hineinrühren. Eier, Orangenschale und -saft gründlich unterheben. In die Form füllen, glatt streichen und 20 Minuten backen, bis die Oberfläche goldgelb und gerade fest ist. In der Form stehen lassen.
2 In der Zwischenzeit für den Sirup Zucker, Zimtstangen und 800 ml Wasser in einen Topf geben und bei schwacher Hitze rühren, bis sich der Zucker aufgelöst hat. Hitze erhöhen und die Mischung 5 Minuten ohne Rühren kochen. In einen hitzebeständigen Messbecher füllen, dann die Hälfte wieder in den Topf gießen und 15–20 Minuten auf etwa 170 ml einkochen. Orangenstreifen unterrühren.
3 Zitronensaft und Orangenblütenwasser zum Sirup im Messbecher geben und über den Kuchen in der Form gießen. Wenn der Sirup eingezogen ist, Kuchen herausnehmen und auf eine große flache Platte legen. In 4 gleich große Streifen schneiden, dann jeden Streifen diagonal in 3 rautenförmige Stücke schneiden. Die Reste an den Enden entfernen, aber die Stücke zusammen lassen.
4 Für den Belag Mandeln und Haselnüsse mischen und über den Kuchen streuen. Eingekochten Sirup darüber gießen und Kuchen vor dem Servieren 30 Minuten stehen lassen. Die Rauten auf Teller geben und mit geschlagener Sahne oder Honigjoghurt servieren.

OBEN: Grießrauten mit Nüssen

ITALIEN

Die Italiener lieben gutes Essen. Freunde und Familien treffen sich häufig, um miteinander zu feiern. Die Küche ist herrlich unkompliziert, und nicht zuletzt deswegen wurden die Antipasti, die vielseitigen Vorspeisen, in vielen anderen Ländern übernommen. Noch vor 50 Jahren hatte jede Region einen eigenen ausgeprägten Kochstil, doch durch die zunehmende Mobilität der Menschen verwischten sich die Grenzen, sodass man heute fast überall eine wunderbare Vielfalt von Zutaten und Gerichten findet: Pizza, Polenta und Risotto, frische und getrocknete Nudeln, Olivenöl und Butter, Tomaten und Auberginen, Zitronen, Kapern, Petersilie, Basilikum und Käsesorten wie den berühmten Parmigiano Reggiano.

DAS GROSSE BUCH DER MITTELMEERKÜCHE

ZUCCHINIBLÜTEN
Die zarten Blüten der Zucchini sind leicht verderblich und werden am besten auf einem Teller, mit feuchtem Küchenkrepp bedeckt, im Kühlschrank aufbewahrt. Man wählt frische, feste Blüten und achtet vor der Verwendung darauf, dass sie sauber und frei von Insekten sind. Es gibt männliche und weibliche Blüten; die männlichen befinden sich am Stiel, die weiblichen an der Frucht.

BOHNENDIP MIT ROSMARIN

Zubereitungszeit: 5 Minuten
 + Abkühlzeit
Kochzeit: 5 Minuten
Ergibt 500 ml

600 g Wachs- oder Cannellinobohnen
 aus der Dose
3 EL Olivenöl
2 Knoblauchzehen, zerdrückt
1 EL frische Rosmarinblätter, fein gehackt
250 ml Hühner- oder Gemüsebrühe
2 TL Zitronensaft
Salz und Pfeffer

1 Die Bohnen abspülen, abtropfen lassen und beiseite stellen. Das Olivenöl in einem Topf erhitzen und Knoblauch und Rosmarin etwa 1 Minute braten, bis der Knoblauch weich ist. Bohnen und Brühe zufügen, zum Kochen bringen und bei schwacher Hitze 3–4 Minuten köcheln lassen. Abkühlen lassen.
2 Anschließend die Mischung portionsweise zu einer glatten Masse pürieren. Zitronensaft zufügen und mit Salz und Pfeffer abschmecken. Mit Brot oder Grissini servieren. In einem luftdicht verschlossenen Behälter im Kühlschrank hält sich der Dip einige Tage.

GEFÜLLTE ZUCCHINIBLÜTEN

Zubereitungszeit: 20 Minuten
Kochzeit: 15 Minuten
Ergibt 20 Stück

80 g Mehl
Salz und Pfeffer
100 g Mozzarella
10 Sardellenfilets in Öl, längs halbiert
10 frische Basilikumblätter, grob zerkleinert
20 Zucchiniblüten, Stiele und Stempel entfernt
Olivenöl zum Braten
2 Zitronenschnitze, unbehandelt zum Servieren

1 Mehl mit etwa 250 ml Wasser und Prise Salz in einer Schüssel zu einem glatten Teig rühren.
2 Mozzarella in 20 streichholzgroße Stifte schneiden. Sardellen trockentupfen. Je 1 Stück Mozzarella, 1/2 Filet und etwas Basilikum in die Blüten stecken und die Blätter schließen.
3 Öl etwa 2,5 cm hoch in eine Bratpfanne geben und erhitzen, bis ein Teigtropfen beim Eintauchen zischt.
4 Blüten einzeln in den Teig tunken und Überschuss abschütteln. Portionsweise etwa 3 Minuten goldbraun und knusprig braten. Auf Küchenkrepp abtropfen lassen, salzen und pfeffern und sofort mit den Zitronenschnitzen servieren.

OBEN: Bohnendip mit Rosmarin

ITALIEN

GEBACKENE PAPRIKA MIT SARDELLEN

Zubereitungszeit: 15 Minuten
Backzeit: 50 Minuten
Für 6 Personen

je 3 gelbe und rote Paprikaschoten
2 EL Olivenöl extra vergine
Salz und Pfeffer
12 Sardellenfilets in Öl, längs halbiert
3 Knoblauchzehen, in dünne Scheiben geschnitten
30 g frische Basilikumblätter
1 EL Kapern, abgespült
Olivenöl extra vergine zum Servieren

1 Backofen auf 180 °C (Gas 2) vorheizen. Paprikaschoten längs halbieren, große vierteln; den Stiel nicht abschneiden. Kerne und weiße Häutchen entfernen. Etwas Öl in eine Auflaufform träufeln und die Paprikaschoten mit der Hautseite nach unten darauf verteilen. Salzen und pfeffern.
2 In die Paprikastücke je 1/2 Sardellenfilet, einige Knoblauchscheiben und 1 grob zerkleinertes Basilikumblatt geben. Kapern auf die Schoten verteilen. Mit restlichem Öl beträufeln.
3 Paprika, mit Alufolie bedeckt, 20 Minuten backen. Folie entfernen und weitere 25–30 Minuten backen, bis die Paprika weich ist. Mit etwas Olivenöl beträufeln, restliche zerkleinerte Basilikumblätter darüber streuen und heiß oder zimmerwarm servieren.

MOZZARELLA IN CAROZZA
(Mozzarella in der Kutsche/ Käse-Sandwiches)

8 dünne Scheiben Weißbrot vom Vortag von der Kruste befreien und in 170 ml Milch tunken. Je 1 Scheibe Mozzarella zwischen 2 Brotscheiben legen. 2 Eier leicht verschlagen und mit Salz und Pfeffer kräftig würzen. Sandwiches in die Eier tunken und in frischen Weißbrotbröseln wälzen. In einer Bratpfanne 250 ml Olivenöl erhitzen und Sandwiches bei mittlerer Hitze auf jeder Seite 2–3 Minuten goldbraun frittieren. Auf Küchenkrepp abtropfen lassen und mit Zitronenschnitzen servieren. Ergibt 4 Portionen.

MOZZARELLA
In Italien wurde Mozzarella früher ausschließlich aus der begehrten Büffelmilch hergestellt, die einen cremigen, zart duftenden Frischkäse ergibt. Heutzutage wird vielfach Kuhmilch verwendet, die dem Käse eine etwas andere Konsistenz und einen anderen Geschmack verleiht. Inzwischen ist jedoch auch Büffelmozzarella in Feinkostläden und gut sortierten Supermärkten erhältlich.

LINKS: Gebackene Paprika mit Sardellen

DAS GROSSE BUCH DER MITTELMEERKÜCHE

ARANCINI

Das Hackfleisch beim Braten mit einem Holzlöffel fein zerteilen.

Je 2 gehäufte TL Füllung in die Mitte der Reisbällchen geben.

Die Füllung mit dem Reis umschließen und dabei wieder ein Bällchen formen.

Jedes Bällchen in Mehl, in Ei und schließlich in Semmelbröseln wälzen.

RECHTS: Arancini

ARANCINI
(Gefüllte Reisbällchen)

Zubereitungszeit: 30 Minuten
+ 30 Minuten Abkühlzeit
+ 30 Minuten Kühlzeit
Kochzeit: 45 Minuten
Ergibt 12 Stück

500 g Rundkornreis
1/4 TL Safranfäden
2 Eier, verschlagen
100 g frisch geriebener Parmesan
Mehl zum Bestäuben
2 Eier, verschlagen
100 g Semmelbrösel
Öl zum Frittieren

FÜLLUNG
1 EL Olivenöl
1 kleine Zwiebel, fein gehackt
150 g gemischtes oder Rinderhackfleisch
170 ml Weißwein
1 EL Tomatenmark
2 TL frische Thymianblätter
Salz und Pfeffer

1 In einem Topf 1 l Wasser zum Kochen bringen, Reis und Safranfäden zufügen, erneut aufkochen, dann den Reis bei schwacher Hitze zugedeckt etwa 20 Minuten weich garen. In eine Schüssel füllen und auf Zimmertemperatur abkühlen lassen. Eier und Parmesan hineinrühren.

2 Für die Füllung Öl in einer kleinen Bratpfanne auf mittlere Temperatur erhitzen. Zwiebel zufügen und 2–3 Minuten weich braten. Das Hackfleisch zugeben und etwa 2 Minuten braun braten, dabei alle Klumpen auflösen. Wein und Tomatenmark zufügen, die Hitze reduzieren und 3–4 Minuten köcheln, bis der Wein verdunstet ist. Thymian hineinrühren, mit Salz und Pfeffer würzen und die Füllung abkühlen lassen.

3 Mit nassen Händen aus dem Reis 12 Bällchen formen. Jedes Bällchen flach drücken und in der Mitte eine Mulde formen. Jeweils 2 gehäufte TL Füllung hineingeben und den Reis um die Füllung herum schließen.

4 Bällchen zuerst in Mehl, dann in Ei und schließlich in Semmelbröseln wenden. 30 Minuten kalt stellen.

5 Frittiertopf ein Drittel hoch mit Öl füllen und auf 180 °C erhitzen; ein Brotwürfel sollte in 15 Sekunden braun werden. Bällchen in 4 Portionen jeweils 2–3 Minuten goldbraun frittieren. Auf Küchenkrepp abtropfen lassen und heiß oder zimmerwarm servieren.

ITALIEN

FRITTATA DI ASPARAGI ALLA MENTA
(Spargelomelett mit Minze)

Zubereitungszeit: 10 Minuten
Kochzeit: 20 Minuten
Für 4 Personen

6 Eier
40 g geriebener Pecorino oder Parmesan
5 g frische Minzeblätter, fein zerkleinert
200 g grüner Spargel
2 EL Olivenöl extra vergine
Salz und Pfeffer

1 Eier in einer großen Schüssel gut verquirlen, Käse und Minze einrühren und beiseite stellen.
2 Holzige Enden der Spargelstangen entfernen und Spargel schräg in 5 cm lange Stücke schneiden. Öl in einer Bratpfanne mit 20 cm Durchmesser und hitzebeständigem Griff erhitzen. Spargel zufügen und 4–5 Minuten braten, bis er weich und leuchtend grün ist. Mit Salz und Pfeffer würzen, dann auf niedrigste Stufe schalten.
3 Eimischung über den Spargel gießen und 8–10 Minuten garen. Dabei mit dem Pfannenwender das Omelett behutsam vom Pfannenrand lösen und Pfanne leicht schwenken, damit die Eimasse unter den Spargel fließen kann.
4 Wenn das Omelett fast gestockt und nur an der Oberfläche noch etwas feucht ist, Pfanne unter den mäßig heißen Backofengrill schieben und Spargelomelett 1–2 Minuten grillen, bis auch die Oberfläche fest und leicht gebräunt ist. Heiß oder zimmerwarm servieren.

FEIGEN MIT PROSCIUTTO

6 vollreife makellose Feigen am oberen Ende mit einem kleinen scharfen Messer kreuzweise tief einschneiden, sodass jede Feige aufklafft, aber nicht auseinander fällt. Je 1 dünne Scheibe Prosciutto locker um die Feigen wickeln und mit einem Zahnstocher befestigen. Für 6 Personen.

GRÜNSPARGEL

In der Küche des Mittelmeerraums ist fast ausschließlich der Grünspargel zu finden. Beim Kauf sollte man darauf achten, dass die Köpfe geschlossen und die Stangen fest und ohne Gelbstich sind. Im Gegensatz zum weißen Spargel muss der grüne nicht geschält werden; nur das Stangenende wird abgeschnitten. Grünspargel hat auch eine kürzere Garzeit. Seltener ist der violette Spargel.

OBEN: Frittata di asparagi alla menta

PANCETTA

Das italienische Wort „pancia" bedeutet Bauch, und Pancetta ist gepökelter durchwachsener Bauchspeck. Es gibt zwei Arten: Pancetta stesa wird etwa 3 Wochen gepökelt, gelegentlich auch geräuchert, und bis zu 4 Monate an der Luft getrocknet; Pancetta arrotolata wird zu einer dicken Wurst gerollt. Die Italiener verwenden Pancetta stesa in Saucen, Eintöpfen und Nudelgerichten; gerollt kommt sie auf den Vorspeisenteller.

OBEN: Gefüllte Sardinen

GEFÜLLTE SARDINEN

Zubereitungszeit: 20 Minuten
Kochzeit: 25 Minuten
Für 4–6 Personen

☆☆

1 kg frische Sardinen, küchenfertig
60 ml Olivenöl
40 g weiche Weißbrotbrösel
40 g Sultaninen
40 g Pinienkerne, geröstet
20 g Sardellen in Öl, abgetropft, zerdrückt
1 EL frische glatte Petersilie, fein gehackt
2 Frühlingszwiebeln, fein gehackt
Salz und Pfeffer

1 Backofen auf 200 °C (Gas 3) vorheizen. Sardinen aufklappen und mit der Hautseite nach unten auf ein Schneidbrett legen.
2 In einer kleinen Bratpfanne 30 ml Öl erhitzen und Brösel bei mäßiger Hitze unter Rühren hellbraun braten. Auf Küchenkrepp abtropfen lassen.
3 Die Hälfte der Brösel in einer Schüssel mit Sultaninen, Pinienkernen, Sardellen, Petersilie und Frühlingszwiebeln vermischen. Mit Salz und Pfeffer abschmecken. Etwa 2 TL der Mischung in jede Sardine geben und den Fisch vorsichtig über der Füllung zuklappen.
4 Sardinen nebeneinander auf ein gut gefettetes Backblech legen. Etwaige Reste der Füllung mit den restlichen Bröseln darüber streuen. Mit Olivenöl beträufeln und 15–20 Minuten backen.

GEFÜLLTE OLIVEN

Zubereitungszeit: 45 Minuten
Kochzeit: 1 Stunde 15 Minuten
Für 6–8 Personen als Teil eines Vorspeisentellers

☆☆☆

1 EL Olivenöl
100 g gemischtes Hackfleisch
60 g Pancetta, gehackt
3 Knoblauchzehen, zerdrückt
1/2 EL frische glatte Petersilie, gehackt
Prise Cayennepfeffer
Salz und schwarzer Pfeffer
125 ml trockener Weißwein
500 ml Hühnerbrühe
30 g frische Weißbrotbrösel
1 Eigelb
2 EL geriebener Provolone

1 kg große grüne Oliven, entsteint
60 g Mehl
1 Ei, verschlagen
100 g Semmelbrösel
Öl zum Frittieren

1 Öl in einer Bratpfanne schwach erhitzen, Hackfleisch, Pancetta, Knoblauch und Petersilie zufügen und Fleisch unter Rühren bräunen. Cayennepfeffer zugeben, mit Salz und Pfeffer würzen. Auf höchste Stufe schalten, Wein zugießen und kochen, bis er fast verdunstet ist. Brühe zufügen und bei mäßiger Hitze 45 Minuten köcheln lassen. Ist die Flüssigkeit noch nicht verdunstet, bei starker Hitze einkochen.
2 Mischung im Mixer glatt pürieren. Weißbrotbrösel, Eigelb und Käse hineinrühren. Mit einem Spritzbeutel mit kleiner runder Tülle in die Oliven spritzen. Diese in Mehl wenden, Überschuss abschütteln, dann in Ei und Semmelbröseln wälzen.
3 Frittiertopf ein Drittel hoch mit Öl füllen und auf 180 °C erhitzen; ein Brotwürfel sollte in 15 Sekunden bräunen. Oliven portionsweise goldbraun frittieren, auf Küchenkrepp abtropfen lassen und servieren.

INSALATA CAPRESE
(Tomaten mit Mozzarella und Basilikum)

Zubereitungszeit: 10 Minuten
Kochzeit: keine
Für 4 Personen

3 große Strauchtomaten
250 g Mozzarella
12 frische Basilikumblätter
60 ml Olivenöl extra vergine
4 frische Basilikumblätter, grob zerteilt
Salz und frisch gemahlener schwarzer Pfeffer

1 Tomaten in 12, Mozzarella in 24 Scheiben je etwa 1 cm dick schneiden.
2 Tomatenscheiben auf einer Platte anrichten, dazwischen je 2 Mozzarellascheiben legen und zwischen diese je 1 Basilikumblatt.
3 Mit Olivenöl beträufeln, mit Basilikum bestreuen und kräftig mit Salz und Pfeffer würzen.
Hinweis Man kann auch ganze Cocktailtomaten mit Mozzarella und Basilikum in einer Schüssel mischen.

ITALIEN

TOMATEN MIT MOZZARELLA UND BASILIKUM
Dieser Sommersalat, der seinen italienischen Namen von der Insel Capri hat, ist nicht nur in Italien sehr beliebt. Mit Büffelmozzarella schmeckt er besonders köstlich, aber ersatzweise kann man auch Mozzarella aus Kuhmilch verwenden.

LINKS: Insalata caprese

DAS GROSSE BUCH DER MITTELMEERKÜCHE

ITALIEN

CROSTINI MIT OLIVENPASTE

Zubereitungszeit: 10 Minuten
Kochzeit: 5 Minuten
Für 4 Personen

150 g Kalamata-Oliven, entsteint
4 Sardellenfilets in Öl
2 EL Kapern
1 Knoblauchzehe
2 EL frisches Basilikum, gehackt
60 ml Olivenöl
Salz und Pfeffer
1 Baguette, in 12 Scheiben geschnitten

1 Backofen auf 190 °C (Gas 2–3) vorheizen. Alle Zutaten außer Brot im Mixer stoßweise fein hacken, aber nicht pürieren. Mit Salz und Pfeffer abschmecken. Brot auf jeder Seite 2–3 Minuten goldbraun rösten und mit der Paste bestreichen.

CROSTINI MIT LEBERPÜREE

Zubereitungszeit: 15 Minuten
Kochzeit: 20 Minuten
Für 4 Personen

1 Baguette, in 12 Scheiben geschnitten
80 ml Olivenöl extra vergine
220 g Hühnerleber, zerkleinert
2 junge Champignons, klein geschnitten
4 frische Salbeiblätter
2 Knoblauchzehen, zerdrückt
1 Prise Muskatnuss
Salz und Pfeffer
125 ml Madeira
1 Sardellenfilet
½ EL Kapern
1 Eigelb

1 Backofen auf 190 °C (Gas 2–3) vorheizen. Brotscheiben auf beiden Seiten mit 40 ml Öl bestreichen und auf einem Backblech 5 Minuten goldbraun backen. Abkühlen lassen.
2 Restliches Öl in einer Bratpfanne erhitzen, Leber, Pilze und Salbei zufügen. 5 Minuten unter häufigem Rühren braten, bis die Leber braun ist. Knoblauch und Muskatnuss zugeben, mit Salz und Pfeffer würzen. 1 Minute braten, Madeira zufügen und kochen, bis er verdunstet. Mischung mit Sardelle und Kapern im Mixer glatt pürieren. Eigelb untermischen, Püree abschmecken und auf das Brot streichen.

CROSTINI MIT TOMATEN

Zubereitungszeit: 10 Minuten
Kochzeit: 5 Minuten
Für 4 Personen

4 Strauchtomaten, grob gehackt
15 g frische Basilikumblätter, grob zerteilt
2 EL Olivenöl extra vergine
Salz und Pfeffer
1 Baguette, in 12 Scheiben geschnitten
1 große Knoblauchzehe, halbiert

1 Backofen auf 190 °C (Gas 2–3) vorheizen. Tomaten gründlich abtropfen lassen, mit Basilikum und Öl in einer kleinen Schüssel vermengen und kräftig mit Salz und Pfeffer würzen.
2 Brot goldbraun backen. Noch heiß auf einer Seite mit der Knoblauchzehe einreiben und Tomatenmischung darauf verteilen.

CROSTINI AUS NEAPEL

Zubereitungszeit: 10 Minuten
Kochzeit: 15 Minuten
Für 4 Personen

100 g weiche Butter
1 Baguette, in 12 Scheiben geschnitten
3 Mozzarellakugeln, in je 4 Scheiben geschnitten
12 Sardellenfilets in Öl, längs halbiert
2 Strauchtomaten, abgezogen, in je 6 Schnitze geteilt und entkernt
Salz und Pfeffer
1 TL getrockneter Oregano

1 Backofen auf 180 °C (Gas 2) vorheizen. Ein Backblech mit Butter einpinseln.
2 Jede Brotscheibe dick mit Butter bestreichen, 1 Scheibe Käse darauf legen, 2 Sardellenhälften und 1 Tomatenschnitz darüber. Mit Salz, Pfeffer und Oregano würzen und auf dem Blech 12–15 Minuten backen. Tomaten mit Butter vom Blech bestreichen und servieren.

KAPERN
Kapern, die noch nicht geöffneten kleinen Blütenknospen eines im Mittelmeerraum heimischen Strauchs, werden in Essig, Salzlake oder Salz eingelegt. Je kleiner die Kapern – die kleinsten sind etwa pfefferkorngroß –, desto höher die Qualität. Kapern-Liebhaber schwören eher auf gesalzene als in Salzlake eingelegte Kapern, weil das charakteristische Aroma besser erhalten bleibt. Gleichgültig, auf welche Weise sie eingelegt wurden, sollte man alle Kapern vor der Verwendung abspülen und abtropfen lassen. Kapernfrüchte werden am Stiel in Salzlake eingelegt. Sie schmecken kalt oder heiß, man darf sie jedoch nicht kochen, da sie sonst zerfallen.

GEGENÜBERLIEGENDE SEITE, VON LINKS: Crostini mit Leberpüree; Crostini aus Neapel; Crostini mit Olivenpaste; Crostini mit Tomaten

ANTIPASTI

WAS SIND ANTIPASTI?
Die Antipasti oder Vorspeisen sind wahrscheinlich der modernste Teil der italienischen Küche, kleine schmackhafte, aromatische Gerichte, die endlos variiert und kombiniert werden können. Sie sind zwar noch kein fester Bestandteil alltäglicher Mahlzeiten, aber bei einem formellen Essen, besonders in wohlhabenden Haushalten, im Restaurant oder bei Hochzeiten, bilden sie gewöhnlich den Auftakt.

Es gibt zwar keine festen Regeln, wie Antipasti genau auszusehen haben, aber viele machen von den frischen Zutaten der Region Gebrauch. Sie sind nicht nur als Vorspeise, sondern als Snack, als Teil eines Buffets oder als eigenständige Mahlzeit geeignet. Gegrilltes Gemüse beispielsweise kann Teil eines Vorspeisentellers oder eine Beilage zum Hauptgang sein. Dank dieser Vielseitigkeit und auch weil Antipasti im Voraus zubereitet werden können, sind sie für die Gästebewirtung ideal. Man kann sie natürlich auch zu einem beeindruckenden Festmahl, einem Essen für 2 Personen oder einem einfachen Snack zusammenstellen.

Vorspeisengerichte reichen von der Schinken- oder Salamiplatte mit frischen Früchten der Saison wie Feigen oder Melonen bis hin zu einem warmen Omelett, einem einfachen Thunfischsalat mit Bohnen oder einer Platte junger gebratener Heringe. Mit fertig gekauften Produkten wie gegrilltem eingelegtem Gemüse, Käse und eingelegten Oliven kann man die selbst gemachten Antipasti ergänzen.

Die Seiten 88–103 enthalten Rezepte für Antipasti-Gerichte. Die Mengen lassen sich leicht den jeweiligen Bedürfnissen anpassen. Als Antipasti geeignet sind auch folgende Vorspeisen: Frittierter Fenchel (S. 124), Artischocken auf römische Art (S. 127), Gebratener Mangold (S. 129) und Grüne Bohnen mit Knoblauchbrot (S. 121).

Bei der Zusammenstellung eines Vorspeisentellers ist das wichtigste Gebot, immer frische Produkte der Saison zu verwenden. So werden im Sommer Strauchtomaten zu Insalata caprese (S. 93), Panzanella (S. 103) oder Crostini mit Tomaten (S. 95) verarbeitet. Zu einer winterlichen Auswahl könnten Gerichte wie Bohnendip mit Rosmarin (S. 88), Arancini (S. 90) oder Gebratener Mangold (S. 129) gehören. Wird das Angebot etwa durch Wurstwaren oder Käse ergänzt, sollte alles möglichst frisch und von bester Qualität sein.

Die vielleicht wichtigste Beigabe auf der Vorspeisentafel ist Olivenöl. Ein Tropfen fruchtigen Olivenöls extra vergine verwandelt auch die einfachste Zutat in ein vollständiges Gericht. Hier sollte man keine Kompromisse eingehen und nur hochwertiges Öl kaufen, auch wenn es deutlich teurer ist. Wenn man es nicht zum Kochen, sondern nur für Salate und zum Beträufeln von Brot verwendet, ist der Verbrauch relativ gering. Ein wenig hochwertiges Olivenöl auf eine Scheibe Bauernbrot geträufelt, die vorher mit einem Stück Knoblauch eingerieben wurde, ergibt eine einfache, schmackhafte Bruschetta. Ein Teller Artischocken wird mit Olivenöl, Meersalz und zerstoßenem Pfeffer zu einer kompletten Mahlzeit.

Das Geheimnis der italienischen Küche liegt in der Qualität der Zutaten, nicht in der Kompliziertheit der Gerichte. Die Antipasti sind dafür das beste Beispiel und bieten die Gelegenheit, ohne großen Aufwand die frischen Produkte der Saison optimal zu nutzen.

VON LINKS HINTEN: Gefüllte Zucchiniblüten (S. 88); Teller mit Schinken, Käse, Oliven, gegrilltem Gemüse, Artischocken; Gefüllte Sardinen (S. 92); Crostini mit Tomaten (S. 95)

DAS GROSSE BUCH DER MITTELMEERKÜCHE

ACETO BALSAMICO
Diese jahrhundertealte Spezialität wird in der Gegend um Modena nördlich von Bologna hergestellt. Eingekochter Most, also der süße Saft weißer Trauben, reift Jahrzehnte in einer Reihe von Fässern aus unterschiedlichen Hölzern und ergibt zum Schluss eine sirupartige, süßsaure Flüssigkeit. Der echte Balsamessig trägt die Bezeichnung „aceto balsamico tradizionale di Modena" und wurde ursprünglich nur von wohlhabenden Familien hergestellt, die es sich leisten konnten, auf die Reifung zu warten. Die meisten Balsamessige, die heute angeboten werden, haben nur eine schwache Ähnlichkeit mit dem Original und dürfen auch nicht diese Bezeichnung führen. Echter Balsamico wird nur sehr sparsam verwendet und erst ganz am Ende des Kochvorgangs zugefügt, damit das Aroma im fertigen Gericht noch zur Geltung kommt.

RECHTS: Geröstete Balsamico-Zwiebeln

GERÖSTETE BALSAMICO-ZWIEBELN

Zubereitungszeit: 15 Minuten
 + 1 Nacht Ruhezeit
Kochzeit: 1 Stunde 30 Minuten
Für 8 Personen als Teil eines Vorspeisentellers

☆☆

1 kg kleine Zwiebeln, ungeschält (siehe Hinweis)
180 ml Balsamessig
2 EL brauner Zucker
180 ml Olivenöl

1 Backofen auf 160 °C (Gas 1–2) vorheizen. Zwiebeln auf einem Backblech 1 1/2 Stunden rösten und abkühlen lassen. Anschließend Zwiebeln schälen; der äußere Teil der Wurzel sollte dabei entfernt werden, die Zwiebel jedoch ganz bleiben. Ein Einmachglas mit einem Fassungsvermögen von 1 l mit kochendem Wasser ausspülen; nicht mit einem Geschirrtuch trocken reiben, sondern im Backofen trocknen lassen. Zwiebeln ins Glas füllen.
2 Essig und Zucker in ein kleines verschließbares Glas füllen und Zucker unter Rühren auflösen. Öl zufügen, das Glas verschließen und kräftig schütteln, bis sich Essig und Öl vermischen.
3 Essigmischung über die Zwiebeln gießen, Einmachglas verschließen und umdrehen, um die Zwiebeln mit der Flüssigkeit zu überziehen. Über Nacht im Kühlschrank ziehen lassen, dabei das Glas gelegentlich umdrehen. Zimmerwarm werden lassen und vor dem Servieren nochmals gut schütteln.

Hinweis Die Zwiebeln sollten klein sein und je etwa 35 g wiegen. Die angegebene Garzeit gilt für Zwiebeln mit einem Gewicht von 20–40 g. Die angegebene Marinierzeit ist das Minimum; die Zwiebeln können bis zu 3 Tage im Kühlschrank bleiben. Wenn sich Essig und Öl trennen, schütteln oder umrühren.

FENCHELSALAT

Von 2 runden Fenchelknollen die Stängel direkt an der Knolle abschneiden. Verfärbte oder beschädigte Stellen entfernen. Am unteren Ende 3 mm abschneiden und die Knolle waagrecht in papierdünne Ringe schneiden. Diese 5 Minuten in kaltes Wasser legen, dabei 2-mal das Wasser wechseln; abgießen und mit Küchenkrepp trockentupfen. In einer Schüssel mit ausreichend Olivenöl extra vergine vermischen, um die Ringe zu überziehen. Mit Salz und frisch gemahlenem schwarzem Pfeffer würzen. Für 4 Personen.

ITALIEN

INSALATA DI FRUTTI DI MARE
(Salat mit Meeresfrüchten)

Zubereitungszeit: 45 Minuten
 + 40 Minuten Marinierzeit
Kochzeit: 25 Minuten
Für 4 Personen

500 g kleine Kalmare
1 kg große Venusmuscheln
1 kg Miesmuscheln
5 EL frische glatte Petersilie, gehackt (Stiele aufbewahren)
500 g rohe mittelgroße Garnelen, in einem Stück geschält, Darm entfernt
2 EL Zitronensaft
80 ml Olivenöl
1 Knoblauchzehe, zerdrückt
Salz und Pfeffer

1 Tentakel mit Kopf aus dem Körperbeutel der Kalmare herausziehen. Tentakel unter den Augen abschneiden, Maul am Ansatz der Tentakel herausdrücken und innere Schale aus dem Körperbeutel entfernen. Haut unter fließendem kaltem Wasser abziehen. Körperbeutel abspülen und in 7 mm dicke Ringe schneiden.

2 Muscheln kräftig abbürsten und Bärte entfernen. Beschädigte Muscheln und alle, die sich bei Berührung nicht schließen, wegwerfen. Unter kaltem Wasser abspülen. Breiten, tiefen Topf 1 cm hoch mit Wasser füllen, Petersilienstiele hinzufügen und zugedeckt zum Kochen bringen. Muscheln in kleinen Portionen zugeben und zugedeckt bei starker Hitze 2–3 Minuten kochen, bis sich die Schalen öffnen. Mit dem Schaumlöffel herausnehmen und in einen Durchschlag über einer Schüssel geben. Aufgefangene Flüssigkeit jeweils mit der nächsten Portion in den Topf gießen, bis alle Muscheln gekocht sind. Sud aufbewahren. Muscheln abkühlen lassen. Noch geschlossene wegwerfen, offene aus der Schale entfernen.

3 Etwa 1 l Wasser zum Sud geben. Aufkochen, Garnelen zufügen und 3–4 Minuten erhitzen, bis das Wasser wieder kocht. Mit dem Schaumlöffel herausnehmen und im Durchschlag abtropfen lassen. Kalmare zugeben und 30–40 Sekunden garen, bis sie weiß und nicht mehr glasig sind. Herausnehmen und abtropfen lassen.

4 Zitronensaft, Öl und Knoblauch vermischen, mit Salz und Pfeffer würzen. Mit 4 EL Petersilie über die Meeresfrüchte gießen, vermengen und abschmecken. 30–40 Minuten in der Marinade ziehen lassen. Mit Petersilie bestreuen und mit Krustenbrot servieren.

MIESMUSCHELN

Diese Muscheln heften sich mit den Bart genannten Byssusfäden, harten braunen Fasern, an Felsen oder, wenn es sich um Zuchtmuscheln handelt, an Pfähle oder Seile. Zuchtmuscheln brauchen bis zu 2 Jahre, bis sie reif sind. Beim Kauf ist darauf zu achten, dass die Schalen unbeschädigt sind. Die Muscheln sollten möglichst rasch verbraucht oder notfalls in etwas Wasser und mit einem feuchten Stück Sackleinwand bedeckt an einem sehr kühlen Ort aufbewahrt werden. Offene Muscheln, die sich nicht wieder schließen, wenn man auf die Schale klopft, sowie solche, die nach dem Garen noch geschlossen sind, müssen weggeworfen werden.

OBEN: Insalata di frutti di mare

DAS GROSSE BUCH DER MITTELMEERKÜCHE

BREITLING
Diese kleinen Fische, junge Heringe und Sprotten, werden vor allem im Frühling und Sommer in großen Mengen gefangen, sie sind aber das ganze Jahr über erhältlich. Man isst sie im Ganzen und meist – mit oder ohne Teighülle – frittiert, aber auch in Pastetchen. Sie halten sich im Kühlschrank bis zu 2 Tage in einem Behälter, in dem sie abtropfen können. Die Fische werden erst trockengetupft und dann in Mehl gewendet, sonst bildet das Mehl Klumpen. Jeder andere kleine Fisch kann auf die gleiche Weise zubereitet werden.

OBEN: Frittierter Breitling

FRITTIERTER BREITLING

Zubereitungszeit: 10 Minuten
Frittierzeit: 10 Minuten
Für 6 Personen

☆☆

40 g Mehl
30 g Maisstärke
Salz und zerstoßener schwarzer Pfeffer
500 g Breitling
2 TL frische glatte Petersilie, fein gehackt
Öl zum Frittieren
1 Zitrone, in Schnitze geteilt, zum Servieren

1 Mehl und Maisstärke in eine Schüssel sieben, mit Petersilie vermischen und mit Salz und Pfeffer kräftig würzen. Frittiertopf ein Drittel hoch mit Öl füllen und stark erhitzen; ein Brotwürfel sollte in 15 Sekunden bräunen. Ein Drittel der Fische im Mehl wälzen, Überschuss abschütteln und Fische 1–2 Minuten hell und knusprig frittieren. Auf Küchenkrepp gut abtropfen lassen. Restliche Fische in 2 Portionen ebenso frittieren.
2 Öl erneut erhitzen und Fische noch einmal in 3 Portionen etwa 1 Minute hellbraun frittieren. Auf Küchenkrepp abtropfen lassen und heiß mit den Zitronenschnitzen servieren.

GERÖSTETE PILZE MIT KNOBLAUCH

750 g Wildpilze (beispielsweise Champignons jeder Art) gründlich säubern und Stielenden abschneiden. Die Pilze in dünne Scheiben schneiden, dabei Stiele und Hüte nicht beschädigen. 80 ml Olivenöl extra vergine in einer großen Bratpfanne erhitzen und 2 TL zerdrückten Knoblauch bei schwacher Hitze hellbraun braten. 1 TL gehackten frischen Thymian und die Pilze zufügen und im Öl wenden. Die Temperatur erhöhen, mit Salz und Pfeffer würzen und etwa 10 Minuten erhitzen, bis die Pilze das Öl aufgenommen haben und weich sind. Auf niedrigster Stufe unter Rühren mit einem Holzlöffel weiter erhitzen, bis die Pilze Saft absondern. Bei starker Hitze nochmals 4–5 Minuten garen, bis die Flüssigkeit verdunstet. Abschmecken, 3 EL gehackte frische glatte Petersilie zufügen und vermengen. Heiß oder zimmerwarm mit Bruschetta als Teil eines Vorspeisentellers servieren. Für 4–6 Personen.

100

ITALIEN

THUNFISCH-BOHNEN-SALAT

Zubereitungszeit: 25 Minuten
Kochzeit: 5 Minuten
Für 4–6 Personen

400 g Thunfischsteaks
1 EL Olivenöl
zerstoßener schwarzer Pfeffer
1 kleine rote Zwiebel, fein geschnitten
1 vollreife Tomate, entkernt und gehackt
1 kleine rote Paprikaschote, in dünne Scheiben geschnitten
800 g Cannellinobohnen aus der Dose
2 Knoblauchzehen, zerdrückt
1 TL frischer Thymian, gehackt
4 EL frische glatte Petersilie, gehackt
1½ EL Zitronensaft
80 ml Olivenöl extra vergine
1 TL Honig
100 g Rucola

Salz und Pfeffer
1 TL fein geschnittene Schale einer unbehandelten Zitrone

1 Grill heizen. Thunfisch auf beiden Seiten mit Öl bepinseln und mit Pfeffer bestreuen. Mit Alufolie zugedeckt kalt stellen.
2 Zwiebel, Tomate und Paprika in einer großen Schüssel mischen. Bohnen unter fließendem kaltem Wasser 30 Sekunden abspülen, abtropfen lassen und mit Knoblauch, Thymian und 3 EL Petersilie in die Schüssel geben.
3 Zitronensaft, Öl und Honig in einem kleinen Topf aufkochen, Hitze reduzieren und unter Rühren etwa 1 Minute köcheln lassen, bis sich der Honig aufgelöst hat. Vom Herd nehmen.
4 Thunfisch auf jeder Seite 1 Minute grillen. Das Fischfleisch sollte in der Mitte noch rosa sein. In 3 cm große Würfel schneiden und unter den Salat heben. Das warme Dressing darüber gießen und gut mischen.
5 Rucola auf einer Platte anrichten. Salat darauf geben, mit Salz und Pfeffer würzen und mit Zitronenschale und Petersilie garniert servieren.

THUNFISCH

Das dunkle Fleisch von frischem Thunfisch ist roh oder gegart ein Genuss. Rotes Fleisches schmeckt besser, denn die Farbe ist ein Zeichen dafür, dass der Fisch von Hand gefangen und gleich getötet wurde und schnell ausblutete. Schmutzig braunes Fleisch bedeutet meist, dass der Thunfisch mit dem Netz gefangen wurde und ertrunken ist. Die Fischerei Siziliens ist ein wichtiger Industriezweig Süditaliens, und große Mengen Thunfisch werden zu Konserven verarbeitet. Für das nebenstehende Rezept kann man auch Thunfisch aus der Dose verwenden, den man vorher gründlich abtropfen lässt.

LINKS: Thunfisch-Bohnen-Salat

GEBACKENE AUBERGINEN MIT TOMATEN UND MOZZARELLA

Zubereitungszeit: 20 Minuten
Kochzeit: 40 Minuten
Für 6 Personen

☆☆

6 große schmale Auberginen, Stiele nicht entfernt, längs halbiert
5 EL Olivenöl
2 Zwiebeln, fein gehackt
2 Knoblauchzehen, zerdrückt
400 g zerkleinerte Tomaten aus der Dose,
1 EL Tomatenmark
3 EL frische glatte Petersilie, gehackt
1 EL frischer Oregano, gehackt
Salz und Pfeffer
125 g Mozzarella, gerieben

1 Backofen auf 180 °C (Gas 2) vorheizen. Auberginenfleisch mit einem scharfen Messer kreuzweise einschneiden, dabei die Haut nicht verletzen. 2 EL Öl in einer großen Bratpfanne erhitzen, 3 Auberginen auf jeder Seite 2–3 Minuten weich braten und herausnehmen. Restliche Auberginen in 2 EL Öl ebenso braten. Etwas abkühlen lassen, dann das Fleisch bis auf eine 2 mm starke Schicht ausschaben. Fruchtfleisch fein hacken, die Haut beiseite legen.

2 Das restliche Öl erhitzen und die Zwiebeln bei mäßiger Hitze 5 Minuten braten. Knoblauch zufügen, 30 Sekunden braten, dann Tomaten, Tomatenmark, Kräuter und das Auberginenfleisch zugeben und bei geringer Hitze 8–10 Minuten unter gelegentlichem Rühren garen. Die Mischung sollte dick und breiig sein. Mit Salz und Pfeffer kräftig würzen.

3 Ausgehöhlte Auberginenhälften in eine leicht eingefettete Auflaufform verteilen und mit der Tomatenmischung füllen. Mit Mozzarella bestreuen und 5–10 Minuten backen, bis der Käse zerläuft.

UNTEN: Gebackene Auberginen mit Tomaten und Mozzarella

KRÄUTERRICOTTA

Zubereitungszeit: 25 Minuten + 1 Nacht Kühlzeit
Kochzeit: 30 Minuten
Für 6–8 Personen

☆☆

1 kg fester Ricotta am Stück (siehe Hinweis)
2 EL frische Thymianblätter
2 EL frischer Rosmarin, gehackt
2 EL frischer Oregano, gehackt
20 g frische Petersilie, gehackt
20 g frischer Schnittlauch, gehackt
2 Knoblauchzehen, zerdrückt
125 ml Olivenöl
2 TL zerstoßener Pfeffer

1 Ricotta mit Küchenkrepp trockentupfen und in eine Auflaufform legen.
2 Alle anderen Zutaten mischen, auf den Käse geben und mit dem Löffelrücken andrücken. Zugedeckt über Nacht kalt stellen.
3 Backofen auf 180 °C (Gas 2) vorheizen. Käse etwa 30 Minuten goldbraun backen. Köstlich mit knusprigem Brot.

Hinweis Ist schnittfester Ricotta nicht erhältlich, frischen im Sieb über einer Schüssel über Nacht abtropfen lassen. Die Hälfte der Kräuter in eine Kastenform streuen, Ricotta darauf geben und restliche Kräuter darüber verteilen.

ITALIEN

SARDELLEN

In Italien werden meist ganze, in Salz eingelegte Sardellen zum Kochen verwendet. Sie sind viel größer als die in Öl eingelegten Filets, schmecken viel besser und haben eine festere Konsistenz. Vor der Verwendung müssen sie abgespült und entgrätet werden. Da sie außerhalb Italiens nur selten erhältlich sind, verwenden alle Rezepte in diesem Buch in Öl eingelegte Sardellen. Die ganzen in Salz eingelegten können bis zu 4-mal größer sein, sodass die in den Rezepten angegebenen Mengen entsprechend geändert werden müssten, falls die italienischen doch erhältlich sein sollten.

PANZANELLA

Zubereitungszeit: 30 Minuten
 + 15 Minuten Ruhezeit
Kochzeit: 5 Minuten
Für 6–8 Personen

1 kleine rote Zwiebel, in dünne Ringe geschnitten
250 g altbackenes Ciabatta, Rinde entfernt
4 vollreife Tomaten
6 Sardellenfilets, fein gehackt
1 kleine Knoblauchzehe, zerdrückt
1 EL Kapern, gehackt
2 EL Rotweinessig
125 ml Olivenöl extra vergine
Salz und Pfeffer
2 kleine Gurken, geschält und in Scheiben geschnitten
30 g frische Basilikumblätter, grob zerteilt

1 Zwiebel in einer kleinen Schüssel mit kaltem Wasser bedecken und 5 Minuten stehen lassen. Anschließend etwa 5-mal mit der Hand fest zusammendrücken, um ihnen die Schärfe zu nehmen. Vorgang noch 2-mal jeweils mit frischem Wasser wiederholen.
2 Brot in etwa 3 cm große Würfel brechen und 4 Minuten unter dem Grill rösten, bis das Brot knusprig, aber nicht braun ist. Abkühlen lassen.
3 Tomaten auf der Unterseite kreuzweise einschneiden und 10 Sekunden in kochendes Wasser legen. Kalt abschrecken und die Haut abziehen. Tomaten halbieren und die Kerne mit einem Teelöffel entfernen. 2 Tomaten grob hacken, restliche im Mixer pürieren.
4 Sardellen, Knoblauch und Kapern in ein verschließbares Glas geben, Essig und Öl zufügen und kräftig schütteln. Mit Salz und Pfeffer würzen, in eine große Schüssel füllen und Brot, Zwiebel, gehackte und pürierte Tomaten, Gurken und Basilikum zufügen. Gut mischen und abschmecken. Mindestens 15 Minuten ziehen lassen, damit sich das Aroma entfaltet. Zimmerwarm servieren.

OBEN: Panzanella

DAS GROSSE BUCH DER MITTELMEERKÜCHE

MINESTRONE

Da nicht alle Zutaten der Minestrone auf einmal in den Topf kommen, kann man die Zubereitungszeit abkürzen, indem man ein Gemüse putzt und zerkleinert, während ein anderes schon gart. Es ist nicht einmal notwendig, die Suppe an dem Tag zu kochen, an dem sie auf dem Speiseplan steht; wie bei den meisten Gemüsesuppen schmeckt sie besser, wenn man sie durchziehen lässt.

OBEN: Minestrone mit Pesto

MINESTRONE MIT PESTO

Zubereitungszeit: 25 Minuten
 + 1 Nacht Einweichzeit
Kochzeit: 2 Stunden
Für 6 Personen

125 g getrocknete Borlottibohnen
60 ml Olivenöl
1 große Zwiebel, fein gehackt
2 Knoblauchzehen, zerdrückt
60 g Pancetta, fein gehackt
1 Selleriestange, längs halbiert, in 1 cm große Stücke geschnitten
1 Möhre, längs halbiert, in 1 cm große Stücke geschnitten
1 Kartoffel, gewürfelt
2 TL Tomatenmark
400 g zerkleinerte Tomaten aus der Dose
6 frische Basilikumblätter, grob zerteilt
Salz und frisch gemahlener schwarzer Pfeffer
2 l Hühner- oder Gemüsebrühe
2 dünne Zucchini, in 1,5 cm dicke Scheiben geschnitten
120 g frische Erbsen, enthülst
60 g grüne Bohnen, in kurze Stücke geschnitten
80 g Mangoldblätter, zerkleinert
3 EL frische glatte Petersilie, gehackt
80 g Ditalini oder andere kleine Nudeln

PESTO
30 g frische Basilikumblätter
20 g Pinienkerne, leicht geröstet
2 Knoblauchzehen
Salz und frisch gemahlener schwarzer Pfeffer
100 ml Olivenöl
30 g geriebener Parmesan

1 Borlottibohnen über Nacht in kaltem Wasser einweichen. Abgießen, unter kaltem Wasser gründlich abspülen und abtropfen lassen.
2 Öl in einem Suppentopf erhitzen, Zwiebel, Knoblauch und Pancetta zufügen und bei geringer Hitze unter gelegentlichem Rühren 8–10 Minuten braten.
3 Sellerie, Möhre und Kartoffel zugeben und 5 Minuten braten. Tomatenmark, Tomaten, Basilikum und Borlottibohnen hineinrühren, salzen und pfeffern. Brühe zufügen und langsam zum Kochen bringen. Zugedeckt 1½ Stunden unter gelegentlichem Rühren köcheln lassen.
4 Restliches Gemüse, Petersilie und Nudeln zufügen. 8–10 Minuten garen und abschmecken.
5 Für das Pesto Basilikum, Pinienkerne, Knoblauch und Prise Salz im Mixer fein hacken. Olivenöl langsam zufügen. In einer Schüssel mit Parmesan mischen und mit Pfeffer abschmecken. Auf die Suppe geben.

ITALIEN

PAPPA AL POMODORO
(Tomatensuppe mit Brot)

Zubereitungszeit: 25 Minuten
Kochzeit: 25 Minuten
Für 4 Personen

750 g Strauchtomaten
1 Laib italienisches Brot vom Vortag (ca. 450 g)
1 EL Olivenöl
3 Knoblauchzehen, zerdrückt
1 EL Tomatenmark
1,25 l heiße Gemüsebrühe oder heißes Wasser
Salz und Pfeffer
20 g frische Basilikumblätter, grob zerteilt
2–3 EL Olivenöl extra vergine
Olivenöl extra vergine zum Servieren

1 Tomaten auf der Unterseite kreuzweise einschneiden und 10 Sekunden in kochendes Wasser legen. Kalt abschrecken und Haut abziehen. Tomaten halbieren und Kerne mit einem Teelöffel entfernen. Fruchtfleisch grob hacken.
2 Den größten Teil der Brotkruste entfernen und Brot in 3 cm große Stücke brechen.
3 Öl in einem großen Topf erhitzen. Knoblauch, Tomaten und Tomatenmark zufügen, die Hitze reduzieren und unter gelegentlichem Rühren 10–15 Minuten köcheln, bis die Mischung eindickt. Brühe zugeben, aufkochen und 2–3 Minuten rühren. Bei mäßiger Hitze Brot zufügen und etwa 5 Minuten unter Rühren köcheln lassen, bis das Brot weich ist und die Flüssigkeit größtenteils aufgenommen hat. Bei Bedarf mit Brühe oder Wasser verdünnen. Mit Salz und Pfeffer abschmecken. Vom Herd nehmen.
4 Basilikum und Öl hineinrühren und 5 Minuten ziehen lassen. Mit etwas Olivenöl beträufelt servieren.

RUCOLASALAT MIT PECORINO

In einer großen Schüssel 3 EL Olivenöl extra vergine mit 2 EL Zitronensaft, Salz und Pfeffer mischen. 150 g geputzten Rucola unter das Dressing heben. In einer Servierschüssel anrichten und mit dem Sparschäler dünne Späne Pecorino (oder Parmesan) über den Salat geben. Abschmecken und servieren. Für 4 Personen.

SALATZUBEREITUNG
Gewaschene Salatblätter sollten immer gründlich abgetrocknet werden, da sonst das Dressing verwässert wird und die Blätter nicht überzieht. Wenn man keine Salatschleuder hat, legt man die Blätter auf ein großes Geschirrtuch, fasst die Ecken zusammen und schüttelt das Tuch einige Male über dem Spülbecken.

In der Regel werden die einfachen italienischen Dressings aus Olivenöl, Essig oder Zitronensaft, Salz und Pfeffer nicht vorher zusammengerührt. Statt dessen werden die Zutaten bei Tisch einzeln über dem Salat verteilt und dieser dann kurz gemischt.

LINKS: Pappa al pomodoro

NUDELN SELBST GEMACHT

FRISCH ODER GETROCKNET?
Im Gegensatz zu getrockneter Pasta enthält frische auch Eier, außerdem wird dafür weicheres Weizenmehl verwendet, nicht der Hartweizengrieß, der getrocknete Nudeln bissfest macht. Frische Pasta eignet sich für Lasagne, für lange und gefüllte Nudeln.

TIPPS FÜR DIE HERSTELLUNG
Nudeln selbst herzustellen ist nicht schwierig, wenn man ein paar Dinge beachtet. Alle Zutaten müssen zimmerwarm sein. Die Küche sollte gut belüftet, die Arbeitsfläche groß, fest und eben sein und möglichst aus Holz oder Marmor bestehen. Der Teig muss gründlich geknetet werden, damit der Glutengehalt des Mehls seine Wirkung entfaltet, denn dadurch wird der Teig griffig und elastisch und lässt sich leichter verarbeiten, vor allem wenn man ihn von Hand ausrollt und schneidet. Wenn er zu weich ist oder klebt, gibt man kleine Mengen Mehl dazu. Auch sollte der Teig gründlich und dünn ausgerollt werden, da die Nudeln dadurch poröser werden, Saucen besser aufnehmen und nach dem Garen zarter sind.

GRUNDTEIG FÜR NUDELN
Für 6 Personen als Vorspeise oder 4 Personen als Hauptgang benötigt man folgende Zutaten: 300 g Mehl, 3 Eier (Gewichtsklasse L), 30 ml Olivenöl und 1 große Prise Salz.

1 Mehl auf die Arbeitsfläche oder in eine große Schüssel häufen und in die Mitte eine Mulde drücken. Eier in die Mulde geben, Öl und Salz zufügen. Mit einer Gabel Eier und Öl verquirlen und etwas Mehl mit hineinrühren. Nach und nach Mehl mit den Eiern mischen, dabei von der Mitte aus arbeiten.

2 Teig auf einer leicht bemehlten Fläche etwa 6 Minuten kneten, bis er weich, glatt und elastisch ist und sich trocken anfühlt. Wenn er an den Händen oder der Arbeitsfläche hängt, etwas Mehl einarbeiten. In Frischhaltefolie wickeln und 30 Minuten ruhen lassen.

VON HAND AUSROLLEN

1 Den Teig vierteln und mit einem Geschirrtuch bedecken. Die Arbeitsfläche leicht bemehlen und mit einer großen, bemehlten Teigrolle die erste Portion von der Mitte aus nach außen ausrollen. Teig häufig drehen und immer von sich weg nach außen rollen.

2 Wenn der Teig nahezu kreisförmig ist, auf die Hälfte zusammenfalten und erneut ausrollen. Das Verfahren noch 7- oder 8-mal wiederholen, bis die Teigplatte glatt und etwa 5 mm stark ist. Diese schnell 2,5 cm stark und glatt ausrollen.

3 Alle Portionen ebenso verarbeiten und jeweils auf ein trockenes Geschirrtuch legen. Für gefüllte Nudeln die Platten zudecken; wenn sie zu Formen oder in Streifen geschnitten werden sollen, offen liegen lassen, damit sie etwas trocknen.

4 Für Lasagne den Teig in entsprechend große Blätter schneiden.

5 Um den Teig in Streifen zu schneiden, etwa für Fettuccine, wird er wie eine Biskuitrolle aufgerollt und mit einem langen scharfen Messer quer in gleichmäßige Streifen geschnitten. Die Streifen nebeneinander auf ein Geschirrtuch legen oder über einen Besenstiel zwischen 2 Stühle hängen und höchstens 10 Minuten trocknen lassen.

6 Für Farfalle (Fliegen) mit einem gezackten Teigrädchen und einem Lineal 2,5 x 5,5 cm große Rechtecke ausschneiden und diese in der Mitte zusammendrücken, um die Form einer Fliege zu erhalten. Auf einem Geschirrtuch 10–12 Minuten trocknen lassen.

7 Für Ravioli siehe Seite 112.

MIT DER NUDELMASCHINE

1 Den Nudelteig vierteln. 3 Portionen mit einem Geschirrtuch bedecken, damit sie nicht austrocknen. 1 Portion mit der Teigrolle flach drücken, dabei Rechtecke etwa von der Breite der Maschine formen. Den Teig und die Rollen der Maschine leicht mit Mehl bestäuben.

2 Den Rollenabstand auf die größte Stufe stellen und den Teig 2- bis 3-mal durchkurbeln. Den Teig zu einem Drittel falten, um 90° drehen und erneut durchkurbeln. 8- bis 10-mal wiederholen, bis der Nudelteig glatt und geschmeidig ist und ein samtartiges Aussehen hat.

3 Die Rollen um eine Stufe enger stellen und den Teig durchkurbeln. Auch diesen Vorgang wiederholen, dabei den Rollenabstand jeweils um eine Stufe verringern, bis der Teig die erforderliche Stärke hat. Sollen die Nudeln mit der Maschine geschnitten werden, kurbelt man den Teig sofort nach dem Ausrollen durch und lässt die Nudeln 10 Minuten trocknen. Zudecken, wenn sie gefüllt werden sollen.

LINGUINE MIT PESTO

Zubereitungszeit: 15 Minuten
Kochzeit: 15 Minuten
Für 4–6 Personen

100 g frische Basilikumblätter
2 Knoblauchzehen, zerdrückt
40 g Pinienkerne, geröstet
180 ml Olivenöl
50 g geriebener Parmesan
500 g Linguine (geknäulte flache Nudeln)
gehobelter oder geriebener Parmesan zum Servieren

1 Basilikum, Knoblauch und Pinienkerne im Mixer fein hacken. Öl in gleichmäßigem Strahl langsam zufügen, bis eine glatte Paste entsteht. Mit Parmesan mischen und abschmecken.
2 Nudeln in stark kochendem Salzwasser bissfest garen. Abgießen und wieder in den Topf geben. Mit Pesto gründlich mischen. Mit Parmesan bestreut servieren.

Hinweis Pesto hält in einem luftdicht verschließbaren Gefäß bis zu 1 Woche im Kühlschrank. Die Oberfläche mit Öl bedecken. Tiefgekühlt ist es bis zu 1 Monat haltbar.

ORECCHIETTE MIT BROKKOLI

Zubereitungszeit: 5 Minuten
Kochzeit: 15 Minuten
Für 6 Personen

750 g Brokkoli, in Röschen geteilt
450 g Orecchiette (Nudeln in Öhrchenform)
60 ml Olivenöl extra vergine
8 Sardellenfilets in Öl, abgetropft
½ TL Chiliflocken
Salz und Pfeffer
30 g geriebener Pecorino oder Parmesan

1 Brokkoli in kochendem Salzwasser 5 Minuten blanchieren. Mit dem Schaumlöffel herausnehmen und gründlich abtropfen lassen. Wasser erneut aufkochen. Nudeln darin bissfest garen, abgießen und wieder in den Topf geben.
2 Öl in einer Bratpfanne erhitzen und Sardellen bei sehr geringer Hitze 1 Minute braten. Chiliflocken und Brokkoli zufügen, bei mäßiger Hitze unter Rühren etwa 5 Minuten braten, bis der Brokkoli auseinander zu fallen beginnt. Mit Salz und Pfeffer würzen und mit Nudeln und Käse mischen.

PESTO
Diese berühmte italienische Sauce passt besonders gut zu Nudeln oder Fisch. Die Zubereitung verlangt etwas Geduld, weil das Öl sehr langsam nach und nach in die Basilikum-Pinienkern-Mischung gerührt werden muss. Egal ob man Pesto im Mixer oder auf traditionelle Art mit Mörser und Stößel herstellt, der Käse wird immer zum Schluss hineingerührt. Die Sauce wird zimmerwarm serviert, darf aber nicht erwärmt werden.

RECHTS: Linguine mit Pesto

ITALIEN

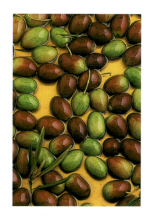

PENNE ALLA NAPOLITANA

Zubereitungszeit: 20 Minuten
Kochzeit: 25 Minuten
Für 4–6 Personen

2 EL Olivenöl

1 Zwiebel, fein gehackt

2–3 Knoblauchzehen, fein gehackt

1 kleine Möhre, fein gewürfelt

1 Selleriestange, fein gewürfelt

800 g zerkleinerte Tomaten aus der Dose oder 1 kg vollreife Tomaten, geschält und gehackt

1 EL Tomatenmark

20 g frische Basilikumblätter, zerkleinert

Salz und frisch gemahlener schwarzer Pfeffer

500 g Penne

geriebener oder gehobelter Parmesan zum Servieren

1 Öl in einer großen Bratpfanne erhitzen, Zwiebel und Knoblauch zufügen und etwa 2 Minuten goldbraun braten. Möhre und Sellerie zugeben und weitere 2 Minuten garen.

2 Tomaten und Tomatenmark zufügen. 20 Minuten unter gelegentlichem Rühren köcheln lassen, bis die Sauce eindickt. Basilikum hineinrühren und mit Salz und Pfeffer abschmecken.

3 Während die Sauce gart, Nudeln in einem großen Topf mit stark kochendem Salzwasser bissfest garen. Gut abtropfen lassen, wieder in den Topf geben und mit der Sauce gut mischen. Mit frisch geriebenem oder geraspeltem Parmesan bestreut servieren.

BUCATINI AMATRICIANA

2 EL Olivenöl in einer Bratpfanne bei mittlerer Temperatur erhitzen und 1 fein gehackte Zwiebel goldgelb braten. 150 g gehackten Pancetta zufügen und 1 Minute braten. 400 g zerkleinerte Tomaten aus der Dose, Salz, Pfeffer und 1/2 TL Chilliflocken zugeben und 20–25 Minuten köcheln lassen. Inzwischen 450 g Bucatini in einem großen Topf mit kochendem Wasser bissfest garen. Abgießen und mit 3 EL frisch geriebenem Parmesan zur Sauce geben. Nudeln und Sauce gründlich mischen und sofort servieren. Für 4 Personen.

TOMATEN

Wenn man sie nicht am Strauch reifen lässt, sind Tomaten meist wässrig, haben wenig Aroma und geben einem Gericht nichts als Säure. Außer in den Sommermonaten sind die meisten Tomaten, die es zu kaufen gibt, von minderer Qualität. Wenn man außerhalb der Saison ein Gericht mit Tomaten zubereiten will, sollte man lieber Dosenware kaufen, am besten ganze geschälte Tomaten italienischer Herkunft.

OBEN: Penne alla napolitana

DAS GROSSE BUCH DER MITTELMEERKÜCHE

PUTTANESCA
Der Name leitet sich von „puttana", dem Italienischen Wort für Hure, ab. Um dieses Gericht ranken sich viele Geschichten; einmal heißt es, die Sauce verdanke ihren Namen dem intensiven Aroma, das wie Sirenengesang auf die Freier wirkte. Eine weitere Geschichte besagt, dass es den vom rechten Wege abgekommenen Frauen untersagt war, Lebensmittelgeschäfte gleichzeitig mit den ehrbaren Damen zu den normalen Öffnungszeiten zu betreten. So mussten sie für ihre Sauce auf die in der Speisekammer vorhandenen Zutaten zurückgreifen, also Oliven, Kapern und Sardellen.

OBEN: Spaghetti puttanesca

SPAGHETTI PUTTANESCA

Zubereitungszeit: 15 Minuten
Kochzeit: 20 Minuten
Für 6 Personen

☆

80 ml Olivenöl
2 Zwiebeln, fein gehackt
3 Knoblauchzehen, fein gehackt
½ TL Chiliflocken
6 große vollreife Tomaten, gewürfelt
4 EL Kapern, abgespült
8 Sardellen in Öl, abgetropft, gehackt
150 g Kalamata-Oliven
3 EL frische glatte Petersilie, gehackt
375 g Spaghetti
Salz und frisch gemahlener schwarzer Pfeffer

1 Olivenöl im Topf erhitzen, Zwiebeln zufügen und bei mäßiger Hitze 5 Minuten braten. Knoblauch und Chiliflocken zugeben und 30 Sekunden mitbraten. Tomaten, Kapern und Sardellen zufügen. Sauce bei geringer Hitze 10–15 Minuten einkochen. Oliven und Petersilie hineinrühren.
2 Während die Sauce gart, Spaghetti in einem großen Topf mit stark kochendem Salzwasser bissfest garen. Abgießen und wieder in den Topf geben.
3 Sauce zu den Spaghetti geben und gründlich mischen. Mit Salz und Pfeffer abschmecken und sofort servieren.

SPAGHETTINI MIT KNOBLAUCH UND CHILI

500 g Spaghettini in einem großen Topf mit stark kochendem Salzwasser bissfest garen. Abgießen und wieder in den Topf geben. Inzwischen 125 ml Olivenöl extra vergine in einer großen Pfanne erhitzen. 2–3 fein gehackte Knoblauchzehen und 1–2 entkernte, fein gehackte, frische rote Chilischoten zufügen und bei sehr geringer Hitze 2–3 Minuten braten, bis der Knoblauch goldgelb ist. Nicht dunkel werden lassen, sonst schmeckt die Sauce bitter. Zusammen mit 3 EL gehackter frischer glatter Petersilie unter die Nudeln mischen und mit Salz und frisch gemahlenem schwarzem Pfeffer würzen. Mit geriebenem Parmesan servieren. Für 4–6 Personen.

SPAGHETTI MIT SARDINEN, FENCHEL UND TOMATEN

Zubereitungszeit: 30 Minuten
Kochzeit: 45 Minuten
Für 4–6 Personen

3 Roma-Tomaten, abgezogen, entkernt, gehackt
80 ml Olivenöl
3 Knoblauchzehen, zerdrückt
80 g frische Weißbrotbrösel
1 rote Zwiebel, in dünne Ringe geschnitten
1 Fenchelknolle, geviertelt, fein gehobelt
40 g Rosinen
40 g Pinienkerne, geröstet
4 Sardellenfilets in Öl, abgetropft, gehackt
125 ml Weißwein
1 EL Tomatenmark
4 EL frische glatte Petersilie, fein gehackt
350 g Sardinen, ausgenommen und küchenfertig
500 g Spaghetti
Salz und Pfeffer

1 Tomaten auf der Unterseite kreuzweise einschneiden, 10 Sekunden in kochendes Wasser legen, kalt abschrecken und die Haut abziehen. Tomaten halbieren und Kerne mit einem Teelöffel entfernen. Fruchtfleisch grob hacken.
2 In einer großen Bratpfanne 1 EL Öl bei mäßiger Temperatur erhitzen. 1 Knoblauchzehe und Brösel zufügen und unter Rühren etwa 5 Minuten goldbraun und knusprig braten. Auf einen Teller geben.
3 Restliches Öl in derselben Pfanne erhitzen und Zwiebel, Fenchel und restlichen Knoblauch etwa 8 Minuten weich braten. Tomaten, Rosinen, Pinienkerne und Sardellen zufügen und weitere 3 Minuten garen. Wein, Tomatenmark und 125 ml Wasser zugeben. Etwa 10 Minuten köcheln, bis die Sauce etwas eindickt. Petersilie hineinrühren und Sauce beiseite stellen.
4 Sardinen aufklappen, mit Küchenkrepp trockentupfen und portionsweise in einer leicht geölten Bratpfanne bei mäßiger Hitze etwa 1 Minute braten; nicht zu lange garen, sonst zerfallen sie. Fisch beiseite stellen.
5 Nudeln in einem großen Topf mit stark kochendem Salzwasser bissfest garen. Abgießen und wieder in den Topf geben.
6 Sauce und Nudeln gründlich mischen und mit Salz und Pfeffer abschmecken. Sardinen und die Hälfte der Brösel zufügen und behutsam unterheben. Restliche Brösel darüber streuen und sofort servieren.

SARDINEN
Das Fleisch dieses Fisches ist fettreich, weich und zart. Das Rückgrat lässt sich leicht entfernen; die verbleibenden Gräten sind essbar. Sie haben einen kräftigen, unverwechselbaren Geschmack und eignen sich zum Backen, Grillen, Frittieren und Braten.

LINKS: Spaghetti mit Sardinen, Fenchel und Tomaten

KRÄUTERRAVIOLI MIT SALBEIBUTTER

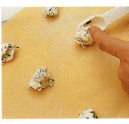

In regelmäßigem Abstand je 1 gehäuften TL Füllung auf den Teig setzen.

Mit einem Teigrädchen oder einem scharfen Messer die Ravioli ausschneiden.

KRÄUTERRAVIOLI MIT SALBEIBUTTER

Zubereitungszeit: 1 Stunde
 + 30 Minuten Ruhezeit
Kochzeit: 10 Minuten
Für 4 Personen

★★☆

NUDELN
300 g Mehl
3 Eier, verschlagen
3 EL Öl

250 g Ricotta
2 EL geriebener Parmesan
2 TL frischer Schnittlauch, gehackt
1 EL glatte Petersilie, gehackt
2 TL frisches Basilikum, gehackt
1 TL frischer Thymian, gehackt
Salz und Pfeffer

SALBEIBUTTER
200 g Butter
12 frische Salbeiblätter

gehobelter Parmesan zum Bestreuen

1 Mehl in eine Schüssel sieben und in die Mitte eine Mulde drücken. Eier und Öl nach und nach untermischen. Auf der leicht bemehlten Arbeitsfläche etwa 6 Minuten zu einem glatten Teig kneten. In Klarsichtfolie gewickelt 30 Minuten ruhen lassen.
2 Käse, Kräuter, etwas Salz und Pfeffer mischen.
3 Teig wie auf Seite 107 beschrieben zu 4 Platten ausrollen, 2 von ihnen etwas größer. Mit einem Geschirrtuch bedecken.
4 Eine kleine Platte auf die Arbeitsfläche legen, gehäufte Teelöffel der Füllung im Abstand von 5 cm darauf setzen und Teig dazwischen mit etwas Wasser bestreichen. Eine große Platte darauf legen und beide Platten zwischen den Erhebungen fest zusammendrücken. Ravioli mit Teigrädchen oder Messer ausschneiden und auf ein leicht bemehltes Blech legen. Den restlichen Teig ebenso füllen.
5 Butter bei geringer Hitze zerlassen; nicht rühren oder schütteln. Klare Butter vorsichtig in einen zweiten Topf abgießen und bei mäßiger Temperatur erhitzen. Salbeiblätter darin knusprig, aber nicht braun braten und auf Küchenkrepp abtropfen lassen. Butter beiseite stellen.
6 Ravioli portionsweise in einem großen Topf mit köchelndem Salzwasser 5–6 Minuten weich garen. Salbeibutter und Blätter darüber geben und mit Parmesan bestreuen.
Hinweis Ravioli nicht stark kochen, sonst platzen sie auf und verlieren die Füllung.

RECHTS: Kräuterravioli mit Salbeibutter

ITALIEN

BASILIKUM
Wichtig zu wissen: Basilikum sollte gar nicht oder nur möglichst kurz erhitzt werden. Man gibt es also erst zum Schluss zur Sauce, unmittelbar bevor sie mit den Nudeln vermengt wird. Zwar wird Basilikum gelegentlich in einer Suppe oder einem Eintopf mitgekocht, damit sich sein Aroma mit den anderen Zutaten verbindet, aber im Zweifelsfall sollte man es erst im letzten Moment zufügen. Die Blätter müssen frisch sein; welke oder verfärbte werden nicht verwendet. Man zerteilt sie einfach mit den Fingern, es sei denn, das Rezept verlangt ausdrücklich fein geschnittenes Basilikum. Beim Schneiden können die Blätter allerdings verletzt werden und sich bräunlich verfärben.

BUCATINI ALLA NORMA

Zubereitungszeit: 15 Minuten
Kochzeit: 40 Minuten
Für 4–6 Personen

☆

180 ml Olivenöl
1 Zwiebel, fein gehackt
2 Knoblauchzehen, zerdrückt
800 g zerkleinerte Tomaten aus der Dose
Salz und Pfeffer
1 große Aubergine (ca. 500 g)
30 g frische Basilikumblätter, grob zerteilt
400 g Bucatini (Röhrennudeln)
60 g Ricotta salata (siehe Hinweis), zerbröckelt
50 g geriebener Pecorino oder Parmesan
1 EL Olivenöl extra vergine

1 In einer Bratpfanne 2 EL Öl erhitzen, Zwiebel bei mäßiger Hitze etwa 5 Minuten weich braten. Knoblauch zufügen und weitere 30 Sekunden erhitzen. Tomaten zugeben, mit Salz und Pfeffer würzen und die Hitze reduzieren. 25–30 Minuten kochen, bis die Sauce eingedickt ist.
2 Inzwischen die Aubergine längs in 5 mm dicke Scheiben schneiden. Das restliche Öl in einer großen Bratpfanne erhitzen. Bevor es raucht, Auberginenscheiben portionsweise zufügen und 3–5 Minuten auf beiden Seiten hellbraun braten. Aus der Pfanne nehmen und auf Küchenkrepp abtropfen lassen.
3 Jede Auberginenscheibe in 3 Stücke schneiden und mit dem Basilikum zur Tomatensauce geben. Umrühren und bei geringster Hitze warm halten.
4 Die Bucatini in einem großen Topf mit stark kochendem Salzwasser bissfest garen. Gut abtropfen lassen und mit je der Hälfte Ricotta und Pecorino zur Tomatensauce geben. Gründlich mischen, den restlichen Käse darüber streuen und sofort servieren. Mit Olivenöl extra vergine beträufeln.

Hinweis Ricotta salata ist ein leicht gesalzener, gepresster Ricotta. Falls er nicht erhältlich ist, kann er hier durch einen milden Feta ersetzt werden.

OBEN: Bucatini alla Norma

CRESPELLE RIPIENE

Teig schnell in der Pfanne schwenken, damit er sich über den Boden verteilt.

Die Tomatensauce über die Crêpes verteilen.

CRESPELLE RIPIENE
(Gefüllte Crêpes)

Zubereitungszeit: 25 Minuten
+ 30 Minuten Ruhezeit
Kochzeit: 1 Stunde 10 Minuten
Ergibt etwa 12 Stück

CRÊPES
170 g Mehl
500 ml Milch
3 Eier, leicht verschlagen
30 g Butter, zerlassen

TOMATENSAUCE
2 EL Öl
1 Knoblauchzehe, zerdrückt
400 g zerkleinerte Tomaten aus der Dose
Salz und Pfeffer
3 EL frische glatte Petersilie, gehackt

KÄSEFÜLLUNG
400 g Ricotta, zerbröckelt
100 g geriebener Mozzarella
30 g frisch geriebener Parmesan
1 Prise frisch geriebene Muskatnuss
3 EL frische glatte Petersilie, gehackt
Salz und Pfeffer

2 EL Olivenöl extra vergine zum Beträufeln
30 g frisch geriebener Parmesan

1 Mehl und 1/2 TL Salz in eine Schüssel sieben. In die Mitte eine Mulde drücken, nach und nach die Milch zufügen und glatt rühren. Eier einzeln hineinrühren und Teig wieder glatt schlagen. Zugedeckt 30 Minuten ruhen lassen.
2 Inzwischen Öl in einer Bratpfanne erhitzen, Knoblauch zufügen und bei schwacher Hitze 30 Sekunden gerade goldbraun braten, Tomaten und 125 ml Wasser zugeben, salzen und pfeffern. Sauce bei schwacher Hitze 30 Minuten einkochen. Petersilie hineinrühren.
3 Eine Crêpe- oder beschichtete Bratpfanne erhitzen und leicht mit Butter auspinseln. 60 ml Teig hineingießen und Pfanne schnell schwenken, bis der Boden dünn mit Teig bedeckt ist. Unterseite etwa 1 Minute goldbraun backen. Wenden und andere Seite goldbraun backen. Auf einen Teller geben, aus dem restlichen Teig Crêpes backen und aufeinander stapeln.
4 Backofen auf 200 °C (Gas 3) vorheizen und eine flache Auflaufform leicht mit Butter oder Öl einfetten.
5 Zutaten für die Füllung mischen und mit Salz und Pfeffer würzen.
6 Je 1 gehäuften EL Füllung auf jede Crêpe streichen, dabei einen 1 cm breiten Rand lassen. Crêpes zum Halbkreis, dann zum Viertelkreis zusammenklappen. Dachziegelartig, aber nicht zu dicht in die Form schichten. Tomatensauce darüber verteilen, mit Parmesan bestreuen und mit Öl beträufeln. Etwa 20 Minuten backen, bis die Crêpes heiß sind.
Hinweis Im Kühlschrank halten sich die noch nicht gefüllten Crêpes bis zu 3 Tagen; zwischen die einzelnen Crêpes legt man ein Stück Pergamentpapier.

GNOCCHI ROMANA

Zubereitungszeit: 20 Minuten
+ 1 Stunde Kühlzeit
Kochzeit: 40 Minuten
Für 4 Personen

750 ml Milch
1/2 TL gemahlene Muskatnuss
Salz und frisch gemahlener schwarzer Pfeffer
90 g Weizengrieß
1 Ei, verschlagen
150 g frisch geriebener Parmesan
40 g Butter, zerlassen
80 ml Sahne
80 g frisch geriebener Mozzarella

1 Ein Backblech mit Backpapier auslegen. Milch, die Hälfte der Muskatnuss sowie etwas Salz und Pfeffer zum Kochen bringen, die Hitze reduzieren und nach und nach den Grieß hineinrühren. 5–10 Minuten unter häufigem Rühren kochen, bis der Grieß sehr fest ist.
2 Vom Herd nehmen, Ei und 100 g Parmesan unterrühren. Auf das Backblech streichen und 1 Stunde kalt stellen, bis der Grieß fest ist.
3 Backofen auf 180 °C (Gas 2) vorheizen. Mit einer bemehlten Ausstechform runde Küchlein mit etwa 4 cm Durchmesser aus dem Grieß stechen und in eine flache eingefettete Auflaufform legen.
4 Butter und Sahne darüber gießen. Restlichen Muskat und Parmesan mit Mozzarella mischen, auf die Küchlein streuen und 20–25 Minuten goldbraun backen.

GEGENÜBERLIEGENDE SEITE: Crespelle ripiene (oben); Gnocchi romana

ITALIEN

115

DAS GROSSE BUCH DER MITTELMEERKÜCHE

RISOTTO MIT
MEERESFRÜCHTEN

Die Garnelen in den Topf geben und rosa garen.

Die heiße Flüssigkeit nach und nach hineinrühren, bis sie vollständig aufgenommen ist.

RISOTTO MIT MEERESFRÜCHTEN

Zubereitungszeit: 25 Minuten
Kochzeit: 45 Minuten
Für 4 Personen

2 vollreife Tomaten
500 g Miesmuscheln
300 ml Weißwein
1,25 l Fischfond
Prise Safranfäden
2 EL Olivenöl
30 g Butter
500 g rohe Garnelen, geschält, Darm entfernt
225 g Tintenfischbeutel, in dünne Ringe geschnitten
200 g Jakobsmuscheln
3 Knoblauchzehen, zerdrückt
1 Zwiebel, fein gehackt
375 g Risottoreis (z. B. Arborio, Avorio, Vialone)
2 EL frische Petersilie, gehackt
Salz und Pfeffer

1 Tomaten auf der Unterseite kreuzweise einschneiden und 10 Sekunden in kochendes Wasser legen, anschließend kalt abschrecken und die Haut abziehen. Das Fruchtfleisch hacken.

2 Muscheln gründlich abbürsten und die Bärte entfernen. Muscheln, die nicht schließen, wenn man auf die Schale klopft, sowie beschädigte wegwerfen. Wein in einem großen Topf aufkochen. Muscheln zufügen und zugedeckt bei mäßiger Hitze 3–5 Minuten garen, bis sie sich öffnen. Noch geschlossene Muscheln wegwerfen. Abgießen und den Sud aufbewahren. Das Muschelfleisch aus den Schalen entfernen.
3 Muschelsud mit Fischfond und Safran im geschlossenen Topf erhitzen und köcheln lassen.
4 Öl und Butter in einem großen Topf bei mittlerer Temperatur erhitzen. Garnelen zufügen, garen, bis sie rosa sind, dann herausnehmen. Tintenfischringe und Jakobsmuscheln zugeben und 1–2 Minuten erhitzen, bis sie weiß sind, herausnehmen. Knoblauch und Zwiebel zufügen und etwa 3 Minuten goldbraun braten. Reis zugeben und gut mit Knoblauch und Zwiebel mischen.
5 Etwa 25 ml heißen Sud zufügen und ständig rühren, bis die Flüssigkeit vom Reis aufgenommen wurde. Weiterhin je 125 ml Sud unter Rühren vom Reis aufnehmen lassen, bis der ganze Sud verbraucht ist; dies dauert etwa 25 Minuten. Dann Tomaten, Meeresfrüchte und Petersilie hineinrühren und erhitzen. Mit Salz und Pfeffer abschmecken.
Hinweis Für dieses Risotto können fast alle Meeresfrüchte in beliebiger Kombination verwendet werden, beispielsweise auch jeder weiße Fisch mit festem Fleisch, in kleine Stücke geschnitten, Venusmuscheln, Krake oder Kalmar.

OBEN: Risotto mit Meeresfrüchten

PILZRISOTTO

Zubereitungszeit: 10 Minuten
+ 30 Minuten Einweichzeit
Kochzeit: 1 Stunde
Für 4–6 Personen

20 g getrocknete Steinpilze
1 l Hühner- oder Gemüsebrühe
2 EL Olivenöl
100 g Butter, gehackt
650 g kleine Champignons, geputzt und in Scheiben geschnitten
3 Knoblauchzehen, zerdrückt
80 ml trockener weißer Wermut
1 Zwiebel, fein gehackt
440 g Risottoreis (z. B. Arborio, Avorio Vialone)
150 g geriebener Parmesan
Salz und Pfeffer

1 Die Steinpilze 30 Minuten in 500 ml warmem Wasser einweichen. Abtropfen lassen und die Flüssigkeit auffangen. Die Pilze hacken; die Flüssigkeit durch ein feines, mit Küchenkrepp ausgelegtes Sieb gießen.

2 Brühe und Pilzflüssigkeit in einem Topf zum Kochen bringen, die Hitze reduzieren und die Flüssigkeit zugedeckt köcheln lassen.

3 Die Hälfte des Öls und 40 g Butter in einer großen Bratpfanne stark erhitzen. Alle Pilze und den Knoblauch zufügen und etwa 10 Minuten unter Rühren braten, bis die Pilze weich sind und Flüssigkeit absondern. Auf geringster Stufe weitere 5 Minuten erhitzen, bis die Flüssigkeit ganz verdunstet. Die Temperatur erhöhen, den Wermut zufügen und 2–3 Minuten erhitzen, bis er verdunstet. Beiseite stellen.

4 Das restliche Olivenöl und 20 g Butter in einem großen Topf bei mäßiger Temperatur erhitzen. Die Zwiebel zufügen und 10 Minuten braten, bis sie weich ist. Den Reis zugeben und 1–2 Minuten gründlich mit Zwiebel und Fett verrühren. 125 ml Brühe zufügen und unter ständigem Rühren bei mäßiger Hitze kochen, bis der Reis die Flüssigkeit aufgenommen hat. Je 125 ml Brühe zugeben und unter Rühren vom Reis aufnehmen lassen, bis die ganze Flüssigkeit verbraucht ist. Nach etwa 25 Minuten ist der Reis weich und cremig.

5 Den Topf vom Herd nehmen und Pilze, Parmesan und die restliche Butter unterrühren. Mit Salz und Pfeffer abschmecken.

Hinweis Die Steinpilze müssen mindestens 30 Minuten in warmem Wasser eingeweicht und die Einweichflüssigkeit durch ein Stück Küchenkrepp oder ein Geschirrtuch abgeseiht werden, um Verunreinigungen vollständig zu entfernen. In einem luftdicht verschließbaren Gefäß trocken aufbewahrt, sind getrocknete Steinpilze unbegrenzt haltbar.

RISOTTO
Entgegen der verbreiteten Meinung muss ein Risotto nicht heiß gegessen werden, denn anders als Nudeln schmeckt er besser, wenn man ihn vor dem Servieren kurze Zeit stehen lässt, bis alles durchgezogen ist und sich der Dampf verzogen hat. In Italien verteilt man den Risotto häufig über den Teller und fängt am Rand zu essen an.

LINKS: Pilzrisotto

PIZZA SELBST GEMACHT

Von ihren bescheidenen Anfängen in Neapel hat sich die Pizza weltweit zum Inbegriff der italienischen Küche entwickelt. Für den Belag werden in der Regel im Höchstfall 3–5 Zutaten verwendet, damit jede voll zur Geltung kommt. Bei der Pizza Margherita sind es Tomaten, Käse und Basilikum, deren Farben die italienische Flagge symbolisieren; bei der Pizza Romana kommen Oregano und Sardellen dazu; und bei der Pizza Marinara besteht der Belag trotz des Namens nicht aus Meeresfrüchten, sondern hauptsächlich aus einer Tomatensauce mit Knoblauch, Olivenöl und Oregano.

Grundlage der Pizza ist ein Fladen aus Brotteig. Damit er sich aus der Backform löst, wird sie mit Öl bepinselt und mit Maisgrieß bestreut. Der Belag sollte gleichmäßig verteilt werden, damit das Aroma aller gewählten Zutaten bei jedem Bissen genossen werden. Beim Belegen lässt man einen 3 cm breiten Rand, damit nichts in die Backform ausläuft.

PIZZA MARGHERITA
Für eine mittelgroße Pizza benötigt man 225 g Mehl, 1 TL Zucker, 7 g Trockenhefe, 1/2 TL Salz, 2 EL Olivenöl, 90 ml Milch, 1 zerdrückte Knoblauchzehe, 425 g zerkleinerte Tomaten aus der Dose, 1 Lorbeerblatt, 1 TL gehackten frischen Thymian, 6 gehackte frische Basilikumblätter, 150 g in dünne Scheiben geschnittenen Mozzarella und Olivenöl extra vergine zum Beträufeln.

1 Mehl, Zucker, Hefe und Salz in eine Schüssel geben. 1 EL Öl, Milch und 80 ml warmes Wasser verrühren und mit dem Holzlöffel mit dem Mehl mischen.
2 Auf der leicht bemehlten Arbeitsfläche 5 Minuten zu einem weichen, glatten Teig kneten, dann in eine leicht geölte Schüssel legen und darin wenden. Etwa 1 Stunde an einem warmen Ort gehen lassen, bis sich das Volumen verdoppelt hat. Backofen auf 210 °C (Gas 3–4) vorheizen.

3 Restliches Öl in einem Topf mäßig erhitzen, Knoblauch 30 Sekunden braten. Tomaten, Lorbeerblatt, Thymian und Basilikum zugeben und 20–25 Minuten unter gelegentlichem Rühren köcheln lassen, bis die Sauce dick wird. Abkühlen lassen, dann das Lorbeerblatt entfernen.
4 Teig auf der bemehlten Arbeitsfläche zusammendrücken, damit die Luft entweicht, und 5 Minuten kneten. Zu einem Kreis mit 28–30 cm Durchmesser ausrollen. Pizzaform ölen, mit Maisgrieß bestreuen und den Teig darauf legen. Sauce darauf verteilen, dabei 3 cm Rand lassen. Käse darauf verteilen und mit Öl beträufeln. Etwa 15 Minuten backen, bis die Pizza knusprig ist und Blasen wirft.

DICKER BODEN

Für einen dicken Boden benötigt man 7 g Trockenhefe, je 1/2 TL Salz und Zucker, 150 ml Wasser, 300 g Mehl, 2 EL Olivenöl, 2 TL Hartweizen- oder Maisgrieß und 1 Rezeptmenge abgekühlte Tomatensauce (siehe oben).
1 Hefe, Salz, Zucker und Wasser in einer Schüssel mischen. Mit Klarsichtfolie bedeckt an einem warmen Ort 10 Minuten gehen lassen, bis die Mischung schäumt. Mehl in eine große Schüssel sieben. In die Mitte eine Mulde drücken, Hefemischung hineingeben, mischen und zu einem festen Teig kneten. Backofen auf 210 °C (Gas 3–4) vorheizen.
2 Teig auf der leicht bemehlten Arbeitsfläche etwa 5 Minuten kneten, bis er glatt und elastisch ist. Zu einem Kreis mit 35 cm Durchmesser ausrollen. Eine Pizzaform mit 30 cm Durchmesser ölen, mit Grieß bestreuen und den Teig darauf legen. Rand einschlagen und zu einer Wulst formen. Sauce darauf verteilen, dabei 3 cm Rand lassen. Belag nach Wahl darauf verteilen, mit Olivenöl extra vergine beträufeln und 25 Minuten backen, bis die Kruste goldbraun ist.

BELÄGE

Man kann Käse, Meeresfrüchte, Gemüse, Schinken, Salami, Zwiebeln, Oliven und Kräuter beliebig kombinieren. Bei den folgenden Rezepten bestreicht man den Boden mit Olivenöl statt Tomatensauce und bestreut mit Mozzarella oder Parmesan sowie mit Salz und Pfeffer.
PROSCIUTTO UND RUCOLA: Mit dünnen Scheiben Prosciutto belegen. Nach dem Backen mit Rucola bestreuen und mit Olivenöl extra vergine beträufeln.
QUATTRO FORMAGGIO: Die 4 Käsesorten sind in der Regel geriebener Mozzarella, Parmesan, Fontina und Gorgonzola oder Pecorino.

PIZZA RUSTICA

Den Eischnee unter die Ricottamischung heben.

Die Füllung gleichmäßig auf dem Teigboden verteilen und die Oberfläche mit dem Löffelrücken glätten.

PIZZA RUSTICA

Zubereitungszeit: 35 Minuten
+ 30 Minuten Kühlzeit + 20 Minuten Ruhezeit
Backzeit: 50 Minuten
Für 6 Personen

☆ ☆ ☆

TEIG

375 g Mehl
1 TL Puderzucker
1 TL Salz
150 g kalte Butter, gehackt
1 Ei
1 Eigelb
2 EL Eiswasser

FÜLLUNG

500 g Ricotta
6 Eier, getrennt
100 g magerer Schinkenspeck, in schmale Streifen geschnitten
80 g Mailänder Salami, in dicke Scheiben, dann in 5 mm große Würfel geschnitten
100 g geriebener Mozzarella
100 g geräucherter Mozzarella oder anderer geräucherter Käse, in 1 cm große Würfel geschnitten
30 g frisch geriebener Parmesan
1 EL frische glatte Petersilie, gehackt
½ TL frischer Oregano, gehackt
1 Prise gemahlene Muskatnuss
Salz und Pfeffer
1 Ei, mit 1 EL kaltem Wasser verschlagen, zum Glasieren

1 Mehl, Puderzucker und Salz in eine Schüssel sieben. Butter hineingeben und alles mit den Fingerspitzen zu feinen Bröseln vermengen. Ei, Eigelb und jeweils ½ TL Wasser mit der Palette untermischen, bis ein Teig entsteht. Auf der bemehlten Arbeitsfläche zu einer glatten Kugel formen, in Klarsichtfolie wickeln und 30 Minuten kalt stellen.

2 Backofen auf 190 °C (Gas 2–3) vorheizen und ein Blech auf die mittlere Schiene schieben. Eine 4 cm tiefe ofenfeste Form mit einem Durchmesser von 23 cm am Boden und 25 cm am Rand einfetten.

3 Ricotta in einer großen Schüssel glatt rühren. Eigelbe einzeln zufügen; jedes gründlich einarbeiten. Schinkenspeck, Salami, Käse, Petersilie,

RECHTS: Pizza Rustica

Oregano und Muskatnuss zugeben. Mit Salz und Pfeffer kräftig würzen. Eiweiße steif schlagen und unter die Ricottamischung heben.

4 Teig in eine größere und eine kleiner Portion teilen. Die größere auf der leicht bemehlten Arbeitsfläche so ausrollen, dass Boden und Rand der Form damit bedeckt sind. Kleinere Portion als Deckel ausrollen. Füllung auf dem Boden verteilen und glätten. Teigränder mit Ei bestreichen und den Deckel darauf legen. Ränder fest zusammendrücken und Überschuss mit einem scharfen Messer abschneiden. Mit den Fingern Rand zu einem gebogten Muster formen. Oberfläche mit der Eiglasur großzügig bestreichen, dann mit einer Gabel einstechen.

5 45–50 Minuten backen, bis der Teig goldbraun ist und die Füllung sich gesetzt hat. Oberfläche locker mit Alufolie zudecken, wenn sie zu schnell bräunt. Vor dem Servieren 20 Minuten ruhen lassen.

FEGATO GARBO E DOLCE
(Leber süß-sauer)

Zubereitungszeit: 10 Minuten
Kochzeit: 10 Minuten
Für 4 Personen

40 g Butter
80 ml Olivenöl
600 g Kalbsleber, in lange dünne Scheiben geschnitten
80 g frische Weißbrotbrösel
1 EL Zucker
2 Knoblauchzehen, zerdrückt
60 ml Rotweinessig
1 EL frische glatte Petersilie, gehackt

1 Butter und 40 ml Öl in einer Bratpfanne bei mäßiger Temperatur erhitzen. Leber in den Bröseln wenden und diese fest andrücken. Überschüssige Brösel abschütteln und die Leber in die Pfanne geben, sobald die Butter zu schäumen beginnt. Auf jeder Seite 1 Minute braten, bis die Kruste braun und knusprig ist. Herausnehmen und warm halten.

2 Das restliche Öl in die Pfanne geben und Zucker und Knoblauch bei geringer Hitze goldbraun braten. Den Essig zufügen und 30 Sekunden erhitzen, bis er fast verdampft ist. Die Petersilie zufügen und alles über die Leberscheiben gießen. Heiß oder zimmerwarm servieren.

GRÜNE BOHNEN MIT KNOBLAUCHBROT

600 g geputzte kleine grüne Bohnen in kochendem Salzwasser bissfest garen. Abgießen und unter fließendem kaltem Wasser abschrecken. Abtropfen lassen und mit Küchenkrepp trockentupfen. 60 ml Olivenöl in einer Bratpfanne erhitzen und 4 ganze geschälte Knoblauchzehen goldbraun braten, dann herausnehmen. 40 g frische Weißbrotbrösel in das Öl geben und unter ständigem Rühren bei geringer Hitze 3–4 Minuten braten, bis die Brösel braun und knusprig sind. Die Bohnen und 2 EL gehackte, frische glatte Petersilie zufügen, dann mit Salz und frisch gemahlenem schwarzem Pfeffer abschmecken. Brösel und Bohnen verrühren, bis die Bohnen warm sind. Heiß oder zimmerwarm servieren. Für 4 Personen.

OBEN: Fegato garbo e dolce

DAS GROSSE BUCH DER MITTELMEERKÜCHE

CACCIATORA
Das Wort bedeutet „auf Jägerart". Wie bei vielen anderen Gerichten der italienischen Küche gibt es auch hiervon unzählige regionale Variationen. In der Regel besteht das Gericht aus einem Hühner- oder Kaninchenfrikassee mit Tomaten, Zwiebeln und anderem Gemüse.

OBEN: Hähnchen cacciatora

HUHN CACCIATORA

Zubereitungszeit: 15 Minuten
Kochzeit: 1 Stunde
Für 4 Personen

☆

60 ml Olivenöl
1 große Zwiebel, fein gehackt
3 Knoblauchzehen, zerdrückt
150 g Pancetta, fein gehackt
120 g junge Champignons, in dicke Scheiben geschnitten
1 Huhn (mindestens 1,6 kg), in 8 Stücke geteilt
Salz und Pfeffer
80 ml trockener Wermut oder Weißwein
800 g zerkleinerte Tomaten aus der Dose
¼ TL brauner Zucker
¼ TL Cayennepfeffer
1 Zweig frischer Oregano
1 Zweig frischer Thymian
1 Lorbeerblatt

1 In einem großen Schmortopf 30 ml Öl erhitzen. Zwiebel und Knoblauch darin 6–8 Minuten unter Rühren braten, bis die Zwiebel goldbraun ist. Pancetta und Pilze zugeben, die Temperatur erhöhen und unter Rühren 4–5 Minuten braten. Die Mischung in eine Schüssel geben.
2 Das restliche Öl in den Topf geben und das Huhn portionsweise bei mäßiger Hitze braun braten; dabei mit Salz und Pfeffer würzen. Überschüssiges Fett abschöpfen und alle Hühnerstücke wieder in den Topf geben. Die Temperatur erhöhen, Wermut zufügen und kochen, bis die Flüssigkeit fast verdunstet.
3 Tomaten, Zucker, Cayennepfeffer, Oregano, Thymian und Lorbeerblatt zugeben und 80 ml Wasser einrühren. Aufkochen, dann die Zwiebelmischung zufügen. Die Hitze reduzieren und das Gericht zugedeckt etwa 25 Minuten schmoren, bis das Hühnerfleisch weich ist, aber noch am Knochen haftet.
4 Ist die Sauce zu dünn, Huhn herausnehmen und bei stärkerer Hitze die Flüssigkeit einkochen. Die Kräuter entfernen und das Gericht abschmecken. Nach Belieben mit frischen Oregano- oder Thymianzweigen garnieren und mit gedämpftem Reis servieren.

ITALIEN

GEGRILLTER KALMAR MIT SALSA VERDE

Zubereitungszeit: 10 Minuten
 + 30 Minuten Marinierzeit
Kochzeit: 10 Minuten
Für 6 Personen

1 kg Kalmar
250 ml Olivenöl
2 EL Zitronensaft
2 Knoblauchzehen, zerdrückt
2 EL frischer Oregano, gehackt
Salz und Pfeffer
2 EL frische glatte Petersilie, gehackt, zum Bestreuen
6 unbehandelte Zitronenschnitze zum Servieren

SALSA VERDE
4 Sardellenfilets in Öl, abgetropft
1 EL Kapern
1 Knoblauchzehe, zerdrückt
10 g glatte Petersilie, gehackt
10 g frische Basilikumblätter
10 g frische Minzeblätter
2 TL Rotweinessig
3 EL Olivenöl extra vergine
1 TL Dijon-Senf
Salz und Pfeffer

1 Tentakel mit Kopf aus dem Körperbeutel der Kalmare ziehen, Tentakel unter den Augen abschneiden, dann Maul am Ansatz der Tentakel herausdrücken. Tentakel unter fließendem kaltem Wasser waschen, trockentupfen und in 5 cm große Stücke schneiden. Innere Schale aus dem Körperbeutel entfernen, Beutel unter fließendem kaltem Wasser ausspülen und die Haut abziehen. In 1 cm dicke Ringe schneiden und zu den Tentakeln geben. Öl, Zitronensaft, Oregano und Knoblauch zugeben, gut vermischen und 30 Minuten ziehen lassen.
2 Für die Sauce Sardellen, Kapern, Petersilie, Basilikum und Minze im Mixer stoßweise hacken und kurz vermengen. In einer Schüssel mit Essig verrühren. Langsam Öl, dann Senf dazurühren und mit Salz und Pfeffer würzen.
3 Den Grill heizen. Kalmarringe trockentupfen und portionsweise auf jeder Seite 1–2 Minuten grillen.
4 Ringe mit Salz, Pfeffer und Petersilie bestreuen. Mit Sauce und Zitronenspalten servieren.

HALB GETROCKNETE TOMATEN

Backfen auf 160 °C (Gas 1) vorheizen. 16 Roma-Tomaten längs vierteln und mit der Hautseite nach unten auf einen Rost über einem Backblech legen. Je 1 TL Salz und zerstoßenen schwarzen Pfeffer mit 3 EL gehacktem frischem Thymian vermischen und über die Tomaten streuen. Im Backofen 2 1/2 Stunden erhitzen, dabei darauf achten, dass die Tomaten nicht schwarz werden. Anschließend in einer Schüssel mit 2 EL Olivenöl vermengen. Abkühlen lassen, in ein luftdicht verschließbares Gefäß füllen und vor dem Verzehr 24 Stunden in den Kühlschrank stellen. Halb getrocknete Tomaten sollten innerhalb von 3–4 Tagen verbraucht werden. Ergibt 500 ml.

UNTEN: Gegrillter Kalmar mit Salsa verde

DAS GROSSE BUCH DER MITTELMEERKÜCHE

FRITTIERTER FENCHEL

Zubereitungszeit: 15 Minuten
Frittierzeit: 20 Minuten
Für 4 Personen

1 kg Fenchelknollen
30 g geriebener Pecorino
80 g frische Weißbrotbrösel
Salz und Pfeffer
60 g Mehl
3 Eier, leicht verschlagen
Olivenöl zum Frittieren
unbehandelte Zitronenschnitze zum Servieren

1 Äußere Blätter der Fenchelknollen entfernen, Knollen und kleine Stängel putzen. Fenchel längs in 5 mm breite Scheiben schneiden und in kochendem Salzwasser 3 Minuten blanchieren. Abgießen, trockentupfen und abkühlen lassen.
2 Käse und Brösel vermischen und mit Salz und Pfeffer würzen.
3 Fenchel im Mehl wenden und Überschuss abschütteln; erst im Ei, dann in Bröseln wenden. Öl in einer großen Bratpfanne erhitzen, bis es zischt. Fenchel portionsweise auf jeder Seite 2–3 Minuten goldbraun und knusprig frittieren. Auf Küchenkrepp abtropfen lassen, salzen und pfeffern und sofort mit Zitronenspalten servieren.
Hinweis Rundere männliche Fenchelknollen sind aromatischer als die flachen weiblichen.

SALTIMBOCCA
(Kalbsschnitzel mit Schinken)

Zubereitungszeit: 15 Minuten
Kochzeit: 20 Minuten
Für 4 Personen

4 dünne Kalbsschnitzel
2 Knoblauchzehen, zerdrückt
1/4 TL Salz
1/2 TL frisch gemahlener schwarzer Pfeffer
4 Scheiben Prosciutto
4 frische Salbeiblätter
30 g Butter
170 ml Marsala

1 Schnitzel von Fett und Sehnen befreien und klopfen, bis sie 5 mm stark sind. Ränder knapp einschneiden, damit sie sich nicht einrollen, und

MARSALA
Dieser Dessertwein stammt aus Sizilien und erhält seinen Namen von der kleinen Hafenstadt Marsala. Trockener Marsala wird nach dem Sherry-Verfahren hergestellt; während der Gärung werden dem süßen Marsala Alkohol und eingedickter Traubensaft zugesetzt, und der Restzuckergehalt ist entsprechend hoch. Zum Kochen nimmt man meist den trockenen, der häufig auch als Aperitif getrunken wird, während süßer Marsala eher in Desserts wie der berühmten Zabaione (S. 140) verwendet und ausschließlich als Dessertwein gereicht wird.

RECHTS: Frittierter Fenchel

ITALIEN

TINTENFISCH
Der Tintenfisch (auch Sepia genannt) gehört wie der Kalmar und die Krake (Oktopus) zu den Kopffüßern (Cephalopoden), Weichtieren mit zahlreichen Arten. Viele schwimmen nach dem Rückstoßprinzip: Sie saugen Wasser auf und stoßen es durch einen Trichter wieder aus. Dabei kann auch bräunliche oder schwarze Tinte (Sepia) abgegeben werden, die das Tier umwölkt und so zur Verteidigung dient. Diese Tinte wird in vielen Mittelmeerländern dazu verwendet, Nudeln und Eintöpfe mit Meeresfrüchten zu färben und zu aromatisieren. Manche Köche bevorzugen die Tinte der Sepia, da sie süßer schmeckt, aber auch die des Kalmars wird verwendet. Kleine Tintenfische sind meist sehr zart, aber das Fleisch größerer Arten muss wie das der Krake vor dem Garen weich geklopft werden.

Fleisch mit Küchenkrepp trockentupfen. Knoblauch mit Salz und Pfeffer mischen und Schnitzel auf einer Seite damit einreiben. Je 1 Scheibe Prosciutto und 1 Salbeiblatt darauf legen; der Schinken sollte nicht überhängen.
2 Butter in einer großen Bratpfanne zerlassen und Fleisch mit der Schinkenseite oben bei mäßiger Hitze etwa 5 Minuten goldbraun braten; nicht wenden. Marsala am Rand zugießen. Hitze reduzieren und 10 Minuten schwach köcheln lassen. Schnitzel auf vorgewärmte Teller legen, Sauce 2–3 Minuten sirupartig einkochen und über das Fleisch verteilen.

FRITTO MISTO DI MARE
(Frittierte Meeresfrüchte)

Zubereitungszeit: 15 Minuten
Frittierzeit: 10 Minuten
Für 4 Personen

2 Tintenfischbeutel (Sepie)
8 rote Meeräschenfilets
Salz und Pfeffer
1/2 TL Paprikapulver
80 g Mehl
12 rohe mittelgroße Garnelen, in einem Stück geschält, Darm entfernt
Olivenöl zum Frittieren
frische glatte Petersilie zum Garnieren
unbehandelte Zitronenschnitze zum Servieren

1 Backofen auf 150 °C (Gas 1) vorheizen. Ein Backblech mit Backpapier auslegen. Tintenfisch mit dem Schulp (Knochen) nach unten auf ein Schneidbrett legen und den Körper längs mit einem scharfen Messer vorsichtig aufschneiden. Ausbreiten, erst Schulp, dann Innereien entfernen. Körperbeutel halbieren und Haut unter fließendem kaltem Wasser abziehen. Tintenfische und Meeräschen in gleich große Stücke schneiden. Salzen und pfeffern. Paprika und Mehl mischen und alle Meeresfrüchte darin wenden. Überschuss abschütteln.
2 Einen Frittiertopf ein Drittel hoch mit Öl füllen und auf 190 °C erhitzen; ein Brotwürfel sollte in 10 Sekunden braun werden. Meeresfrüchte portionsweise 1–2 Minuten knusprig und goldbraun frittieren. Im Ofen warm halten.
3 Meeresfrüchte auf einem großen Teller anrichten. Mit Salz bestreuen, mit Petersilie garnieren und mit Zitronenschnitzen servieren.

OBEN: Fritto misto di mare

OBEN: Polenta mit Pilzragout

POLENTA MIT PILZRAGOUT

Zubereitungszeit: 25 Minuten + Kühlzeit
Kochzeit: 25 Minuten
Für 4 Personen

500 ml Gemüsebrühe oder Wasser
Salz und Pfeffer
150 g Polenta
20 g Butter
80 g geriebener Parmesan
5 g getrocknete Steinpilze
200 g braune Champignons (Egerlinge)
300 g Wiesenchampignons
125 ml Olivenöl
1 Zwiebel, fein gehackt
3 Knoblauchzehen, fein gehackt
1 frisches Lorbeerblatt
2 TL frischer Thymian, fein gehackt
2 TL frischer Oregano, fein gehackt
20 g frische glatte Petersilie, fein gehackt
1 EL Balsamessig
30 g geriebener Parmesan zum Bestreuen

1 Eine 20 x 20 cm große Auflaufform einfetten. Brühe mit 1 Prise Salz in einem großen Topf zum Kochen bringen und Polenta unter ständigem Rühren einrieseln lassen. Die Hitze reduzieren und unter gelegentlichem Rühren 15–20 Minuten köcheln lassen. Von Herd nehmen und Butter und Parmesan einrühren. Mischung in die Form streichen und 20 Minuten kalt stellen.
2 Steinpilze 10 Minuten in 125 ml kochendes Wasser legen, dann abgießen, dabei 80 ml Flüssigkeit auffangen.
3 Champignons mit einem feuchten Tuch abwischen. Braune in dicke Scheiben schneiden, Wiesenchampignons grob hacken. 80 ml Öl in einer großen Bratpfanne erhitzen, alle Pilze 4–5 Minuten braten, dann herausnehmen. Restliches Öl erhitzen und Zwiebel und Knoblauch bei mäßiger Hitze 2–3 Minuten glasig braten.
4 Aufgefangenes Pilzwasser mit Lorbeerblatt, Thymian und Oregano zufügen und mit Salz und Pfeffer würzen, 2 Minuten garen. Pilze mit Petersilie und Essig zugeben und etwa 1 Minute bei mäßiger Hitze garen, bis die Flüssigkeit fast verdunstet ist. Lorbeerblatt entfernen und abschmecken.
5 Parmesan über die Polenta streuen und unter dem mäßig heißen Grill etwa 10 Minuten überbacken, bis die Polenta hellbraun und der Käse zerlaufen ist. In 4 je 10 cm große Quadrate schneiden.
6 Jedes Polentastück in die Mitte eines Tellers legen und die Pilzmischung darüber verteilen. Mit schwarzem Pfeffer bestreuen.

SCHWEINEKOTELETTS MIT MARSALA

4 magere, etwa 2,5 cm dicke Schweinekoteletts mit Küchenkrepp trockentupfen und mit Salz und Pfeffer kräftig würzen. Bei mäßiger Hitze 2 EL Olivenöl in einer Bratpfanne erhitzen und die Koteletts auf beiden Seiten etwa 5 Minuten braun braten. 125 ml Marsala, 2 TL geriebene Orangenschale und 60 ml Orangensaft zufügen und die Sauce 4–5 Minuten kochen, bis sie dickflüssig ist. 3 EL gehackte frische glatte Petersilie zugeben und sofort servieren. Für 4 Personen.

CARCIOFI ALLA ROMANA
(Artischocken auf römische Art)

Zubereitungszeit: 25 Minuten
Kochzeit: 1 Stunde 30 Minuten
Für 4 Personen als Vorspeise
  oder als Teil eines Vorspeisentellers

4 junge Artischocken
3 EL Zitronensaft
1 EL frische Weißbrotbrösel, geröstet
1 große Knoblauchzehe, zerdrückt
3 EL frische Petersilie, fein gehackt
3 EL frische Minze, fein gehackt
1 1/2 EL Olivenöl
Salz und Pfeffer
60 ml trockener Weißwein

1 Backofen auf 190 °C (Gas 2–3) vorheizen. Zitronensaft in eine große Schüssel mit kaltem Wasser geben. Die äußeren Blätter der Artischocken entfernen, die Stiele auf 5 cm kürzen, dann mit dem Sparschäler schälen. Das obere Viertel jeweils mit einem scharfen Messer gerade abschneiden. Die Blätter behutsam aufbiegen und mit einem Teelöffel oder einem kleinen scharfen Messer das flaumige Heu herausholen. Anschließend ins Zitronenwasser legen.
2 Brösel, Knoblauch, Petersilie, Minze und Olivenöl mischen und mit Salz und Pfeffer kräftig würzen. In die Artischocken füllen und gut hineindrücken. Die Blätter so fest wie möglich zusammendrücken, damit die Füllung nicht herausfällt.
3 Die Artischocken mit den Stielen nach oben in eine tiefe Auflaufform setzen, die gerade groß genug ist, sie dicht gepackt aufzunehmen. Mit Salz bestreuen und den Wein zugießen. Mit einem Deckel oder einer doppelten Lage Alufolie fest verschließen. Etwa 1 1/2 Stunden garen, bis die Artischocken sehr weich sind. Als Vorspeise oder Beilage heiß servieren oder lauwarm als Bestandteil eines Vorspeisentellers.
Hinweis Nach der halben Garzeit bei Bedarf etwas Wasser nachgießen, damit die Artischocken nicht abbrennen.

ARTISCHOCKE
Die Artischocke, die noch geschlossene Blütenknospe eines Distelgewächses, stammt ursprünglich aus Nordafrika oder dem Mittleren Osten. Beim Kauf ist darauf zu achten, dass alle Blätter eng anliegen. Braun verfärbte Blätter sind ein Zeichen dafür, dass die Artischocke nicht mehr frisch ist. Man verwendet Artischocken am besten sofort, in einem Plastikbeutel verpackt bleiben sie jedoch bis zu 3 Tagen im Kühlschrank frisch. Man sagt der Artischocke nach, sie versüße den Geschmack jeder nachfolgenden Speise. Ursache dafür ist der darin enthaltene Bitterstoff Cynarin, der sich auf den Geschmack der Weins besonders unangenehm auswirkt. Bei gebratenen Artischocken ist die Wirkung abgemildert.

LINKS: Carciofi alla romana

DAS GROSSE BUCH DER MITTELMEERKÜCHE

ITALIEN

ABBACCHIO
(Milchlamm auf römische Art)

Zubereitungszeit: 15 Minuten
Kochzeit: 1 Stunde 20 Minuten
Für 4–6 Personen

50 ml Olivenöl
1 kg Frühlingslamm, in 2 cm große Würfel geschnitten
2 Knoblauchzehen, zerdrückt
6 frische Salbeiblätter
1 frischer Rosmarinzweig
Salz und Pfeffer
1 EL Mehl
125 ml Weißweinessig
6 Sardellenfilets in Öl, abgetropft

1 Öl in einer Bratpfanne erhitzen und das Fleisch portionsweise bei mäßiger Hitze 3–4 Minuten rundum braun braten.
2 Das ganze Fleisch wieder in die Pfanne geben, mit Knoblauch, Salbei und Rosmarin gründlich mischen, mit Salz und Pfeffer würzen und 1 Minute erhitzen.
3 Mehl durch ein feines Sieb auf das Fleisch stäuben und 1 Minute braten. Essig zufügen und 30 Sekunden köcheln, dann 250 ml Wasser zugeben. Bei geringer Hitze und mit leicht geöffnetem Deckel 50–60 Minuten schwach köcheln lassen. Gelegentlich umrühren und bei Bedarf etwas Wasser zugießen.
4 Wenn das Lamm fast gar ist, die Sardellen mit 1 EL Sauce im Mörser zu einer Paste zerstoßen. Zum Fleisch geben und noch 2 Minuten ohne Deckel erhitzen. Schmeckt köstlich mit Rosmarinkartoffeln.

Hinweis Das Gericht sollte sofort serviert werden, kann aber bis einschließlich Schritt 3 im Voraus zubereitet werden. Die Sardellen werden erst unmittelbar vor dem Verzehr zugefügt, da sie sonst das zarte Lammaroma überdecken.

Das Gelingen dieses Rezepts hängt entscheidend von der Fleischqualität ab. Das Lamm sollte höchstens 1 Monat alt und nur mit Milch aufgezogen worden sein, das Fleisch eines Frühlingslamms ist aber noch zart genug.

ROSMARINKARTOFFELN

Zubereitungszeit: 5 Minuten
Kochzeit: 1 Stunde
Für 6 Personen

125 ml Olivenöl extra vergine
2 x 12 cm lange frische Rosmarinzweige
8 Knoblauchzehen, ungeschält
1,5 kg mehlig kochende Kartoffeln, in 4 cm große Würfel geschnitten
Meersalz zum Würzen

1 Backofen auf 180 °C (Gas 2) vorheizen. Öl in ein großes Backblech gießen, Rosmarin, Knoblauch und Kartoffeln zufügen und gut mit dem Öl vermischen.
2 Auf mittlerer Schiene 30 Minuten backen. Kartoffeln wenden, salzen und weitere 30 Minuten goldbraun und knusprig braten. Warm servieren.

GEBRATENER MANGOLD

Zubereitungszeit: 15 Minuten
Kochzeit: 10 Minuten
Für 4–6 Personen

1 kg Mangold
2 EL Olivenöl
3 Knoblauchzehen, dünn geschnitten
Salz und Pfeffer
Olivenöl extra vergine zum Servieren

1 Die Mangoldblätter von den Stielen befreien und in kaltem Wasser abspülen. In kochendem Salzwasser 1–2 Minuten blanchieren; sie sollten zart, aber noch fest sein. In einem Durchschlag abtropfen lassen und auf einem Geschirrtuch zum Abkühlen ausbreiten, dann mit den Händen überschüssiges Wasser ausdrücken.
2 Öl in einer Bratpfanne erhitzen, Knoblauch bei mäßiger Hitze hell goldgelb braten. Mangold zufügen, mit Salz und Pfeffer würzen und bei mäßiger Hitze 3–4 Minuten garen. Auf einem großen Teller anrichten und mit Öl beträufeln. Heiß oder lauwarm servieren.

Hinweis Heiß schmeckt Mangold köstlich zu Fleisch oder Fisch, lauwarm mit Bruschetta als Teil eines Vorspeisentellers.

KARTOFFEL-VARIANTEN
Inzwischen gibt es so viele verschiedene Kartoffelsorten, dass die Entscheidung manchmal schwer fällt, welche nun für ein bestimmtes Rezept die richtige ist. Grundsätzlich gibt es mehlige, fest kochende und vorwiegend fest kochende Sorten; einige der neueren Züchtungen können aber für jeden Zweck verwendet werden. Mehlig kochende Kartoffeln — beispielsweise Bintje, Datura, Likaria — haben einen niedrigen Gehalt an Wasser und Zucker, dafür aber mehr Stärke und eignen sich daher zum Backen oder als Püree. Wegen des niedrigen Zuckergehalts zerfallen sie jedoch leicht beim Kochen. Fest kochende Kartoffeln haben dagegen viel Feuchtigkeit und wenig Stärke, eignen sich also gut für Salate und zum Braten, lassen sich aber schlecht pürieren oder frittieren. Fest kochende Sorten sind etwa Sieglinde, Spunta, Hansa und Nicola. Vorwiegend fest kochende Kartoffeln wie Granola, Christa oder Quarta eignen sich als Salz- und Pellkartoffeln.

GEGENÜBERLIEGENDE SEITE, VON OBEN: Gebratener Mangold; Rosmarinkartoffeln; Abbacchio

129

DAS GROSSE BUCH DER MITTELMEERKÜCHE

PARMESAN

Der berühmteste Parmesan ist der Parmigiano Reggiano, der seit 7 Jahrhunderten nach der gleichen Methode hergestellt wird. Der Name ist streng geschützt und darf nur für Parmesan verwendet werden, der in den Provinzen Parma, Reggio, Emilia, Modena, Mantua und Bologna produziert wird. Er reift bis zu 4 Jahre; Geschmack und Konsistenz sind unübertroffen. Äußerlich lässt er sich allerdings kaum von den Grana genannten Sorten unterscheiden, die aus anderen Gebieten Norditaliens stammen. Parmesan kauft man am besten am Stück, noch mit Rinde versehen und ohne weiße Stellen am Rand, und reibt ihn nach Bedarf, denn im geriebenen Zustand trocknet er schnell aus und verliert an Geschmack. Es empfiehlt sich nicht, fertig geriebenen Parmesan zu kaufen, der nur den Namen mit dem echten gemeinsam hat. Zum Aufbewahren wickelt man das Käsestück fest in Pergamentpapier, dann in Alufolie.

RECHTS: Kalbskoteletts mit Parmesankruste

KALBSKOTELETTS MIT PARMESANKRUSTE

Zubereitungszeit: 15 Minuten
Kochzeit: 15 Minuten
Für 4 Personen

4 Kalbskoteletts
150 g frische Weißbrotbrösel
80 g geriebener Parmesan
1 EL frischer Rosmarin, fein gehackt
2 Eier, mit Salz und Pfeffer leicht verschlagen
3 EL Olivenöl
60 g Butter
4 Knoblauchzehen

1 Koteletts von Fett und Sehnen befreien und klopfen, bis sie etwa 1 cm stark sind. Mit Küchenkrepp trockentupfen. Brösel, Parmesan und Rosmarin in einer flachen Schüssel gründlich mischen.
2 Koteletts im Ei wenden und Überschuss abtropfen lassen, dann in den Bröseln wenden und die Panierschicht gut andrücken.
3 Öl und Butter bei geringer Temperatur in einer Bratpfanne erhitzen. Den Knoblauch zufügen, goldbraun braten und herausnehmen.
4 Die Hitze etwas höher schalten und die Koteletts auf jeder Seite 4–5 Minuten goldbraun und knusprig braten. Auf einer vorgewärmten Platte anrichten und mit Salz und Pfeffer würzen.

SALSA ROSSA

Diese Sauce wird in der Regel mit Salsa verde zu Siedfleisch gereicht, schmeckt aber auch köstlich zu paniertem Fleisch wie den Kalbskoteletts auf dieser Seite.
3 große rote Paprikaschoten längs halbieren. Häutchen und Kerne entfernen und die Schoten in 1 cm breite Streifen schneiden. 60 ml Olivenöl in einer Bratpfanne erhitzen und 3 große, in feine Ringe geschnittene Zwiebeln bei mäßiger Hitze weich braten, aber nicht bräunen. Die Paprikaschoten zufügen und braten, bis beide Gemüse sehr weich sind und sich ihr Volumen auf die Hälfte verkleinert hat. 1/4 TL Chiliflocken und 400 g Tomaten aus der Dose zufügen und salzen. 25 Minuten köcheln lassen, bis die Sauce eindickt und sich das Öl von den Tomaten absetzt. Abschmecken und bei Bedarf nachwürzen. Heiß servieren. Für 4 Personen.

CAPONATA MIT THUNFISCH

Zubereitungszeit: 25 Minuten
 + 1 Stunde Ruhe- und Kühlzeit
Kochzeit: 45 Minuten
Für 6 Personen

CAPONATA

500 g vollreife Tomaten
750 g Auberginen, in 1 cm große Würfel geschnitten
Salz und Pfeffer
125 ml Olivenöl
1 Zwiebel, gehackt
3 Selleriestangen, gehackt
2 EL Kapern
125 g grüne Oliven, entsteint
1 EL Zucker
125 ml Rotweinessig

6 Thunfischsteaks (je 200 g)
Olivenöl zum Bestreichen

1 Die Tomaten auf der Unterseite kreuzweise einschneiden, 10 Sekunden in kochendes Wasser legen, kalt abschrecken und die Haut vom Einschnitt aus abziehen. Tomaten in 1 cm große Würfel schneiden.
2 Die Auberginen salzen und 1 Stunde im Durchschlag abtropfen lassen. Unter kaltem Wasser abspülen und trockentupfen. 2 EL Öl bei mäßiger Temperatur in einer Bratpfanne erhitzen und die Hälfte der Auberginen 4–5 Minuten goldbraun und weich braten. Aus der Pfanne nehmen und auf Küchenkrepp abtropfen lassen. Weitere 2 EL Öl erhitzen und die restlichen Auberginen braten.
3 Das restliche Öl in derselben Pfanne erhitzen, Zwiebel und Sellerie zufügen und 5–6 Minuten braten. Die Hitze auf kleinste Stufe schalten, die Tomaten zugeben und unter gelegentlichem Rühren 15 Minuten köcheln lassen. Kapern, Oliven, Zucker und Essig hineinrühren und die Flüssigkeit weitere 10 Minuten unter gelegentlichem Rühren etwas einkochen lassen. Die Auberginen untermengen und mit Salz und Pfeffer abschmecken. Vom Herd nehmen und die Caponata auf Zimmertemperatur abkühlen lassen.
4 Eine Grillpfanne erhitzen und mit Olivenöl bepinseln. Den Thunfisch auf jeder Seite 2–3 Minuten oder nach Geschmack garen. Mit der Caponata servieren.

GEBACKENER RADICCHIO

Backofen auf 180 °C (Gas 2) vorheizen. Die äußeren Blätter von 1 kg Radicchio entfernen und die Köpfe längs vierteln. 2 EL Olivenöl in einer Auflaufform erhitzen; sie sollte so groß sein, dass der Radicchio in einer Schicht hineinpasst. 100 g durchwachsenen Speck, in dünne Scheiben geschnitten, bei mäßiger Hitze braten, bis das Fett austritt; aber nicht knusprig werden lassen. Radicchio in Fett wenden und zugedeckt 25–30 Minuten unter gelegentlichem Wenden weich backen. Mit Salz und Pfeffer würzen, mit der Flüssigkeit auf einem vorgewärmten Teller anrichten und sofort servieren. Für 4 Personen.

OBEN: Caponata mit Thunfisch

DAS GROSSE BUCH DER MITTELMEERKÜCHE

ROSMARIN

Sein Name stammt aus dem Lateinischen und bedeutet „Tau des Meeres", vermutlich weil er in Küstennähe wächst; es heißt, Seeleute konnten ihn riechen, noch lange bevor Land in Sicht kam. Seit römischer Zeit wird die Heilkraft ebenso wie das Aroma des Rosmarins geschätzt. Das Gewürz sollte zurückhaltend eingesetzt werden, da sein kräftiger Geschmack das Aroma der anderen Zutaten sonst überdeckt. Rosmarin gehört mit Petersilie zu den beliebtesten Kräutern der italienischen Küche und wird häufig für Braten verwendet. Es empfiehlt sich, nach Möglichkeit frischen Rosmarin zu kaufen und die Spitzen von den jüngeren, aromatischeren Zweigen abzuschneiden.

OBEN: Gebratenes Hähnchen mit Rosmarin

GEBRATENES HÄHNCHEN MIT ROSMARIN

Zubereitungszeit: 15 Minuten
 + 10 Minuten Ruhezeit
Kochzeitzeit: 1 Stunde
Für 4 Personen

1 Hähnchen (1,5–1,8 kg)
Salz und Pfeffer
6 große frische Rosmarinzweige
4 Knoblauchzehen
3 EL Olivenöl

1 Backofen auf 220 °C (Gas 45) vorheizen. Hähnchen innen und außen waschen und mit Küchenkrepp trockentupfen. Innen mit Salz und Pfeffer würzen und 4 Rosmarinzweige und die Knoblauchzehen hineinlegen.
2 Das Hähnchen außen mit 1 EL Öl einreiben, mit Salz und Pfeffer würzen und auf einer Seite in den Bräter legen. Die restlichen Rosmarinzweige und das restliche Öl um das Hähnchen verteilen.
3 Das Hähnchen auf der mittleren Schiene des Backofens 20 Minuten braten. Wenden, mit dem ausgetretenen Saft begießen und weitere 20 Minuten braten. Die Brust nach oben drehen, erneut begießen und weitere 15 Minuten braten. Mit einer Messerspitze zwischen Körper und Schlegel einstechen; das Hähnchen ist gar, wenn klarer Saft austritt. Auf einer vorgewärmten Platte mindestens 10 Minuten ruhen lassen.
4 Das meiste Fett vom Bratensaft abgießen und den Bräter bei starker Hitze auf die Herdplatte setzen. 2 EL Wasser zugeben und mit einem Holzlöffel den Bratensatz vom Boden lösen. Salzen und pfeffern und über das Hähnchen gießen.

MARJORAM SALMORIGLIO

Das Dressing wird auf Sizilien oft zu Fisch oder anderen Meeresfrüchten gereicht.
Im Mörser 2 EL frischen Majoran zerstoßen, in eine Schüssel geben und nach und nach 125 ml Olivenöl extra vergine und 1 EL Zitronensaft einrühren. Mit Salz und Pfeffer würzen. Statt Majoran kann man Thymian oder Oregano verwenden.

MUSCHELN IN TOMATEN-KRÄUTER-SAUCE

Zubereitungszeit: 30 Minuten
Kochzeit: 40 Minuten
Für 4 Personen

TOMATEN-KRÄUTER-SAUCE

80 ml Olivenöl
3 Knoblauchzehen, fein gehackt
¼ TL Chiliflocken
800 g zerkleinerte Tomaten aus der Dose
Prise feiner Zucker nach Belieben
Salz und Pfeffer

8 Scheiben knuspriges italienisches Brot
4 EL Olivenöl
2 große Knoblauchzehen, halbiert
1 kg Miesmuscheln
1 rote Zwiebel, fein gehackt
6 Zweige frische glatte Petersilie
2 frische Thymianzweige
2 frische Oreganozweige
250 ml Weißwein
frische glatte Petersilie, gehackt, zum Garnieren
frische Thymianblätter zum Garnieren
frische Oreganoblätter, gehackt, zum Garnieren

1 Den Backofen auf 160 °C (Gas 1–2) vorheizen. Für die Sauce Öl in einem Topf erhitzen, Knoblauch und Chiliflocken zufügen und bei geringer Hitze 30 Sekunden braten. Tomaten, Zucker und 80 ml Wasser zugeben. Mit Salz und Pfeffer kräftig würzen und 15 Minuten unter häufigem Rühren köcheln lassen, bis die Sauce eindickt.
2 Brot mit 2 EL Olivenöl bepinseln, Scheiben nebeneinander auf ein Backblech legen und 10 Minuten knusprig und goldbraun backen. Noch warm auf einer Seite mit Knoblauch einreiben.
3 Inzwischen Muscheln kräftig abbürsten und Bärte entfernen. Beschädigte Muscheln wegwerfen sowie alle, die sich nicht schließen, wenn man auf sie klopft. Gut abspülen.
4 Das restliche Öl in einem großen Topf erhitzen, die Zwiebel zufügen und etwa 3 Minuten weich braten. Petersilie, Thymian, Oregano und Wein zugeben und aufkochen. Bei geringer Hitze 5 Minuten köcheln lassen.
5 Die Muscheln zufügen und gründlich mit der Sauce vermengen. Zugedeckt bei großer Hitze 3–4 Minuten kochen, dabei den Topf immer wieder leicht kippen und schütteln, damit die Muscheln gleichmäßig garen. Die Muscheln herausnehmen, wenn sie sich öffnen; alle noch geschlossenen wegwerfen.
6 Die Weinmischung in die Tomatensauce abseihen und Zwiebel und Kräuter wegwerfen. Die Sauce abschmecken und bei Bedarf nachwürzen. Muscheln zufügen und gründlich mit der Sauce vermengen. In eine Servierschüssel füllen und mit Petersilie, Thymian und Oregano garnieren. Das Brot um die Schüssel anrichten und servieren.

Hinweis Muscheln können noch ungeputzt 1–2 Tage in einem Eimer mit kaltem Salzwasser aufbewahrt werden.

Venusmuscheln werden auf die gleiche Art zubereitet und können in diesem Rezept auch anstelle der Miesmuscheln verwendet werden.

UNTEN: Muscheln in Tomaten-Kräuter-Sauce

SCHWERTFISCH-ROULADEN

Den Schwertfisch zwischen 2 Lagen Frischhaltefolie ausrollen.

Fischstücke mit Füllung aufrollen, Päckchen formen.

Röllchen, Lorbeerblätter, Zitronenschale und Zwiebel auf Spieße stecken.

SCHWERTFISCHRÖLLCHEN

Zubereitungszeit: 35 Minuten
Kochzeit: 10 Minuten
Für 4 Personen

1 kg Schwertfisch, gehäutet, in 4 je 4 x 5 cm große Stücke geschnitten
3 unbehandelte Zitronen
80 ml Olivenöl
1 kleine Zwiebel, gehackt
3 Knoblauchzehen, gehackt
2 EL Kapern, gehackt
2 EL Kalamata-Oliven, entsteint, fein gehackt
40 g geriebener Parmesan
120 g weiche Weißbrotbrösel
2 EL frische glatte Petersilie, gehackt
Salz und Pfeffer
1 Ei, leicht verschlagen
24 frische Lorbeerblätter
2 kleine weiße Zwiebeln, geviertelt und in einzelne Schichten geteilt
Zitronenschnitze zum Servieren

1 Schwertfischstücke waagrecht in jeweils 4 Scheiben schneiden. Jede Scheibe zwischen 2 Lagen Frischhaltefolie legen und behutsam mit der Teigrolle flach drücken, ohne den Fisch zu beschädigen. Alle Scheiben halbieren.
2 Mit dem Sparschäler die Zitronen dünn abschälen und die Schalen in 24 gleich große Stücke schneiden. Aus den Zitronen 60 ml Saft pressen.
3 2 EL Olivenöl erhitzen, Zwiebel und Knoblauch zufügen und 2 Minuten braten. Mit Kapern, Oliven, Parmesan, Bröseln und Petersilie in eine Schüssel geben. Mit Salz und Pfeffer würzen, das Ei zugeben und gut vermischen.
4 Die Mischung auf die Fischstücke verteilen und mit geölten Händen den Fisch zu kleinen Päckchen aufrollen. Abwechselnd je 4 Röllchen, Lorbeerblätter, Zitronenschale und Zwiebel auf 8 Spieße stecken.
5 Das restliche Öl mit dem Zitronensaft mischen. Die Spieße auf jeder Seite 3–4 Minuten braten oder grillen, dabei mit der Öl-Zitronen-Mischung bestreichen. Mit Zitronenschnitzen servieren.

Hinweis Holzspieße werden beim Braten nicht schwarz, wenn sie vorher 20 Minuten in kaltem Wasser eingeweicht wurden.

RECHTS: Schwertfischröllchen

ITALIEN

KANINCHEN MIT ROSMARIN IN WEISSWEIN

Zubereitungszeit: 25 Minuten
Kochzeit: 2 Stunden
Für 4 Personen

☆

1 großes Kaninchen (mindestens 1,6 kg)
30 g Mehl, mit Salz und Pfeffer gewürzt
60 ml Olivenöl
2 Zwiebeln, in dünne Ringe geschnitten
1 großer Rosmarinzweig
1 kleiner frischer Salbeizweig
2 Knoblauchzehen, zerdrückt
500 ml trockener Weißwein
400-g zerkleinerte Tomaten aus der Dose
1 große Prise Cayennepfeffer
125 ml Hühnerbrühe
12 kleine schwarze Oliven nach Belieben
3 kleine Rosmarinzweige

1 Kaninchen in große Stücke teilen und mit Mehl bestäuben. Öl in einem großen Topf bei mäßiger Temperatur erhitzen. Fleisch rundum bräunen und herausnehmen.

2 Die Hitze reduzieren. Zwiebel, Rosmarin und Salbei in den Topf geben und 10 Minuten erhitzen, dann Knoblauch hineinrühren und das Fleisch zugeben.

3 Die Hitze auf höchste Stufe schalten, den Wein zufügen und 1 Minute kochen. Tomaten, Cayennepfeffer und die Hälfte der Brühe hineinrühren. Die Hitze wieder reduzieren und das Fleisch zugedeckt etwa 1 1/2 Stunden köcheln lassen, bis es weich ist. Nach der halben Garzeit die restliche Brühe nach Bedarf zufügen, falls die Sauce zu dick wird.

4 Die Kräuterzweige entfernen. Nach Bedarf die Sauce eindicken; dazu das Fleisch auf einen vorgewärmten Servierteller legen und die Sauce im offenen Topf bei starker Hitze etwa 5 Minuten kochen. Abschmecken und bei Bedarf nachwürzen. Die Sauce über das Kaninchen gießen und mit Oliven und Rosmarin garnieren. Zu diesem Gericht passt Polenta als Beilage besonders gut.

KANINCHEN

Es gibt Zucht- und Wildkaninchen; letztere sind schmackhafter, weil sie sich von wilden Kräutern, Wacholderbeeren und Lorbeerblättern ernähren. Die Qualität von Zuchtkaninchen, die in der Regel fleischiger als ihre wilden Artgenossen sind, hängt von Futter, Aufzucht und Alter ab. Besonders zart sind Exemplare, die 1–1,25 kg wiegen und helles Fleisch haben; sie können nach fast allen Rezepten für junge Hähnchen zubereitet werden. Ältere oder Wildkaninchen sollten lieber geschmort werden.

OBEN: Kaninchen mit Rosmarin in Weißwein

OLIVENÖL

Wie beim Wein variieren Aroma, Farbe und Geschmack von Olivenöl je nach Fruchtart, Klima, Boden und Anbaugebiet. Grüne Oliven ergeben ein grünliches Öl; aus reifen schwarzen Früchten gewinnt man gelbe Öle. Aus weniger reifen Oliven erhält man ein kräftiges grünes Öl, das nach 3 Monaten heller wird und als besonders wertvoll gilt. Reifere Früchte geben aber mehr Öl. Für Tafeloliven werden andere Bäume kultiviert als für die Ölproduktion.

Unter den Ölen ist das Olivenöl wegen seiner vielfältigen Geschmacksnuancen einzigartig. Ein Öl mit zartem Aroma und nur schwachem Olivengeschmack bezeichnet man als leicht; mild nennt man ein Öl mit butterähnlichem Geschmack; Öle mit ausgeprägterem Olivengeschmack sind halbfruchtig, die stark nach Oliven schmeckenden werden als fruchtig oder pfeffrig eingestuft. Entgegen der verbreiteten Meinung kann man den Geschmack eines Öls nicht immer anhand seiner Farbe bestimmen. Wechselnde Anbaubedingungen und unterschiedlich verschnittene Öle können Farbe und Geschmack beeinflussen.

DIE BEZEICHNUNGEN DES ÖLS
Olivenöl wird in verschiedene Qualitätsstufen eingeteilt, die sich nach Herstellungsverfahren und Fettsäuregehalt unterscheiden:

Olio d'oliva extra vergine Natives Olivenöl extra ist das Öl der höchsten Qualitätsstufe, das aus der ersten Pressung gewonnen wird. Es ist ein naturbelassenes, kaltgepreßtes Olivenöl ohne Zusätze mit höchstens 1 % freien Fettsäuren und schmeckt besonders fruchtig.

Olio d'oliva vergine Natives Olivenöl stammt aus der zweiten und dritten Pressung, ist ebenfalls von einwandfreiem Geschmack und ohne Zusätze, darf aber 2 % freie Fettsäuren enthalten.

Olio d'oliva Olivenöl ohne weitere Bezeichnung ist raffiniert und gefiltert; zur Geschmacksverbesserung wird ihm meist zusätzlich natives Olivenöl beigemischt.

Olio di sansa d'oliva Olliventresteröl wird aus Tresterrückständen meist mithilfe von Lösungsmitteln gewonnen.

Kaltgepreßtes, unraffiniertes Olivenöl enthält etwa 75 % einfach ungesättigte Fettsäuren und etwa 8 % mehrfach ungesättigte Fettsäuren sowie Mineralien, Spurenelemente und Vitamin E. Es steht im Ruf, den Cholesterinspiegel günstig zu beeinflussen.

Immer häufiger angeboten wird aromatisiertes Olivenöl, beispielsweise mit Zitrone, Limone, Basilikum, Knoblauch, Rosmarin, Trüffel, Estragon oder Steinpilz. Wenn die Aromageber zusammen mit den Oliven gepresst werden, ist die Qualität dieser Öle deutlich besser. Sonst werden die Duftstoffe dem Aromageber getrennt entzogen und dem Olivenöl nachträglich zugesetzt, häufig zusammen mit einer Frucht oder einem Zweig der jeweils verwendeten Pflanze.

WELCHES ÖL FÜR WELCHEN ZWECK?

Olivenöl ist ohne Zweifel das am besten geeignete Öl für Gerichte aus dem Mittelmeerraum, und dank der vielfältigen Typen kommt es für die meisten Zubereitungsmethoden infrage, sei es für Salatdressings, für Nudelteig oder zum Backen. Es kann auch sehr gut zum Braten verwendet werden, weil es hohe Temperaturen verträgt und das Bratgut versiegelt; dadurch bleibt die Fettaufnahme gering, und das Bratgut wird gleichmäßig goldbraun.

Für die Wahl der Sorte gibt es ein paar Regeln. Eine besagt beispielsweise, dass ein einfaches Olivenöl genügt, wenn es bei der Zubereitung des Gerichts erhitzt werden soll, während Olivenöl extra vergine nur dafür verwendet wird, Dressings herzustellen oder fertige Speisen vor dem Servieren zu beträufeln. Letztlich ist die Entscheidung jedoch auch eine Frage des persönlichen Geschmacks.

Angesichts der vielen Öle, die im Handel erhältlich sind, fällt diese Entscheidung zuweilen schwer. Die einzige Möglichkeit ist, verschiedene Typen unterschiedlicher Herkunft auszuprobieren, bis man die eigenen Lieblingssorten gefunden hat.

Wie alle Öle sollte auch Olivenöl kühl und dunkel aufbewahrt werden. Nach dem Öffnen sollte es innerhalb von 6 Monaten verbraucht werden. Im Sommer stellt man es in den Kühlschrank; es flockt zwar aus, wird aber bei Zimmertemperatur wieder flüssig. Es darf nie neben einer Hitzequelle stehen und auch nie ohne Verschluss, da es an der Luft oxidiert und ranzig wird.

VON LINKS: Olivenöl extra vergine; natives Olivenöl; einfaches Olivenöl; Oliventresteröl

DAS GROSSE BUCH DER MITTELMEERKÜCHE

OLIVENBROT

Zubereitungszeit: 30 Minuten
 + 2 Stunden 30 Minuten Aufgehzeit
Backzeit: 35 Minuten
Ergibt 1 Laib

☆☆

375 g Mehl
1 TL Salz
1 Päckchen (7 g) Trockenhefe
2 TL Zucker
2 EL Olivenöl
110 g Kalamata-Oliven, entsteint, halbiert
2 TL Mehl zum Bestreuen
1 kleiner frischer Oreganozweig, nach Belieben
Olivenöl zum Glasieren

OBEN: Olivenbrot

1 Ein Drittel des Mehls mit dem Salz in einer großen Schüssel mischen. Hefe, Zucker und 250 ml lauwarmes Wasser in einer kleinen Schüssel gründlich verrühren und an einem warmen, vor Zugluft geschützten Ort 10 Minuten gehen lassen, bis sich Bläschen an der Oberfläche bilden und sich das Volumen etwas vergrößert hat.
2 Die Hefemischung zum Mehl geben und grob vermengen. Mit einem Geschirrtuch bedecken und an einem warmen, vor Zugluft geschützten Ort etwa 45 Minuten gehen lassen, bis sich das Volumen verdoppelt hat.
3 Restliches Mehl, Öl und 125 ml warmes Wasser zum Vorteig geben und mit einem Holzlöffel rühren, bis sich die Zutaten verbinden. Auf der leicht bemehlten Arbeitsfläche 10–12 Minuten kneten, dabei möglichst wenig zusätzliches Mehl einarbeiten; der Teig soll weich und feucht, aber nicht klebrig sein. Zu einer Kugel formen. Eine saubere Schüssel einölen und den Teig darin wenden, bis er ringsum mit Öl überzogen ist. Die Kugel oben kreuzweise einschneiden, die Schüssel mit einem Geschirrtuch bedecken und den Teig 1 Stunde an einem warmen Ort gehen lassen, bis sich das Volumen verdoppelt hat.
4 Ein Backblech leicht einfetten und mit Mehl bestäuben. Den Teig auf der leicht bemehlten Arbeitsfläche mit der Faust zusammendrücken und zu einer 30 x 25 x 1 cm großen Platte ausrollen. Die Oliven ausdrücken, um überschüssige Flüssigkeit zu entfernen, und in 2 TL Mehl wenden. Oliven und grob zerteilte Oreganoblätter über den Teig verteilen. Die Teigplatte der Länge nach fest aufrollen, dabei kräftig drücken, um etwaige Luftbläschen zu entfernen. Die Enden zusammendrücken und einen ovalen, 25 cm langen Laib formen. Mit der Naht nach unten auf das Backblech legen. An der Oberseite 3 leichte diagonale Einschnitte anbringen. Das Backblech in eine große Plastiktüte schieben und an einem warmen Ort etwa 45 Minuten gehen lassen, bis sich das Volumen des Brotlaibs verdoppelt hat.
5 Den Backofen auf 220 °C (Gas 4–5) vorheizen. Das Brot oben mit Olivenöl bestreichen und 30 Minuten backen. Die Temperatur auf 180 °C (Gas 2) zurückschalten und weitere 5 Minuten backen. Auf einem Kuchengitter abkühlen lassen. Warm oder kalt servieren.
Hinweis Statt Oregano kann man auch 2 TL fein gehackten Rosmarin unter den Teig heben. Das Brot mit Olivenöl bepinseln und ganze Rosmarinblätter darüber streuen.

FOCACCIA
(Italienisches Fladenbrot)

Zubereitungszeit: 30 Minuten
 + 3 Stunden 30 Minuten Aufgehzeit
Backzeit: 20 Minuten je Laib
Ergibt 2 Laibe

½ TL feiner Zucker
1 Päckchen (7 g) Trockenhefe
1 kg Mehl
2 TL Salz
60 ml Olivenöl

1 Zucker, Hefe und 2 EL lauwarmes Wasser in einer kleinen Schüssel gründlich mischen und an einem warmen, vor Zugluft geschützten Ort 10 Minuten gehen lassen, bis sich Bläschen bilden und sich das Volumen etwas vergrößert hat.
2 Mehl mit 2 TL Salz in einer großen Schüssel mischen. 2 EL Olivenöl, die Hefemischung und zunächst 250 ml lauwarmes Wasser zugießen. Mit einem Holzlöffel verrühren, dabei nach und nach Wasser zufügen, bis sich die Zutaten verbinden, und auf der leicht bemehlten Arbeitsfläche 8 Minuten zu einem weichen, glatten, feuchten, aber nicht klebrigen Teig kneten; nach Bedarf etwas Mehl oder lauwarmes Wasser zufügen. Eine mit dem Finger gedrückte Vertiefung sollte sofort wieder herausspringen.
3 Eine große Schüssel leicht einölen und den Teig darin wenden, bis er rundum mit Öl überzogen ist. Die Oberseite mit einem scharfen Messer kreuzweise einritzen. Mit einem sauberen Geschirrtuch bedecken und an einem trockenen warmen Ort 1 ½ Stunden gehen lassen, bis sich das Volumen verdoppelt hat.
4 Den Teig auf der leicht bemehlten Arbeitsfläche mit der Faust zusammendrücken und halbieren. Nach Belieben 1 Portion einfrieren. Eine Hälfte zu einer 28 x 20 cm großen Platte ausrollen, dann mit den Handballen von der Mitte aus auf 38 x 28 cm vergrößern.
5 Ein Backblech leicht einölen und mit Mehl bestäuben. Den Teig in die Mitte legen und das Blech in eine große Plastiktüte schieben. An einem warmen trockenen Ort 2 Stunden gehen lassen, bis sich das Volumen verdoppelt hat.
6 Den Backofen auf 220 °C (Gas 4–5) vorheizen. Den Teig mit etwas Olivenöl bestreichen und 20 Minuten goldbraun backen. Auf einem Kuchengitter abkühlen lassen; die Luft muss um das Brot zirkulieren können, damit die Kruste knusprig bleibt. Die zweite Teigportion ebenso backen. Das Brot schmeckt innerhalb von 6 Stunden nach dem Backen am besten.
Hinweis Mit den folgenden Belägen lässt sich Focaccia auf einfache Weise variieren; man fügt sie zu, nachdem der Teig zum zweiten Mal gegangen ist.

Die Oberseite mit Olivenöl bestreichen, 200 g grüne Oliven über den Teig verteilen und fest hineindrücken. Mit Meersalz und Rosmarinzweigen bestreuen und backen.

Die Oberseite mit Olivenöl bestreichen, 100 g gewürfelten Pancetta über den Teig verteilen und fest hineindrücken. Mit 2 EL geriebenem Parmesan bestreuen und backen.

UNTEN: Focaccia

DAS GROSSE BUCH DER MITTELMEERKÜCHE

ERDBEEREN MIT BALSAMESSIG

Zubereitungszeit: 10 Minuten
 + 1 Stunde Marinierzeit
Kochzeit: keine
Für 4 Personen

☆

750 g kleine reife Erdbeeren
60 g feiner Zucker
2 EL Balsamessig
125 g Mascarpone zum Servieren

1 Die Erdbeeren mit einem sauberen feuchten Tuch abwischen und entstielen. Große Früchte halbieren.
2 Die Beeren in einer Glasschüssel gleichmäßig mit dem Zucker bestreuen und behutsam mischen. 30 Minuten ziehen lassen. Essig darüber träufeln, mischen und 30 Minuten in den Kühlschrank stellen.
3 Die Erdbeeren auf 4 Gläser verteilen, mit dem Sirup beträufeln und mit etwas Mascarpone krönen.

ZABAIONE

Zubereitungszeit: 5 Minuten
Kochzeit: 10 Minuten
Für 4 Personen

☆☆

4 Eigelb
90 g feiner Zucker
80 ml Marsala

1 Alle Zutaten in einer großen, hitzebeständigen Schüssel mischen und diese auf einen Topf über schwach köchelndem Wasser setzen; das Wasser darf die Schüssel nicht berühren. Die Masse mit dem Schneebesen oder dem Handrührgerät 5 Minuten schlagen, bis sie glatt und schaumig ist, die Konsistenz einer Mousse und das 3fache Volumen hat. Die Schüssel darf nicht zu heiß werden, sonst stocken die Eier.
2 Die Zabaione in 4 Gläser füllen und sofort servieren.
Hinweis Will man Zabaione gekühlt servieren, bedeckt man die Gläser mit Folie und stellt sie mindestens 1 Stunde kalt. Dabei darauf achten, dass die Zabaione ausreichend erhitzt wurde, sonst trennen sich die Zutaten während der Kühlzeit.

ZABAIONE
Die Weinschaumsauce, auch unter der internationalen Bezeichnung Sabayon bekannt, wird traditionell in einer Kupferschüssel zubereitet. In der Regel wird sie sofort serviert, sie kann allerdings auch einige Stunden kalt gestellt werden. Sie schmeckt ebenfalls köstlich, wenn sie über Früchte in einer Gratinform gegossen und unter dem Grill gebräunt wird. Bei der Zubereitung kann statt Marsala auch süßer Madeira oder Dessertwein verwendet werden.

RECHTS: *Erdbeeren mit Balsamessig*

140

ITALIEN

CASSATA ALLA SICILIANA

Zubereitungszeit: 25 Minuten
 + 1 Nacht Kühlzeit
Kochzeit: 2 Minuten
Für 6 Personen

60 g geschälte Mandeln, halbiert
650 g frischer Ricotta (siehe Hinweis)
80 g Puderzucker
7 Tropfen Vanillearoma
2 TL fein geriebene Schale einer unbehandelten Zitrone
60 g Zitronat, gehackt (siehe Hinweis)
60 g Orangeat, gehackt
60 g kandierte rote Kirschen, halbiert
30 g geschälte Pistazienkerne
375 g Biskuitboden
125 ml Madeira
6 geschälte Mandeln zum Verzieren
kandierte rote Kirschen, halbiert, zum Verzieren
Puderzucker zum Bestäuben
Schlagsahne zum Servieren

1 Die Mandeln in einer kleinen Bratpfanne bei mäßiger Hitze 2 Minuten ohne Fettzugabe rösten, bis sie zu duften anfangen. Herausnehmen und abkühlen lassen.
2 Ricotta durch ein Sieb drücken und mit Puderzucker, Vanillearoma, Zitronenschale, Zitronat, Orangeat, Kirschen, Mandeln und Pistazienkernen gründlich vermischen.
3 Eine Puddingform mit 1,5 l Fassungsvermögen einfetten. Den Biskuitboden waagrecht in 1 cm dick Scheiben schneiden und eine Scheibe beiseite legen. Die restlichen in Segmente schneiden und die runde Seite jeweils begradigen. Die Schnittflächen leicht mit Madeira beträufeln. Boden und Seiten der Form damit auslegen, die Schnittflächen nach unten; gegebenenfalls passend zuschneiden. Ricottamischung in die Mitte geben, die ganze Biskuitscheibe darauf legen, fest andrücken und gegebenenfalls raue Kanten glätten. Über Nacht in den Kühlschrank stellen.
4 Die Cassata behutsam auf eine Platte stürzen. Mit Mandeln und Kirschen garnieren und vor dem Servieren mit Puderzucker bestreuen. Schlagsahne dazureichen oder die Cassata nach sizilianischer Art damit verzieren.
Hinweis Frischer Ricotta eignet sich am besten, weil er sich gut formen lässt.

CASSATA ALLA SICILIANA

Die Puddingform mit Biskuitstücken ganz auslegen.

Die Ricottamischung in die Form füllen.

Den Biskuitboden darauf legen, fest andrücken und die Kanten glätten.

OBEN: Cassata alla Siciliana

HALBGEFRORENES MIT MANDELN

Die Amaretti in einen Plastikbeutel füllen und mit der Teigrolle zerdrücken

Eigelbe und Zucker mit dem Handrührgerät cremig schlagen.

Die Mischung behutsam in die mit Folie ausgelegte Kastenform löffeln.

OBEN: Halbgefrorenes mit Mandeln

HALBGEFRORENES MIT MANDELN

Zubereitungszeit: 30 Minuten
  + 4 Stunden Gefrierzeit
Kochzeit: keine
Für 8–10 Personen

☆

300 ml Sahne

4 Eier, zimmerwarm, getrennt

80 g Puderzucker

60 ml Amaretto

80 g gehackte Mandeln, geröstet

8 Amaretti, zerbröckelt

frische Früchte oder Amaretto zum Servieren

1 Die Sahne steif schlagen und zugedeckt in den Kühlschrank stellen. Eine 10 x 21 cm große Kastenform mit Frischhaltefolie so auslegen, dass sie an den Längsseiten überhängt.

2 Eigelbe und Zucker hell cremig, Eiweiße steif schlagen. Amaretto, Mandeln und Amaretti in die Eigelbe rühren, dann gekühlte Sahne und Eiweiß unterheben und gründlich mischen. Die Creme vorsichtig in die Form füllen und mit der überhängenden Folie bedecken. 4 Stunden in das Gefriergerät stellen, bis die Creme gefroren, aber nicht steinhart ist. In Scheiben geschnitten und mit frischen Früchten oder mit Amaretto beträufelt servieren. Die Creme kann auch in Portionsförmchen eingefroren werden.

Hinweis Falls die Creme die ganze Nacht im Gefriergerät bleibt, lässt man sie vor dem Servieren 30 Minuten im Kühlschrank antauen.

ZUPPA INGLESE

Zubereitungszeit: 25 Minuten
  + 3 Stunden Kühlzeit
Kochzeit: 5 Minuten
Für 6 Personen

☆

500 ml Milch

1 Vanilleschote, längs aufgeschnitten

4 Eigelb

125 g feiner Zucker

2 EL Mehl

300 g Sandkuchen, in Scheiben geschnitten

80 ml Rum

30 g Schokolade, gerieben oder geraspelt

50 g Mandelblättchen, geröstet

1 Milch und Vanilleschote in einem Topf bei geringer Temperatur erhitzen, bis sich am Topfrand Bläschen bilden.
2 Eigelbe, Zucker und Mehl in einer Schüssel hell cremig aufschlagen.
3 Vanilleschote entfernen, Milch nach und nach unter die Eimischung geben und gründlich verrühren. In einen sauberen Topf füllen und bei mäßiger Hitze unter ständigem Rühren kochen, bis die Creme eindickt. Etwas abkühlen lassen.
4 Den Boden einer Form mit 1,5 l Fassungsvermögen mit einem Drittel der Kuchenscheiben auslegen. Rum mit 1 EL Wasser mischen, Kuchen großzügig damit bestreichen und ein Drittel der Creme darauf verteilen. Vorgang noch 2-mal wiederholen. Zugedeckt 3 Stunden kalt stellen. Kurz vor dem Servieren mit Schokolade und Mandeln bestreuen.

EINGELEGTE ORANGEN

Von 4 Orangen oben und unten eine dünne Scheibe abschneiden. Mit einem scharfen Messer Schale und möglichst viel weiße Haut entfernen. Ein Segment auf beiden Seiten zwischen Fruchtfleisch und Häutchen einschneiden und herauslösen. Saft dabei auffangen. Auf diese Weise alle Segmente herauslösen. Verbleibenden Saft aus den Häutchen drücken. Segmente in eine flache Form legen, mit 1 TL geriebener Schale einer unbehandelten Zitrone, 3 EL feinem Zucker und 1 EL Zitronensaft behutsam mischen. Zugedeckt mindestens 4 Stunden kalt stellen. Erneut mischen und kalt servieren. Als Variation 2 EL Cointreau oder Maraschino vor dem Servieren zugeben. Für 4 Personen.

UNTEN: Pesche ripiene

PESCHE RIPIENE
(Gefüllte Pfirsiche)

Zubereitungszeit: 15 Minuten
Kochzeit: 25 Minuten
Für 6 Personen

6 vollreife Pfirsiche
60 g Amaretti, zerbröckelt
1 Eigelb
2 EL feiner Zucker
20 g gemahlene Mandeln
1 EL Amaretto
60 ml Weißwein
1 TL feiner Zucker zum Bestreuen
20 g Butter

1 Den Backofen auf 180 °C (Gas 2) vorheizen und eine 30 x 25 cm große Gratinform leicht mit Butter einfetten.
2 Pfirsiche halbieren und Kern vorsichtig entfernen. Etwas Fruchtfleisch aus jedem Pfirsich schaben und mit Amaretti, Eigelb, Zucker, Mandeln und Amaretto mischen.
3 Pfirsiche mit der Mischung füllen und in die Form setzen. Mit Weißwein beträufeln und mit Zucker bestreuen. Je 1 Butterstückchen auf die Pfirsiche setzen und die Früchte 20–25 Minuten goldbraun backen.
Hinweis Auch vollreife Aprikosen oder Nektarinen können nach diesem Rezept zubereitet werden.

SIZILIANISCHE CANNOLI

Den Teig kneten, bis er völlig glatt ist.

Die Teigquadrate um die Hülse legen, die Überlappung mit Wasser anfeuchten und andrücken.

GEGENÜBERLIEGENDE SEITE: Sizilianische Cannoli (oben); Sizilianische Reiskroketten

SIZILIANISCHE CANNOLI

Zubereitungszeit: 30 Minuten
 + 30 Minuten Kühlzeit
Kochzeit: 5 Minuten
Ergibt 12 Stück

☆☆☆

FÜLLUNG

500 g Ricotta

5 Tropfen Orangenblütenaroma

100 g Zitronat, gewürfelt

60 g Zartbitterschokolade, grob geraspelt oder gehackt

1 EL abgeriebene Schale einer unbehandelten Orange

60 g Puderzucker

300 g Mehl

1 EL feiner Zucker

1 TL gemahlener Zimt

40 g Butter

3 EL Marsala

Pflanzenöl zum Frittieren

Puderzucker zum Bestäuben

1 Zutaten für die Füllung in einer Schüssel mit 2–3 EL Wasser gründlich verrühren. Mit Frischhaltefolie bedecken und kalt stellen.
2 Mehl, Zucker und Zimt in einer Schüssel mischen. Butter zugeben und mit den Fingerspitzen untermengen. Marsala zufügen und rühren, bis sich die Zutaten verbinden. Auf der leicht bemehlten Arbeitsfläche 4–5 Minuten zu einem glatten Teig kneten. In Klarsichtfolie verpacken und mindestens 30 Minuten kalt stellen.
3 Den Teig halbieren und jede Portion auf einer leicht bemehlten Fläche etwa 5 mm stark ausrollen. Jeweils in 6 Quadrate mit 9 cm Seitenlänge schneiden. Eine Metallhülse (siehe Hinweis) diagonal auf jedes Quadrat legen, die Ecken um die Hülse legen, die Überlappung mit Wasser anfeuchten und andrücken.
4 Öl in einer großen tiefen Bratpfanne auf 180 °C erhitzen; ein Brotwürfel sollte in 15 Sekunden bräunen. Jeweils 1 oder 2 Teigröhrchen im heißen Öl goldbraun und knusprig frittieren. Herausnehmen, die Hülsen vorsichtig entfernen und die Teigröhrchen auf Küchenkrepp abtropfen und abkühlen lassen. Mithilfe eines Spritzbeutels mit der Ricottamischung füllen. Mit Puderzucker bestäubt servieren.
Hinweis Metallhülsen für Cannoli sind in gut sortierten Haushaltswarengeschäften erhältlich.

SIZILIANISCHE REISKROKETTEN

Zubereitungszeit: 20 Minuten
 + 1 Stunde Ruhezeit
Kochzeit: 25 Minuten
Ergibt 8 Stück

☆☆

110 g Arborio-Reis

330 ml Milch

2 TL Butter

1 EL feiner Zucker

1 Vanilleschote, ausgeschabt

1 Prise Salz

1 TL Trockenhefe

2 EL Zitronat, fein gehackt

2 TL abgeriebene Schale einer unbehandelten Zitrone

Pflanzenöl zum Frittieren

Mehl zum Wenden

2 EL würziger Honig

1 Reis, Milch, Butter, Zucker, Vanilleschote mit ausgeschabtem Mark und Salz bei mäßiger Hitze aufkochen. Auf kleinste Stufe schalten und den Reis zugedeckt 15–18 Minuten garen, bis der Großteil der Flüssigkeit absorbiert ist. Vom Herd nehmen und zugedeckt beiseite stellen.
2 Die Hefe in 2 EL lauwarmem Wasser auflösen und 5 Minuten stehen lassen, bis die Mischung schäumt.
3 Vanilleschote aus dem Reis entfernen. Hefe, Zitronat und Zitronenschale gründlich mit dem Reis vermengen und zugedeckt 1 Stunde ruhen lassen.
4 Die Fritteuse oder einen Fittiertopf ein Drittel hoch mit Öl füllen und auf 180 °C erhitzen; ein Löffel voll Reisteig sollte in 15 Sekunden braun werden.
5 Den Reis zu etwa 8 cm langen Kroketten mit 2,5 cm Durchmesser formen und im Mehl wenden. Die Kroketten 5–6 Minuten ringsum goldbraun frittieren. Mit einem Schaumlöffel herausnehmen und auf Küchenkrepp abtropfen lassen. Mit dem Honig beträufeln und sofort servieren.

ITALIEN

145

PANETTONE

Nach 15 Minuten sollten sich auf der Hefemischung Bläschen bilden.

Den Teig glatt und geschmeidig kneten.

Die Hälfte der Früchte über das Teigrechteck streuen und die Seiten darüber falten.

Die Oberseite des Teigs kreuzweise mit einem scharfen Messer tief einschneiden.

RECHTS: Panettone

PANETTONE

Zubereitungszeit: 40 Minuten
  + 3 Stunden 45 Minuten Aufgehzeit
Backzeit: 50 Minuten
Ergibt 1 Stück

✩✩✩

90 g kandierte Früchte
80 g Sultaninen
1 TL geriebene Schale einer unbehandelten Zitrone
1 TL geriebene Schale einer unbehandelten Orange
1 EL Weinbrand oder Rum
1 Päckchen (7 g) Trockenhefe
220 ml lauwarme Milch
60 g feiner Zucker
400 g Mehl
1 TL Salz
2 Eier
5 Tropfen Vanillearoma
150 g weiche Butter
20 g Butter, zerlassen

1 Kandierte Früchte, Sultaninen, Fruchtschale und Weinbrand mischen und beiseite stellen.

2 Hefe, Milch und 1 TL Zucker mischen und an einem warmen Ort 10–15 Minuten gehen lassen, bis die Hefe schäumt. 200 g Mehl und Salz in eine große Schüssel sieben, in die Mitte eine Mulde drücken und die Hefemischung hineingeben. Mit einem Metalllöffel zu einem weichen Teig rühren. Zugedeckt 45 Minuten an einem warmen Ort gehen lassen.

3 Eier, Vanillearoma und restlichen Zucker unterrühren. Erst Butter, dann restliches Mehl hineinrühren und gut mischen. Den Teig auf einer bemehlten Fläche glatt und geschmeidig kneten; nach Bedarf zusätzliches Mehl zugeben. Teig in einer leicht eingefetteten und mit Folie bedeckten Schüssel an einem warmen Ort 1 1/2–2 Stunden gehen lassen, bis sich das Volumen verdoppelt hat.

4 Backform mit 15 cm Durchmesser leicht einfetten und mit einer doppelten Lage Backpapier auslegen; das Papier sollte oben etwa 10 cm überstehen.

5 Auf der bemehlten Arbeitsfläche den Teig mit der Faust zusammendrücken und zu einem 30 x 20 cm großen Rechteck rollen. Früchtemischung abtropfen lassen und die Hälfte auf dem Teig verteilen. Kurze Enden über die Früchte schlagen, erneut ausrollen und den Vorgang wiederholen, bis alle Früchte eingearbeitet sind. Teig 2–3 Minuten leicht kneten und zu einer Kugel formen. In die Form legen, mit zerlassener

ITALIEN

Butter bestreichen und die Oberseite kreuzweise mit einem scharfen Messer einschneiden und an einem warmen Ort 45 Minuten gehen lassen, bis sich das Volumen verdoppelt hat.
6 Backofen auf 190 °C (Gas 2–3) vorheizen. Teig 50 Minuten goldbraun backen. 5 Minuten in der Form, dann auf einem Kuchengitter abkühlen lassen.

ESPRESSO-GRANITA

In 500 ml heißem Espresso 2 EL feinen Zucker unter Rühren auflösen. In einem flachen Metallbehälter vollständig abkühlen lassen. 30 Minuten gefrieren lassen, dann mit einer Gabel die Eiskristalle gleichmäßig verteilen. Weitere 30 Minuten gefrieren lassen. Mit einer Gabel den Espresso in feine Kristalle schaben und wieder 1 Stunde gefrieren lassen. Zum Servieren die Espresso-Kristalle auf Gläser verteilen und mit leicht geschlagener Sahne krönen. Da der Espresso in gefrorenem Zustand sehr hart ist, sollte man ein flaches Gefäß verwenden und ihn noch halb gefroren in Kristalle brechen. Für 6 Personen.

ZITRONEN-GRANITA

Zubereitungszeit: 15 Minuten
 + 2 Stunden Gefrierzeit
Kochzeit: 5 Minuten
Für 4–6 Personen

275 ml Zitronensaft
1 EL geriebene Schale einer unbehandelten Zitrone
200 g feiner Zucker

1 Zutaten in einem kleinen Topf bei mäßiger Hitze 5 Minuten verrühren, bis sich der Zucker auflöst. Abkühlen lassen.
2 500 ml Wasser zufügen und gründlich mischen. In ein flaches, 30 x 20 cm großes Metallgefäß gießen und vollständig erkalten lassen. 30 Minuten gefrieren lassen, dann mit einer Gabel die Eiskristalle gleichmäßig verteilen. Weitere 30 Minuten in das Gefriergerät stellen.
3 Mit einer Gabel die Granita in feine Kristalle schaben und anschließend 1 Stunde in das Gefriergerät stellen. In gekühlte Gläser füllen und sofort servieren.

OBEN: Zitronen-Granita

BISCOTTI

Der Name bedeutet zweimal gebacken und bezeichnete ursprünglich den Schiffszwieback. Dieses sehr trockene, steinharte Dauergebäck aus Mehl und Wasser war unbegrenzt haltbar und diente auf den Segelschiffen als Brotersatz. Der Zwieback war so hart, dass er vor dem Verzehr eingeweicht werden musste, und nur Rüsselkäfer oder Meerwasser konnte ihm etwas anhaben. Heute sind mit Biscotti süße italienische Gebäckstücke gemeint. Dafür wird der Teig zu einem Laib geformt und gebacken, dann in dünne Scheiben geschnitten; diese werden erneut gebacken, bis sie knusprig sind. Sie sind hervorragend dazu geeignet, in Kaffee oder süßen Dessertwein getunkt zu werden.

OBEN: Biscotti

BISCOTTI

Zubereitungszeit: 25 Minuten
Backzeit: 50 Minuten
Ergibt 45 Stück

☆☆

250 g Mehl
1 TL Backpulver
250 g feiner Zucker
3 Eier
1 Eigelb
5 Tropfen Vanillearoma
1 TL geriebene Schale einer unbehandelten Orange
110 g Pistazienkerne

1 Den Backofen auf 180 °C (Gas 2) vorheizen. 2 Backbleche mit Backpapier auslegen und leicht mit Mehl bestäuben.
2 Mehl und Backpulver in eine große Schüssel sieben, mit Zucker gründlich mischen und in die Mitte eine Mulde drücken. 2 ganze Eier, Eigelb, Vanillearoma und Orangenschale hineingeben und mit einem Metalllöffel verrühren, bis sich die Zutaten verbinden. Pistazienkerne untermengen. Den Teig auf der leicht bemehlten Arbeitsfläche 2–3 Minuten kneten; er wird zunächst sehr fest sein. Mit etwas Wasser beträufeln, in 2 Portionen teilen und jede zu einem 25 cm langen und 8 cm breiten Laib ausrollen. Die Enden leicht abflachen.
3 Die Laibe mittig auf die Bleche legen. Das restliche Ei verquirlen und die Laibe damit bestreichen. 25 Minuten backen und aus dem Backofen nehmen.
4 Den Backofen auf 150 °C (Gas 1) zurückschalten. Die Laibe etwas abkühlen lassen und in 5 mm dicke Scheiben schneiden. Diese flach auf den Blechen verteilen und 8 Minuten backen. Wenden und weitere 8 Minuten backen, bis sie hellbraun, knusprig und trocken sind. Auf einem Kuchengitter vollständig erkalten lassen. In einem luftdicht verschließbaren Behälter aufbewahren.

SCHORNSTEINFEGER-EIS

Dieses einfache Dessert schmeckt überraschend gut und kann mit selbstgemachtem Eis oder mit fertig gekauftem Vanilleeis zubereitet werden. Jede Eisportion mit 1 TL fein gemahlenem Espresso bestreuen, mit 1 EL Whisky oder Bourbon beträufeln und sofort servieren.

PINIENKERNTORTE

Zubereitungszeit: 25 Minuten
+ 15 Minuten Kühlzeit
Backzeit: 1 Stunde
Für 6 Personen

TEIG

250 g Mehl
1 ½ EL Puderzucker
110 g kalte Butter, gehackt
1 Ei, leicht verschlagen

230 g Pinienkerne
180 g Honig
120 g weiche Butter
120 g feiner Zucker
3 Eier, leicht verschlagen
1 Tropfen Vanillearoma
1 EL Mandellikör
1 TL fein geriebene Schale einer
   unbehandelten Zitrone
1 EL Zitronensaft
Prise Salz
Puderzucker zum Bestäuben
Crème fraîche oder Mascarpone zum Servieren

1 Den Backofen auf 190 °C (Gas 2–3) vorheizen und ein Backblech auf die mittlere Schiene schieben. Eine Springform mit 23 cm Durchmesser leicht einfetten. Für den Teig Mehl und Puderzucker in eine große Schüssel sieben, die Butter zufügen und mit den Fingerspitzen zu feinen Bröseln vermengen. In die Mitte eine Mulde drücken und das Ei und 2 EL kaltes Wasser hineingeben. Mit einer Palette vermengen, bis sich perlengroße Brösel bilden.
2 Den Teig auf der leicht bemehlten Arbeitsfläche zu einer Kugel zusammendrücken. Zu einem 3 mm starken Kreis ausrollen und in die Springform legen. Den Teig mit einer kleinen Teigkugel in die Form drücken, mit einer Teigrolle über den Rand der Form fahren und überhängenden Teig abtrennen. Den Boden in kleinen Abständen mit einer Gabel einstechen und die Form 15 Minuten kalt stellen. Die Teigreste ausrollen, 3 Blätter als Verzierung ausschneiden und zugedeckt 15 Minuten kalt stellen.
3 Den Teig in der Form mit Backpapier belegen und mit Trockenerbsen oder Reiskörnern beschweren. Auf das vorgeheizte Backblech stellen, 10 Minuten backen und herausnehmen; das Backblech im Ofen lassen. Trockenerbsen und Backpapier entfernen. Den Backofen auf 180 °C (Gas 2) zurückschalten.
4 Für die Füllung Pinienkerne auf einem Backblech verteilen und im Backofen 3 Minuten goldbraun rösten. Den Honig gegebenenfalls erhitzen, bis er flüssig ist, und abkühlen lassen. Butter und Zucker glatt und cremig schlagen. Eier einzeln gründlich einrühren. Honig, Vanillearoma, Likör, Zitronenschale, Saft und Salz untermischen und Pinienkerne hineinrühren. In den Teig füllen und die Oberfläche glätten. Teigblätter in die Mitte legen.
5 Form auf das heiße Backblech stellen und den Kuchen 40 Minuten backen, bis er goldbraun ist und sich gesetzt hat. Nach 25 Minuten Backzeit mit Alufolie bedecken. Mit Puderzucker bestäuben und heiß oder lauwarm servieren. Crème fraîche oder Mascarpone dazureichen.

UNTEN: Pinienkerntorte

FRANKREICH

Die regionale französische Küche ist für ihre Einfachheit berühmt – ein paar Kräuter, etwas Wein und ein Hauch Knoblauch werden auf subtile Weise verwendet, um perfekt zubereitetes Fleisch, Geflügel und Meeresfrüchte zu aromatisieren. Saucen und Dips, etwa die Knoblauchmayonnaise Aïoli, werden häufig kräftig gewürzt. Durch langsames, schonendes Garen entstehen Gerichte wie Huhn mit vierzig Knoblauchzehen, die im Mund zergehen. Oliven, Olivenöl, Zucchini, Auberginen und frisch geerntete Strauchtomaten gehören ebenfalls zu den beliebten Zutaten der provenzalischen Küche. Französische Desserts, die häufig auf Birnen, Kirschen, Feigen oder Aprikosen basieren, sind weltberühmt.

TAPENADE
(Paste aus Oliven, Sardellen und Kapern)

Vorbereitungszeit: 10 Minuten
Kochzeit: keine
Ergibt 375 ml

400 g Kalamata-Oliven, entsteint
2 Knoblauchzehen, zerdrückt
2 Sardellenfilets in Öl, abgetropft
2 EL Kapern in Salzlake, gespült und trockengetupft
2 TL frischer Thymian, gehackt
2 TL Dijon-Senf
1 EL Zitronensaft
60 ml Olivenöl
1 EL Cognac, nach Belieben
frisch gemahlener schwarzer Pfeffer

1 Alle Zutaten außer dem Pfeffer im Mixer zu einer glatten Paste pürieren und mit Pfeffer abschmecken. In ein sterilisiertes, warmes Glas füllen und verschließen. Gekühlt hält die Tapenade bis zu 2 Wochen.
Hinweis Um das Glas zu sterilisieren, Backofen auf 120 °C (Gas 1) heizen. Glas und Deckel heiß waschen und spülen. Nicht abtrocknen. Etwa 20 Minuten in den Backofen stellen, bis beide ganz trocken sind.

Im Kühlschrank kann das Olivenöl ausflocken und weißlich werden. Dies beeinträchtigt nicht den Geschmack. Vor dem Servieren zimmerwarm werden lassen, damit das Öl wieder flüssig wird.

BAGNA CAUDA
(Warme Sahnesauce)

Vorbereitungszeit: 5 Minuten
Kochzeit: 8 Minuten
Ergibt ca. 250 ml

300 ml Sahne
45 g Sardellenfilets in Öl, abgetropft
10 g Butter
2 Knoblauchzehen, zerdrückt
Salz und Pfeffer nach Belieben

1 Sahne in einem kleinen Topf langsam erhitzen und 8 Minuten unter häufigem Rühren einkochen lassen.
2 Sardellen fein hacken. Butter in einem kleinen Topf schmelzen, Sardellen und Knoblauch zugeben und unter Rühren bei schwacher Hitze 1 Minute braten; der Knoblauch darf nicht braun werden.
3 Sahne zugießen, gut verrühren und nach Belieben mit Salz und Pfeffer abschmecken. Warm zu Rohkost servieren.

TAPENADE
Diese provenzalische Paste erhält ihren Namen von den „tapenos", den Kapern, die eine wichtige Zutat sind. Zwar wurde sie erst im 19. Jahrhundert in Marseille kreiert, doch rasch entwickelte sich diese zeitlose Kombination aus Sardellen, Oliven und Kapern zu einer klassischen Vorspeise. Zu frischem oder getoastetem Brot schmeckt sie köstlich und ist auch als Füllung für hart gekochte Eier hervorragend geeignet.

RECHTS: Tapenade

FRANKREICH

AÏOLI MIT CRUDITÉS
(Knoblauchmayonnaise mit Rohkost)

Zubereitungszeit: 15 Minuten
Kochzeit: 1 Minute
Für 4 Personen

☆

AÏOLI

4 Knoblauchzehen, zerdrückt
2 Eigelb
1 Prise Salz
300 ml leichtes Oliven- oder Pflanzenöl
1 EL Zitronensaft
Prise gemahlener weißer Pfeffer

12 grüne Spargelstangen, geputzt
12 Radieschen, geputzt
½ Salatgurke, längs halbiert, entkernt und in Stifte geschnitten
1 Chicoréesprosse, in Einzelblätter geteilt

1 Um die Aïoli zuzubereiten, Knoblauch, Eigelbe und Salz im Mixer 10 Sekunden verrühren. Dann das Öl langsam in einem dünnen Strahl zugießen. Sobald die Mischung dickflüssiger wird, kann man das Öl etwas schneller zufügen. Weiter mixen, bis das gesamte Öl verbraucht ist und die Mayonnaise dick und cremig wird. Zitronensaft und Pfeffer unterrühren. Aïoli in ein Schälchen füllen.
2 Wasser in einem Topf zum Kochen bringen, Spargel zugeben und 1 Minute kochen, dann in Eiswasser abschrecken.
3 Spargel, Radieschen, Gurkenstifte und Chicoréeblätter zusammen mit der Aïoli auf einem Servierteller anrichten. Die Knoblauchmayonnaise eignet sich auch als Brotaufstrich oder als Sauce zu Huhn oder Fisch.
Hinweis Alle Zutaten müssen bei der Zubereitung zimmerwarm sein. Sollte die Mayonnaise gerinnen, 1–2 TL kochendes Wasser tropfenweise unterrühren. Hilft dies nicht, ein weiteres Eigelb schlagen und in kleinen Mengen nach und nach in die geronnene Masse rühren. Anschließend wie oben fortfahren.

Auch grüne Bohnen (bissfest gegart), junge Möhren, Brokkoli, Blumenkohl, Paprika und Cherrytomaten eignen sich gut für einen Vorspeisenteller. Am besten wählt man vollreifes Gemüse der Saison.

AÏOLI
Die Knoblauchmayonnaise, deren Name aus französisch „ail" (Knoblauch) und provenzalisch „oli" (Öl) gebildet wird, spielt im kulinarischen Leben Südfrankreichs eine wichtige Rolle. Auch als „Butter der Provence" bezeichnet, fehlt die Aïoli bei fast keinem Horsd'œuvre-Teller, und sie ist die traditionelle Beilage zur Bourride, der Fischsuppe der Mittelmeerküste, sowie zu gekochtem und geräuchertem Fisch. „Le grand aïoli", ein üppiges Gericht aus Meeresfrüchten, Fleisch, Kartoffeln und Gemüse, von reichlich Knoblauchmayonnaise begleitet, wird traditionell am Aschermittwoch oder auf dem Dorfplatz am letzten Tag eines Festes aufgetischt.

OBEN: Aïoli mit Crudités

SALADE NIÇOISE

Den Nizzasalat gibt es in zahllosen Variationen. Die ursprüngliche Zubereitung ist nicht überliefert, doch mit Ausnahme von hart gekochten Eiern gehörten wohl keine gegarten Zutaten dazu. Die Zusammenstellung hängt davon ab, was in der jeweiligen Saison erhältlich ist, wobei schwarze Oliven, Sardellenfilets bzw. Thunfisch, Tomaten und Knoblauch zu den Grundzutaten gehören.

OBEN: Salade Niçoise

SALADE NIÇOISE

Zubereitungszeit: 30 Minuten
Kochzeit: 15 Minuten
Für 4 Personen

3 Eier
2 Strauchtomaten
175 g Prinzessbohnen, geputzt
125 ml Olivenöl
2 EL Weißweinessig
1 große Knoblauchzehe, halbiert
1 Eisbergsalat, Herz (ca. 350 g) herausgelöst und längs in Achtel geschnitten
1 kleine rote Paprikaschote, entkernt und in dünne Streifen geschnitten
1 kleine Salatgurke, in dünne, 5 cm lange Stifte geschnitten
1 Selleriestange, in dünne, 5 cm lange Streifen geschnitten
1 rote Zwiebel, in dünne Ringe geschnitten
2 Dosen Thunfisch (je 185 g), abgetropft, in Stücke gezupft
12 Kalamata-Oliven
45 g Sardellenfilets in Öl, gründlich abgetropft
2 TL Kapern
12 kleine Basilikumblätter

1 Eier in kaltem Wasser aufsetzen, zum Kochen bringen und bei schwacher Hitze 10 Minuten köcheln lassen. Während der ersten Minuten umrühren, um die Eigelbe zu zentrieren. Unter kaltem Wasser abschrecken, schälen und vierteln. Tomaten an der Unterseite kreuzweise einschneiden und 10 Sekunden in kochendes Wasser legen. In kaltem Wasser abschrecken, vom Einschnitt aus schälen und achteln.
2 Bohnen 2 Minuten in kochendes Wasser geben, kalt abschrecken und abtropfen lassen.
3 Für das Dressing Öl und Essig in ein verschließbares Glas geben und kräftig schütteln.
4 Einen Servierteller mit Knoblauch ausreiben. Salatherzen darauf verteilen und Eier, Tomaten, Bohnen, Paprika, Gurke und Sellerie darauf anrichten. Zwiebelringe und Thunfisch, dann Oliven, Sardellen, Kapern und Basilikum darüber verteilen und mit Dressing beträufeln. Sofort servieren.

SARDELLENBUTTER

50 g abgetropfte Sardellen im Mörser zerstoßen. 125 g weiche Butter glatt rühren. Sardellen nach und nach einrühren. 1 TL Zitronensaft zufügen (oder tropfenweise nach Geschmack). Mit schwarzem Pfeffer abschmecken. Nach Belieben 1 EL frische gehackte Kräuter (Thymian und Petersilie) zufügen. Zu gegrilltem Fisch oder Rindfleisch servieren. Für 4–6 Personen.

FRANKREICH

KARTOFFELSALAT MIT SARDELLEN

Zubereitungszeit: 20 Minuten
Kochzeit: 25 Minuten
Für 6 Personen

1 kg fest kochende Kartoffeln (z. B. Sieglinde, Hansa), ungeschält
60 ml trockener Weißwein
1 EL Apfelessig
60 ml Olivenöl
4 Frühlingszwiebeln, fein gehackt
je ½ TL Salz und Pfeffer
35 g Sardellenfilets in Öl, abgetropft
1 EL gehackte Petersilie
1 EL gehackter Schnittlauch

1 Kartoffeln etwa 20 Minuten kochen, bis sie weich sind. Abgießen und sofort schälen. In 1 cm dicke Scheiben schneiden.
2 Wein, Essig, Olivenöl und Frühlingszwiebeln in einer großen Bratpfanne bei schwacher Hitze erwärmen und Kartoffelscheiben zufügen. Pfanne schwenken, damit sich die Flüssigkeit über die Kartoffeln verteilt, dann wieder erwärmen.
3 Vom Herd nehmen und mit Salz und Pfeffer abschmecken. Die Hälfte der Sardellen grob hacken und mit Schnittlauch und Petersilie unter die Kartoffeln heben. Auf einem Servierteller anrichten und mit den restlichen Sardellen garnieren. Warm oder zimmerwarm servieren.

ROTE-BETE-SALAT MIT ZIEGENKÄSE

Zubereitungszeit: 20 Minuten
Kochzeit: 30 Minuten
Für 4 Personen

4 Rote Beten mit Blättern (insgesamt 1 kg)
200 g grüne Bohnen, geputzt
1 EL Rotweinessig
2 EL Olivenöl extra vergine
1 Knoblauchzehe, zerdrückt
1 EL Kapern, abgetropft, grob gehackt
100 g Ziegenkäse

1 Blätter mit Stiel von den Roten Beten trennen. Knollen unter fließendem Wasser abbürsten und Blätter gründlich waschen. Knollen in Salzwasser zum Kochen bringen und bei schwacher Hitze etwa 30 Minuten garen, bis sie sich mit der Messerspitze einstechen lassen. Abgießen und abkühlen lassen.
2 Inzwischen in einem zweiten Topf Wasser zum Kochen bringen, Bohnen zugeben und etwa 3 Minuten kochen, bis sie weich sind. Mit dem Schaumlöffel herausnehmen, in kaltem Wasser abschrecken, dann gut abtropfen lassen. Blätter im Bohnenwasser 3–5 Minuten kochen, bis die Stiele weich sind. Abgießen, in kaltem Wasser abschrecken, dann gut abtropfen lassen.
3 Rote Beten schälen und in dünne Scheiben schneiden.
4 Essig, Öl, Knoblauch, Kapern, Salz und Pfeffer in ein verschließbares Glas geben und kräftig schütteln.
5 Bohnen, Rote Beten und Blätter auf vier Teller verteilen. Ziegenkäse darüber bröckeln und mit Dressing beträufeln. Mit frischem Krustenbrot servieren.

UNTEN: Rote-Bete-Salat mit Ziegenkäse

155

PAN BAGNAT
(Gefüllte Brötchen)

Zubereitungszeit: 15 Minuten
 + 1 Stunde Ruhezeit
Kochzeit: keine
Für 4 Personen

- 4 Baguettebrötchen oder 1 Baguette, in 4 Stücke geschnitten
- 1 Knoblauchzehe
- 60 ml Olivenöl
- 1 EL Rotweinessig
- 3 EL frische Basilikumblätter, grob zerteilt
- 2 Tomaten, in Scheiben geschnitten
- 2 hart gekochte Eier, in Scheiben geschnitten
- 75 g Thunfisch aus der Dose
- 8 Sardellenfilets in Öl
- 1 kleine Gurke, in Scheiben geschnitten
- ½ grüne Paprikaschote, fein geschnitten
- 1 Schalotte, in dünne Ringe geschnitten

UNTEN: Pan Bagnat

1 Brote längs durchschneiden und das weiche Innere der oberen Hälften entfernen. Knoblauchzehe halbieren und die Schnittflächen über die Innenseite der Brote reiben. Diese mit Olivenöl und Essig beträufeln und mit Salz und Pfeffer bestreuen.
2 Restliche Zutaten auf die unteren Brothälften verteilen und mit den oberen bedecken. Brote einzeln in Alufolie wickeln. Mit einem leichten Gewicht beschweren und vor dem Servieren 1 Stunde an einem kühlen Ort stehen lassen.

BRANDADE DE MORUE
(Creme aus gesalzenem Kabeljau)

Zubereitungszeit: 25 Minuten
 + 24 Stunden Wässerungszeit
Kochzeit: 45 Minuten
Für 6 Personen als Vorspeise

- 450 g gesalzener Kabeljau
- 200 g mehlig kochende Kartoffeln (z. B. Bintje, Irmgard), in 3 cm große Würfel geschnitten
- 150 ml Olivenöl
- 250 ml Milch
- 4 Knoblauchzehen, zerdrückt
- frisch gemahlener schwarzer Pfeffer
- Olivenöl zum Beträufeln

1 Kabeljau in einer großen Schüssel mit kaltem Wasser bedecken und 24 Stunden wässern. Wasser mehrmals wechseln. Abgießen und Kabeljau in einen großen Kochtopf mit frischem Wasser geben. Bei mittlerer Hitze zum Kochen bringen und bei schwacher Hitze 30 Minuten köcheln lassen. Abgießen und 15 Minuten kalt stellen.
2 Kartoffeln 12–15 Minuten in Salzwasser weich kochen, abgießen und warm halten.
3 Haut vom Kabeljau abziehen. Fischfleisch in große Stücke zerteilen, dabei von etwaigen Gräten befreien und in den Mixer geben. In einem Topf Öl, in einem zweiten Milch und Knoblauch leicht erwärmen.
4 Den Mixer einschalten und abwechselnd kleine Mengen Milch und Öl zugeben, bis eine dicke, feuchte Paste entsteht. Kartoffeln zugeben und mixen, indem man das Gerät immer wieder kurz einschaltet, bis eine homogene Masse entsteht; die Kartoffeln dürfen nicht zu lang bearbeitet werden. In eine Schüssel umfüllen, mit Zitronensaft vorsichtig abschmecken und mit Pfeffer würzen. Mit einer Gabel etwas lockern. Vor dem Servieren mit Olivenöl beträufeln. Schmeckt warm oder kalt zu geröstetem Brot.

FRANKREICH

FRISEESALAT MIT KNOBLAUCHCROÛTONS

Zubereitungszeit: 20 Minuten
Kochzeit: 10 Minuten
Für 4–6 Personen

Vinaigrette

1 Schalotte, fein gehackt
1 EL Dijon-Senf
60 ml Estragonessig
170 ml Olivenöl extra vergine

1 EL Olivenöl
250 g durchwachsener Speck, Schwarte entfernt, in 5 mm x 2 cm große Stücke geschnitten
6 Scheiben Weißbrot, zu Croûtons geschnitten
4 Knoblauchzehen
1 kleiner Friséesalat (krause Endivie), gewaschen und trockengeschleudert
100 g Walnüsse, geröstet

1 Für die Vinaigrette Schalotte, Senf und Essig in einer Schüssel mischen. Das Öl langsam unter ständigem Rühren zugeben, bis die Vinaigrette dickflüssig wird. Beiseite stellen.
2 Öl in einer großen Bratpfanne erhitzen, Speck, Brot und Knoblauch zugeben und bei mittlerer Hitze 5–8 Minuten braten, bis Speck und Brot kross sind. Knoblauch entfernen.
3 Frisée, Brot, Speck, Nüsse und Vinaigrette in einer Schüssel anrichten. Gut mischen. Servieren.

ANCHOIADE

Diese klassische provenzalische Sardellenmayonnaise wird auf kleinen Brotstücken als Canapé, als Dip oder Sauce zu Rohkostplatten, aber auch zu allen Arten von Fischgerichten serviert.
75 ml Olivenöl mit 150 g Sardellenfilets in einem kleinen Topf bei sehr schwacher Hitze 10 Minuten braten, bis die Sardellen zerfallen. Vom Herd nehmen und abkühlen lassen. Sardellen zu einer Paste verrühren, 2 zerdrückte Knoblauchzehen, 2 EL Rotweinessig und 1 EL Dijon-Senf zufügen und alles gut vermischen. 50 ml Olivenöl unter ständigem Rühren langsam und gleichmäßig zugießen. Abschmecken. Ergibt etwa 250 ml.

OBEN: Friséesalat mit Knoblauchcroûtons

DRESSINGS UND SAUCEN

Im Unterschied zu anderen Regionalküchen Frankreichs basieren die Saucen und Dressings der provenzalischen Küche nicht auf Butter, Sahne oder Mehl, sondern auf Gemüse, Kräutern und Öl. Das entspricht einem ihrer wichtigsten Grundsätze: Der natürliche Geschmack der Nahrung muss zur Geltung kommen und darf nicht von schweren Saucen überdeckt werden. Folgende Saucen gibt es in vielen Varianten.

VINAIGRETTE (GRUNDREZEPT)
1 Prise Salz in 2 EL Rotweinessig auflösen und 6 EL Olivenöl extra vergine nach und nach einrühren. Mit Pfeffer abschmecken und umrühren. Um dieses Rezept zu variieren, kann man folgende Zutaten beliebig hinzufügen:
1 Knoblauchzehe, 1 TL Dijon-Senf, 2 EL gehackte frische Kräuter (Schnittlauch, Petersilie oder Minze). Geeignet sind auch alle Arten von Rot- oder Weißweinessig oder aber Zitronensaft.

KLASSISCHE MAYONNAISE
Selbst gemachte Mayonnaise schmeckt köstlich und ist einfach herzustellen. Ganz gleich, ob sie von Hand oder im Mixer gerührt wird, sollten alle Zutaten unbedingt zimmerwarm sein; auch muss das Öl sehr langsam zugegeben werden. Für eine einfache Mayonnaise 2 Eigelbe und 1 TL Dijon-Senf 1 Minute mit dem Schneebesen schlagen. Nach und nach 450 ml Olivenöl in einem dünnen Strahl bei ständigem Rühren zugeben. Sobald die Mayonnaise dickflüssig wird, kann das Öl schneller zugefügt werden. Wenn das gesamte Öl verbraucht ist, 2 EL Zitronensaft und etwas Salz und Pfeffer unterrühren. Gerinnt die Mayonnaise, ein weiteres Eigelb in eine saubere Schüssel geben und die geronnene Mischung in kleinen Mengen unter ständigem Rühren zufügen, bis sie glatt und fest wird. Ergibt 450 ml.
Dieses Rezept kann wie folgt variiert werden:
Für eine Kräutermayonnaise 3 EL gehackte frische Kräuter wie etwa

Schnittlauch, Petersilie, Kerbel oder Estragon mit der Mayonnaise verrühren. Für eine Remoulade je 2 EL Kapern und klein gehackte Gewürzgurke, 2 TL Dijon-Senf, 2 fein gehackte Schalotten, 3 Sardellenfilets, 1 EL gehackten frischen Estragon und 2 EL gehackte frische glatte Petersilie zugeben.

FRISCHES TOMATENDRESSING

900 g reife Tomaten schälen, entkernen und in feine Würfel schneiden. In einer Schüssel mit je 1 EL gehackten frischen Basilikumblättern und glatter Petersilie, 2 fein gehackten Schalotten und 3 EL Olivenöl extra vergine mischen. Abschmecken und gut verrühren. Zimmerwarm servieren. Ergibt 600 ml.

SAUCE VIERGE

Diese Tomatensauce wird nicht gekocht. Sie passt hervorragend zu gegrilltem Thunfisch und Schwertfisch. 700 g geschälte, entkernte und in kleine Würfel geschnittene Tomaten, 170 ml Olivenöl extra vergine, 3 EL Zitronensaft, 2 zerdrückte Knoblauchzehen, Salz und Pfeffer in einer Schüssel vermengen. 2 Stunden ruhen lassen. Kurz vor dem Servieren 6 entsteinte, fein gehackte schwarze Oliven und 3 EL frische gehackte Kräuter (Schnittlauch, Petersilie und Estragon) zugeben. Ergibt 450 ml.

SAUCE VERTE

Diese grüne Sauce schmeckt zu pochiertem oder gegrilltem Fisch und kaltem Fleisch. Zugedeckt hält sie im Kühlschrank bis zu 3 Tagen. 280 g Spinat blanchieren, abtropfen und abkühlen lassen, bis man die überschüssige Flüssigkeit mit den Händen ausdrücken kann. Ersatzweise 140 g TK-Spinat auftauen und abtropfen lassen. Spinat, 1 mit etwas Wasser befeuchtete Scheibe Weißbrot, 1 gehacktes hart gekochtes Ei, 6 Sardellenfilets, 2 EL Rotweinessig und 125 ml Olivenöl im Mixer pürieren. 1 EL fein gehackte Cornichons und 1 TL fein gehackte Kapern zugeben. Mit Salz und Pfeffer abschmecken. Ergibt 220 ml.

SAUCE RAVIGOTE

Passt zu kaltem Hühner- und Putenfleisch, Garnelen und Gemüse. Prise Salz in 2 EL Rotweinessig auflösen. 6 EL Olivenöl, 3 EL frische gehackte Petersilie, Estragon oder Schnittlauch, 1 fein gehackte Zwiebel, 2 EL fein geschnittene Gewürzgurken oder Cornichons und 2 EL Kapern zum Essig geben. Vermengen und abschmecken. Ergibt 185 ml.

VON LINKS: Sauce Ravigote; Vinaigrette; klassische Mayonnaise; frisches Tomatendressing; Sauce Verte; Sauce Vierge

DAS GROSSE BUCH DER MITTELMEERKÜCHE

OBEN: Fenchelsalat mit Orange

FENCHELSALAT MIT ORANGE

Zubereitungszeit: 30 Minuten
Kochzeit: 45 Minuten
Für 4 Personen

8 kleine Fenchelknollen
5 EL Olivenöl
Salz und Pfeffer
2 Orangen
1 EL Zitronensaft
1 rote Zwiebel, halbiert und in feine Scheiben geschnitten
100 g Kalamata-Oliven
2 EL frische Minze, grob gehackt
1 EL frische glatte Petersilie, grob gehackt

1 Backofen auf 200 °C (Gas 3) vorheizen. Blätter vom Fenchel trennen und beiseite legen. Stängel entfernen und eine etwa 5 mm dicke Scheibe vom Boden der Fenchelknollen abschneiden. Knollen senkrecht in 6 Schnitze teilen, in eine Backform geben und mit 3 EL Olivenöl beträufeln. Mit reichlich Salz und Pfeffer würzen. 40–45 Minuten backen, bis der Fenchel zart und leicht karamellisiert ist; dabei ein paarmal wenden. Erkalten lassen.
2 Von den Orangen oben und unten je eine dünne Scheibe abschneiden. Mit einem kleinen scharfen Messer die Schale einschneiden und abziehen; dabei so viel weiße Haut wie möglich entfernen. Orange über einer Schüssel halten, um den Saft aufzufangen, an beiden Seiten eines Segments zwischen Fruchtfleisch und Häutchen einschneiden und das Segment herauslösen. Mit allen weiteren ebenso verfahren. Den in den Häutchen verbleibenden Saft ausdrücken.
3 Restliches Öl mit Orangensaft und Zitronensaft verrühren, bis die Flüssigkeit emulgiert. Mit Salz und Pfeffer kräftig würzen. Orangenscheiben, Zwiebel und Oliven in einer Schüssel mit je der Hälfte des Dressings und der Minze gut mischen. Auf einen Servierteller geben. Fenchel darauf verteilen, mit dem restlichen Dressing beträufeln und Petersilie sowie übrige Minze darüber streuen. Fenchelblätter hacken und ebenfalls über den Salat streuen.

SCHNECKEN MIT KRÄUTER-KNOBLAUCH-BUTTER

Zubereitungszeit: 15 Minuten
Kochzeit: 5 Minuten
Für 6 Personen

36 Schnecken mit Gehäuse aus der Dose
125 g weiche Butter
4 Knoblauchzehen, zerdrückt
2 EL frische glatte Petersilie, gehackt
2 TL frischer Schnittlauch, gehackt
Salz und schwarzer Pfeffer
20 g frische Weißbrotbrösel

1 Backofen auf 200 °C (Gas 3) vorheizen. Schnecken in einem Sieb abtropfen lassen und die Flüssigkeit auffangen.
2 Butter, Knoblauch, Petersilie und Schnittlauch in einer kleinen Schüssel mit der Gabel gründlich verrühren, bis eine glatte Masse entsteht. Mit Salz und schwarzem Pfeffer abschmecken.

FRANKREICH

3 Je ½ TL Schneckensud in die Gehäuse füllen, Schnecken hineingeben, Öffnung mit Kräuterbutter verschließen und mit Bröseln bestreuen.
4 Schneckengehäuse mit der Öffnung nach oben in 6 Schneckenpfännchen setzen. Kurz backen, bis die Butter schäumt und die Brösel braun werden. Mit Baguette servieren.

ZIEGENKÄSEKUCHEN

Zubereitungszeit: 20 Minuten + Kühlzeit
Kochzeit: 1 Stunde 15 Minuten
Für 6 Personen

TEIG
125 g Mehl
1 Prise Salz
60 ml Olivenöl
3–4 EL kaltes Wasser

FÜLLUNG
1 EL Olivenöl
2 Zwiebeln, in dünne Scheiben geschnitten
Salz und Pfeffer
1 TL frische Thymianblätter
125 g Ricotta
100 g Ziegenkäse
2 EL entsteinte Niçoise-Oliven
1 Ei, leicht verquirlt
60 ml Sahne

1 Für den Teig Mehl und Salz in eine Schüssel sieben und eine Mulde hineindrücken. Olivenöl zugeben und mit einem Messer mit flacher Klinge vermengen, bis sich Krümel bilden. Nach und nach Wasser zugeben, bis ein Teig entsteht. Aus der Schüssel nehmen und mit leichtem Druck zu einer flachen Kugel formen. 30 Minuten kühlen.
2 Für die Füllung Olivenöl in einer Bratpfanne erhitzen. Zwiebel zugeben, zudecken und bei schwacher Hitze 30 Minuten lang garen. Salzen und Pfeffern und die Hälfte des Thymians unterrühren. Etwas abkühlen lassen.
3 Backofen auf 180 °C (Gas 2) vorheizen. Arbeitsfläche leicht bemehlen und Teig zu einem Kreis mit 30 cm Durchmesser ausrollen. Zwiebel darauf verteilen, dabei 2 cm breiten Rand lassen. Ricotta und Schafskäse über den Zwiebeln verteilen. Oliven auf den Käse setzen und restlichen Thymian darüber streuen. Teig nach innen zu einem gebogten Rand falten.
4 Ei und Sahne verquirlen und über die Füllung gießen. Auf einem vorgewärmten Backblech auf der unteren Schiene des Backofens 45 Minuten backen, bis der Teig goldfarben ist. Warm oder zimmerwarm servieren.

ZIEGENKÄSE
Umgangssprachlich „chèvre", das französische Wort für Ziege, genannt, zeichnet sich Ziegenkäse durch seinen unverwechselbaren säuerlichen, nussigen Geschmack aus, der je nach Herkunft und Reifegrad von streng bis mild reicht.

UNTEN: Ziegenkäsekuchen

161

DAS GROSSE BUCH DER MITTELMEERKÜCHE

PISSALADIÈRE
(Zwiebelkuchen mit Sardellen und Oliven)

Zubereitungszeit: 30 Minuten
   + 15 Minuten Ruhezeit
   + 1 Stunde 30 Minuten Aufgehzeit
Kochzeit: 1 Stunde 25 Minuten
Für 4–6 Personen

1 Päckchen Trockenhefe
185 g Mehl
¼ TL Salz
1 Ei, verschlagen
1 EL Olivenöl

BELAG

60 ml Olivenöl
2 Knoblauchzehen
1 Thymianzweig
4 große Zwiebeln, fein geschnitten
Prise gemahlener Muskat

Salz und Pfeffer
30 g Sardellenfilets in Öl, abgetropft, längs halbiert
16 entsteinte schwarze Oliven

1 Hefe mit 2 EL lauwarmem Wasser verrühren und 15 Minuten an einem warmen, zugfreien Ort stehen lassen, bis die Hefe schäumt.
2 Mehl mit Salz in eine Schüssel sieben, eine Vertiefung hineindrücken und Hefe, Ei, Öl und 2 EL warmes Wasser hineingeben. Mit einem Lochlöffel verrühren, dann auf einer leicht bemehlten Fläche zu einem weichen Teig kneten; nach Bedarf noch Wasser oder Mehl zugeben. 6–8 Minuten weiterkneten, bis der Teig glatt und elastisch ist. Eine zweite Schüssel mit Öl bepinseln und den Teig darin wenden, bis er mit Öl überzogen ist. Schüssel mit einem Geschirrtuch zudecken und Teig etwa 1 Stunde an einem warmen Ort gehen lassen, bis sich sein Volumen verdoppelt hat.
3 Für den Belag Öl in einer großen Bratpfanne erhitzen. Knoblauch, Thymian und Zwiebeln bei sehr schwacher Hitze 1 Stunde unter gelegentlichem Rühren braten, bis die Zwiebeln weich sind; sie dürfen nicht braun werden. Knoblauch und Thymian entfernen, Muskat zufügen und mit Salz und Pfeffer würzen.
4 Pizzaform mit 30 cm Durchmesser mit Öl bestreichen. Teig zu einer Kugel kneten, zu einem Kreis mit 30 cm Durchmesser ausrollen und in die Form legen. Zwiebeln darauf verteilen, dabei einen 1 cm breiten Rand frei lassen. Sardellen rautenförmig darauf legen und Oliven dazwischensetzen. Form in eine große Plastiktüte schieben und Kuchen 30 Minuten gehen lassen. Backofen auf 200 °C (Gas 3) vorheizen.
5 Kuchen 20–25 Minuten goldbraun backen; wird die Kruste zu dunkel, Backofen auf 190 °C (Gas 2–3) zurückschalten. Warm servieren.

PANISSES
(Kichererbsenplätzchen)

Zubereitungszeit: 20 Minuten + Kühlzeit
Kochzeit: 30 Minuten
Für 6 Personen

Öl zum Besprühen und Braten
170 g Kichererbsenmehl
1½ EL Olivenöl
Salz und fein gemahlener schwarzer Pfeffer
Geriebener Parmesan, nach Belieben

UNTEN: Pissaladière

FRANKREICH

PANISSES

Mischung unter Rühren kochen, bis sie einen Klumpen bildet, der sich von der Topfwand löst.

Mischung gleichmäßig auf die Untertassen verteilen und glatt streichen.

1 6 Untertassen mit Öl besprühen. Mehl in eine Schüssel geben und knapp 700 ml kaltes Wasser einrühren. Mit dem Schneebesen etwa 2 Minuten verrühren, bis die Mischung glatt ist. Olivenöl zufügen und mit Salz und fein gemahlenem schwarzem Pfeffer abschmecken.
2 Mischung in einen Topf geben und bei schwacher Hitze etwa 8 Minuten unter ständigem Rühren kochen, bis sie sämig wird. 10–12 Minuten unter Rühren weiterkochen, bis sie einen Klumpen bildet, der sich von der Topfwand löst. Vom Herd nehmen und schlagen, bis der Teig glatt ist. Bevor er fest wird, rasch auf die Untertassen verteilen und glatt streichen. Abkühlen und fest werden lassen.
3 Backofen auf 120 °C (Gas 1) vorheizen. Masse von den Untertassen lösen und in 5 cm lange und 2 cm breite Stäbchen schneiden. Öl 2,5 cm hoch in einen großen Topf füllen und stark erhitzen. Stäbchen portionsweise etwa 2 Minuten auf jeder Seite braten, bis sie knusprig und goldbraun sind. Mit einem Schaumlöffel herausnehmen, auf Küchenkrepp kurz abtropfen lassen und im Backofen warm halten, bis alle Plätzchen gebraten sind. Heiß, mit Salz und frisch gemahlenem schwarzem Pfeffer und nach Belieben mit etwas geriebenem Parmesan bestreut servieren.
Hinweis Für einen süßen Snack die noch heißen Plätzchen mit Zucker bestreuen.

KICHERERBSENFLADEN

Zubereitungszeit: 5 Minuten
Kochzeit: 25 Minuten
Für 4–6 Personen

125 g Kichererbsenmehl
1 EL Olivenöl
Salz und schwarzer Pfeffer

1 Backofen auf 230 °C (Gas 4) vorheizen und Pizzaform mit 30 cm Durchmesser mit Öl bestreichen. Kichererbsenmehl und ½ TL Salz in eine Schüssel geben und 250 ml Wasser nach und nach einrühren. Mit dem Schneebesen glatt schlagen und Öl zugeben. In einem Topf unter Rühren bei schwacher Hitze etwa 4 Minuten kochen, bis die Mischung sämig wird. Bildet sie kleine Klumpen, vom Herd nehmen und schlagen, bis sie glatt wird.
2 Hälfte des Teigs in die Form geben; enthält er noch Klümpchen, durch ein Sieb gießen. Form so kippen, dass sich der Teig gleichmäßig bis knapp vor dem Rand verteilt. 8–10 Minuten goldbraun backen. Der Fladen sollte am Rand knusprig und innen weich sein. Warm halten und einen zweiten Fladen backen. Mit schwarzem Pfeffer bestreuen und heiß servieren.

OBEN: Panisses

DAS GROSSE BUCH DER MITTELMEERKÜCHE

BOURRIDE
Sowohl die Provence als auch das Languedoc beanspruchen die Urheberschaft an diesem klassischen Gericht der französischen Mittelmeerküste, von dem viele Variationen bekannt sind. Ungeachtet ihrer Herkunft ist ein Hauptmerkmal aller Bourrides die Aïoli, die der Suppe ihre charakteristische glatte Konsistenz, die hellgelbe Farbe und den herzhaften Knoblauchgeschmack verleiht.

OBEN: Bourride

BOURRIDE
(Fischsuppe mit Knoblauchmayonnaise)

Vorbereitungszeit: 25 Minuten
Kochzeit: 1 Stunde 10 Minuten
Für 8 Personen

1 EL Butter
1 EL Olivenöl
4 Scheiben Weißbrot, Kruste entfernt, in 1,5 cm große Würfel geschnitten
2 kg ganze Fische mit weißem Fleisch (vorzugsweise 3 Sorten in beliebigem Verhältnis, z. B. Barsch, Wittling, Kabeljau, Flunder)
1 Rezeptmenge Aïoli (siehe Seite 153)
3 Eigelb

SUD

80 ml Olivenöl
1 große Zwiebel, gehackt
1 Möhre, in Scheiben geschnitten
1 Lauchstange, nur das Weiße, klein geschnitten
400 ml trockener Weißwein
1 TL getrocknete Fenchelsamen
2 Knoblauchzehen, zerdrückt
2 Lorbeerblätter
1 großer Streifen Orangenschale
2 Thymianzweige
Salz und schwarzer Pfeffer

1 Butter und Öl in einer Bratpfanne erhitzen. Wenn die Butter zu schäumen beginnt, Brotwürfel zugeben und 5 Minuten goldbraun braten. Auf Küchenkrepp abtropfen lassen.
2 Fisch filetieren (oder vom Fischhändler ausführen lassen), Köpfe und Gräten für den Sud aufheben.
3 Für den Sud Olivenöl in einem großen Topf erhitzen. Zwiebel, Möhre und Lauch zugeben und bei schwacher Hitze 12–15 Minuten weich braten. Fischköpfe und Gräten, Wein, Fenchel, Knoblauch, Lorbeerblätter, Orangenschale, Thymian, ½ TL Salz und Pfeffer zugeben und mit 2 l Wasser bedecken. Zum Kochen bringen und Schaum abschöpfen. Hitze reduzieren und

30 Minuten köcheln lassen. In einen zweiten Topf abseihen; dabei Gräten ausdrücken. Wieder auf den Herd setzen.

4 Fischfilets in große, etwa 9 cm lange Stücke schneiden. Zuerst schwerere Stücke, dann leichtere in den Sud geben und langsam zum Sieden bringen. 6–8 Minuten ziehen lassen, bis das Fleisch glasig wird und sich leicht zerteilen lässt. Fischstücke auf einen Servierteller geben und mit ein wenig Sud befeuchten. Mit Alufolie zudecken und bei schwacher Hitze im Backofen warm halten.

5 In eine große Schüssel 8 EL Aïoli geben und nach und nach die Eigelbe unterrühren. Etwas Sud zugeben, gut vermengen, dann nach und nach in den restlichen Sud einrühren. Unter ständigem Rühren mit einem Holzlöffel 8 bis 10 Minuten erhitzen, bis die Suppe sämig wird und auf einem Löffelrücken eine Schicht bildet. Sie darf nicht kochen, sonst gerinnt sie.

6 Croûtons in der Suppe, Fisch und die restliche Aïoli getrennt servieren.

SOUPE AU PISTOU
(Gemüsesuppe mit Basilikumpaste)

Zubereitungszeit: 45 Minuten
Kochzeit: 35 Minuten
Für 8 Personen

3 Zweige glatte Petersilie
1 großer Rosmarinzweig
1 großer Thymianzweig
1 großer Majoranzweig
60 ml Olivenöl
2 Zwiebeln, fein geschnitten
1 Lauchstange, in dünne Ringe geschnitten
1 Lorbeerblatt
375 g Kürbis, in kleine Stücke geschnitten
250 g Kartoffeln, in kleine Stücke geschnitten
1 Möhre, längs halbiert und dünn geschnitten
1 TL Salz
2 l Gemüsebrühe oder Wasser
90 g frische oder TK-dicke-Bohnen
80 g frische oder TK-Erbsen
2 kleine Zucchini, fein gehackt
2 vollreife Tomaten, geschält und grob gehackt
60 g kurze Makkaroni oder Conchiglie

PISTOU

25 g frische Basilikumblätter
2 große Knoblauchzehen, zerdrückt
35 g geriebener Parmesan
1/2 TL frisch gemahlener schwarzer Pfeffer
80 ml Olivenöl

1 Petersilie, Rosmarin, Thymian und Majoran mit Küchengarn zusammenbinden. Öl in einem Topf erhitzen, Zwiebeln und Lauch zugeben und bei schwacher Hitze etwa 10 Minuten braten, bis sie weich sind.

2 Kräutersträußchen, Lorbeerblatt, Kürbis, Kartoffeln, Möhre, Salz und Brühe oder Wasser zugeben, Topf zudecken und alles 10 Minuten köcheln lassen, bis Kürbis, Kartoffeln und Möhre fast weich sind.

3 Bohnen, Erbsen, Zucchini, Tomaten und Nudeln zugeben, Topf wieder zudecken und 15 Minuten kochen, bis das Gemüse ganz weich ist und die Nudeln gar sind. Nach Bedarf Wasser zufügen. Kräuter und Lorbeerblatt herausnehmen.

4 Für das Pistou Basilikum und Knoblauch im Mixer zerkleinern. Öl nach und nach zugießen und alles glatt pürieren. Parmesan und Pfeffer hineinrühren und Paste über die Suppe geben.

Hinweis Die Suppe schmeckt kräftiger, wenn sie über Nacht gekühlt und vor dem Servieren vorsichtig erhitzt wird.

UNTEN: Soupe au pistou

BOUILLABAISSE MIT ROUILLE

Fischstücke mit festerem Fleisch etwas länger als die zarteren garen.

Halbierte Knoblauchzehen über das getoastete Brot reiben.

BOUILLABAISSE MIT ROUILLE
(Fischeintopf mit roter Knoblauchsauce)

Vorbereitungszeit: 25 Minuten zum Einweichen
Kochzeit: 1 Stunde 10 Minuten
Für 6 Personen

☆☆

500 g vollreife Tomaten
3 EL Olivenöl
1 große Zwiebel, gehackt
2 Lauchstangen, in Stücke geschnitten
4 Knoblauchzehen, zerdrückt
1–2 EL Tomatenmark
6 Zweige glatte Petersilie
2 frische Lorbeerblätter
2 Thymianzweige
1 Stängel Würzfenchel
2 Prisen Safranfäden
2 kg Fischabfälle (Köpfe, Gräten usw.)
1 EL Pernod oder Ricard
Salz und Pfeffer
4 Kartoffeln, geschält, in 1,5 cm dicke Scheiben geschnitten
1,5 kg verschiedene Fischfilets und -steaks (z. B. Roter oder Grauer Drachenkopf, Petersfisch, Seeteufel, Knurrhahn, siehe Hinweis)
2 EL frische glatte Petersilie, gehackt

TOASTS
12 Scheiben Baguette
2 Knoblauchzehen, halbiert

ROUILLE
3 Scheiben Weißbrot, Kruste entfernt
1 rote Paprikaschote, entkernt, geviertelt
1 kleine rote Chilischote, entkernt, gehackt
3 Knoblauchzehen, zerdrückt
1 EL Basilikumblätter, grob zerteilt
80 ml Olivenöl
Salz und Pfeffer

1 Tomaten an der Unterseite kreuzweise einschneiden, 10 Sekunden in kochendes Wasser legen, kalt abschrecken und vom Einschnitt aus die Haut abziehen. Fruchtfleisch grob hacken.
2 Öl in einem großen Topf erhitzen, Zwiebel und Lauch zugeben und bei mittlerer Hitze 5 Minuten braten, aber nicht braun werden lassen. Knoblauch, Tomaten und 1 TL Tomatenmark zugeben, Hitze reduzieren und 5 Minuten köcheln lassen. 2 l kaltes Wasser einrühren, dann Petersilie, Lorbeerblätter, Thymian, Fenchel, Safran und Fischabfälle zugeben. Zum Kochen bringen, Hitze reduzieren und 30 Minuten köcheln lassen. In einen großen Topf abseihen; Saft aus den im Sieb verbliebenen Zutaten drücken.

RECHTS: Bouillabaisse mit Rouille

3 60 ml Sud beiseite stellen. Pernod in den Topf geben und nach Bedarf 1 TL Tomatenmark einrühren, um die Farbe zu verbessern. Mit Salz und Pfeffer würzen, zum Kochen bringen und Kartoffeln zugeben. Hitze reduzieren und 5 Minuten köcheln lassen.
4 Fisch in große Stücke schneiden. Sorten mit festerem Fleisch in den Sud geben und 2–3 Minuten ziehen lassen, dann die zarteren Stücke zugeben und 5 Minuten garen.
5 Brot auf beiden Seiten goldbraun toasten und warm mit Knoblauch einreiben.
6 Für die Rouille Brot 5 Minuten in kaltem Wasser einweichen. Paprika mit der Außenseite nach oben unter den heißen Grill legen, bis die Haut schwarz wird und aufplatzt. In einer Plastiktüte abkühlen lassen und häuten. Fruchtfleisch grob schneiden. Brot ausdrücken und mit Paprika, Chili, Knoblauch und Basilikum im Mixer pürieren. Öl nach und nach zufügen, bis die Rouille eine mayonnaiseähnliche Konsistenz annimmt. Mit 1–2 EL Sud verdünnen, mit Salz und Pfeffer abschmecken und in ein Schälchen füllen. Zum Servieren 2 Toastscheiben in jeden Teller legen. Suppe und Fisch zugeben, mit Petersilie bestreuen. Rouille dazureichen.
Hinweis Mindestens 4 Fischsorten unterschiedlichen Geschmacks verwenden, nach Belieben auch Hummer, Langusten, Jakobs- oder Miesmuscheln.

KANINCHEN IN SENFSAUCE

Zubereitungszeit: 30 Minuten
Kochzeit: 2 Stunden
Für 4–6 Personen

2 Kaninchen (je 800 g)

Salz und Pfeffer

2 EL Olivenöl

2 Zwiebeln, grob gehackt

4 dünne Speckscheiben, in 3 cm große Stücke geschnitten

2 EL Mehl

375 ml Hühnerbrühe

125 ml Weißwein

1 TL frische Thymianblätter

125 ml Sahne

2 EL Dijon-Senf

Thymianzweige zum Garnieren

1 Backofen auf 180 °C (Gas 2) vorheizen. Fett von den Kaninchen entfernen, diese kalt abspülen und mit Küchenkrepp trockentupfen.

Rückgrat herausschneiden und jedes Kaninchen in 8 gleich große Stücke teilen. Erneut trockentupfen, salzen und pfeffern.
2 1 EL Öl in einer ofenfesten Schmorpfanne erhitzen. Fleischstücke portionsweise bräunen und herausnehmen; nach Bedarf Öl zugeben.
3 Zwiebeln und Speck in die Pfanne geben und unter Rühren 5 Minuten leicht bräunen. Mehl darüber streuen und mit einem Holzlöffel verrühren. Brühe und Wein zugeben und unter Rühren aufkochen. Fleischstücke hineinlegen und Thymianblätter zugeben.
4 Zugedeckt 1¼ – 1½ Stunden im Backofen schmoren, bis das Fleisch zart und die Sauce sämig ist. Sahne und Senf einrühren und abschmecken. Mit Thymianzweigen garnieren. Hervorragend zu gedämpftem Gemüse.

OBEN: *Kaninchen in Senfsauce*

REGIONALE KÜCHE DER PROVENCE
Der provenzalischen Küche steht nicht nur die ganze von der Region gebotene Fülle von Meeresfrüchten, Obst und Gemüse zur Verfügung, sondern auch ein reiches Angebot an gepökelten, geräucherten und getrockneten Fleisch- und Wurstwaren, Wein und Käse. Zu den Grundzutaten gehören Tomaten, Knoblauch, schwarze Oliven, Kräuter, Sardellen, Artischocken und Auberginen. Typisch ist auch die Verwendung von Orangen und Zitronen sowohl in süßen als auch in pikanten Gerichten.

GEGENÜBERLIEGENDE SEITE, IM UHRZEIGERSINN VON HINTEN: Überbackene Tomaten; Lamm mit Kräuterkruste; Kartoffelkuchen; Jus (in Schälchen)

ÜBERBACKENE TOMATEN

Zubereitungszeit: 10 Minuten
Kochzeit: 40 Minuten
Für 4 Personen

60 g frische Weißbrotbrösel
2 EL frische glatte Petersilie, gehackt
3 EL frische Basilikumblätter, gehackt
1 EL frischer Oregano, gehackt
Salz und Pfeffer
4 große Strauchtomaten
4–6 Knoblauchzehen, fein gehackt
2 EL Olivenöl

1 Backofen auf 180 °C (Gas 2) vorheizen. Brösel und Kräuter in einer Schüssel vermengen, mit Salz und Pfeffer würzen.
2 Tomaten waagrecht halbieren und Kerne mit einem Teelöffel entfernen.
3 Knoblauch in die Tomatenhälften geben, dann Kräutermischung einfüllen. Mit Olivenöl beträufeln und 40 Minuten weich backen.

PROVENZALISCHER KARTOFFELKUCHEN

Zubereitungszeit: 10 Minuten
Kochzeit: 1 Stunde 10 Minuten
Für 4–6 Personen

1 EL Olivenöl
225 g durchwachsener Speck, fein geschnitten
2 Zwiebeln, dünn geschnitten
2 EL frischer Thymian, gehackt
500 g mehlig festkochende Kartoffeln (z. B. Datura, Irmgard), in dünne Scheiben geschnitten
Salz und Pfeffer
30 g Butter

1 Backofen auf 180 °C (Gas 2) vorheizen. Öl in einer Bratpfanne erhitzen und Speck bei mittlerer Hitze hellbraun braten. Zwiebeln und Thymian zugeben und 3–4 Minuten weich braten. In eine große Schüssel füllen, Kartoffeln zugeben, mit Salz und Pfeffer würzen und gut mischen.
2 Mischung in eine Kuchenform mit 18 cm Durchmesser füllen und gut andrücken. Butter in Flocken darüber verteilen. Ein Stück doppelt gefaltetes Backpapier darauf legen und mit einer Auflaufform oder einer kleineren Kuchenform beschweren. 40 Minuten backen. Auflaufform und Papier entfernen und weitere 20–25 Minuten backen, bis die Kartoffeln weich und goldbraun sind. Kuchen mit einem Messer von der Form lösen und stürzen.

LAMM MIT KRÄUTERKRUSTE

Zubereitungszeit: 25 Minuten
Kochzeit: 25 Minuten
Für 4 Personen

2 vordere Rippenstücke vom Lamm mit je 6 Rippen, küchenfertig (vom Fleischer ausführen lassen)
1 EL Öl
Salz und Pfeffer
80 g frische Weißbrotbrösel
3 Knoblauchzehen
3 EL frische glatte Petersilie, fein gehackt
½ EL frische Thymianblätter
½ TL Zitronenschale, fein gerieben
60 g weiche Butter
250 ml Rinderbrühe
1 Knoblauchzehe, fein gehackt
1 Thymianzweig

1 Backofen auf 250 °C (Gas 5) vorheizen. Fettschicht auf dem Fleisch rautenförmig einkerben. Rippenstücke mit etwas Öl bestreichen, mit Salz und Pfeffer würzen.
2 Öl in einer Bratpfanne stark erhitzen, Fleisch zugeben und 4–5 Minuten bräunen. Herausnehmen und beiseite stellen. Pfanne nicht säubern, da der Bratsatz für die Jus verwendet wird.
3 Brösel, Knoblauch, Petersilie, Thymian und Zitronenschale in einer großen Schüssel vermengen. Mit Salz und Pfeffer würzen und mit Butter zu einer Paste verrühren.
4 Eine Schicht Paste fest auf das Fett drücken und Rippenstücke im Bräter 12 Minuten medium braten. Warm halten.
5 Für die Jus Rinderbrühe, Knoblauch und Thymianzweig in den Bräter geben und den Bratsatz lösen. Flüssigkeit in die Bratpfanne gießen und bei starker Hitze 5–8 Minuten einkochen lassen. Abseihen und getrennt servieren.

FRANKREICH

POISSON EN PAPILLOTE

1 TL Butter und 3 Zitronenscheiben auf Lauch und Frühlingszwiebeln geben.

Pergamentpapier um Filets zu einem Päckchen schlagen; dabei Kanten mehrmals übereinander und Enden nach unten falten.

OBEN: Fisch in der Papierhülle (Poisson en papillote)

FISCH IN DER PAPIERHÜLLE

Zubereitungszeit: 20 Minuten
Kochzeit: 20 Minuten
Für 4 Personen

4 enthäutete Fischfilets zu je 200 g (z. B. Petersfisch, Seeteufel, Brasse)
Salz und Pfeffer
1 Lauchstange, nur das Weiße, fein geschnitten
4 Frühlingszwiebeln, in Streifen geschnitten
30 g weiche Butter
1 Zitrone, in 12 dünne Scheiben geschnitten
2–3 EL Zitronensaft

1 Backofen auf 180 °C (Gas 2) vorheizen. Jedes Fischfilet auf ein Stück Pergamentpapier legen; es muss groß genug sein, den Fisch ganz zu umschließen. Leicht salzen und pfeffern.
2 Lauch und Frühlingszwiebeln auf Fisch verteilen und je 1 TL Butter und 3 Zitronenscheiben darauf legen. Mit Zitronensaft beträufeln. Papier zu einem Packchen falten und Enden einschlagen. Auf ein Backblech legen und 20 Minuten backen; der Fisch sollte weiß sein und sich leicht mit einer Gabel zerteilen lassen. Als Päckchen servieren oder Fisch herausnehmen und den Saft darüber gießen.

POCHIERTER LACHS

Zubereitungszeit: 40 Minuten
Kochzeit: 1 Stunde
Für 8–10 Personen

2 l Weißwein
60 ml Weißweinessig
2 Zwiebeln
10 Gewürznelken
4 Möhren, gehackt
1 unbehandelte Zitrone, geviertelt
2 Lorbeerblätter
1 TL schwarze Pfefferkörner
4 Zweige frische Petersilie
2,5 kg Atlantiklachs, ausgenommen, geschuppt
Kresse und Zitronenscheiben zum Garnieren

DILLMAYONNAISE
1 Ei, zimmerwarm
1 Eigelb, zimmerwarm
1 EL Zitronensaft
1 TL Weißweinessig
375 ml leichtes Olivenöl
1 EL frischer Dill, gehackt
Salz und Pfeffer

1 Wein, Weinessig und 2,5 l Wasser in einen großen Topf geben. Zwiebeln mit Gewürznelken spicken, mit Möhre, Zitrone, Lorbeer, Pfefferkörnern und Petersilie der Flüssigkeit zufügen. Zum Kochen bringen, Hitze reduzieren und 30–35 Minuten köcheln lassen. Abkühlen lassen, dann in einen Fischkessel abseihen.
2 Den ganzen Fisch in den Fischkessel geben und zudecken. Sud zum Kochen bringen, Hitze reduzieren und Fisch 10–15 Minuten pochieren, bis er sich an der dicksten Stelle leicht zerteilen lässt. Vom Herd nehmen und Fisch im Sud abkühlen lassen.
3 Für die Mayonnaise Ei, Eigelb, Saft und Essig 10 Sekunden im Mixer verrühren. Bei eingeschaltetem Gerät Öl in einem dünnen Strahl zugießen und mixen, bis das gesamte Öl verbraucht und die Mayonnaise dick und cremig ist. In eine Schüssel füllen, Dill einrühren, mit Salz und Pfeffer abschmecken.
4 Fisch aus dem Sud nehmen und auf einen Servierteller legen, Haut abziehen, Fisch mit Kresse und Zitronenscheiben garnieren und mit Dillmayonnaise servieren.

2 In einer Bratpfanne 2 TL Olivenöl bei mittlerer Temperatur erhitzen, Zwiebel und Schalotten zugeben, Hitze reduzieren und 5 Minuten auf niedrigster Stufe weich braten. Wein zugeben und einige Minuten etwas einkochen lassen, dann Tomaten zugeben. Mit Salz und Pfeffer würzen und unter gelegentlichem Rühren 20 Minuten kochen, bis die Sauce sämig ist. Backofen auf 180 °C (Gas 2) vorheizen.
3 Butter und restliches Öl in einer Bratpfanne stark erhitzen, bis die Butter schaumig wird. Jakobsmuscheln portionsweise auf jeder Seite 1–2 Minuten braten, bis sie goldgelb sind. Beiseite stellen.
4 Knoblauch in die heiße Bratpfanne geben und 1 Minute rühren. Vom Herd nehmen und Petersilie, Thymian und Brösel einrühren.
5 Muschelschalen im Backofen erwärmen. In jede Schale etwas Tomatensauce, dann eine Jakobsmuschel geben und mit Brösel-Kräuter-Mischung bestreuen.
Hinweis Sind keine Muschelschalen erhältlich, Tomatensauce auf eine Platte geben, Jakobsmuscheln darauf anrichten und Brösel-Kräuter-Mischung darüber streuen.

FRANKREICH

JAKOBSMUSCHELN AUF PROVENZALISCHE ART

Zubereitungszeit: 20 Minuten
Kochzeit: 30 Minuten
Für 4 Personen als Vorspeise

600 g vollreife Tomaten
3 EL Olivenöl
1 Zwiebel, fein gehackt
4 Schalotten, fein gehackt
60 ml trockener Weißwein
Salz und Pfeffer
20 frische Jakobsmuscheln, küchenfertig, mit Schalen
4 Knoblauchzehen, zerdrückt
2 EL frische Petersilie, fein gehackt
½ TL frische Thymianblätter
2 EL frische Weißbrotbrösel

1 Tomaten auf der Unterseite kreuzweise einschneiden und 10 Sekunden in kochendes Wasser legen. Kalt abschrecken und Haut abziehen. Tomaten halbieren, die Kerne mit einem Teelöffel entfernen. Fruchtfleisch fein würfeln.

UNTEN: Jakobsmuscheln

DAS GROSSE BUCH DER MITTELMEERKÜCHE

ENTE

Im Handel erhältlich sind ganze Enten (mit oder ohne Kopf) und auch portionierte; sie werden frisch und tiefgefroren angeboten. Beim Kauf einer frischen Ente sollte man darauf achten, dass sie nicht zu fett ist, aber unter der Brusthaut eine ausreichende Fettschicht hat, damit das Fleisch nicht austrocknet. Die Haut sollte cremig weiß sein. Eine frische Ente kann 2–3 Tage im Kühlschrank aufbewahrt werden. Sonst empfiehlt es sich, eine tiefgefrorene zu kaufen und bis zur Verwendung im Tiefkühlgerät zu lagern; friert man eine frische Ente selbst ein, kann es Qualitätsverluste geben. Geflügel taut man im Kühlschrank auf; dazu entfernt man die Verpackung, legt es auf ein Sieb und deckt es zu. Es sollte vor dem Garen ganz aufgetaut sein, sonst wird möglicherweise im Inneren die Temperatur, die erforderlich ist, um Bakterien abzutöten, nicht erreicht.

RECHTS: Ente mit Oliven

ENTE MIT OLIVEN

Zubereitungszeit: 30 Minuten
Kochzeit: 1 Stunden 30 Minuten
Für 4 Personen

☆☆

SAUCE

1 EL Olivenöl
1 Zwiebel, gehackt
1 Knoblauchzehe, zerdrückt
2 vollreife Roma-Tomaten, enthäutet, gehackt
250 ml Riesling
2 TL frische Thymianblätter
1 Lorbeerblatt
Salz und Pfeffer
24 Niçoise-Oliven, entsteint

FÜLLUNG

60 g Rundkornreis, gegart
1 Knoblauchzehe, zerdrückt
100 g TK-Spinat, aufgetaut
2 Entenlebern (ca. 100 g), gehackt
1 Ei, leicht verquirlt
1 TL frische Thymianblätter
Salz und Pfeffer

1 Ente (ca. 1,8 kg)
2 Lorbeerblätter

1 Backofen auf 200 °C (Gas 3) vorheizen. Öl in einer Bratpfanne erhitzen, Zwiebel zugeben und 5 Minuten braten, bis sie glasig ist. Knoblauch, Tomaten, Wein, Kräuter und etwas Salz und Pfeffer zugeben, 5 Minuten braten, dann Oliven zufügen und den Topf vom Herd nehmen.
2 Für die Füllung alle Zutaten in einer Schüssel gut mischen und mit Salz und Pfeffer kräftig würzen. Ente innen und außen kalt abspülen und mit Küchenkrepp abtrocknen. Lorbeerblätter in die Ente legen, dann Füllung mit einem Löffel hineingeben.
3 Flügel auf dem Rücken befestigen, Öffnung mit Zahnstochern oder Spießchen verschließen. In einen tiefen Bräter legen, Haut mit 1 TL Salz einreiben, dann mit einem Spießchen mehrmals einstechen.
4 Auf der obersten Schiene 35–40 Minuten braten, dann überschüssiges Fett vorsichtig abschöpfen. Weitere 35–40 Minuten braten. Um zu prüfen, ob die Ente gar ist, ein Bein vorsichtig vom Rumpf wegziehen. Das Fleisch muss hellbraun und der austretende Fleischsaft klar sein. Die fertige Ente herausnehmen und tranchieren. Mit etwas Füllung und mit Sauce übergossen servieren.

FRANKREICH

LAMMFRIKASSEE MIT ARTISCHOCKEN

Zubereitungszeit: 50 Minuten
Kochzeit: 1 Stunde 50 Minuten
Für 8 Personen

☆☆

60 ml Zitronensaft
6 kleine Artischocken
2 große, vollreife Tomaten
80 ml Olivenöl
2 kg Lamm, gewürfelt
750 g Zwiebeln, dünn geschnitten
1 EL Mehl
2 Knoblauchzehen, zerdrückt
200 ml Weißwein
350 ml Hühnerbrühe
1 Kräutersträußchen
Salz und Pfeffer
frische glatte Petersilie, gehackt, zum Bestreuen
unbehandelte Zitronenschnitze zum Servieren

1 Wasser in einem großen Topf zum Kochen bringen und Zitronensaft zugeben. Artischocken von den Stielen und harten äußeren Blättern befreien. Stachelige Spitzen der verbleibenden Blätter mit der Schere abschneiden. Artischocken 5 Minuten blanchieren, dann umgedreht abtropfen lassen. Wenn sie so weit abgekühlt sind, dass man sie anfassen kann, das Heu mit einem kleinen Löffel entfernen, dann Artischocken vierteln und beiseite stellen.
2 Tomaten an der Unterseite kreuzweise einschneiden, 10 Sekunden in kochendes Wasser legen, dann in kaltem Wasser abschrecken und vom Einschnitt aus die Haut abziehen. Tomaten halbieren, von den Kernen befreien und hacken.
3 Die Hälfte des Öls in einem Schmortopf erhitzen und Lammstücke portionsweise goldbraun braten. Restliches Öl zugeben und Zwiebeln etwa 8 Minuten braten, bis sie weich und karamellisiert sind. Mehl darüber streuen und 1 Minute erhitzen. Knoblauch, Tomaten, Wein und Hühnerbrühe hineingeben und umrühren, Lamm und Kräutersträußchen zugeben, mit Salz und Pfeffer würzen und zugedeckt 1 Stunde schmoren.
4 Artischocken zufügen und 15 Minuten im offenen Topf köcheln lassen. Fleisch und Artischocken mit dem Schaumlöffel herausnehmen, auf einem Servierteller anrichten und warm halten. Kräutersträußchen entfernen und Sauce bei starker Hitze kochen, bis sie sämig wird. Abschmecken, über das Lamm geben und mit Petersilie bestreuen. Mit Zitronenschnitzen servieren.

KRÄUTERSTRÄUSSCHEN

Auch unter der französischen Bezeichnung „Bouquet garni" bekannt, dient das mit Küchengarn zusammengebundene Kräutersträußchen dazu, Suppen, Brühen, Fonds und Saucen mit einem zarten Aroma zu versehen. Es enthält in der Regel Petersilie, Thymian und Lorbeer, aber auch andere Kräuter wie Basilikum, Estragon, Rosmarin und Bohnenkraut passend zum jeweiligen Gericht. Vor dem Servieren wird das Sträußchen entfernt.

OBEN: Lammfrikassee mit Artischocken

OBEN: Ratatouille

RATATOUILLE
(Gemüseragout)

Zubereitungszeit: 25 Minuten
Kochzeit: 40 Minuten
Für 4–6 Personen

6 Strauchtomaten
5 EL Olivenöl
500 g Auberginen, in 2 cm große Würfel geschnitten
375 g Zucchini, in 2 cm dicke Scheiben geschnitten
1 grüne Paprikaschote, entkernt, in 2 cm große Quadrate geschnitten
1 rote Zwiebel, längs in Achtel geschnitten
3 Knoblauchzehen, fein gehackt
¼ TL Cayennepfeffer
2 TL frischer Thymian, gehackt
2 Lorbeerblätter
1 EL Rotweinessig
1 TL feiner Zucker
3 EL frische Basilikumblätter, fein geschnitten
Salz und schwarzer Pfeffer

1 Tomaten an der Unterseite kreuzweise einschneiden, 10 Sekunden in kochendes Wasser legen, kalt abschrecken und vom Einschnitt aus die Haut abziehen. Fruchtfleisch grob hacken.
2 2 EL Öl in einem großen Topf erhitzen, Auberginen zugeben und bei mittlerer Hitze 4–5 Minuten braten, bis sie weich, aber nicht braun sind. Herausnehmen. Weitere 2 EL Öl in den Topf geben, Zucchini darin 3–4 Minuten weich braten und herausnehmen. Paprika zugeben, 2 Minuten braten und herausnehmen.
3 Restliches Öl erhitzen, Zwiebel zugeben und 2–3 Minuten weich braten. Knoblauch, Cayennepfeffer, Thymian und Lorbeer zugeben und unter Rühren 1 Minute erhitzen. Auberginen, Zucchini und Paprika wieder in den Topf geben und Tomaten, Essig und Zucker zufügen. 20 Minuten unter gelegentlichem Rühren köcheln lassen. Basilikum einrühren und mit Salz und Pfeffer abschmecken. Heiß oder zimmerwarm servieren.
Hinweis Ratatouille kann entweder als Gemüsebeilage oder mit Brot als Vorspeise, auch kalt, serviert werden.

GRÜNER SPARGEL MIT VINAIGRETTE

Für die Vinaigrette ½ EL Dijon-Senf, 2 EL Sherryessig, 80 ml Olivenöl extra vergine und ½ TL fein gehackten Schnittlauch in einer kleinen Kanne verrühren. 24 grüne Spargelstangen von holzigen Enden befreien und in einem großen Topf in Salzwasser bei mittlerer Hitze 8–10 Minuten bissfest garen. Inzwischen 3 EL Olivenöl in einer mittelgroßen Bratpfanne erhitzen, darin 2 ganze geschälte Knoblauchzehen bei schwacher Hitze goldbraun braten, dann herausnehmen. 80 g frische Weißbrotbrösel in die Pfanne geben, auf mittlere Hitze schalten und Brösel knusprig und goldbraun braten. Mit Salz und Pfeffer würzen und auf Küchenkrepp abtropfen lassen. Spargel abgießen und auf einem Servierteller anrichten. Mit Vinaigrette beträufeln und mit Bröseln bestreuen. Für 4 Personen.

FRANKREICH

RINDSRAGOUT AUF PROVENZALISCHE ART

Zubereitungszeit: 20 Minuten
 + 1 Nacht Marinierzeit
Kochzeit: 1 Stunde 25 Minuten
Für 6 Personen

1,5 kg Rindfleisch vom Bug, in 3 cm große Würfel geschnitten
2 EL Olivenöl
1 kleine Zwiebel, geschnitten
375 ml Rotwein
2 EL frische glatte Petersilie, gehackt
2 EL frischer Rosmarin, gehackt
2 EL frischer Thymian, gehackt
2 frische Lorbeerblätter
250 g Speck, Schwarte entfernt, in 1 x 2 cm große Stücke geschnitten
400 g zerkleinerte Tomaten aus der Dose
250 ml Rinderbrühe
Salz und Pfeffer

500 g Karotten
45 g Niçoise-Oliven, entsteint

1 Rindfleisch mit 1 EL Öl, Zwiebel, 250 ml Wein und der Hälfte der Kräuter in einer Schüssel vermengen. Mit Klarsichtfolie zudecken und über Nacht im Kühlschrank marinieren.
2 Rindfleisch abtropfen lassen, dabei die Marinade auffangen. Restliches Öl in einem großen Topf erhitzen, Fleisch und Zwiebeln portionsweise darin anbraten und aus dem Topf nehmen.
3 Speck in den Topf geben und 3–5 Minuten knusprig braten. Rindfleisch mit dem restlichen Wein und der Marinade wieder in den Topf geben und die Flüssigkeit 2 Minuten einkochen lassen; dabei den Bodensatz unter Rühren lösen. Tomaten und Brühe zugeben und zum Kochen bringen. Hitze reduzieren und restliche Kräuter zugeben. Mit Salz und Pfeffer kräftig würzen, zudecken und 1½ Stunden köcheln lassen.
4 Möhren und Oliven zufügen und im offenen Topf weitere 30 Minuten schmoren, bis das Fleisch und die Möhren weich sind. Vor dem Servieren nach Bedarf mit Salz und Pfeffer abschmecken.

NIÇOISE-OLIVEN
Die Farbe der kleinen, prallen Niçoise-Oliven reicht von Purpur über Braun bis Schwarz. In Salzlake eingelegt und häufig in Olivenöl verpackt, sind sie ein wichtiger Bestandteil des provenzalischen Speisezettels. Als Tafelolive reicht man sie zu Wein oder Aperitif; sie sind in Salaten, beispielsweise dem Salade niçoise, auf Vorspeisentellern und auf pikantem Gebäck zu finden und werden auch in Saucen und als Dekoration verwendet.

LINKS: Rindsragout auf provenzalische Art

175

FRANKREICH

KARTOFFELPÜREE MIT ÖL

Zubereitungszeit: 5 Minuten
Kochzeit: 20 Minuten
Für 4 Personen

1 kg mehlig kochende Kartoffeln (z. B. Aula, Adretta, Likaria), in große Stücke geschnitten
Salz und Pfeffer
200 ml Fleischbrühe (passend zum Gericht, zu dem das Püree serviert wird)
2 Knoblauchzehen, geschält und gequetscht
2 Zweige frischer Thymian
150 ml Olivenöl extra vergine

1 Kartoffeln in Salzwasser garen, aber nicht zu weich kochen. Inzwischen Brühe mit Knoblauch und Thymian zum Kochen bringen, dann vom Herd nehmen und ziehen lassen.
2 Kartoffeln gründlich abtropfen lassen und passieren oder zerstampfen. Brühe durchseihen und im Topf mit Olivenöl erwärmen. Kartoffelpüree in eine Schüssel geben und Brühe unter ständigem Rühren mit einem Holzlöffel in dünnem, gleichmäßigem Strahl zugießen. Püree mit Salz und Pfeffer würzen und glatt rühren.

HUHN MIT VIERZIG KNOBLAUCHZEHEN

Zubereitungszeit: 20 Minuten
Kochzeit: 1 Stunde 45 Minuten
Für 4 Personen

10 g Butter
1 EL Olivenöl
1 großes Huhn aus Freilandhaltung
40 Knoblauchzehen, ungeschält (siehe Hinweis)
2 EL frischer Rosmarin, gehackt
300 ml trockener Weißwein
150 ml Hühnerbrühe
225 g Mehl

1 Backofen auf 180 °C (Gas 2) vorheizen.
2 Butter und Öl in einem ofenfesten Schmortopf mit 4,5 l Fassungsvermögen erhitzen und Huhn bei mittlerer Hitze auf allen Seiten goldbraun braten. Herausnehmen, Knoblauchzehen, Rosmarin und Thymian in den Topf geben und 1 Minute braten. Huhn wieder in den Topf legen, Wein und Hühnerbrühe zugießen. Zum Köcheln bringen, dabei ab und zu Huhn mit der Flüssigkeit begießen.
3 Mehl in einer Schüssel mit 150 ml Wasser zu einem festen, formbaren Teig verrühren. In vier Stücke teilen, diese zu dünnen Rollen formen und um den Topfrand legen, Deckel aufsetzen und gut andrücken, damit er dicht schließt. 1¼ Stunden im Backofen schmoren, Teig aufbrechen und Deckel entfernen. Huhn 15 Minuten im Backofen bräunen, dann auf einer Platte anrichten. Flüssigkeit bei mittlerer Hitze auf 250 ml einkochen. Huhn tranchieren, Knoblauchhäutchen anstechen und Mark auf das Huhn ausquetschen. Mit der Sauce servieren.
Hinweis Wegen der vielen Knoblauchzehen braucht man keine Bedenken zu haben. So gekocht wird Knoblauch weich und cremig.

LINSEN IN ROTWEIN

Zubereitungszeit: 20 Minuten
Kochzeit: 1 Stunde 15 Minuten
Für 4–6 Personen

2 EL Olivenöl
1 Selleriestange, fein gewürfelt
1 große Möhre, fein gewürfelt
1 große Zwiebel, fein gewürfelt
2 Knoblauchzehen, zerdrückt
2 EL Tomatenmark
280 g Puy-Linsen
250 ml Rotwein
250 ml Rinderbrühe
1 frisches Lorbeerblatt, zerdrückt
5 Zweige frischer Thymian
3 EL frische glatte Petersilie, gehackt
Salz und Pfeffer

1 Öl in einem großen Topf erhitzen. Sellerie, Möhre und Zwiebel zugeben und bei schwacher bis mittlerer Hitze 10 Minuten braten. Knoblauch zugeben und 2 Minuten weiterbraten.
2 Tomatenmark einrühren und 5 Minuten erhitzen. Linsen einrühren, Wein zugeben und 3–5 Minuten etwas einkochen lassen. Rinderbrühe und 375 ml Wasser zugeben, wieder zum Kochen bringen, dann Hitze reduzieren und Kräuter zugeben. Mit Salz und Pfeffer würzen und 45–50 Minuten köcheln lassen, bis die Linsen gar sind und die ganze Flüssigkeit aufgesaugt ist.

LENTILLES DU PUY
Die feinsten Linsen kommen aus dem französischen Wallfahrtsort Le Puy in der Auvergne. Sie sind dunkelgrün, klein und dünnhäutig, haben einen besonders intensiven und vollen Geschmack und behalten beim Kochen Form und Konsistenz. Im Gegensatz zu anderen Hülsenfrüchten müssen Linsen vor dem Kochen nicht eingeweicht werden, es empfiehlt sich jedoch, sie zu waschen und zu verlesen, da sie kleine Steine enthalten können.

GEGENÜBERLIEGENDE SEITE, VON OBEN: Kartoffelpüree mit Öl; Linsen in Rotwein; Huhn mit vierzig Knoblauchzehen

177

DAS GROSSE BUCH DER MITTELMEERKÜCHE

SALBEI

Im Mittelalter schrieb man der Pflanze die Eigenschaft zu, langes Leben und Weisheit zu schenken. Ursprünglich diente sie dazu, schwere, fette Speisen bekömmlicher zu machen. In der südfranzösischen Küche werden häufig Schweinefleisch, Huhn und Kalbfleisch mit dem stark duftenden und intensiv schmeckenden Kraut gewürzt. Vor allem in der getrockneten Form sollte Salbei nur sparsam verwendet werden, da eine zu großzügige Beigabe den Eigengeschmack der Nahrungsmittel, mit denen er gekocht wird, eher überdeckt als ergänzt.

SCHWEINEFILET MIT SALBEI UND KAPERN

Zubereitungszeit: 25 Minuten
Kochzeit: 1 Stunde 15 Minuten
Für 4 Personen

60 ml Olivenöl extra vergine
25 g Butter
1 Zwiebel, fein gehackt
100 g frische Weißbrotbrösel
2 TL frischer Salbei, gehackt
1 TL frische glatte Petersilie, gehackt
2 TL unbehandelte Zitronenschale, gerieben
2 ½ EL Kapern in Salzlake, abgespült und trockengetupft
1 Ei
Salz und Pfeffer
2 große Schweinefilets (je 500 g)
8 große dünne Scheiben durchwachsener Speck oder Prosciutto
2 TL Mehl
100 ml trockener Wermut
300 ml Hühner- oder Gemüsebrühe
8 ganze Salbeiblätter, zum Garnieren

1 Backofen auf 170 °C (Gas 1–2) vorheizen. 1 EL Öl und Butter in einer Bratpfanne erhitzen und Zwiebel 5 Minuten hell goldgelb braten.
2 Zwiebel, Brösel, Salbei, Petersilie, Zitronenschale, ½ TL Kapern und Ei in einer Schüssel vermengen und mit Salz und Pfeffer kräftig würzen.
3 Schweinefilets längs einschneiden und aufklappen. Füllung auf dem einen Filet verteilen und mit dem anderen zudecken.
4 Speck oder Prosciutto mit der flachen Messerklinge dehnen und Scheiben leicht überlappend um die Schweinefilets wickeln. In Abständen mi Küchengarn zusammenbinden.
5 Fleisch in einen Bräter legen und mit 1 EL Olivenöl beträufeln. 1 Stunde braten. Für die Garprobe Zahnstocher in die dickste Stelle stechen; der herauslaufende Bratensaft sollte klar sein. Fleisch herausnehmen, mit Alufolie zudecken und beiseite stellen. Bräter auf die Herdplatte stellen, Mehl mit Bratensatz gründlich verrühren, Wermut zugeben und 1 Minute kochen. Brühe zugießen und 5 Minuten köcheln lassen; dabei kräftig rühren, um etwaige Klümpchen aufzulösen. Restliche Kapern in die Sauce geben
6 In einem kleinen Topf restliches Öl stark erhitzen und Salbeiblätter knusprig braten. Auf Küchenkrepp abtropfen lassen.
7 Fleisch in 1 cm dicke Scheiben schneiden. Etwas Sauce darüber geben und Portionen mit frittierten Salbeiblättern garnieren.

RECHTS: Schweinefilet mit Salbei und Kapern

FRANKREICH

GEMÜSE-TIAN

Zubereitungszeit: 40 Minuten
Kochzeit: 1 Stunde 20 Minuten
Für 6–8 Personen

1 kg rote Paprikaschoten
Salz und Pfeffer
125 ml Olivenöl
800 g Mangold, Stiele entfernt, grob zerteilt
2 EL Pinienkerne
gemahlener Muskat nach Geschmack
1 Zwiebel, gehackt
2 Knoblauchzehen
2 TL Thymian, gehackt
750 g Tomaten, geschält, entkernt, gewürfelt
1 große Aubergine, in 1 cm dicke Scheiben geschnitten
5 kleine Zucchini (etwa 500 g), diagonal in dünne Scheiben geschnitten
3 vollreife Tomaten, in 1 cm dicke Scheiben geschnitten
1 EL frische Weißbrotbrösel
30 g Parmesan, gerieben
30 g Butter

1 Backofen auf 200 °C (Gas 3) vorheizen. Grill auf höchster Stufe vorheizen.
2 Paprika von Kernen und Häutchen befreien und unter den Grill legen, bis die Haut schwarz wird und Blasen wirft. In einem Plastikbeutel abkühlen lassen, schälen und in 8 x 3 cm große Stücke schneiden. In eine leicht gefettete ofenfeste Form geben (25 x 20 x 5 cm) und mit Salz und Pfeffer sparsam würzen.
3 In der Bratpfanne 2 EL Öl bei mittlerer Temperatur erhitzen, Mangold 8–10 Minuten weich braten. Pinienkerne zugeben, mit Salz, Pfeffer und Muskat würzen. Mangold auf die Paprikastücke verteilen.
4 1 EL Olivenöl erhitzen. Zwiebel zugeben und 7–8 Minuten bei mittlerer Hitze goldgelb braten. Knoblauch und Thymian zugeben, 1 Minute braten, dann Tomatenwürfel zugeben und aufkochen. Hitze reduzieren, 10 Minuten köcheln lassen und über dem Mangold verteilen.
5 Restliches Olivenöl stark erhitzen und Auberginenscheiben 8–10 Minuten auf beiden Seiten goldbraun braten. Auf Küchenkrepp abtropfen lassen und in einer einzigen Schicht in die Form legen. Mit wenig Salz und Pfeffer würzen.
6 Zucchini- und Tomatenscheiben abwechselnd auf die Aubergine verteilen. Brösel und Parmesan darüber streuen, Butter in Flöckchen darauf setzen und 25–30 Minuten überbacken. Warm oder zimmerwarm servieren.

TIAN
Ursprünglich der Name einer Form aus glasiertem Ton, die zum Überbacken dient, wird die Bezeichnung „tian" heute auch für das Gericht selbst verwendet.

OBEN: Gemüse-Tian

POULPE PROVENÇAL

Mit einem kleinen Messer Kopf knapp unter den Augen vorsichtig von den Tentakeln trennen.

Maul (Schnabel) am Ansatz der Tentakel mit dem Finger nach oben herausdrücken.

Um den Krakenkopf zu säubern, vorsichtig an einer Seite neben dem Tintenbeutel aufschlitzen und Innereien entfernen.

Aufgeschlitzten Kopf unter fließendem Wasser spülen und eventuell verbleibende Innereien entfernen.

OBEN: Poulpe provençal

POULPE PROVENÇAL
(Krake in Tomate und Wein)

Zubereitungszeit: 25 Minuten
Kochzeit: 1 Stunde 30 Minuten
Für 6 Personen

☆☆

500 g vollreife Tomaten
1 kg kleine Kraken
60 ml Olivenöl
1 große Zwiebel, gehackt
2 Knoblauchzehen
350 ml trockener Weißwein
1/4 TL Safranfäden
2 frische Thymianzweige
Salz und Pfeffer
2 EL frische glatte Petersilie, grob gehackt

1 Tomaten auf der Unterseite kreuzweise einschneiden, 10 Sekunden in kochendes Wasser legen, in kaltem Wasser abschrecken und vom Einschnitt aus die Haut abziehen. Halbieren, Kerne mit einem Teelöffel entfernen und Fruchtfleisch hacken.

2 Um die Kraken zu putzen, Köpfe mit einem kleinen, scharfen Messer knapp unter den Augen abtrennen. Augen kreisförmig ausschneiden. Köpfe vorsichtig aufschneiden und Eingeweide entfernen. Gründlich waschen. Köpfe halbieren und Maul am Ansatz der Tentakel mit dem Finger nach oben herausdrücken. Tentakel je nach Größe der Kraken in Zweier- oder Vierergruppen teilen.

3 Alle Krakenteile in kochendem Wasser 2 Minuten blanchieren, dann abtropfen und etwas abkühlen lassen. Mit Küchenkrepp trockentupfen.

4 Olivenöl in einer Bratpfanne erhitzen und die Zwiebel bei mittlerer Hitze hell goldbraun braten. Kraken und Knoblauch zufügen und weitere 2–3 Minuten braten. Tomaten, Wein, Safran und Thymian in die Pfanne geben und gerade genug Wasser zugießen, um die Kraken zu bedecken.

5 Zugedeckt 1 Stunde köcheln lassen. Deckel abnehmen und etwa 15 Minuten weiterkochen, bis die Kraken weich sind und die Sauce ein wenig einkocht; die genaue Kochzeit hängt von der Größe der Kraken ab. Mit Salz und Pfeffer abschmecken. Heiß oder zimmerwarm mit gehackter Petersilie bestreut servieren.

FRANKREICH

ZUCCHINI-OMELETT

Zubereitungszeit: 5 Minuten
Kochzeit: 15 Minuten
Für 4 Personen

80 g Butter
400 g Zucchini, in Scheiben geschnitten
1 EL frische Basilikumblätter, gehackt
1 Prise gemahlene Muskatnuss
Salz und Pfeffer
8 Eier, leicht verschlagen

1 Die Hälfte der Butter in einer beschichteten Bratpfanne mit 23 cm Durchmesser zerlassen. Zucchini darin bei mittlerer Hitze 8 Minuten leicht bräunen. Basilikum und Muskat einrühren, mit Salz und Pfeffer würzen und 30 Sekunden erhitzen. Warm halten.

2 Pfanne auswischen und restliche Butter darin zerlassen. Eier mit wenig Salz und Pfeffer würzen, in die Pfanne geben und bei starker Hitze behutsam rühren, bis sie zu stocken beginnen. Hitze reduzieren und Ränder mit einer Gabel von der Pfanne lösen. Pfanne schütteln, damit das Omelett nicht anbrennt. Wenn es beinahe fest, die Oberfläche aber noch feucht ist, Zucchini in der Mitte verteilen. Mit dem Pfannenmesser Omelett zusammenklappen und auf einen Servierteller gleiten lassen.

GEGRILLTER FISCH MIT FENCHEL UND ZITRONE

Zubereitungszeit: 10 Minuten
Kochzeit: 10 Minuten
Für 4 Personen

4 rote Meeräschen oder Brassen, geschuppt und ausgenommen
1 Zitrone, in dünne Scheiben geschnitten
1 kleine Fenchelknolle, dünn geschnitten
1½ EL Fenchelsamen
Salz
60 ml Zitronensaft
80 ml Olivenöl

1 Fische 3-mal auf jeder Seite diagonal einschneiden. Je 2–3 Zitronenscheiben und einige Fenchelstücke in die Fische legen. Fenchelsamen in einem Mörser grob zerstoßen. Fische auf beiden Seiten mit den Fenchelsamen und etwas Salz bestreuen und gut einreiben.

2 Zitronensaft und Olivenöl in einer Schüssel vermengen. Holzkohlen- oder Tischgrill stark erhitzen, Fische darauf legen und mit Zitrone-Öl-Mischung beträufeln. Nach 5 Minuten vorsichtig wenden, dabei darauf achten, dass die Füllung nicht austritt, und wieder mit Zitronen-Öl-Mischung beträufeln. Mit Salat servieren.

OMELETT

Diese Eierspeise ist eine Köstlichkeit aus der einfachen Bauernküche Frankreichs. Mit ganz frischen Eiern, guter Butter und einfachen Gewürzen ist es möglich, innerhalb von Minuten ein sättigendes Gericht auf den Tisch zu zaubern. Hier einige Tipps fürs gute Gelingen: Eier nicht zu stark verquirlen, sondern nur rühren, bis eine homogene Mischung entsteht. Knapp bemessene, einfache Füllungen verwenden, deren Aroma den feinen Eiergeschmack nicht überdeckt. Das Omelett nicht zu lange backen, sonst wird es gummiartig.

LINKS: Zucchini-Omelett

GEFÜLLTE CHAMPIGNONS

Zubereitungszeit: 10 Minuten
Kochzeit: 25 Minuten
Für 4 Personen

8 große Champignons
4 EL Olivenöl
30 g Prosciutto, fein gehackt
1 Knoblauchzehe, zerdrückt
2 EL frische Weißbrotbrösel
30 g Parmesan, gerieben
3 EL frische glatt Petersilie, gehackt

1 Backofen auf 190 °C (Gas 2–3) vorheizen. Ofenfeste Form mit Öl bepinseln. Pilzstiele abschneiden und fein hacken.
2 1 EL Öl in der Bratpfanne erhitzen, Prosciutto, Knoblauch und Pilzstiele zugeben und 5 Minuten braten. In einer Schüssel mit Bröseln, Parmesan und Petersilie vermischen.
3 Pilzköpfe mit 1 EL Olivenöl bestreichen und umgedreht in die Form legen. Füllung auf die Pilze verteilen und 20 Minuten backen. Mit restlichem Öl beträufeln und heiß oder warm servieren.

GEFÜLLTE ZWIEBELN

Zubereitungszeit: 30 Minuten
Kochzeit: 1 Stunde 5 Minuten
Für 4 Personen

8 Zwiebeln (je 125 g)
Salz und Pfeffer
6 dünne Speckscheiben, gewürfelt
4 Knoblauchzehen, fein gehackt
1 EL Sahne
1 Ei, leicht verschlagen
1/4 EL gemahlene Muskatnuss
3 EL frische glatte Petersilie, gehackt
60 g frische Weißbrotbrösel
2 EL geriebener Parmesan
40 g weiche Butter
250 ml Hühnerbrühe

1 Backofen auf 200 °C (Gas 3) vorheizen. Flache ofenfeste Form leicht einfetten.
2 Zwiebeln schälen. In einem großen Topf Wasser zum Kochen bringen, Zwiebeln hineingeben und 5–6 Minuten köcheln lassen. Herausnehmen, gründlich abtropfen und etwas abkühlen lassen. Mit einem kleinen scharfen Messer so weit aushöhlen, dass rundum 1 cm stehen bleibt. Vom Inneren etwa 50 g für die Füllung klein hacken. Ausgehöhlte Zwiebeln mit Salz und Pfeffer würzen.
3 Inzwischen Speck in einer kleinen Bratpfanne bei mittlerer Hitze braten, bis das Fett austritt. Gehackte Zwiebel mit Knoblauch in die Pfanne geben und 5 Minuten hell goldbraun braten. Vom Herd nehmen, Sahne, Ei, Muskatnuss, Petersilie und 40 g Brösel zugeben. Mit Salz und Pfeffer kräftig würzen und vermengen.
4 Mischung in die Zwiebeln häufen. Restliche Brösel mit Parmesan mischen, über die Zwiebeln streuen und Butter in Flöckchen darauf setzen. Zwiebeln in die Form setzen und die Brühe vorsichtig einfüllen. Zwiebeln 1 Stunde backen, bis sie weich sind; dabei gelegentlich mit der Brühe begießen.

UNTEN: Gefüllte Champignons

FRANKREICH

GASCONNADE
(Lammkeule nach Art der Gascogne)

Zubereitungszeit: 25 Minuten
Kochzeit: 1 Stunde 30 Minuten
Für 6 Personen

★★☆

1 große Lammkeule (etwa 2,5 kg), vom Fleischer entbeint, Knochen für Brühe mitnehmen
1 Möhre, grob gehackt
1 Selleriestange, grob gehackt
1 große Zwiebel, grob gehackt
1 Lorbeerblatt
1 Kräutersträußchen (siehe Seite 173)
2 Knoblauchzehen, zerdrückt
6 Sardellenfilets, zu einer Paste zerdrückt
½ EL frische Petersilie, fein gehackt
½ EL frischer Thymian, fein gehackt
½ EL frischer Rosmarin, fein gehackt
3 EL Olivenöl
frisch gemahlener schwarzer Pfeffer
25 Knoblauchzehen, ungeschält

1 Backofen auf 220 °C (Gas 4–5) vorheizen. Lammknochen mit Möhre, Sellerie, Zwiebel, Lorbeerblatt und Kräutersträußchen in einen Suppentopf geben und mit kaltem Wasser bedecken. Zum Kochen bringen und ohne Deckel 1 Stunde köcheln lassen. Abseihen und, falls erforderlich, Flüssigkeit auf 500 ml einkochen.
2 Inzwischen Knoblauch, Sardellen, Kräuter und Olivenöl in einer kleinen Schüssel mit etwas frisch gemahlenem schwarzem Pfeffer verrühren. Fleisch ausbreiten, mit dem Großteil der Kräutermischung einreiben, zusammenrollen und mit Küchengarn festbinden. Außen mit der restlichen Kräutermischung einreiben und in einen Bräter legen. 15 Minuten braten, dann Temperatur auf 180 °C (Gas 2) reduzieren. Etwa 45 Minuten weiterbraten, dabei gelegentlich mit dem austretenden Saft begießen; wer das Fleisch durchgebraten mag, verlängert die Garzeit entsprechend.
3 Inzwischen Wasser in einem Topf erhitzen und Knoblauchzehen 5 Minuten kochen. Abgießen und kalt abspülen. Knoblauch schälen und Fruchtfleisch pürieren. In der Brühe zum Kochen bringen, dann 10 Minuten köcheln lassen. Lamm auf ein Tranchierbrett legen und warm halten. Bräter auf den Herd stellen. Fett vom Fleischsaft abschöpfen. Knoblauchbrühe zum Saft geben und bei starker Hitze auf die Hälfte einkochen. Mit Salz und Pfeffer abschmecken. Lamm in Scheiben schneiden und mit der Sauce servieren.

LAMMBRATEN
Ein Lieblingsgericht der französischen Bistroküche ist die gebratene Lammkeule, ursprünglich ein Eintopf, den man zum Bäcker brachte und nach dem Brotbacken in seinem noch warmen Backofen garen ließ. Es ist wichtig, die Lammhaxe nach dem Braten und vor dem Tranchieren ruhen zu lassen, damit sich der Fleischsaft im Fleisch gleichmäßig verteilt. Schneidet man den Braten zu früh auf, ist er zwar innen feucht, an den Rändern jedoch trocken, da der Fleischsaft zur Mitte hin fließt, wenn rotes Fleisch gegart wird.

OBEN: Gasconnade

183

DAS GROSSE BUCH DER MITTELMEERKÜCHE

OBEN: Fougasse

FOUGASSE
(Weißbrot mit Olivenöl)

Zubereitungszeit: 30 Minuten
 + 1 Stunde 20 Minuten zum Aufgehen
Backzeit: 35 Minuten
Für 4 Personen

☆☆

1 Päckchen Trockenhefe (7 g)
1 TL Zucker
500 g Mehl
2 TL Salz
60 ml Olivenöl

1 Hefe, Zucker und 125 ml warmes Wasser in einer Schüssel verrühren, bis der Zucker sich auflöst. 10 Minuten an einem warmen, geschützten Ort stehen lassen, bis die Mischung schäumt und das Volumen sich leicht vergrößert hat.
2 Mehl und Salz in eine Schüssel sieben und in die Mitte eine Mulde drücken. Hefemischung, Olivenöl und knapp 200 ml lauwarmes Wasser zugeben und zu einem weichen Teig verrühren. Mit bemehlten Händen zu einer Kugel formen, auf eine bemehlte Arbeitsfläche legen und 10 Minuten kneten, bis der Teig glatt und elastisch ist.
3 In eine große, leicht geölte Schüssel geben, locker mit Klarsichtfolie oder einem befeuchteten Geschirrtuch zudecken und an einem warmen Ort 1 Stunde gehen lassen, bis sich das Volumen verdoppelt hat.
4 Teig 1 Minute kneten, dann in 4 gleich große Stücke teilen. Jedes Stück zu einem 1 cm dicken ovalen Fladen formen und die Oberfläche wie links abgebildet einschneiden. Fladen auf bemehlte Backbleche legen, mit Klarsichtfolie zudecken und 20 Minuten gehen lassen.
5 Backofen auf 210 °C (Gas 4) vorheizen, Brote 35 Minuten knusprig backen, dabei nach 15 Minuten Wasser in den Backofen sprühen, um die Krustenbildung zu fördern.
Hinweis Obwohl Fougasse traditionell wie in diesem Rezept beschrieben als einfaches Brot hergestellt wird, werden heute auch Zutaten wie frische Kräuter, Oliven, Schinkenwürfel oder Sardellen dem Teig zugefügt. Um das Rezept abzuwandeln, gibt man die gewünschten Zusätze zum Teig, wenn er das letzte Mal geknetet wird (Schritt 4).

KNOBLAUCHSUPPE

Die Nachwirkungen des Knoblauchs sind in diesem Fall kaum spürbar, da er gekocht wird. Im Mittelmeerraum gilt die Suppe als sehr gesund. Zehen einer ganzen Knolle (etwa 20 Stück) mit der flachen Messerklinge zerdrücken. Häutchen entfernen und Knoblauch mit 2 großen Thymianzweigen, 1 l Hühnerbrühe und 250 ml Wasser in einen großen Topf geben. Zum Kochen bringen, Hitze reduzieren und ohne Deckel etwa 20 Minuten köcheln lassen. Durch ein feines Sieb in einen zweiten Topf abseihen. 80 ml Sahne zugeben und die Suppe vorsichtig erwärmen, aber nicht kochen lassen. Mit Salz und Pfeffer abschmecken. Backofen auf 180 °C (Gas 2) vorheizen. 4 dicke Weißbrotscheiben von der Kruste befreien und in mundgerechte Würfel schneiden. Auf ein Backblech legen und 5–10 Minuten goldbraun backen. Auf Suppenschüsseln verteilen und Suppe darüber gießen. Mit Thymian garnieren und sofort servieren. Für 4 Personen.

FRANKREICH

WALNUSSBROT

Zubereitungszeit: 45 Minuten
 + 2 Stunden 30 Minuten zum Aufgehen
Kochzeit: 50 Minuten
Ergibt 1 Laib

2½ TL getrocknete Hefe
90 g Malzextrakt
2 EL Olivenöl
300 g Walnusshälften, leicht geröstet
530 g Mehl
1½ TL Salz
1 Ei, leicht verschlagen

1 Backblech einfetten. Hefe, Malz und 350 ml lauwarmes Wasser in eine kleine Schüssel geben und gut verrühren. An einem warmen, geschützten Ort 10 Minuten stehen lassen, bis die Mischung schäumt und das Volumen sich leicht vergrößert hat. Öl einrühren.
2 200 g Walnüsse im Mixer grob mahlen. 500 g Mehl und Salz in einer großen Schüssel vermengen und gemahlene Walnüsse einrühren. In die Mitte eine Mulde drücken und die Hefemischung hineingeben. Mit einem großen Metalllöffel verrühren, bis sich die Zutaten verbinden. Auf eine leicht bemehlte Arbeitsfläche geben und 10 Minuten kneten, bis ein glatter Teig entsteht; dabei so viel vom restlichen Mehl einarbeiten, dass der Teig nicht klebt – er sollte weich und feucht sein, wird aber nicht sehr elastisch. Teig zu einer Kugel formen. In eine leicht geölte Schüssel geben, mit Klarsichtfolie oder einem befeuchteten Geschirrtuch zudecken und an einem warmen Ort etwa 1½ Stunden gehen lassen, bis sich das Volumen verdoppelt hat.
3 Teig mit der Faust zusammendrücken und auf eine leicht bemehlte Arbeitsfläche geben. Möglichst ohne Kneten zu einem 25 x 20 cm großen Rechteck formen. Mit den übrigen Walnüssen bestreuen und von der schmalen Seite her fest aufrollen. Laib auf ein Backblech legen, mit Karsichtfolie oder einem feuchten Geschirrtuch bedecken und 1 Stunde an einem warmen Ort gehen lassen, bis sich das Volumen verdoppelt hat.
4 Backofen auf 190 °C (Gas 2–3) vorheizen. Laib mit Ei bestreichen und 45–50 Minuten goldbraun backen, bis er hohl klingt, wenn man auf die Kruste klopft. Auf einem Kuchengitter abkühlen lassen.
Hinweis Helle, pralle Walnüsse bester Qualität verwenden; billigere können bitter schmecken.

WALNÜSSE
Vermutlich aus Persien stammt die Walnuss, die von den Griechen besonders geschätzt wurde und den Römern ihre Verbreitung in ganz Europa verdankt. In vielen Mittelmeerländern ist das Wort für Walnuss dasselbe wie für die Nuss schlechthin; der deutsche Name leitet sich von „welsch" (fremd) ab. Walnüsse kauft man möglichst in der Schale, denn sie schmecken viel besser als die geschälten und abgepackten; dabei sollte die Schale keine Risse oder Löcher aufweisen. An einem kühlen, trockenen Ort sind sie bis zu 3 Monate lagerfähig. Geschälte Walnüsse sollten beim Kauf prall und saftig sein. Sie lassen sich bis zu 6 Monate in einem luftdichten Behälter im Kühlschrank aufbewahren.

Links: Walnussbrot

DAS GROSSE BUCH DER MITTELMEERKÜCHE

BEIGNETS DE FRUITS

Eischnee behutsam unter den Teig heben.

Beignets goldbraun frittieren und mit einem Schaumlöffel aus dem Öl nehmen.

LAVENDELEIS

Zubereitungszeit: 15 Minuten + Gefrierzeit
Kochzeit: 15 Minuten
Für 6–8 Personen

- 8 Stängel Lavendel (oder 4–6 bei Lavendel in voller Blüte, da er dann kräftiger schmeckt)
- 600 ml Crème double
- 1 Stück Schale einer unbehandelten Zitrone
- 160 g Zucker
- 4 Eigelb, leicht verquirlt

1 Lavendel waschen und trockentupfen, dann in einen Kochtopf mit Sahne und Zitronenschale geben. Kurz vor dem Siedepunkt Zucker zugeben und rühren, bis er sich auflöst. Durch ein feines Sieb gießen, dann nach und nach dem Eigelb zufügen. Wieder in den Topf geben und unter Rühren schwach erhitzen, bis die Masse schwer reißend vom Löffel fällt. In einer gekühlten Metallschale abkühlen lassen oder in der Eismaschine gemäß Gebrauchsanleitung gefrieren lassen, bis die Masse am Rand, aber nicht in der Mitte fest ist.
2 Im Mixer oder in einer Schüssel glatt rühren. Wieder gefrieren lassen, dann diesen Vorgang noch 2-mal wiederholen. Mit Pergamentpapier bedecken und gefrieren lassen.

APRIKOSENKOMPOTT

Zubereitungszeit: 15 Minuten + Kühlzeit
Kochzeit: 30 Minuten
Für 4–6 Personen

- 1 Orange, unbehandelt
- 1 Zitrone, unbehandelt
- 1 kleine Vanilleschote, aufgeschlitzt
- 125 g Zucker
- 1 kg reife, feste Aprikosen, halbiert, entkernt
- 1–2 EL feiner Zucker

1 Von der Orange und Zitrone je 2 Schalenstreifen, 5 cm lang, abschneiden. Orange auspressen (ca. 4 EL Saft); 1 EL Zitronensaft auspressen.
2 750 ml Wasser im Topf mit Fruchtschale, Vanilleschote und Zucker zum Kochen bringen. 5 Minuten sprudelnd kochen.
3 Aprikosen in einen breiten Topf geben und heißen Sirup darüber gießen. Langsam zum

GEGENÜBERLIEGENDE SEITE, IM UHRZEIGERSINN VON LINKS: Aprikosenkompott; Lavendeleis; Beignets de fruits

Kochen bringen und Aprikosen weich köcheln lassen (2–10 Minuten je nach Frucht). Mit dem Schaumlöffel herausnehmen, in eine Schüssel geben und Sirup 10 Minuten kochen, bis er dickflüssig wird. Vom Herd nehmen, 15 Minuten abkühlen lassen. Saft einrühren, mit Zucker abschmecken und über die Aprikosen gießen. Warm oder zimmerwarm servieren.

BEIGNETS DE FRUITS

(Apfel-Rosinen-Küchlein)

Zubereitungszeit: 25 Minuten
 + 3 Stunden Ruhezeit
Backzeit: 10 Minuten
Für 4 Personen

- 3 Äpfel (Granny Smith oder Golden Delicious)
- 70 g Rosinen
- 3 EL Calvados oder Rum
- 1½ EL feiner Zucker
- Pflanzenöl zum Braten
- 2 EL Mehl zum Bestäuben
- Puderzucker zum Bestäuben

EIERTEIG
- 1 Ei, getrennt
- 3½ EL warmes Bier
- 60 g Mehl
- 1 TL Pflanzenöl
- 1 Prise Salz

1 Äpfel schälen, entkernen und in 1 cm große Würfel schneiden. Mit Rosinen, Calvados und Zucker in einer Schüssel zugedeckt 3 Stunden marinieren.
2 Für den Eierteig Eigelb und Bier in einer großen Schüssel verquirlen. Mehl, Öl und Salz zugeben und zu einem glatten Teig rühren. Zugedeckt an einem warmen Ort 1 Stunde ruhen lassen.
3 Öl in einen Topf 10 cm hoch füllen und auf 170 °C erhitzen; ein Brotwürfel sollte innerhalb von 20 Sekunden bräunen. 1½ EL Marinade in den Teig rühren. Eiweiß steif schlagen. Äpfel und Rosinen abtropfen lassen, in Mehl wenden und unter den Teig heben. Teig esslöffelweise ins Öl legen und 1–2 Minuten goldbraun frittieren. Mit dem Schaumlöffel herausnehmen, auf Küchenkrepp abtropfen lassen und warm halten. Mit Puderzucker bestäubt servieren.

FRANKREICH

TARTE AU CITRON
(Zitronenkuchen)

Zubereitungszeit: 1 Stunde + Kühlzeit
Backzeit: 50 Minuten
Für 6–8 Personen

☆☆

Teig
125 g Mehl
1 Prise Salz
75 g weiche Butter
1 Eigelb
2 EL Puderzucker, gesiebt

3 Eier
2 Eigelb
185 g feiner Zucker
125 ml Sahne
200 ml Zitronensaft
1½ EL geriebene Schale einer unbehandelten Zitrone
3 kleine unbehandelte Zitronen, gewaschen und abgebürstet
160 g Zucker

1 Mehl und Salz in eine Schüssel sieben. In die Mitte eine Mulde drücken. Butter, Eigelb und Puderzucker mit den Fingerspitzen untermengen, dann nach und nach Mehl zugeben und zur Kugel formen; bei Bedarf einige Tropfen kaltes Wasser zugeben. Kugel flach drücken, in Klarsichtfolie wickeln und 20 Minuten kalt stellen.
2 Backofen auf 200 °C (Gas 3) vorheizen. 2 cm tiefe Backform mit 21 cm Durchmesser fetten.
3 Teig zwischen 2 Schichten Backpapier 3 mm dick ausrollen. Form damit auslegen und überstehenden Teig abschneiden. 10 Minuten kühlen. Teig mit Backpapier belegen, mit Trockenerbsen o. ä. beschweren und 10 Minuten backen. Papier und Erbsen entfernen und 6–8 Minuten fertig backen. Abkühlen lassen. Backofen auf 150 °C (Gas 1) schalten.
4 Eier, Eigelb und Zucker verschlagen, Sahne und Saft einrühren. In eine Kanne abseihen und Zitronenschale zugeben. Kuchenform auf ein Backblech auf die mittlere Schiene des Backofens stellen und Füllung bis zum Rand eingießen. 40 Minuten backen, bis die Füllung gerade stockt; sie sollte sich in der Mitte noch bewegen, wenn man gegen die Form klopft. Abkühlen lassen und aus der Form nehmen.
5 Zitronen in sehr dünne Scheiben schneiden. Im kochenden Wasser 5 Minuten blanchieren. Zucker und 200 ml Wasser in einer kleinen Bratpfanne bei schwacher Hitze verrühren, bis sich der Zucker auflöst. Zitronenscheiben zugeben und bei schwacher Hitze 40 Minuten köcheln lassen, bis die Schale sehr weich und das Weiße durchsichtig ist. Mit einem Schaumlöffel herausnehmen und auf Backpapier abtropfen lassen. Kuchen erst kurz vor dem Servieren damit belegen. Warm oder gekühlt servieren.

TARTE AU CITRON
Gefüllte, flache, süße Kuchen, „tartes" genannt, werden häufig zum Dessert serviert. Am besten gelingen sie in speziellen Tarte- oder Flan-Formen, die die richtige Höhe haben und aus denen sich der Kuchen leicht lösen lässt.

RECHTS: Tarte au Citron

FRANKREICH

TOURTE DE BLETTES
Diese Pastete ist eines der ältesten und beliebtesten Desserts in Nizza. Die Kombination von Mangold, Pinienkernen und Sultaninen geht auf die Zeit um 830 n. Chr. zurück, als sich die arabischen Gewürzhändler im Mittelmeerraum ansiedelten. Auch wenn diese Zusammenstellung zunächst fremd anmutet, stellt man überrascht fest, wie gut sich die verschiedenen Aromen ergänzen. Der Kuchen ist bestens für ein Picknick geeignet und kann warm oder kalt gegessen werden.

TOURTE DE BLETTES
(Mangoldpastete mit Äpfeln)

Zubereitungszeit: 30 Minuten
 + 30 Minuten Kühlzeit
Backzeit: 50 Minuten
Für 6–8 Personen

☆☆

60 g Sultaninen
2 EL Cognac
400 g Mehl
100 g Puderzucker
250 g weiche Butter, in Flocken geschnitten
3 Eier
800 g Mangold, Stiele entfernt
100 g Pinienkerne, geröstet
Salz und Pfeffer
3 grüne Kochäpfel
1 TL geriebene Zitronenschale, unbehandelt
115 g milder Ziegenkäse
1 Eigelb zum Bestreichen
Puderzucker zum Bestäuben

1 Sultaninen in Cognac quellen lassen. Mehl und 1 EL Puderzucker in eine Schüssel sieben und Butter mit den Fingerspitzen feinkrümelig untermengen. In die Mitte eine Mulde drücken, 1 Ei zugeben und mit einer Palette untermischen, bis sich Klümpchen bilden; nach Bedarf 1 EL Wasser zugeben. Zusammendrücken, auf leicht bemehlter Arbeitsfläche zu einer Kugel formen und diese flach drücken. In Klarsichtfolie wickeln und 30 Minuten kühlen.
2 Backofen auf 180 °C (Gas 2) vorheizen. Backblech im Backofen erwärmen.
3 Mangold waschen und trockentupfen. Mit 2 Eiern und restlichem Puderzucker im Mixer hacken, bis alles vermengt ist; nicht zu lange verarbeiten. In eine Schüssel geben. Abgetropfte Sultaninen und Pinienkerne zufügen und mit Salz und Pfeffer würzen.
4 Teig zimmerwarm werden lassen. Die Hälfte ausrollen und damit eine Tarte- oder flache Springform mit 26 cm Durchmesser auslegen.
5 Äpfel schälen, in dünne Scheiben schneiden und in Zitronenschale wälzen. Mangold auf dem Teig verteilen und mit zerbröckeltem Ziegenkäse bestreuen. Darauf Äpfel in 1–2 Schichten spiralförmig anordnen.
6 Restlichen Teig ausrollen und auf die Füllung legen. Überschüssigen Teig abschneiden und Ränder mit etwas Wasser verschließen.
7 Pastete mit Eigelb bestreichen, 45–50 Minuten goldbraun backen. Etwas abkühlen lassen und mit Puderzucker bestäuben. Warm servieren.

OBEN: Tourte de Blettes

DAS GROSSE BUCH DER MITTELMEERKÜCHE

POSCHIERTE BIRNEN IN ROTWEIN

Birnen in den Topf geben und behutsam umrühren, bis sie mit der Flüssigkeit überzogen sind.

Die fertig gegarten Birnen in der Flüssigkeit abkühlen lassen, dann auf Küchenkrepp zum Abtropfen setzen.

POSCHIERTE BIRNEN IN ROTWEIN

Zubereitungszeit: 20 Minuten
Kochzeit: 45 Minuten
Für 4 Personen

☆

4 feste Birnen mit Stiel
750 ml Rotwein
185 g feiner Zucker
1 Zimtstange
60 ml Orangensaft
1 Stück Schale, 5 cm groß, einer unbehandelten Orange
200 g Mascarpone zum Servieren

1 Birnen schälen, aber nicht zerteilen und den Stiel nicht abschneiden.
2 Wein, Zucker, Zimtstange, Orangensaft und Schale in einen Topf geben, in dem die Birnen senkrecht stehen können. Zucker bei mittlerer Hitze unter Rühren auflösen. Birnen hineingeben und behutsam umrühren, um sie mit der Flüssigkeit zu überziehen, die sie fast bedecken sollte. Deckel aufsetzen, Hitze reduzieren und Birnen 20–25 Minuten köcheln lassen, bis sie weich sind. Im Sirup abkühlen lassen.
3 Birnen mit dem Schaumlöffel herausheben. Sirup bei starker Hitze auf 200 ml einkochen. Birnen mit Sirup und Mascarpone servieren.

AMANDINE
(Mandelkrokant)

Zubereitungszeit: 25 Minuten
Kochzeit: 50 Minuten
Für 4–6 Personen

☆☆

100 g Haselnüsse mit Haut
120 g Mandeln mit Haut
Fett zum Bestreichen
185 g brauner Zucker
410 g Zucker
175 g Honig
1 unbehandelte Zitrone, halbiert
115 g Butter

1 Backofen auf 170 °C (Gas 2) vorheizen. Haselnüsse auf ein Backblech legen und etwa 5 Minuten rösten, bis die Haut abplatzt. Herausnehmen und Backofen auf 150 °C (Gas 1) schalten. Nüsse in einem Geschirrtuch reiben, um die Haut zu entfernen, abkühlen lassen und in den Mixer geben. Mandeln auf das Backblech legen und 6 Minuten rösten. Abkühlen lassen, dann zu den Haselnüssen in den Mixer geben und grob hacken.
2 Ein großes Bachblech oder eine große hitzebeständige Fläche, beispielsweise ein Marmorschneidbrett, fetten. 125 ml Wasser mit Zucker und Honig in einem Topf zum Kochen

OBEN: Pochierte Birnen in Rotwein

bringen und so lange rühren, bis der Zucker aufgelöst ist. Sichtbare Kerne aus den Zitronenhälften entfernen, 2–3 Tropfen Saft in den kochenden Sirup geben. Zitronenhälften beiseite stellen.
3 Sirup 8–10 Minuten köcheln lassen und auf 150 °C erhitzen. Butter einrühren, schmelzen lassen und Nüsse zufügen. Masse auf das Backblech geben und mithilfe der Zitronenhälften zu einer sehr dünnen Schicht ausstreichen. Abkühlen, aushärten lassen und in Stücke brechen.
Hinweis Amandine kann als Garnierung für Speiseeis, in Kuchenfüllungen und Glasuren, in Desserts und in Saucen verwendet oder zum Kaffee gereicht werden.

CLAFOUTIS
(Kirschauflauf)

Zubereitungszeit: 15 Minuten
Kochzeit: 40 Minuten
Für 6–8 Personen

500 g frische Kirschen (siehe Hinweis)
90 g Mehl
2 Eier, leicht verschlagen
90 g feiner Zucker
250 ml Milch
60 ml Crème double
60 g Butter, zerlassen
Puderzucker zum Bestäuben

1 Backofen auf 180 °C (Gas 2) vorheizen. Eine flache ofenfeste Form mit 1,5 l Fassungsvermögen mit Butter leicht einfetten.
2 Kirschen entkernen und so auf dem Boden der Form verteilen, dass sie eine einzige Schicht bilden.
3 Mehl in eine Schüssel sieben, Eier zugeben und glatt rühren. Zucker, Milch, Sahne und Butter zufügen und zu einem homogenen Teig verrühren; nicht zu stark schlagen.
4 Den Eierteig über die Kirschen geben und 30–40 Minuten backen. Für die Garprobe ein Holzstäbchen in die Mitte stechen; wenn kein Teig daran haften bleibt, ist der Auflauf fertig. Aus dem Backofen nehmen und großzügig mit Puderzucker bestäuben. Heiß oder zimmerwarm servieren.
Hinweis Sind keine frischen Kirschen erhältlich, kann man ersatzweise 720 g Kirschen aus dem Glas verwenden. Diese vor dem Gebrauch gut abtropfen lassen.

CLAFOUTIS
Dieser klassische französische Auflauf aus Eierteig wird traditionell mit Kirschen zubereitet. Stattdessen kann man Pfirsiche oder Aprikosen oder auch verschiedene Beeren wie Blaubeeren, Brombeeren, Himbeeren oder kleine, aromatische Erdbeeren verwenden. Sehr delikat schmeckt eine Variante für die Wintermonate mit Birnen- oder Pfirsichstücken.

LINKS: Kirsch-Clafoutis

FRÜCHTESOUFFLÉ

Zubereitungszeit: 15 Minuten
Kochzeit: 30 Minuten
Für 4 Personen

Butter, zerlassen, zum Einfetten
feiner Zucker zum Bestreuen
60 g Butter
60 g Mehl
375 ml pürierte Früchte (siehe Hinweis)
60 g feiner Zucker
4 Eiweiß
Puderzucker zum Bestäuben

1 Souffléform (Fassungsvermögen 1,25 l) gleichmäßig und großzügig, auch am oberen Rand, mit Butter bestreichen. Zucker einstreuen und Form schütteln, um ihn gleichmäßig zu verteilen. Etwaigen Überschuss ausleeren. Backofen auf 200 °C (Gas 3) vorheizen und Backblech auf oberer Schiene erhitzen.
2 Butter in einem Topf zerlassen, Mehl zugeben und gut verrühren. Vom Herd nehmen, glatt rühren, dann pürierte Früchte einrühren. Topf wieder auf den Herd stellen, Masse zum Kochen bringen und 2 Minuten köcheln lassen. Zucker nach und nach zugeben, dabei immer wieder abschmecken. Abkühlen lassen.
3 Eiweiß in einer großen sauberen Schüssel schlagen, bis sich leichte Spitzen bilden. 1 EL zum Teig geben und gut verrühren. Restliches Eiweiß unterheben; dabei darauf achten, dass der Teig nicht zusammenfällt. Souffléform zu drei Vierteln füllen.
4 Form auf das heiße Backblech geben und 20–25 Minuten backen, bis der Teig aufgeht und goldbraun ist. Mit Puderzucker bestäuben und sofort servieren.

Hinweis Damit ein Soufflé gelingt, muss der Eischnee so behutsam wie möglich unter den jeweiligen Teig gehoben werden. Es ist besser, ein paar Flocken Eiweiß nicht vollständig einzurühren als zu riskieren, dass das Soufflé nachher nicht richtig aufgeht.

Geeignet sind alle Früchte, die sich leicht pürieren lassen, beispielsweise Himbeeren, Erdbeeren, Mangos, Pfirsiche, Aprikosen und Passionsfrüchte. Bananen sind etwas zu schwer. Man kann auch Äpfel oder Pflaumen oder aber getrocknete Früchte verwenden, muss sie aber vorher zu einem Püree kochen.

UNTEN: Früchtesoufflé

POSCHIERTE FEIGEN MIT THYMIAN IN ROTWEIN

375 g ganze getrocknete Feigen in kochendem Wasser 10 Minuten einweichen und abtropfen lassen. 250 ml Rotwein und 235 g Honig in einen Topf geben und bei schwacher Hitze langsam erwärmen. Feigen und 4 frische, mit Küchengarn zusammengebundene Thymianzweige zugeben. Zudecken und 10 Minuten köcheln lassen, dann 10 Minuten im offenen Topf kochen. Thymian entfernen und Feigen in eine Schüssel geben. Sirup zum Kochen bringen und 5–8 Minuten einkochen, bis er schwer reißend vom Löffel fällt. Feigen wieder in den Topf geben, unter Rühren erwärmen und langsam abkühlen lassen. Warm oder zimmerwarm mit Sahne servieren. Mit Thymian garnieren. Für 4 Personen.

FRANKREICH

NOUGAT
Vermutlich vom lateinischen „nux gatum", Nusskuchen, stammt der Name des Konfekts, dessen antike Zutaten auf seinen mediterranen Ursprung deuten: Honig, Mandeln und andere Nüsse wurden mit Eiweiß verschlagen, dann an der Sonne getrocknet. Heute geht es viel schneller, doch die Zutaten sind gleich geblieben.

NOUGAT

Zubereitungszeit: 30 Minuten
+ 4 Stunden Kühlzeit
Kochzeit: 15 Minuten
Ergibt 1 kg

☆☆

500 g Zucker
250 ml Glukosesirup
175 g Honig (vorzugsweise Blütenhonig)
2 Eiweiß
1 TL Vanilleextrakt
125 g weiche Butter
60 g Mandeln mit Haut, geröstet
100 g kandierte Kirschen

1 Eine 28 x 18 cm große Backform einfetten und mit Backpapier auslegen. Zucker, Glukosesirup, Honig, 60 ml Wasser und ¼ TL Salz in einen Topf geben und bei schwacher Hitze rühren, bis der Zucker aufgelöst ist. Zum Kochen bringen und 8 Minuten sprudelnd kochen, bis das Zuckerthermometer 122 °C zeigt bzw. die Mischung eine kleine feste Perle bildet, wenn man einen Tropfen in etwas kaltes Wasser gibt. Die genaue Temperatur ist sehr wichtig, sonst wird die Mischung nicht fest.
2 Eiweiß in einer Schüssel mit dem Handrührgerät schlagen, bis sich steife Spitzen bilden. Nach und nach ein Viertel des Sirups in einem dünnen Strahl über das Eiweiß geben und 5 Minuten verschlagen. Restlichen Sirup auf den Herd stellen und 2 Minuten kochen (dabei darauf achten, dass er nicht anbrennt), bis das Zuckerthermometer 157 °C zeigt bzw. sich dünne Fäden bilden, wenn man eine Probe in kaltes Wasser gibt. Langsam unter Rühren mit dem Handrührgerät zum Eischnee gießen und schlagen, bis die Mischung sehr dickflüssig ist.
3 Vanille und Butter zugeben und weitere 5 Minuten rühren. Mandeln und Kirschen mit einem Metalllöffel einrühren. Die Masse in die Backform geben und mit einer Palette glatt streichen. Mindestens 4 Stunden kühlen, bis die Masse fest ist. Auf ein großes Schneidbrett geben und mit einem scharfen Messer in 4 x 2 cm große Stücke schneiden. Jedes Stück einzeln in Zellophan wickeln und im Kühlschrank aufbewahren.

OBEN: Nougat

SPANIEN

Allein der Gedanke daran lässt ein Bild von Spanien vor dem geistigen Auge entstehen: an einem Tisch in der Sonne vor einer Tapasbar sitzen und zu köstlichen Snacks ein Glas kühlen Wein oder Sherry nippen. Hier können sich die Spanier ihrer Leidenschaft für Meeresfrüchte hingeben – gefüllte Muscheln, in Öl gebackener gesalzener Kabeljau, gegrillte Garnelen. Die spanische Küche ist eine Welt brillanter Farben, die für die ganze Lebensart typisch ist. Sie ist vor allem einfach und macht optimalen Gebrauch von frischen Zutaten. Chilischoten, Kichererbsen, Reis, Eier und Knoblauch kommen in den Rezepten häufig vor. Viele Gewürze stammen aus Südamerika, werden aber sparsamer eingesetzt.

EMPANADAS

Diese traditionellen spanischen und mittelamerikanischen Blätterteigtaschen haben gewöhnlich eine würzige Fleisch- oder Gemüsefüllung, können aber auch mit Obst gefüllt und als Dessert serviert werden. Die Größe variiert je nach Verwendungszweck und reicht von kleinen Appetithäppchen bis zu Teigtaschen, von denen eine ganze Familie satt wird.

OBEN: Empanadas

EMPANADAS
(Spanische Teigtaschen)

Zubereitungszeit: 45 Minuten
Kochzeit: 25 Minuten
Ergibt etwa 15 Stück

☆☆

2 Eier
40 g gefüllte grüne Oliven, gehackt
100 g Schinken, fein gehackt
30 g geriebener Cheddar
450 g TK-Blätterteig, aufgetaut
1 Eigelb, leicht verschlagen

1 Eier in kaltem Wasser aufsetzen, zum Kochen bringen und 10 Minuten kochen. 5 Minuten in kaltem Wasser abschrecken. Schälen und hacken.
2 Backofen auf 220 °C (Gas 4–5) vorheizen. 2 Backbleche leicht einfetten. Ei, Oliven, Schinken und Cheddar vermengen.
3 Den Blätterteig dünn ausrollen, Plätzchen mit 10 cm Durchmesser ausstechen und je 1 EL Füllung in die Mitte geben. Teig zusammenklappen und Ränder fest zusammendrücken.
4 Taschen im Abstand von etwa 2 cm auf die Bleche setzen und mit Eigelb bestreichen. Auf der mittleren und oberen Schiene 10 Minuten backen, dann Bleche tauschen und die Taschen weitere 5 Minuten backen, bis sie aufgehen und braun sind. Werden sie zu schnell dunkel, locker mit Alufolie zudecken. Heiß servieren.

GAMBAS AL PIL PIL
(Garnelen mit Chili und Knoblauch)

Zubereitungszeit: 30 Minuten
 + 30 Minuten Kühlzeit
Kochzeit: 10 Minuten
Für 4–6 Personen

☆

1 kg frische mittelgroße Garnelen
1/2 TL Salz
60 g Butter
80 ml Olivenöl
3 Knoblauchzehen, grob gehackt
1/4 TL Chiliflocken
1/2 TL Paprika

1 Garnelen in einem Stück aus der Schale entfernen, am Rücken einen kleinen Einschnitt anbringen und den Darm (schwarzen Faden) herausziehen. Garnelen mit Salz vermischen, zudecken und etwa 30 Minuten kalt stellen.

SPANIEN

2 Butter und Öl in einer Pfanne bei mittlerer Temperatur erhitzen. Wenn die Butter schäumt, Knoblauch und Chili zugeben und 1 Minute rühren, bis der Knoblauch goldbraun ist. Garnelen zugeben, 3–6 Minuten braten, bis sich die Farbe verändert, dann mit Paprika bestreuen. Heiß mit Brot zum Tunken servieren.

Hinweis Traditionell werden Gambas nach diesem Rezept in kleinen Tonformen zubereitet und serviert, wobei 2 Personen 1 Förmchen teilen. Werden mehrere Förmchen verwendet, ist die Garzeit entsprechend kürzer.

CALAMARES A LA PLANCHA
(Gegrillter Kalmar)

Zubereitungszeit: 40 Minuten
   + 30 Minuten Kühlzeit
Kochzeit: 15 Minuten
Für 6 Personen

500 g kleine Kalmare (siehe Hinweis)
¼ TL Salz

Picada-Dressing
2 EL Olivenöl extra vergine
2 EL frische glatte Petersilie, fein gehackt
1 Knoblauchzehe, zerdrückt
Salz und schwarzer Pfeffer

1 Körperbeutel der Kalmare festhalten und Tentakel mit Kopf und Eingeweide herausziehen. Tentakel unter den Augen abschneiden, dann Maul am Ansatz der Tentakel herausdrücken. Die innere Schale aus dem Körperbeutel entfernen.
2 Beutel unter kaltem fließendem Wasser abreiben; dabei sollte sich die Haut leicht lösen. Beutel und Tentakel gründlich waschen und gut abtropfen lassen. In einer Schüssel mit Salz verrühren. Zugedeckt 30 Minuten kalt stellen.
3 Tischgrill leicht ölen und erhitzen oder Grill auf höchster Stufe vorheizen.
4 Kurz vor dem Servieren Zutaten für Dressing mit etwas Salz und ¼ TL Pfeffer in einer Kanne oder Schüssel verrühren.
5 Beutel portionsweise 2–3 Minuten grillen, bis sie weiß werden und weich sind. Tentakel 1 Minute grillen, bis sie von allen Seiten braun sind und sich zusammenrollen. Mit Dressing beträufelt heiß servieren.

Hinweis Für dieses Rezept werden Zwergkalmare verwendet. Sind sie nicht erhältlich, wählt man die kleinste vorhandene Sorte. Auch Krake, Tintenfisch, Garnelen oder feste weiße Fischfilets können so zubereitet werden.

Dressing möglichst kurz vor dem Servieren herstellen, sonst verfärbt sich die Petersilie.

CALAMARES A LA PLANCHA

Tentakel und Kopf aus dem Körperbeutel ziehen.

Tentakel direkt unter den Augen abschneiden.

Maul (Mundwerkzeuge) am Ansatz der Tentakel gegebenenfalls herausdrücken.

Transparente innere Schale herausziehen, Körperbeutel gründlich waschen und Haut abziehen.

LINKS: Calamares a la plancha

197

DAS GROSSE BUCH DER MITTELMEERKÜCHE

SPANIEN

MARINIERTE ROTE PAPRIKA

Zubereitungszeit: 20 Minuten
 + 1 Nacht Marinierzeit
Kochzeit: 5 Minuten
Für 6 Personen

3 rote Paprikaschoten, geviertelt, entkernt
3 frische Thymianzweige
1 Knoblauchzehe, in dünne Scheiben geschnitten
2 TL frische glatte Petersilie, grob gehackt
1 Lorbeerblatt
1 Frühlingszwiebel, in Scheiben geschnitten
1 TL Paprikapulver
60 ml Olivenöl extra vergine
2 EL Rotweinessig
Salz und Pfeffer

1 Grill vorheizen. Paprikastücke mit der Hautseite nach oben unter den Grill legen, bis die Haut schwarz wird und aufplatzt. In einer Plastiktüte abkühlen lassen, dann Haut abziehen. In dünne Streifen schneiden, dann mit Thymian, Knoblauch, Petersilie, Lorbeerblatt und Frühlingszwiebel in einer Schüssel gut vermengen.
2 Paprikapulver, Öl, Essig, etwas Salz und Pfeffer miteinander verrühren, über die Paprikamischung geben und mindestens 3 Stunden, am besten über Nacht, kalt stellen. 30 Minuten vor dem Servieren aus dem Kühlschrank nehmen. Im Kühlschrank hält der marinierte Paprika bis zu 3 Tage.

THUNFISCHSPIESSE MIT KAPERNFRÜCHTEN

8 Holzspieße 1 Stunde in kaltes Wasser legen. 250 g rohen Thunfisch in 24 gleich große Würfel schneiden. Schale einer unbehandelten Zitrone hauchdünn abschneiden und in dünne Streifen schneiden oder mit einem Zestenschneider abziehen. Thunfisch, Zitronenschale und je 1 EL Zitronensaft und Olivenöl in eine Schüssel geben. Je 3 Thunfischwürfel, 2 Kapernfrüchte und 1 grüne mit Sardellen gefüllte Olive abwechselnd auf die Spieße stecken. In eine flache ofenfeste Form (kein Metall) geben und mit Marinade begießen. Bei starker Hitze 4 Minuten auf allen Seiten grillen, bis der Fisch gar ist.

KICHERERBSEN MIT CHORIZO

Zubereitungszeit: 15 Minuten
 + 1 Nacht Einweichzeit
Kochzeit: 1 Stunde 10 Minuten
Für 6 Personen

☆☆

165 g getrocknete Kichererbsen
1 Lorbeerblatt
4 Nelken
1 Zimtstange
1 l Hühnerbrühe
2 EL Olivenöl
1 Zwiebel, fein gehackt
1 Knoblauchzehe, zerdrückt
1 Prise getrockneter Thymian
375 g Chorizo, in Stücke geschnitten
1 EL frische glatte Petersilie, gehackt
Salz und frisch gemahlener schwarzer Pfeffer

1 Kichererbsen in einer Schüssel reichlich mit Wasser bedecken und über Nacht einweichen. Gründlich abtropfen lassen. Mit Lorbeerblatt, Nelken, Zimtstange und Brühe in einen großen Topf geben und reichlich mit Wasser bedecken. Zum Kochen bringen, dann Hitze reduzieren und etwa 1 Stunde köcheln lassen, bis die Kichererbsen weich sind. Muss die Garzeit verlängert werden, etwas Wasser zugeben; im Topf sollte zum Schluss ein Rest Flüssigkeit bleiben. Abseihen und Lorbeerblatt, Nelken und Zimtstange entfernen.
2 Öl in einer großen Bratpfanne erhitzen. Zwiebel zugeben und bei mittlerer Hitze 3 Minuten glasig braten. Knoblauch und Thymian zugeben und unter Rühren 1 Minute kochen. Hitze höher schalten, Chorizo zugeben und 3 Minuten braten.
3 Kichererbsen in die Bratpfanne geben, alles vermengen und bei mittlerer Hitze unter ständigem Rühren erhitzen. Vom Herd nehmen und Petersilie einrühren. Mit Salz und Pfeffer abschmecken. Heiß ist dieses Gericht ebenso köstlich wie zimmerwarm.

ZIMTSTANGEN
Das Rindengewürz Zimt stammt von verschiedenen tropischen Bäumen. Die jungen Triebe werden während der Regenzeit abgeschnitten, wenn die Rinde biegsam und leicht zu verarbeiten ist. Die äußere Korkschicht wird entfernt und die aromatische Innenrinde getrocknet; dabei rollt sie sich zu „Stangen" ein, die entweder in Stücke geschnitten oder zu Pulver gemahlen werden. Zimt ist in der spanischen Küche ein beliebtes Gewürz für süße und auch pikante Gerichte. Die Stangen behalten ihr Aroma länger als Pulver, das nur in kleinen Mengen gekauft werden sollte.

GEGENÜBERLIEGENDE SEITE: Marinierte rote Paprika (oben), Kichererbsen mit Chorizo

DAS GROSSE BUCH DER MITTELMEERKÜCHE

GARNELEN AM SPIESS
MIT ROMESCOSAUCE

Knoblauchmark ausdrücken; mit Fruchtfleisch der Tomate in den Mixer geben.

So lange verrühren, bis die Mischung glatt ist.

GARNELEN AM SPIESS MIT ROMESCOSAUCE

Zubereitungszeit: 30 Minuten
  + 30 Minuten Kühlzeit
  + 15 Minuten Abkühlzeit
Kochzeit: 25 Minuten
Für 6–8 Personen

30 große rohe Garnelen
1/4 TL Salz

ROMESCOSAUCE
4 Knoblauchzehen, ungeschält
1 Roma-Tomate, halbiert und entkernt
2 lange frische rote Chilischoten
35 g blanchierte Mandeln
60 g sonnengetrocknete Paprika in Öl
1 EL Olivenöl
1 EL Rotweinessig
Salz

1 Garnelen in einem Stück aus der Schale entfernen. Am Rücken einen kleinen Einschnitt anbringen und den Darm (schwarzen Faden) vorsichtig herausziehen. Mit Salz mischen und 30 Minuten kalt stellen.

2 Für die Romescosauce Backofen auf 200 °C (Gas 3) vorheizen. Knoblauch in Alufolie wickeln, mit Tomate und Chilischoten auf ein Backblech legen und 12 Minuten im Backofen erhitzen. Mandeln auf dem Blech verteilen und weitere 3–5 Minuten erhitzen. 15 Minuten abkühlen lassen.

3 Mandeln im Mixer fein mahlen. Knoblauchmark ausdrücken und mit dem von der Haut gestrichenen Fruchtfleisch der Tomate in den Mixer geben. Chilischoten aufschlitzen, Kerne entfernen und Fruchtfleisch von der Haut in den Mixer abstreichen. Paprika mit Küchenkrepp trockentupfen, hacken und mit Öl, Essig, etwas Salz und 2 EL Wasser in den Mixer geben. Alles glatt pürieren; bei Bedarf etwas Wasser zugeben, bis eine weiche, zum Tunken geeignete Konsistenz erreicht ist. Grill oder leicht geölten Tischgrill vorheizen.

4 Garnelen mit Öl bestreichen und 3 Minuten grillen, bis sie sich zusammenrollen und die Farbe ändern. Mit der Sauce servieren.

Hinweis Die Sauce, traditionell zu Meeresfrüchten gereicht, kann man bis zu 5 Tage im Voraus zubereiten und im Kühlschrank aufbewahren.

RECHTS: Gegrillte Garnelen mit Romescosauce

SPANIEN

GEFÜLLTE MUSCHELN

Zubereitungszeit: 40 Minuten + Kühlzeit
Kochzeit: 20 Minuten
Ergibt 18 Stück

18 Miesmuscheln
2 TL Olivenöl
2 Frühlingszwiebeln, fein gehackt
1 Knoblauchzehe, zerdrückt
1 EL Tomatenmark
2 TL Zitronensaft
3 EL frische glatte Petersilie, gehackt
Salz und Pfeffer
35 g Semmelbrösel
2 Eier, verschlagen
Öl zum Frittieren

WEISSE SAUCE
40 g Butter
30 g Mehl
80 ml Milch
Pfeffer

1 Muscheln abbürsten und Bart entfernen. Offene Muscheln, die sich nicht schließen, wenn sie auf die Arbeitsfläche geklopft werden, wegwerfen. 250 ml Wasser in einem Topf zum Kochen bringen, Muscheln zugeben, zudecken und 3–4 Minuten kochen; dabei Topf gelegentlich schütteln. Muscheln herausnehmen, sobald sie sich öffnen, sonst werden sie zäh. 80 ml des Suds in eine Kanne abseihen. Noch geschlossene Muscheln wegwerfen. Geöffnete aus der Schale entfernen und je eine Schalenhälfte wegwerfen. Muschelfleisch fein hacken.

2 Öl in einer Pfanne erhitzen, Frühlingszwiebeln zugeben und 1 Minute braten. Knoblauch zugeben und 1 Minute mitbraten. Muscheln, Tomatenmark, Zitronensaft, 2 EL Petersilie, Salz und Pfeffer einrühren, dann zum Abkühlen beiseite stellen.

3 Für die weiße Sauce Butter in einem Topf bei schwacher Hitze zerlassen. Mehl einrühren und 1 Minute erhitzen, bis die Mischung hell wird und schäumt. Vom Herd nehmen und nach und nach Muschelsud, Milch und etwas Pfeffer unterrühren. Wieder erhitzen und unter Rühren 1 Minute kochen, bis die Sauce sämig wird. Hitze reduzieren und 2 Minuten köcheln lassen. Zum Abkühlen beiseite stellen.

4 Muschelmischung in die Schalen häufen, etwas Sauce darauf geben und glatt streichen.

5 Semmelbrösel und restliche Petersilie mischen. Muscheln in Ei tunken und Brösel auf die Füllung drücken. Frittiertopf zu einem Drittel mit Öl füllen und auf 180 °C erhitzen; ein Brotwürfel sollte in 15 Sekunden bräunen. Muscheln portionsweise 2 Minuten frittieren. Mit einem Schaumlöffel herausnehmen, abtropfen lassen. Heiß servieren.

PAN CON TOMATE

Baguette diagonal in Scheiben schneiden und diese leicht rösten. Auf einer Seite mit einer halbierten Knoblauchzehe und einer Tomatenhälfte einreiben, dabei den Saft aufs Brot drücken. Mit Salz würzen und mit Olivenöl extra vergine beträufeln. Als Tapas oder einfachen Imbiss servieren.

OBEN: Gefüllte Muscheln

CHORIZO

Regionale Varianten der in Spanien beliebten Wurstsorte sind fast überall zu finden. Chorizo ist eine Schweinswurst von grober Konsistenz, mit Paprika und Knoblauch kräftig gewürzt. Sie kann relativ mild sein oder durch die Zugabe von Chili eine gewisse Schärfe bekommen. In Spanien wird Chorizo meist gepökelt oder geräuchert angeboten und ist eine unverzichtbare Zutat vieler traditioneller Gerichte. Sie kann auch gegrillt und in Scheiben geschnitten als Tapas gereicht werden.

GEGENÜBERLIEGENDE SEITE: Albondigas en picante salsa de tomate (oben); Chorizo en sidra

ALBONDIGAS EN PICANTE SALSA DE TOMATE
(Fleischbällchen in würziger Tomatensauce)

Zubereitungszeit: 40 Minuten
+ 30 Minuten Kühlzeit
Kochzeit: 30 Minuten
Für 6 Personen

☆☆

175 g Hackfleisch vom Schwein
175 g Hackfleisch vom Kalb
3 Knoblauchzehen, zerdrückt
35 g Semmelbrösel
1 TL gemahlener Koriander
1 TL gemahlene Muskatnuss
1 TL gemahlener Kreuzkümmel
1 Prise gemahlener Zimt
1 Ei
Salz und Pfeffer
2 EL Olivenöl

TOMATENSAUCE
1 EL Olivenöl
1 Zwiebel, gehackt
2 Knoblauchzehen, zerdrückt
125 ml trockener Weißwein
400 g zerkleinerte Tomaten aus der Dose
1 EL Tomatenmark
125 ml Hühnerbrühe
1/2 TL Cayennepfeffer
80 g TK-Erbsen

1 Hackfleisch, Knoblauch, Semmelbrösel, Gewürze, Ei und etwas Salz und Pfeffer in einer Schüssel von Hand vermengen, bis die Mischung homogen ist und sich von der Schüssel löst. Zugedeckt 30 Minuten kühlen.
2 Teig teelöffelweise zu Hackfleischbällchen formen. 1 EL Öl in einer Bratpfanne erhitzen und die Hälfte der Fleischbällchen bei mittlerer Hitze 2–3 Minuten rundum braun braten. Auf Küchenkrepp abtropfen lassen. Bei Bedarf restliches Öl zugeben und die restlichen Bällchen braten. Ebenfalls abtropfen lassen.
3 Für die Sauce Öl in einer Bratpfanne bei mittlerer Temperatur erhitzen und Zwiebel unter gelegentlichem Rühren 3 Minuten glasig braten. Knoblauch zugeben und 1 Minute braten. Auf höchste Stufe schalten, Wein zugeben und 1 Minute kochen. Tomaten, Tomatenmark und Brühe zugeben und 10 Minuten köcheln lassen. Cayennepfeffer, Erbsen und Fleischbällchen zugeben. 5–10 Minuten köcheln lassen, bis die Sauce dickflüssig ist. Heiß servieren.

CHORIZO EN SIDRA
(Chorizo in Apfelwein)

Zubereitungszeit: 5 Minuten
Kochzeit: 15 Minuten
Für 4 Personen

☆☆

3 TL Olivenöl
1 kleine Zwiebel, klein gehackt
1 1/2 TL Paprikapulver
125 ml trockener Apfelwein
60 ml Hühnerbrühe
1 Lorbeerblatt
280 g Chorizo, diagonal in Scheiben geschnitten
2 TL Sherryessig, nach Belieben mehr
2 TL frische glatte Petersilie, gehackt

1 Öl in einem Kochtopf schwach erhitzen, Zwiebel zugeben und 3 Minuten unter gelegentlichem Rühren weich braten. Paprika zugeben und 1 Minute kochen.
2 Auf mittlere Hitze schalten, Apfelwein, Brühe und Lorbeerblatt in den Topf geben und aufkochen. Hitze reduzieren und 5 Minuten köcheln lassen. Chorizoscheiben zugeben, 5 Minuten köcheln lassen, bis die Sauce leicht einkocht. Sherryessig und Petersilie einrühren. Heiß servieren.

GESALZENE MANDELN

Backofen auf 120 °C (Gas 1) vorheizen. 1 Eiweiß und 1/4 TL süßen Paprika mit einer Gabel verquirlen, bis die Mischung schäumt. 500 g blanchierte Mandeln zugeben und umrühren, bis sie mit Eiweiß gleichmäßig überzogen sind. Auf 2 kunststoffbeschichtete Backbleche geben, mit 1 1/2 EL grobem Meersalz bestreuen und mehrmals wenden, bis sie rundum mit Salz überzogen sind. Gleichmäßig auf die Backbleche verteilen und unter gelegentlichem Wenden 30 Minuten backen. 30 Minuten im ausgeschalteten Backofen lassen, dann herausnehmen. Vollständig erkalten lassen und in luftdicht verschließbaren Dosen füllen. Für 6–8 Personen.

SPANIEN

DAS GROSSE BUCH DER MITTELMEERKÜCHE

BUNUELOS DE BACALAO

Gesalzenen Kabeljau kochen, enthäuten und entgräten.

Eischnee unter den mit Kartoffel vermengten Kabeljau heben.

Buñuelos in heißem Öl frittieren, bis sie aufgehen und goldbraun sind.

BUNUELOS DE BACALAO
(Frittierte Kabeljauhäppchen)

Zubereitungszeit: 15 Minuten
 + 24 Stunden Einweichzeit
Kochzeit: 1 Stunde
Ergibt 35 Stück

☆☆

500 g gesalzener Kabeljau
1 große Kartoffel (220 g), ungeschält
2 EL Milch
3 EL Olivenöl
1 kleine Zwiebel, fein gehackt
2 Knoblauchzehen, zerdrückt
30 g Mehl
1/3 TL Backpulver
2 Eier, getrennt
1 EL frische glatte Petersilie, gehackt
Salz und Pfeffer
Olivenöl zum Frittieren

1 Kabeljau 24 Stunden wässern; dabei Wasser öfter wechseln. Kartoffel 20 Minuten weich kochen, abkühlen lassen, schälen und mit der Milch und 2 EL Olivenöl vermengen.
2 Kabeljau trocknen, in große Stücke schneiden und in einen Kochtopf geben. Mit Wasser bedecken, bei starker Hitze zum Kochen bringen, dann auf mittlere Hitze zurückschalten und 10 Minuten weich kochen, bis sich Schaum an der Oberfläche bildet. Abtropfen und so weit abkühlen lassen, dass man ihn enthäuten und entgräten kann. Dann mit einer Gabel zu Flocken zerteilen.
3 Restliches Öl in einer kleinen Bratpfanne erhitzen. Zwiebel bei mittlerer Hitze 5 Minuten braten, bis sie weich ist und zu bräunen beginnt. Knoblauch zugeben, 1 Minute braten, dann vom Herd nehmen.
4 Kartoffel, Kabeljau, Zwiebel, Mehl, Backpulver, Eigelbe und Petersilie in einer Schüssel vermengen und mit Salz und Pfeffer würzen. Eiweiß steif schlagen und unter die Mischung heben. Frittiertopf zu einem Drittel mit Olivenöl füllen und auf 190 °C erhitzen; ein Brotwürfel sollte in 10 Sekunden braun werden. Gehäufte Esslöffel der Mischung ins Öl geben und 2 Minuten frittieren, bis sie aufgehen und goldbraun sind. Abtropfen lassen und servieren.

NIEREN IN SHERRY

Zubereitungszeit: 15 Minuten
Kochzeit: 20 Minuten
Für 4 Personen

☆

2 EL Olivenöl
1 große Zwiebel, fein gehackt
2 Knoblauchzehen, zerdrückt
1 EL Mehl

OBEN: Buñuelos de bacalao

315 ml Hühnerbrühe
1 EL Tomatenmark
1 Lorbeerblatt
Salz und gemahlener schwarzer Pfeffer
1 kg Lammnieren, halbiert
40 g Butter
150 ml trockener Sherry
Salz und Pfeffer
1 EL frische glatte Petersilie, gehackt

1 Öl in der Pfanne erhitzen. Zwiebel und Knoblauch bei mittlerer Hitze 5 Minuten braten. Mehl zugeben und unter Rühren 1 Minute kochen. Brühe, Tomatenmark und Lorbeerblatt zugeben. Zum Kochen bringen und unter Rühren kochen, bis die Mischung eindickt. Mit Salz und Pfeffer würzen und 3–4 Minuten köcheln lassen. Warm halten.
2 Das weiße Innere der Nieren herausschneiden. Jede Hälfte in drei Scheiben schneiden. Butter in einer Bratpfanne zerlassen, die Hälfte der Nieren zugeben und bei starker Hitze unter häufigem Rühren kochen, bis sie rundum braun sind. Aus der Pfanne nehmen und restliche Nieren ebenso garen. Sherry in die Pfanne geben und bei starker Hitze auf die Hälfte einkochen. Nieren und Sauce in die Pfanne geben und Petersilie einrühren. Abschmecken und vor dem Servieren weitere 2 Minuten köcheln lassen. Mit Reis servieren.

PATATAS BRAVAS
(Frittierte Kartoffeln in Tomatensauce)

Zubereitungszeit: 15 Minuten
Kochzeit: 1 Stunde
Für 6 Personen

1 kg fest kochende Kartoffeln (Sieglinde, Hansa)
Öl zum Frittieren
500 g vollreife Roma-Tomaten
2 EL Olivenöl
¼ rote Zwiebel, fein gehackt
2 Knoblauchzehen, zerdrückt
3 TL Paprika
¼ TL Cayennepfeffer
1 Lorbeerblatt
1 TL Zucker
1 EL frische glatte Petersilie, gehackt, zum Garnieren

1 Kartoffeln in 2 cm große Würfel schneiden. Spülen, abtropfen lassen und trockentupfen. Fritteuse oder Frittiertopf zu einem Drittel mit Öl füllen und auf 180 °C vorheizen; ein Brotwürfel sollte innerhalb 15 Sekunden bräunen. Kartoffelstücke portionsweise 10 Minuten goldbraun frittieren und auf Küchenkrepp abtropfen lassen. Öl beiseite stellen.
2 Tomaten auf der Unterseite kreuzweise einschneiden, 10 Sekunden in kochendes Wasser legen, kalt abschrecken und Haut vom Einschnitt aus abziehen. Fruchtfleisch klein hacken.
3 Olivenöl bei mittlerer Temperatur erhitzen und Zwiebel 3 Minuten weich braten. Knoblauch, Paprika und Cayennepfeffer zugeben und 1–2 Minuten braten, bis die Gewürze duften.
4 Tomaten, Lorbeerblatt, Zucker und 90 ml Wasser zugeben und unter Rühren 20 Minuten kochen. Etwas abkühlen lassen und Lorbeerblatt entfernen. Im Mixer pürieren; bei Bedarf mit Wasser verdünnen. Vor dem Servieren erwärmen und mit Salz und Pfeffer kräftig würzen.
5 Öl auf 180 °C erhitzen, Kartoffeln erneut kurz frittieren und auf Küchenkrepp abtropfen lassen. Auf eine Platte geben, mit Sauce übergießen und mit Petersilie garniert servieren.

UNTEN: Patatas bravas

CROQUETAS DEL JAMON Y DE LA SETA

Kleine Portionen der Masse zu Kroketten formen.

Mit 2 Gabeln die bemehlten Kroketten in Ei tauchen.

CROQUETAS DEL JAMON Y DE LA SETA
(Schinken-Champignon-Kroketten)

Zubereitungszeit: 35 Minuten
+ 2 Stunden Abkühlzeit + 30 Minuten Kühlzeit
Kochzeit: 20 Minuten
Ergibt 18 Stück

☆☆

90 g Butter
1 kleine Zwiebel, fein gehackt
110 g Champignons, fein gehackt
90 g Mehl
250 ml Milch
185 ml Hühnerbrühe
110 g Schinken, fein geschnitten
schwarzer Pfeffer
60 g Mehl zum Überziehen
2 Eier, leicht verschlagen
50 g Semmelbrösel
Öl zum Frittieren

1 Butter in einem Kochtopf bei schwacher Hitze zerlassen, Zwiebel zugeben und 5 Minuten glasig braten. Pilze zugeben und bei schwacher Hitze unter gelegentlichem Rühren 1 Minute braten, bis die Mischung trocken und bröckelig wird und sich zu verfärben beginnt. Vom Herd nehmen, nach und nach Milch zugeben und dabei glatt rühren. Brühe zufügen, Mischung unter Rühren wieder erhitzen und kochen, bis sie eindickt. Schinken und etwas schwarzen Pfeffer einrühren, dann in eine Schüssel füllen und 2 Stunden abkühlen lassen.
2 Je 2 TL der Masse zu 6 cm langen Kroketten formen. Mehl, Ei und Brösel jeweils in eine flache Schüssel geben. Kroketten in Mehl wenden, dann in das Ei tauchen und Überschuss abtropfen lassen. Kroketten anschließend in den Bröseln wenden, auf ein Backblech legen und 30 Minuten in den Kühlschrank stellen.
3 Einen Frittiertopf zu einem Drittel mit Öl füllen und auf 180 °C erhitzen; ein Brotwürfel sollte in 15 Sekunden bräunen. Kroketten portionsweise 3 Minuten unter Wenden frittieren, bis sie rundum braun sind. Gründlich abtropfen lassen.

Hinweis Die Kroketten lassen sich leicht abwandeln; Schinken beispielsweise durch fein gehacktes Hühnerfleisch oder in Flocken zerteilten gekochten Fisch ersetzen und fein gehackte Kräuter nach Belieben zugeben.

RECHTS: Croquetas del jamon y de la seta

SPANIEN

GAMBAS AL AJILLO
(Knoblauchgarnelen)

Zubereitungszeit: 20 Minuten
Kochzeit: 15 Minuten
Für 4 Personen

☆

1,25 kg rohe mittelgroße Garnelen
80 g Butter, zerlassen
200 ml Olivenöl
8 Knoblauchzehen, zerdrückt
2 Frühlingszwiebeln, fein geschnitten
Salz und Pfeffer

1 Backofen auf 250 °C (Gas 5) vorheizen. Garnelen in einem Stück aus den Schalen entfernen. Am Rücken einen Einschnitt anbringen und den Darm vorsichtig herausziehen.
2 Butter, Öl und 4 Knoblauchzehen auf 4 gusseiserne Formen mit je 500 ml Fassungsvermögen verteilen.
3 Auf einem Blech im Backofen 10 Minuten erhitzen, bis das Fett Blasen wirft. Garnelen und restlichen Knoblauch auf die Formen verteilen und 5 Minuten erhitzen, bis die Garnelen gar sind. Frühlingszwiebeln einrühren und mit Salz und Pfeffer abschmecken. Mit Brot zum Tunken servieren. Die Garnelen kann man auch in einer großen Pfanne auf dem Herd zubereiten.

CHAMPINONES AL AJILLO
(Knoblauch-Champignons)

Zubereitungszeit: 10 Minuten
Kochzeit: 15 Minuten
Für 4 Personen

☆

6 Knoblauchzehen
1½ EL Zitronensaft
650 g Champignons, in Scheiben geschnitten
60 ml Olivenöl
¼ kleine frische rote Chilischote, fein gehackt
Salz und Pfeffer
2 TL frische glatte Petersilie, gehackt

1 Von den Knoblauchzehen 4 zerdrücken und 2 fein schneiden. Zitronensaft über die geschnittenen Champignons träufeln.
2 Öl in einer Pfanne erhitzen. Zerdrückten Knoblauch und Chili zugeben. Bei mittlerer bis hoher Temperatur 10 Sekunden erhitzen, dann Pilze zugeben. Mit Salz und Pfeffer würzen und unter häufigem Rühren 8–10 Minuten braten. Restlichen Knoblauch und Petersilie einrühren und 1 Minute braten. Heiß servieren.
Hinweis Geeignet sind auch alle wilden Champignonarten; da sie zarter sind, ist die Garzeit entsprechend kürzer.

GAMBAS AL AJILLO
In Spanien ist dies eine der beliebtesten „tapas", der Häppchen, die in den Bars und Restaurants der Küstenregionen angeboten werden. Traditionell werden sie in dem Geschirr gereicht, in dem sie zubereitet wurden, meist einer Form aus Gusseisen oder glasiertem Ton. Zu den Garnelen wird knuspriges Brot serviert, mit dem man den würzigen Saft genussvoll auftunken kann.

OBEN: Gambas al ajillo

ESCABECHE
Die Verwendung von aromatischen Gewürzen und Essig als Konservierungsmittel in Gerichten wie Escabeche zeugen vom arabischen Einfluss auf die spanische Küche. Obwohl Escabeche gewöhnlich mit Fisch zubereitet wird, bezeichnet man heute jedes Gericht so, bei dem die Grundzutaten in Wein und Essig gekocht und dann im Sud mariniert werden.

GEGENÜBERLIEGENDE SEITE: Sardinas murciana (oben); Escabeche

SARDINAS MURCIANA
(Sardinen auf murcianische Art)

Zubereitungszeit: 20 Minuten
Kochzeit: 30 Minuten
Für 6 Personen

1 kg vollreife Tomate
Öl zum Bestreichen
24 große frische Sardinen, ausgenommen, Gräten, Kopf und Schwanz entfernt
Salz
2 grüne Paprikaschoten, entkernt, Häutchen entfernt und in dünne Ringe geschnitten
2 Zwiebeln, in dünne Ringe geschnitten
2 Kartoffeln, in 5 mm dicke Scheiben geschnitten
2 EL frische glatte Petersilie, gehackt
3 Knoblauchzehen, zerdrückt
1/4 TL Safranfäden, leicht geröstet
2 EL Olivenöl
frische glatte Petersilie, gehackt, zum Garnieren
frisch gemahlener schwarzer Pfeffer

1 Tomaten an der Unterseite kreuzweise einschneiden und 10 Sekunden in kochendes Wasser legen. In kaltem Wasser abschrecken, vom Einschnitt aus die Haut abziehen und die Tomaten in dünne Scheiben schneiden.
2 Backofen auf 180 °C (Gas 2) vorheizen. Eine flache ofenfeste Tonform einölen; sie muss so breit sein, dass die Sardinen der Länge nach hineinpassen. Sardinen aufklappen, innen leicht mit Salz bestreuen und wieder zusammenklappen.
3 Boden der Form mit einem Drittel der Tomaten bedecken. Darauf je die Hälfte der Sardinen, dann der Paprika, der Zwiebeln und der Kartoffeln schichten. Mit der Hälfte der Petersilie und des Knoblauchs bestreuen und mit Pfeffer würzen. Die Hälfte des Safrans darüber bröckeln.
4 Restliche Sardinen, ein weiteres Drittel der Tomaten und die restlichen Zutaten in der oben beschriebenen Reihenfolge in die Form schichten; mit den restlichen Tomaten abschließen. Kräftig mit Salz und Pfeffer würzen, mit Öl beträufeln und mit Alufolie bedecken. 30 Minuten backen, bis die Kartoffeln gar sind. Überschüssige Flüssigkeit abschöpfen. Mit Petersilie bestreut in der Form servieren.
Hinweis Die geputzten Sardinen sollten etwa 15 cm lang sein.

ESCABECHE
(Eingelegter Bratfisch)

Zubereitungszeit: 20 Minuten
  + 1 Nacht Kühlzeit
Kochzeit: 15 Minuten
Für 4 Personen

Mehl zum Bestäuben
Salz und Pfeffer
500 g Fischfilets (z. B. Meerbarbe, Wittling, Rotbarsch, Hornhecht), enthäutet
5 EL Olivenöl extra vergine
1 rote Zwiebel, fein geschnitten
2 Knoblauchzehen, fein geschnitten
2 frische Thymianzweige
1 TL gemahlener Kreuzkümmel
2 Frühlingszwiebeln, fein gehackt
1/2 TL unbehandelte, fein geriebene Orangenschale
60 ml Orangensaft
200 ml Weißwein
200 ml Weißweinessig
60 g entsteinte grüne Oliven, grob gehackt
1/2 TL feiner Zucker

1 Mehl mit etwas Salz und Pfeffer mischen und Fisch leicht damit bestäuben. 2 EL Öl in einer Bratpfanne bei mittlerer Temperatur erhitzen und Fisch portionsweise auf beiden Seiten hellbraun braten; er ist gar, wenn er sich mit der Gabel leicht zerteilen lässt. Aus der Pfanne nehmen und in einer einzigen Schicht in eine breite, flache Form (kein Metall) geben.
2 Das restliche Öl in der Fischpfanne erhitzen, Zwiebel und Knoblauch zugeben und unter Rühren bei mittlerer Hitze 5 Minuten weich braten.
3 Thymian, Kreuzkümmel und Frühlingszwiebeln zugeben und verrühren, bis sich das Aroma entfaltet. Orangenschale, Saft, Wein, Essig, Oliven und Zucker zufügen und mit Pfeffer abschmecken. Zum Kochen bringen und über den Fisch gießen. Fisch in der Marinade abkühlen lassen oder über Nacht in den Kühlschrank stellen. Zimmerwarm servieren.
Hinweis Traditionell verwendet man für Escabeche ganze Fische; mit Fischfilets, wie in diesem Rezept beschrieben, lässt sich das Gericht aber ebenso gut zubereiten.

SPANIEN

DAS GROSSE BUCH DER MITTELMEERKÜCHE

VENUSMUSCHELN

Beim Kauf von Venusmuscheln ist darauf zu achten, dass die Schalen fest geschlossen sind; leicht geöffnete sollten sich schließen, wenn sie auf die Arbeitsfläche geklopft werden, sonst sind sie ungenießbar. Vor dem Kochen legt man die Muscheln mindestens 1 Stunde in Salzwasser; so lässt sich der Sand besser entfernen. Venusmuscheln sollten schonend gegart werden, sonst werden sie hart und gummiartig. Alle, die sich beim Kochen nicht öffnen, müssen weggeworfen werden. Dies gilt grundsätzlich für alle Muscheln.

OBEN: Almejas a la marinera

ALMEJAS A LA MARINERA
(Venusmuscheln in Weißwein)

Zubereitungszeit: 10 Minuten
 + 1 Stunde Wässerungszeit
Kochzeit: 20 Minuten
Für 4 Personen

1 kg Venusmuscheln
2 große, vollreife Tomaten
2 EL Olivenöl
1 kleine Zwiebel, fein gehackt
2 Knoblauchzehen, zerdrückt
1 EL frische glatte Petersilie, gehackt
1 Prise Muskatnuss
Salz und Pfeffer
80 ml trockener Weißwein

1 Venusmuscheln 1 Stunde in Salzwasser legen, um Sand zu entfernen. Unter fließendem Wasser abspülen und geöffnete Muscheln wegwerfen.

2 Tomaten an der Unterseite kreuzweise einschneiden, 10 Sekunden in kochendes Wasser legen, dann mit kaltem Wasser abschrecken und die Haut vom Einschnitt aus abziehen. Tomaten halbieren und mit einem Löffel entkernen. Fruchtfleisch fein hacken.

3 Öl in einem großen Schmortopf erhitzen und Zwiebel bei schwacher Hitze 5 Minuten weich braten. Knoblauch und Tomaten zufügen und 5 Minuten schmoren. Petersilie und Muskatnuss einrühren und mit Salz und Pfeffer würzen. 80 ml Wasser zugießen.

4 Venusmuscheln zugeben und bei schwacher HItze kochen, bis sie sich öffnen. Alle, die noch geschlossen sind, wegwerfen. Wein zugeben und bei schwacher Hitze 3–4 Minuten kochen, bis die Sauce sämig wird, Topf gelegentlich leicht kippen oder schütteln, aber die Muscheln nicht umrühren, damit sie in den Schalen bleiben. Sofort mit Brot servieren.

Hinweis Statt Venusmuscheln kann man auch Miesmuscheln verwenden.

SPANIEN

ALCACHOFAS EN AROMATICO VINAIGRETTE
(Artischocken in aromatischer Vinaigrette)

Zubereitungszeit: 20 Minuten + Kühlzeit
Kochzeit: 20 Minuten
Für 4 Personen

2 EL Zitronensaft
4 große Artischocken
Salz und Pfeffer
2 Knoblauchzehen, zerdrückt
1 TL frischer Oregano, fein gehackt
1/2 TL gemahlener Kreuzkümmel
1/2 TL gemahlener Koriander
1 Prise Chiliflocken
3 TL Sherryessig
60 ml Olivenöl

1 Zitronensaft in eine große Schüssel kaltes Wasser geben. Artischockenstiele bis auf 5 cm kürzen, harte äußere Blätter entfernen und stachelige Spitzen der verbleibenden Blätter abschneiden. Artischocken je nach Größe senkrecht halbieren oder vierteln. Heu mit einem Löffel entfernen. Artischocken in das Zitronenwasser legen, damit sie sich nicht verfärben.
2 Wasser in einem großen Topf (kein Aluminiumtopf) zum Kochen bringen, Artischocken und 1 TL Salz zugeben und 20 Minuten köcheln lassen. Die Kochzeit hängt von der Größe der Artischocken ab; sie sind gar, wenn sich der Boden mit einem Spießchen leicht einstechen lässt. Abgießen und mit der Schnittfläche nach unten abtropfen und abkühlen lassen.
3 Knoblauch, Oregano, Kreuzkümmel, Koriander und Chiliflocken in einer kleinen Schüssel verrühren. Mit Salz und Pfeffer würzen und Essig zufügen. Unter ständigem Rühren Olivenöl langsam zugießen, bis sich Essig und Öl zu einer Emulsion verbinden. Dazu kann man auch einen kleinen Mixer verwenden.
4 Artischocken in Reihen auf einem Servierteller anrichten. Vinaigrette darüber gießen und vollständig abkühlen lassen.

UNTEN: Alcachofas en aromatico vinaigrette

KAMMMUSCHELN

Schwarzen Faden und weiße Muskeln aus den Kammmuscheln entfernen.

Kammmuscheln in die Marinade einrühren.

TORTILLA
(Kartoffelomelett)

Zubereitungszeit: 25 Minuten
Kochzeit: 20 Minuten
Für 6–8 Personen

500 g Kartoffeln, in 1 cm dicke Scheiben geschnitten
60 ml Olivenöl
1 Zwiebel, fein geschnitten
4 Knoblauchzehen, fein geschnitten
2 EL frische glatte Petersilie, fein gehackt
6 Eier
1 TL Salz
1 TL frisch gemahlener schwarzer Pfeffer

1 Kartoffeln in einem Topf mit kaltem Wasser bedecken und zum Kochen bringen. 5 Minuten kochen, dann abgießen und beiseite stellen.
2 Öl in einer kunststoffbeschichteten Bratpfanne bei mittlerer Temperatur erhitzen, Zwiebel und Knoblauch 5 Minuten weich braten.
3 Kartoffeln und Petersilie hineinrühren und bei mittlerer Hitze 5 Minuten braten, dabei leicht in der Pfanne andrücken.
4 Eier mit Salz und Pfeffer verschlagen und über den Kartoffeln verteilen. Zugedeckt etwa 20 Minuten bei schwacher bis mittlerer Hitze garen. Auf einem Teller oder in der Pfanne servieren.

KAMMMUSCHELN CEVICHE

Zubereitungszeit: 20 Minuten
+ 2 Stunden Marinierzeit
Kochzeit: keine

15 Kammmuscheln auf der halben Schale
1 TL fein geriebene Schale einer unbehandelten Limette
60 ml Limettensaft
2 Knoblauchzehen, gehackt
2 rote Chilischoten, entkernt und gehackt
1 EL frische Petersilie, gehackt
1 EL Olivenöl
Salz und schwarzer Pfeffer

1 Kammmuscheln aus der Schale entfernen. Falls erforderlich, Fleisch mit einem kleinen scharfen Schälmesser von der Schale lösen. Kleine schwarze Tasche und weißen Muskel entfernen und Schalen gründlich waschen.
2 In einer Schüssel (kein Metall) Limettenschale und -saft, Knoblauch, Chilischoten, Petersilie, Öl und etwas Salz und Pfeffer vermischen. Muscheln einrühren. Mit Klarsichtfolie bedeckt 2 Stunden im Kühlschrank ziehen lassen.
3 Muscheln auf den halben Schalen anrichten und Marinade darüber geben. Kalt servieren.
Hinweis In der Marinade halten die Kammmuscheln 2 Tage.

RECHTS: Tortilla

SPANIEN

KRAKE IN KNOBLAUCH-MANDEL-SAUCE

Zubereitungszeit: 25 Minuten + Kühlzeit
Kochzeit: 50 Minuten
Für 4 Personen

☆

1 kg kleine Kraken

½ kleine rote Paprikaschote, entkernt

125 g gemahlene Mandeln

3 Knoblauchzehen, zerdrückt

80 ml Rotweinessig

200 ml Olivenöl

2 EL frische glatte Petersilie, gehackt

Salz und schwarzer Pfeffer

1 Mit einem kleinen Messer Tentakel vom Krakenkopf vorsichtig trennen und Maul (Mundwerkzeuge) am Ansatz der Tentakel mit dem Finger herausdrücken. Augen mit einem scharfen Messer kreisförmig aus dem Kopf herausschneiden und wegwerfen. Kopf vorsichtig an einer Seite aufschneiden und Eingeweide herausspülen. Kraken in einen großen Topf kochendes Wasser geben und je nach Größe 20–40 Minuten kochen, bis sie weich sind; nach 15 Minuten immer wieder mit einem Spießchen prüfen. Vom Herd nehmen und in der Pfanne 15 Minuten abkühlen lassen.

2 Für die Sauce Grill auf höchster Stufe vorheizen. Paprika mit der Hautseite nach oben erhitzen, bis die Haut schwarz wird und aufplatzt. In einer Plastiktüte abkühlen lassen, dann die Haut abziehen. Mit Mandeln und Knoblauch im Mixer pürieren. Bei laufendem Motor langsam Essig, dann Öl zugeben. 125 ml kochendes Wasser und Petersilie einrühren und mit Salz und schwarzem Pfeffer würzen.

3 Tentakel in Stücke schneiden. In einer Servierschüssel mit der Sauce vermischen. Warm oder gekühlt als Salat servieren.

MANDELN
Die Mandel ist der Samenkern der Frucht des Mandelbaums. Ursprünglich in den Ländern des Mittelmeers beheimatet, wird sie heute auch in Kalifornien, Australien und Südafrika angebaut. Süßmandeln sind mit und ohne Schale, mit und ohne Haut, als Stifte, Blättchen, gehackt und gemahlen erhältlich. In Koch- und Backrezepten werden sie meist einfach als Mandeln bezeichnet. Bittermandeln und das aus ihnen gewonnene Bittermandelöl werden in Kleinstmengen vorwiegend dazu verwendet, Backwaren und Liköre zu aromatisieren.

OBEN: Krake in Knoblauch-Mandel-Sauce

DAS GROSSE BUCH DER MITTELMEERKÜCHE

OBEN: Huevos a la flamenca

TONFORMEN
Für Huevos a la flamenca am besten geeignet ist eine etwa 2 cm tiefe Form aus glasiertem Ton; man kann aber jede flache, runde ofenfeste Form oder auch 4 kleine Portionsformen verwenden. Tonformen für Aufläufe, Kuchen und alle Gerichte, die im Backofen gegart oder überbacken werden, sind in gut sortierten Haushaltsgeschäften in großer Auswahl erhältlich.

HUEVOS A LA FLAMENCA
(Gebackene Eier)

Zubereitungszeit: 20 Minuten
Kochzeit: 50 Minuten
Für 4 Personen

500 g vollreife Tomaten
400 g Kartoffeln, in 2 cm große Würfel geschnitten
3 EL Olivenöl
1 rote Paprikaschote, in Streifen geschnitten
1 Zwiebel, gehackt
100 g Serranoschinken (oder heller, zarter Prosciutto, in dicke Scheiben geschnitten)
150 g dünner grüner Spargel, geputzt
100 g frische oder TK-Erbsen
100 g kleine grüne Bohnen, geschnitten
2 EL Tomatenmark
Salz und schwarzer Pfeffer
4 Eier
100 g Chorizo, in dünne Scheiben geschnitten
2 EL frische glatte Petersilie, gehackt

1 Tomaten auf der Unterseite kreuzweise einschneiden, 10 Sekunden in kochendes Wasser legen und kalt abschrecken, Haut vom Einschnitt aus abziehen. Fruchtfleisch grob hacken.
2 Öl in einer Bratpfanne erhitzen, Kartoffeln bei mittlerer Hitze 8 Minuten braten und mit dem Schaumlöffel herausnehmen. Hitze reduzieren, Paprika, Zwiebel und 2 Schinkenscheiben in gleich große Streifen wie die Paprika schneiden, in die Pfanne geben und 6 Minuten braten, bis die Zwiebel weich ist.
3 Spargel bis auf 4 Stangen mit Erbsen, Bohnen, Tomaten und Tomatenmark zugeben. 125 ml Wasser einrühren und mit Salz und Pfeffer würzen. Kartoffeln wieder in die Pfanne geben, zudecken und bei schwacher Hitze unter gelegentlichem Rühren 10 Minuten kochen.
4 Backofen auf 180 °C (Gas 2) vorheizen. Große ofenfeste Form (siehe ganz links) einfetten. Gemüse hineingeben und überschüssige Flüssigkeit abschöpfen. Mit einem Löffelrücken 4 gleich große Vertiefungen hineindrücken und je 1 Ei hineinschlagen. Restlichen Spargel, Chorizo, restlichen Schinken, in große Stücke geschnitten, darüber verteilen. Mit Petersilie bestreuen. 20 Minuten backen, bis das Eiweiß gerade stockt. Warm servieren.

214

SPANIEN

PIKANTER KARTOFFELSALAT

Zubereitungszeit: 10 Minuten
Kochzeit: 10 Minuten
Für 4 Personen

500 g kleine, fest kochende Kartoffeln (z. B. Hansa, Sieglinde)
2 TL gehackter frischer Dill
2 Frühlingszwiebeln, gehackt
1 EL Kapern, grob gehackt
Salz und Pfeffer
2 EL Olivenöl extra vergine
1½ EL Zitronensaft
1 TL unbehandelte Orangenschale, fein gerieben

1 Kartoffeln in einem großen Kochtopf in Salzwasser zum Kochen bringen. 10 Minuten kochen, bis sie weich sind (mit einer Messerspitze prüfen). Gut abtropfen lassen.
2 Kartoffeln mit Dill, Zwiebeln, Kapern, Salz und Pfeffer in einer Schüssel gründlich vermengen. Öl, Zitronensaft und Orangenschale in einer kleinen Kanne verrühren und über die heißen Kartoffeln gießen. Behutsam umrühren, um die Kartoffeln mit der Sauce zu überziehen, und warm servieren.

DICKE BOHNEN IN WEIN

Zubereitungszeit: 10 Minuten
Kochzeit: 30 Minuten
Für 4 Personen

20 g Butter
1 Zwiebel, gehackt
180 g Serranoschinken, grob gehackt
2 Knoblauchzehen, zerdrückt
500 g frische oder TK-dicke-Bohnen
125 ml trockener Weißwein
185 ml Hühnerbrühe

1 Butter in einem großen Topf zerlassen. Zwiebel, Schinken und Knoblauch zugeben. Bei mittlerer Hitze 5 Minuten unter häufigem Rühren braten, bis die Zwiebel weich ist.
2 Bohnen und Wein zugeben und bei starker Hitze Flüssigkeit auf die Hälfte einkochen. Brühe zugeben, Hitze reduzieren, Topf schließen und 10 Minuten kochen. Deckel abnehmen und 10 Minuten weiterköcheln lassen. Heiß als Beilage zu Fleisch oder warm mit Krustenbrot als Imbiss servieren.
Hinweis Man kann auch dicke Scheiben Prosciutto verwenden; er sollte rosa, zart und mild sein, nicht trocken und salzig.

SERRANOSCHINKEN
„Jamon serrano" heißt der spanische, in Salz gepökelte und an der Luft getrocknete Schinken. Das Herstellungsverfahren wird sogfältig überwacht, um ein Qualitätsprodukt zu garantieren. Der Schinken findet in vielen Gerichten aller Regionen Spaniens Verwendung. Er wird aber auch einfach in dicke Scheiben geschnitten, mit Piment bestreut und als Tapa gereicht. Serranoschinken muss mindestens 12 Monate reifen; die aromatischste Sorte benötigt sogar 18 Monaten Reifezeit.

LINKS: Pikanter Kartoffelsalat

ESCALIVADA
(Gegrillter Gemüsesalat)

Zubereitungszeit: 15 Minuten
 + 30 Minuten Kühlzeit
Kochzeit: 10 Minuten
Für 4 Personen

1 rote Zwiebel

6 kleine runde Auberginen, ca. 16 cm lang

4 rote Paprikaschoten

4 gelbe Paprikaschoten

1 EL Kapern

Salz und Pfeffer

80 ml Olivenöl

1 EL frische glatte Petersilie, gehackt

2 Knoblauchzehen, fein gehackt

1 Zwiebel senkrecht bis knapp über dem Boden in 6 Segmente schneiden. Mit Auberginen und Paprika auf einem Holzkohlengrill, einem Grillgerät mit offener Flamme oder über der Flamme eines Gasherds etwa 10 Minuten unter gelegentlichem Wenden grillen, bis die Auberginen- und Paprikaschalen schwarz werden und aufplatzen. Paprika 10 Minuten in einer Plastiktüte abkühlen lassen, Zwiebel und Aubergine beiseite stellen.
2 Kapern mit Prise Salz in einer Pfanne knusprig rösten, Zwiebel in 6 Teile schneiden und schwarze Außenhaut entfernen. Auberginen schälen, Stiele entfernen und längs in Scheiben schneiden. Paprika schälen, entkernen und in breite Streifen schneiden. Gemüse auf einem großen Servierteller anrichten. Öl darüber träufeln und mit Salz und Pfeffer würzen. Petersilie, Knoblauch und Kapern darüber streuen. Kalt als Salat oder warm als Beilage zu Grillfleisch reichen.
Hinweis Das Gemüse kann unter dem Grill oder im Backofen geröstet werden, dem Gericht fehlt dann allerdings der typische Rauchgeschmack.

ESPARRAGO DE ANDALUCIA
(Andalusischer Spargel)

Zubereitungszeit: 10 Minuten
Kochzeit: 15 Minuten
Für 4 Personen

500 g frischer grüner Spargel

60 ml Olivenöl extra vergine

1 dicke Scheibe knuspriges Bauernbrot, von der Kruste befreit und in Würfel geschnitten

2–3 Knoblauchzehen

12 blanchierte Mandeln

1 EL Paprikapulver

1 TL gemahlener Kreuzkümmel

1 EL Rotwein- oder Sherryessig

Salz und Pfeffer

1 Holzige Spargelenden abschneiden.
2 Öl in einer Pfanne erhitzen. Brot, Knoblauch und Mandeln bei mittlerer Hitze 2–3 Minuten goldgelb braten. Mit dem Schaumlöffel in den Mixer geben, mit Paprika, Kreuzkümmel, Essig, Salz, Pfeffer und 1 EL Wasser grob zerkleinern.
3 Pfanne wieder erhitzen. Nach Bedarf etwas Öl zugeben und Spargel bei mittlerer Hitze 3–5 Minuten braten. Brotmischung mit 200 ml Wasser zugeben und 3–4 Minuten köcheln lassen, bis der Spargel weich, aber noch bissfest und die meiste Flüssigkeit verdampft ist. Warm servieren.

UNTEN: Escalivada

SPANIEN

ENSALADA RUSA
(Russischer Salat)

Zubereitungszeit: 40 Minuten
Kochzeit: 40 Minuten
Für 4–6 Personen

MAYONNAISE
2 Eigelb
1 TL Dijon-Senf
Salz und Pfeffer
125 ml Olivenöl extra vergine
2 EL Zitronensaft
2 kleine Knoblauchzehen, zerdrückt

3 Artischockenherzen aus der Dose (ca. 120 g)
3 fest kochende Kartoffeln (z. B. Sieglinde, Hansa), ungeschält
100 g kleine grüne Bohnen, geputzt, in 1 cm lange Stücke geschnitten
1 Möhre, in 1 cm große Würfel geschnitten
125 g frische Erbsen
Salz und Pfeffer
30 g Cornichons, gehackt
2 EL Kapern, abgespült
10 schwarze Oliven, in je 3 Scheiben geschnitten
4 Sardellenfilets, fein gehackt
5 ganze schwarze Oliven zum Garnieren

1 Für die Mayonnaise Eigelbe mit Senf und ¼ TL Salz schaumig schlagen. Öl in einem feinen Strahl unter ständigem Rühren zugießen. Zitronensaft, Knoblauch und 1 TL kochendes Wasser zugeben und 1 Minute weiterrühren. Mit Salz und Pfeffer abschmecken.
2 Artischocken vierteln. Kartoffeln waschen, in kaltem Salzwasser langsam zum Kochen bringen und 15–20 Minuten weich kochen; mit einem spitzen Messer prüfen. Abgießen, etwas abkühlen lassen und schälen. Vollständig erkalten lassen und in 1 cm große Würfel schneiden.
3 Bohnen in Salzwasser bissfest garen, kalt abschrecken und gründlich abtropfen lassen. Möhren und Erbsen ebenso zubereiten.
4 Etwas Gemüse und Cornichons zum Garnieren beiseite legen; Gemüse salzen und pfeffern. Rest mit Kapern, Sardellen, Oliven und Mayonnaise verrühren; mit Salz und Pfeffer abschmecken. Auf einem Teller anrichten und mit Gemüse und ganzen Oliven garnieren.
Hinweis Der Salat hält bis zu 2 Tage im Kühlschrank, wird aber zimmerwarm serviert.

ENSALADA RUSA
Der Salat wird in Tapasbars in ganz Spanien serviert. Er soll auf die Zeit der napoleonischen Kriege zurückgehen, als sich viele Franzosen in Spanien niederließen und die russische Lebensart, die in Paris damals sehr in Mode war, ins Land brachten.

UNTEN: Ensalada rusa

217

TAPAS

Typisch für die spanische Esskultur sind die Tapas, einfache Köstlichkeiten, die man mit Freunden bei einem Glas Sherry oder Wein teilt.

URSPRUNG DER TAPAS

Das spanische Wort „tapa" heißt wörtlich Deckel. Als Bezeichnung für ein Appetithäppchen geht es auf die Zeit zurück, da Barbesitzer ihren Kunden Getränke mit einer Brotscheibe als essbarem Deckel auf dem Glas servierten, um Fliegen fernzuhalten. Später kamen Käse und Wurst dazu, um den Appetit und das Geschäft anzuregen, und aus diesen bescheidenen Anfängen entstand die große Vielfalt der Tapas in den Bars in ganz Spanien, angefangen bei einem Schälchen marinierter Oliven oder einem Teller Serranoschinken bis hin zu warmen Kabeljauküchlein und Knoblauchgarnelen.

Wie in vielen anderen Ländern Europas variiert das spanische Essen je nach Region entsprechend den klimatischen, geographischen und historischen Einflüssen. Dies kommt am besten in einer spanischen Redensart zum Ausdruck, die sich sowohl auf das Klima als auch auf die Garmethoden bezieht: „Im Norden wird geschmort, im Zentrum geröstet, im Osten gesotten, im Süden gebraten."

Während die Tapasbars im Süden also nicht nur von der Fülle von Meeresfrüchten, sondern auch von den reichen arabischen Einflüssen profitieren, findet man weiter nördlich im Landesinneren herzhaftere Tapas aus Hülsenfrüchten und Fleisch, die über das oft unwirtliche Wetter hinwegtrösten und bei denen manches an die Küche des französischen Nachbarn erinnert.

Einige Gerichte jedoch kennen keine regionalen Grenzen, und man findet sie in Tapasbars in ganz Spanien. Das ein-

fachste dieser „nationalen" Lieblingshäppchen ist der rohe Serranoschinken oder Bergschinken. Ähnlich wie Prosciutto, doch mit eigenem, unverwechselbarem Geschmack, ist er sehr mager, kann aber etwas zäh sein, denn die Schweine, die in den Wäldern umherstreifen, haben viel Bewegung. „Jamon serrano" soll auch der mildeste Schinken überhaupt sein. Er wird meist einfach in Scheiben geschnitten auf einem Teller mit Landbrot und einem Glas Wein serviert.

Auf dieser Seite sind die häufigsten Tapas abgebildet, es gibt aber noch viele andere, die überall in Spanien sehr beliebt sind, darunter Escalivada (S. 216), Patatas bravas (S. 205), Tortilla (S. 212) und Cocido madrileño (S. 235), ein Eintopf aus Fleisch, Würsten und Gemüse, wobei alle je nach Region entsprechend den lokalen Zutaten und Gewürzen variieren.

Wie die italienischen Antipasti sind Tapas für die Gästebewirtung bestens geeignet, da die meisten schon ein oder mehrere Tage im Voraus zubereitet werden können. Eine Ausnahme bilden die gebratenen, die frisch serviert werden sollten. Fast alle Gerichte in diesem Kapitel können als Tapas serviert werden, wenn die Portionen ensprechend ihrer Funktion als Appetithäppchen bemessen sind. Um den Appetit anzuregen, sind sie meist stark gewürzt und enthalten viel Knoblauch, Zitrone oder Essig. Auf den Seiten 196–217 sind Rezepte für klassische Tapas zu finden. Gehaltvollere Gerichte wie Kabeljau mit rotem Paprika (S. 227) oder Gefüllter Kalmar mit Reis (S. 224) können aber auch als Teil eines Buffets für eine größere Gesellschaft dienen.

In Spanien reicht man Tapas bevorzugt in kleinen ovalen Schälchen, aber auch gewöhnliche kleine Teller sind gut geeignet. Spanische Oliven und Bauernbrot dürfen nicht fehlen. Fast alle Gerichte in diesem Kapitel können für 2 wie auch für 20 Personen bereitet werden.

IM UHRZEIGERSINN VON OBEN LINKS: Serranoschinken; Chorizo; Brot; Fleischbällchen in würziger Tomatensauce; Oliven; Tortilla; Gambas al ajillo (Knoblauchgarnelen)

DAS GROSSE BUCH DER MITTELMEERKÜCHE

ABOVE: Roter Gazpacho

ROTER GAZPACHO
(Kalte Tomatensuppe)

Zubereitungszeit: 40 Minuten
 + 5 Minuten Einweichzeit + 2 Stunden Kühlzeit
Kochzeit: keine
Für 4 Personen

1 kg Strauchtomaten

2 Scheiben italienisches Weißbrot vom Vortag, Rinde entfernt, in Stücke gebrochen

1 rote Paprikaschote, entkernt, grob gehackt

2 Knoblauchzehen, gehackt

1 grüne Chilischote, gehackt, nach Belieben

1 TL Zucker

2 EL Rotweinessig

2 EL Olivenöl extra vergine

Salz und Pfeffer

8 Eiswürfel

GARNIERUNG

1/2 Gurke, entkernt, fein gewürfelt

1/2 rote Paprikaschote, entkernt, fein gewürfelt

1/2 grüne Paprikaschote, entkernt, fein gewürfelt

1/2 rote Zwiebel, fein gewürfelt

1/2 vollreife Tomate, gewürfelt

1 Tomaten auf der Unterseite kreuzweise einschneiden, 10 Sekunden in kochendes Wasser legen, kalt abschrecken und vom Einschnitt aus die Haut abziehen. Tomaten halbieren und Kerne entfernen. Fruchtfleisch hacken.
2 Brot in kaltem Wasser 5 Minuten einweichen, überschüssige Flüssigkeit ausdrücken. Brot mit Tomate, Pfeffer, Knoblauch, Chili, Zucker und Essig im Mixer pürieren.
3 Bei laufendem Motor Öl zugießen, bis eine glatte, cremige Mischung entsteht. Mit Salz und Pfeffer würzen. Mindestens 2 Stunden kalt stellen. Nach Belieben etwas Essig zugeben.
4 Für die Garnierung alle Zutaten mischen. Suppe und je 2 Eiswürfel in Suppenschüsseln geben. Garnierung getrennt servieren.

AJO BLANCO
(Gekühlte Knoblauch-Mandel-Suppe)

Zubereitungszeit: 20 Minuten
 + 5 Minuten Einweichzeit + 2 Stunden Kühlzeit
Kochzeit: 3 Minuten
Für 4–6 Personen

1 Laib (200 g) italienisches Weißbrot vom Vortag, Rinde entfernt

150 g ganze blanchierte Mandeln

3–4 Knoblauchzehen, gehackt

125 ml Olivenöl extra vergine

80 ml Sherry- oder Weißweinessig

300–375 ml Gemüsebrühe

Salz

2 EL Olivenöl zum Braten

75 g italienisches Weißbrot vom Vortag, Rinde entfernt, in 1 cm große Würfel geschnitten

200 g kleine kernlose weiße Trauben

1 Brot in kaltem Wasser 5 Minuten einweichen und überschüssige Flüssigkeit ausdrücken. Mandeln und Knoblauch im Mixer fein mahlen. Brot zugeben und Masse glatt pürieren.
2 Bei laufendem Mixer Öl langsam und gleichmäßig zugießen, bis die Masse die

Konsistenz von Mayonnaise hat. Nach und nach Sherry und 315 ml Brühe zugeben und 1 Minute verrühren. Mit Salz abschmecken. Mindestens 2 Stunden kalt stellen. Bei Bedarf mit Brühe oder Wasser verdünnen.

3 Kurz vor dem Servieren Öl in einer Bratpfanne erhitzen, Brotwürfel zugeben und 2–3 Minuten bei mittlerer Hitze auf allen Seiten goldbraun braten. Auf Küchenkrepp abtropfen lassen. Suppe sehr kalt servieren. Mit Trauben und Brotwürfeln garnieren.

ZARZUELA DE PESCADO
(Katalanischer Fischtopf)

Zubereitungszeit: 30 Minuten
Kochzeit: 35 Minuten
Für 6–8 Personen

300 g Filets der roten Meeräsche
400 g Wittlingfilets
300 g küchenfertiger Kalmar
1 1/2 l Fischfond
80 ml Olivenöl
1 Zwiebel, gehackt
6 Knoblauchzehen, gehackt
1 kleine frische rote Chilischote, gehackt
1 TL Paprikapulver
1 Prise Safranfäden
150 ml Weißwein
400 g zerkleinerte Tomaten aus der Dose
16 rohe mittelgroße Garnelen, in einem Stück geschält, Darm entfernt
2 EL Weinbrand
24 Miesmuscheln, geputzt
1 EL frische Petersilie, gehackt
Salz und Pfeffer

PICADA

2 EL Olivenöl
2 Scheiben Weißbrot vom Vortag, gewürfelt
2 Knoblauchzehen
5 blanchierte Mandeln, geröstet
2 EL frische glatte Petersilie zum Garnieren

1 Fisch und Kalamar in 4 cm große Stücke schneiden. Fischfond zum Kochen bringen, in 15–20 Minuten auf die Hälfte einkochen.
2 Für die Picada Öl in einer Bratpfanne erhitzen, Brot zugeben und 2–3 Minuten auf allen Seiten goldbraun braten. Nach 2 Minuten Knoblauch hineinrühren. Brot, Knoblauch, Mandeln und Petersilie im Mixer verrühren; so viel Fischfond zugeben, dass eine glatte Paste entsteht.
3 In einem Topf 2 EL Öl erhitzen, Zwiebel, Knoblauch, Chili und Paprika zugeben und unter Rühren 1 Minute braten. Safran, Wein, Tomaten und Fischfond zugeben, zum Kochen bringen, Hitze reduzieren und köcheln lassen.
4 Restliches Öl in der Bratpfanne bei mittlerer Temperatur erhitzen, Fisch und Kalamar 3–5 Minuten braten. Wenden, Garnelen zugeben, 1 Minute braten und Weinbrand einrühren. Entzünden und herunterbrennen lassen. Alles aus der Pfanne nehmen.
5 Miesmuscheln in den Fischfond geben und zugedeckt 2–3 Minuten köcheln lassen. Noch geschlossene Muscheln wegwerfen. Meeresfrüchte und Picada zugeben und rühren, bis die Sauce sämig wird und die Meeresfrüchte gar sind. Mit Salz und Pfeffer abschmecken. Mit Petersilie garniert servieren.

UNTEN: Zarzuela de pescado

DAS GROSSE BUCH DER MITTELMEERKÜCHE

FISCH IN DER SALZKRUSTE BACKEN
Seefisch ist im salzigen Element zu Hause, und schon seit alter Zeit wurde Salz dazu verwendet, Fisch zu konservieren und zu würzen. In Spanien und Italien trägt man der gemeinsamen Herkunft beider Zutaten Rechnung, indem man den Fisch zum Garen in eine dicke Salzkruste fest einpackt. Der Vorteil dieser Methode liegt darin, dass die Feuchtigkeit nicht entweichen kann und der Fisch im eigenen Saft gart, ohne zu salzig zu werden. Wichtig ist, dass während des Backens weder die Salzkruste noch die Fischhaut verletzt wird, da sonst der Dampf entweicht bzw. das Fischfleisch einen zu starken Salzgeschmack annimmt.

FISCH IN DER SALZKRUSTE

Zubereitungszeit: 20 Minuten
Kochzeit: 30–40 Minuten
Für 4–6 Personen

☆ ☆

1,8 kg Fisch am Stück (z. B. Brasse, Seebarsch), geschuppt und geputzt
2 unbehandelte Zitronen, in Scheiben geschnitten
4 frische Thymianzweige
1 Fenchelknolle, in dünne Scheiben geschnitten
3 kg Steinsalz

1 Backofen auf 200 °C (Gas 3) vorheizen. Fisch innen und außen waschen, trockentupfen und mit Zitrone, Thymian und Fenchel füllen.
2 Die Hälfte des Salzes in eine große ofenfeste Form geben und den Fisch darauf legen. Mit dem restlichen Salz bedecken und andrücken, bis das Salz den Fisch fest umschließt.
3 Fisch 30–40 Minuten backen; er ist gar, wenn ein bis ins Innere gestochenes Spießchen beim Herausziehen heiß ist. Salz vorsichtig von der Oberseite des Fisches an die Seite schieben. Fisch enthäuten; es darf kein Salz auf dem Fischfleisch bleiben. Heiß oder kalt mit Aïoli (S. 153) oder Beilagen eigener Wahl servieren.

TXANGURRO
(Gefüllte Krabben)

Zubereitungszeit: 30 Minuten
  + 30 Minuten Kühlzeit
Kochzeit: 50 Minuten
Für 4 Personen

☆ ☆

4 lebende Krabben zu je 750 g (siehe Hinweis)
80 ml Olivenöl
1 Zwiebel, fein gehackt
1 ganze Knoblauchzehe
125 ml trockener Weißwein
250 ml Tomatenpüree
¼ EL Estragon, fein gehackt
Salz und Pfeffer
2 EL Semmelbrösel
2 EL frische glatte Petersilie, gehackt
40 g Butter, in kleine Stücke gehackt

1 Wasser in einem großen Topf zum Kochen bringen. 3 EL Salz und Krabben zugeben und ohne Deckel 15 Minuten köcheln lassen. Krabben herausnehmen und 30 Minuten abkühlen lassen. Fleisch aus den Gliedmaßen herausnehmen. Körper öffnen, ohne die Schale zu beschädigen, die zum Servieren benötigt wird. Etwaige Flüssigkeit in einer Schüssel auffangen.

RECHTS: Fisch in der Salzkruste

SPANIEN

Fleisch herausnehmen und mit dem Beinfleisch fein hacken. Braune Masse aus den Schalen nehmen und dann mit gehacktem Fleisch vermischen.
2 Öl in einer Bratpfanne erhitzen, Zwiebel und Knoblauch 5–6 Minuten weich braten. Wein und Tomatenpüree einrühren. 3–4 Minuten köcheln lassen, dann Krabbensud zugeben. 3–4 Minuten köcheln lassen. Krabbenfleisch und Estragon zugeben, mit Salz und gemahlenem schwarzem Pfeffer abschmecken. Etwa 5 Minuten köcheln lassen, bis der Sud dickflüssig ist. Knoblauch entfernen.
3 Backofen auf 210 °C (Gas 3–4) vorheizen. Krabbenschalen ausspülen und abtrocknen. Krabbenmischung darin verteilen und Oberfläche glätten. Semmelbrösel mit Petersilie mischen, über die Krabbenmischung streuen und Butterflöckchen darauf setzen. 6–8 Minuten backen, bis die Butter schmilzt und die Semmelbrösel braun werden. Heiß servieren.
Hinweis Für dieses Gericht wird traditionell die Seespinne oder Stachelkrabbe verwendet. Geeignet sind aber alle frischen Krabben mit großem Körper und genügend Fleisch.

POLLO A LA CHILINDRON
(Huhn mit Paprika und Oliven)

Zubereitungszeit: 30 Minuten
Kochzeit: 1 Stunde 10 Minuten
Für 4 Personen

6 vollreife Tomaten
1 Huhn (1,5 kg) in 8 Stücke geteilt
Salz und Pfeffer
3 EL Olivenöl
2 große rote Zwiebeln, in 5 mm dicke Scheiben geschnitten
2 Knoblauchzehen, zerdrückt
3 rote Paprikaschoten, entkernt, Häutchen entfernt, in 1 cm breite Streifen geschnitten
60 g dick geschnittener Prosciutto, fein gehackt
1 EL frischer Thymian, gehackt
2 TL edelsüßes Paprikapulver
8 entsteinte schwarze Oliven
8 entsteinte grüne Oliven

1 Tomate auf der Unterseite kreuzweise einschneiden, 10 Sekunden in kochendes Wasser legen, kalt abschrecken und die Haut vom Einschnitt aus abziehen. Tomaten halbieren und die Kerne mit einem Teelöffel entfernen. Fruchtfleisch klein hacken.
2 Huhn innen und außen unter kaltem Wasser spülen, mit Küchenkrepp trockentupfen und kräftig mit Salz und Pfeffer würzen. Öl in der Bratpfanne erhitzen und Hühnerstücke portionsweise, Hautseite nach unten, bei mittlerer Hitze 4–5 Minuten goldbraun braten. Wenden, 2–3 Minuten braten und auf eine Platte legen.
3 Zwiebel, Knoblauch, Paprika, Prosciutto und Thymian in die Bratpfanne geben. Bei mittlerer Hitze unter Rühren 8–10 Minuten braten, bis das Gemüse weich ist; es soll nicht bräunen.
4 Tomaten und Paprikapulver zugeben, auf höchster Stufe 10–12 Minuten einkochen. Huhn wieder in die Pfanne geben und mit der Sauce bedecken. Deckel aufsetzen, Hitze reduzieren und Huhn 25–30 Minuten köcheln lassen, bis das Fleisch weich ist. Vor dem Servieren Oliven zugeben und mit Salz und Pfeffer abschmecken.

OBEN: Pollo a la chilindron

223

DAS GROSSE BUCH DER MITTELMEERKÜCHE

REIS
Im 8. Jahrhundert n. Chr. brachten die Mauren den Reis nach Spanien. Seitdem ist er zu einem wichtigen Grundnahrungsmittel geworden und wird nicht nur als Beilage verwendet, sondern dient als Hauptzutat vieler traditioneller Rezepte von der berühmten Paëlla bis zum köstlichen Reis mit gefülltem Kalmar. Die Vielfalt der in Spanien erhältlichen Reissorten erlaubt es, immer diejenige zu wählen, die am besten mit den Zutaten des jeweiligen Gerichts harmoniert.

OBEN: Knoblauchhuhn

KNOBLAUCHHUHN

Zubereitungszeit: 20 Minuten
Kochzeit: 35 Minuten
Für 6 Personen

☆☆

1 kg entbeinte Hühnerschenkel
1 EL Paprikapulver
Salz und Pfeffer
2 EL Olivenöl
8 Knoblauchzehen, ungeschält
60 ml Weinbrand
125 ml Hühnerbrühe
1 Lorbeerblatt
2 EL frische glatte Petersilie, gehackt

1 Hühnerschenkel von überschüssigem Fett befreien und in 3 Stücke teilen. Paprika, Salz und Pfeffer mischen und Huhn darin wenden.
2 Die Hälfte des Öls in der Bratpfanne erhitzen, Knoblauch 1–2 Minuten bräunen und herausnehmen. Huhn portionsweise 5 Minuten bräunen. Wieder in die Pfanne geben, Weinbrand zufügen, 30 Sekunden kochen, dann Brühe und Lorbeer zugeben. Bei schwacher Hitze 10 Minuten zugedeckt köcheln lassen.

3 Knoblauch im Mörser oder in einer Schüssel mit Petersilie zur Paste zerstoßen oder verrühren. In die Sauce rühren. Huhn zugedeckt 10 Minuten weich kochen. Das Knoblauchhuhn heiß servieren.

GEFÜLLTER KALMAR MIT REIS

Zubereitungszeit: 40 Minuten
Kochzeit: 1 Stunde 15 Minuten
Für 4 Personen

☆☆☆

8 kleine Kalmare
etwa 2 EL Mehl

FÜLLUNG
1 kleine Zwiebel
2 EL Olivenöl
2 EL Korinthen
2 EL Pinienkerne
4 EL frische Weißbrotbrösel
1 EL frische Minze, gehackt
1 EL frische glatte Petersilie, gehackt
1 Ei, leicht verschlagen
Salz und Pfeffer

SPANIEN

SAUCE
1 EL Olivenöl
1 kleine Zwiebel, fein gehackt
1 Knoblauchzehe, gehackt
60 ml trockener Weißwein
400 g zerkleinerte Tomaten aus der Dosen
1/2 TL Zucker
1 Lorbeerblatt
Salz und Pfeffer

REIS
1,25 l Fischfond
60 ml Olivenöl
1 Zwiebel, fein gehackt
3 Knoblauchzehen, zerdrückt
275 g Calasparra- oder Rundkornreis
1/4 TL Cayennepfeffer
3 TL Kalmartinte oder 4 Päckchen zu je 4 g
60 ml trockener Weißwein
3 TL Tomatenmark
Salz und Pfeffer
2 EL frische glatte Petersilie, gehackt

1 Körperbeutel der Kalmare von den Tentakeln wegziehen und diese abtrennen. Flossen an beiden Seiten des Beutels abschneiden. Mit Tentakeln beiseite legen. Tintenbeutel herausnehmen, ausdrücken und Tinte in einer Schüssel auffangen. Innere Schale entfernen. Körperbeutel häuten und mit Tentakeln und Flossen kalt abspülen.
2 Für die Füllung Tentakel, Flossen und Zwiebel im Mixer fein hacken. Öl in der Pfanne erhitzen und Korinthen und Pinienkerne bei schwacher Hitze unter Rühren braten, bis die Pinienkerne hellbraun sind. Mit dem Schaumlöffel in eine Schüssel geben. Zwiebelmischung in der Pfanne bei schwacher Hitze 5 Minuten braten. Mit Bröseln, Minze, Petersilie und Ei in die Schüssel geben. Mit Salz und Pfeffer würzen, gut umrühren und in die Körperbeutel der Kalmare füllen. Die Öffnungen mit Zahnstochern verschließen und die Kalmare mit Mehl bestäuben.
3 Für die Sauce die Bratpfanne auswischen, Öl erhitzen, Zwiebel zugeben und bei schwacher Hitze weich braten. Knoblauch einrühren, 30 Sekunden braten und Wein zugeben. Bei starker Hitze 1 Minute kochen, dann Tomaten, Zucker und Lorbeerblatt zufügen; salzen und pfeffern. Hitze reduzieren und 5 Minuten köcheln lassen. 125 ml Wasser einrühren. Kalmar in einer Schicht in die Pfanne geben und zugedeckt etwa 20 Minuten weich köcheln lassen.
4 Für den Reis Fond zum Kochen bringen. Inzwischen Öl erhitzen, Zwiebel zugeben und bei schwacher Hitze 5 Minuten weich braten. Knoblauch zugeben, 15 Sekunden braten, dann Reis und Cayennepfeffer einrühren. Tinte mit 4 EL heißem Fond vermischen, in den Reis rühren, dann Wein und Tomatenmark zufügen. Rühren, bis Flüssigkeit fast einkocht, dann 250 ml Fond zugeben. Wieder fast einkochen lassen und nochmals 250 ml Fond einrühren, bis der Reis in etwa 15 Minuten weich und cremig ist. Vom Herd nehmen und zugedeckt 5 Minuten stehen lassen. Mit Salz und Pfeffer abschmecken.
5 Reis auf einer warmen Platte mit Petersilie vermengen. Kalmar und Sauce darauf geben.

GEFÜLLTER KALMAR MIT REIS

Zuerst die Tentakel abtrennen, dann den Körperbeutel enthäuten.

Öffnungen mit einem Zahnstocher verschließen.

UNTEN: Gefüllter Kalmar mit Reis

225

DAS GROSSE BUCH DER MITTELMEERKÜCHE

SPANIEN

GESALZENER KABELJAU MIT ROTER PAPRIKA

Zubereitungszeit: 35 Minuten
+ 10 Minuten Kühlzeit
+12 Stunden Einweichzeit
Kochzeit: 25 Minuten
Für 6 Personen

400 g getrockneter gesalzener Kabeljau (Bacalao)
1 rote Paprikaschote
1 EL Olivenöl
1 kleine Zwiebel, gehackt
1 Knoblauchzehe, zerdrückt
1/4 TL getrocknete Chiliflocken
1 TL Paprikapulver
60 ml trockener Weißwein
2 vollreife Tomaten, fein gehackt
2 EL Tomatenmark
1 EL frische glatte Petersilie, gehackt
Salz nach Bedarf

1 Kabeljau in reichlich Wasser 8–12 Stunden einweichen. Wasser 5- bis 6-mal wechseln, damit das überschüssige Salz dem Fisch entzogen wird. Fisch in einen Topf mit kochendem Wasser geben und 5 Minuten kochen. Abgießen und etwa 10 Minuten abkühlen lassen, dann die Haut abziehen, Fischfleisch in große Stücke teilen, dabei etwaige Gräten entfernen. Fischstücke in eine Schüssel geben.
2 Grill vorheizen. Paprikaschote vierteln, entkernen und mit der Hautseite nach oben grillen, bis die Haut schwarz wird und aufplatzt. In einer Plastiktüte abkühlen lassen, dann Haut abziehen und in schmale Streifen schneiden.
3 Öl in einer Pfanne bei mittlerer Temperatur erhitzen, Zwiebel zugeben und unter gelegentlichem Rühren 3 Minuten glasig braten. Knoblauch, Chiliflocken und Paprikapulver zugeben und 1 Minute erhitzen. Auf höchste Stufe schalten, Weißwein zugeben und 30 Sekunden köcheln lassen. Hitze reduzieren, Tomaten und Tomatenmark zugeben und unter gelegentlichem Rühren 5 Minuten einkochen.
4 Kabeljau zugeben, zudecken und 5 Minuten köcheln lassen. Paprikaschote und Petersilie vorsichtig einrühren und nach Bedarf salzen. Heiß servieren.

SPINAT MIT ROSINEN UND PINIENKERNEN

Zubereitungszeit: 15 Minuten
Kochzeit: 15 Minuten
Für 6 Personen

500 g Spinat
2 EL Pinienkerne
1 EL Olivenöl
1 kleine rote Zwiebel, halbiert und in Scheiben geschnitten
1 Knoblauchzehe, in dünne Scheiben geschnitten
2 EL Rosinen
1 Prise gemahlener Zimt
Salz und Pfeffer

1 Spinatstiele abschneiden und wegwerfen. Blätter waschen und zerteilen.
2 Pinienkerne in einer Bratpfanne bei mittlerer Hitze 3 Minuten unter Rühren leicht bräunen. Aus der Pfanne nehmen.
3 Öl in der Pfanne erhitzen, Zwiebel zugeben und bei schwacher Hitze unter gelegentlichem Rühren 10 Minuten glasig braten. Auf mittlere Stufe schalten und Knoblauch 1 Minute braten. Spinat mit anhaftendem Wasser, Rosinen und Zimt zugeben und zugedeckt 2 Minuten kochen, bis der Spinat zusammenfällt. Pinienkerne einrühren und mit Salz und Pfeffer abschmecken.
Hinweis Auch Mangold kann man nach diesem Rezept zubereiten, er muss aber etwas länger als der Spinat gegart werden.

SANGRIA

Erfrischendes, kühles Getränk für heiße Sommertage. 1 ½ EL feinen Zucker mit je 1 EL Zitronen- und Orangensaft in einer großen Kanne oder einer Schüssel verrühren, bis sich der Zucker auflöst. 1 Flasche Rotwein, 500 ml Limonade und je 2 EL Gin und Wodka zugeben. Je 1 unbehandelte Zitrone, Orange und Limette halbieren, entkernen und in dünne Scheiben schneiden. Diese in die Kanne geben und mit Eiswürfeln auffüllen. Gut verrühren. Für 10 Personen.

GESALZENER KABELJAU
In ganz Spanien, sogar im gesamten Mittelmeerraum wird gesalzener Kabeljau in vielen Gerichten der traditionellen Küche verwendet. In Nordeuropa ist er unter dem Namen Klippfisch bekannt. Das Einsalzen ist ein einfaches Verfahren, bei dem der geputzte und ausgenommene Fisch flach in Salz gepackt wird. Später wird er gewaschen und getrocknet. Vor der Verwendung muss er länger gewässert werden, wobei das Wasser öfter gewechselt wird. Dank dieser Konservierungsmethode, einer der ältesten überhaupt, konnte der im Nordatlantik reichlich vorhandene Kabeljau leicht und kostengünstig transportiert werden.

GEGENÜBER: Spinat mit Rosinen und Pinienkernen (oben links); Gesalzener Kabeljau mit rotem Paprika

DAS GROSSE BUCH DER MITTELMEERKÜCHE

BACKFISCH MIT PAPRIKA,
CHILI UND KARTOFFELN

Knoblauch, Petersilie,
Zwiebel, Chili und Paprika
über die Kartoffeln streuen.

Fisch auf beiden Seiten
je 3- bis 4-mal diagonal
einschneiden.

BACKFISCH MIT PAPRIKA, CHILI UND KARTOFFELN

Zubereitungszeit: 30 Minuten
   + 2 Stunden Marinierzeit
Kochzeit: 1 Stunde 35 Minuten
Für 4–6 Personen

1,25 kg Fisch am Stück (Rotbrasse, roter
   Schnapper, Meer- oder Goldbrasse), geputzt
1 unbehandelte Zitrone
3 EL Olivenöl
800 g Kartoffeln, in dünne Scheiben geschnitten
3 Knoblauchzehen, in dünne Scheiben
   geschnitten
3 EL frische glatte Petersilie, gehackt
1 kleine rote Zwiebel, in dünne Scheiben
   geschnitten
1 kleine getrocknete Chilischote, entkernt und
   fein gehackt
je 1 rote und gelbe Paprikaschote,, entkernt und
   in dünne Ringe geschnitten
Salz und Pfeffer
2 Lorbeerblätter
3–4 frische Thymianzweige
3 EL trockener Sherry

1 Fisch von den Flossen befreien und in eine große flache Schüssel (kein Metall) geben. Von einem Ende der Zitrone 2 dünne Scheiben abschneiden und beiseite legen. Saft aus der restlichen Zitrone in den Fisch ausdrücken. 2 EL Öl zugeben und zugedeckt 2 Stunden kalt stellen.

2 Backofen auf 190 °C (Gas 2–3) vorheizen un eine flache Tonform, die den ganzen Fisch aufnehmen kann, mit Öl bestreichen. Die Hälfte der Kartoffeln hineingeben und Knoblauch, Petersilie, Zwiebel, Chili und Paprika darüber verteilen. Mit Salz und Pfeffer würzen und mit den übrigen Kartoffeln bedecken. 80 ml Wasser zugießen und restliches Öl darüber träufeln. Mit Alufolie zudecken und 1 Stunde backen.

3 Backofen auf 220 °C (Gas 4–5) schalten. Fisch innen und außen mit Salz und Pfeffer würzen, Lorbeerblätter und Thymian hineingeben. Jede Seite 3- bis 4-mal diagonal einschneiden. Zitronenscheiben halbieren und in die Einschnitte au einer Seite stecken, um Flossen anzudeuten. Fisch mit dieser Seite oben in die Kartoffeln betten. In der offenen Form 30 Minuten backen bis der Fisch durchgegart ist und die ihn umgebenden Kartoffeln goldbraun und knusprig sind.

4 Sherry über den Fisch gießen und 3 für Minuten wieder in den Ofen schieben. In der Forn servieren.

RIGHT: Backfisch mit
Paprika, Chili und Kartoffeln

SPANIEN

TUMBET
(Mallorquinischer Gemüseauflauf)

Zubereitungszeit: 30 Minuten
Kochzeit: 1 Stunde 30 Minuten
Für 6–8 Personen

☆

TOMATENSAUCE

1 kg vollreife Tomaten
2 EL Olivenöl
3 Knoblauchzehen, zerdrückt
1 rote Zwiebel, fein gehackt
2 TL frischer Thymian, gehackt
Salz und Pfeffer

250 ml Olivenöl
500 g fest kochende Kartoffeln (z. B. Sieglinde, Hansa), in 5 mm dicke Scheiben geschnitten
Salz und Pfeffer
500 g Auberginen, in 5 mm dicke Scheiben geschnitten
500 g grüne Paprikaschoten, entkernt und in 3 cm große Stücke geschnitten
10 g frische glatte Petersilie, grob gehackt

1 Für die Sauce Tomaten an der Unterseite kreuzweise einschneiden, 10 Sekunden in kochendes Wasser legen, kalt abschrecken und die Haut vom Einschnitt aus abziehen. Tomaten halbieren, entkernen und grob hacken. Öl in einer Bratpfanne erhitzen und Zwiebel und Knoblauch bei schwacher Hitze 5–6 Minuten weich braten. Tomaten und Thymian zugeben und 20 Minuten bei mittlerer Hitze einkochen. Mit Salz und Pfeffer abschmecken.

2 Während die Sauce kocht, Öl in einer Bratpfanne bei niedriger Temperatur erhitzen und Kartoffeln portionsweise weich, aber nicht braun braten. Mit dem Schaumlöffel oder der Küchenzange herausnehmen und in eine etwa 27 x 21 x 5 cm große Auflaufform geben. Leicht mit Salz und Pfeffer würzen.

3 Auf starke Hitze schalten und Auberginen 15 Minuten goldbraun braten; nach 7 Minuten wenden. Auf Küchenkrepp abtropfen lassen und auf die Kartoffeln legen. Leicht würzen. Backofen auf 180 °C (Gas 2) vorheizen.

4 Paprika in der Pfanne weich braten, aber nicht bräunen; bei Bedarf etwas Olivenöl zugeben. Mit einem Schaumlöffel herausnehmen, auf Küchenkrepp abtropfen lassen und über die Auberginen verteilen. Leicht würzen, mit Sauce übergießen und 20 Minuten backen. Petersilie darüber streuen und warm zu Fisch oder Fleisch oder zimmerwarm mit Aïoli (S. 153) servieren.

AUBERGINEN

Aufgrund ihrer Form auch Eierfrüchte genannt, sind Auberginen sowohl für ihre vielfältigen Verwendungsmöglichkeiten als auch für ihre Eigenschaft berühmt, mit den kräftigen Aromen der mediterranen Küche zu harmonieren. Man wählt mittelgroße, feste und glänzende Exemplare. Die besten Auberginen haben ein dichtes, festes und süßes Fleisch mit kleinen Kernen. Alte oder überreife Früchte schmecken bitter und müssen vor der Verwendung bis zu 1 Stunde eingesalzen werden, um die Bitterstoffe zu entziehen.

OBEN: Tumbet

SCHWEINSWÜRSTE MIT WEISSEN BOHNEN

Jede Wurst in der Mitte so verdrehen, dass 2 kurze miteinander verbundene Würste entstehen.

Wasser kochen, bis es verdampft und die Würste im verbleibenden Fett leicht bräunen.

SCHWEINSWÜRSTE MIT WEISSEN BOHNEN

Zubereitungszeit: 25 Minuten
 + Einweichen über Nacht
Kochzeit: 1 Stunde 40 Minuten
Für 4 Personen

☆☆

350 g weiße Bohnen
150 g Speck oder Pancetta am Stück
½ Lauchstange, in dünne Scheiben geschnitten
2 Knoblauchzehen
1 Lorbeerblatt
1 kleine rote Chilischote, aufgeschnitten und entkernt
1½ kleine Zwiebeln, die halbe fein gehackt
2 Gewürznelken
1 frischer Rosmarinzweig
3 frische Thymianzweige
1 frischer Petersilienzweig
3 EL Olivenöl
8 Schweinswürste
1 grüne Paprikaschote, fein gehackt
½ TL Paprikapulver
125 ml Tomatenpüree
Salz und Pfeffer
1 EL Apfelessig

OBEN: Schweinswürste mit weißen Bohnen

1 Bohnen über Nacht in reichlich kaltem Wasser einweichen. Kalt abspülen und trocknen. Mit Speck, Lauch, Knoblauch, Lorbeer und Chili in einen Topf geben. Zwiebel, mit Gewürznelken gespickt, sowie Rosmarin, Thymian und Petersilie, mit Küchengarn zusammengebunden, zufügen. Mit 750 ml kaltem Wasser bedecken und zum Kochen bringen. 1 EL Öl zugeben, Hitze reduzieren und zugedeckt 1 Stunde köcheln lassen, bis die Bohnen weich sind. Kochendes Wasser nach Bedarf zugeben; die Bohnen müssen bedeckt bleiben.
2 Würste 5- bis 6-mal einstechen und jede in der Mitte so verdrehen, dass 2 kurze dicke miteinander verbundene Würste entstehen. In einer Schicht in eine Bratpfanne geben und mit kaltem Wasser halbhoch bedecken. Zum Kochen bringen und bei 2- bis 3-maligem Wenden köcheln lassen, bis das Wasser verdampft und die Würste im verbleibenden Fett leicht bräunen. Herausnehmen und Doppelwürste trennen. 2 EL Öl, gehackte Zwiebel und Paprikaschote bei mittlerer Hitze 5–6 Minuten braten. Paprikapulver einrühren und 30 Sekunden erhitzen. Tomatenpüree zugeben, mit Salz und Pfeffer würzen und unter Rühren 1 Minute kochen.
3 Speck, Kräuter und große Zwiebelstücke aus der Bohnenmischung entfernen. Würste und Sauce zugeben und Essig unterrühren. Aufkochen und abschmecken.

Hinweis Wenn man es 2 Tage im Voraus kocht und vor dem Verzehr aufwärmt, schmeckt das Gericht noch besser.

PATO CON PERAS
(Ente mit Birnen)

Zubereitungszeit: 20 Minuten
Kochzeit: 1 Stunde 40 Minuten
Für 4 Personen

- 2 EL Olivenöl
- 4 Entenbrüste
- 2 rote Zwiebeln, fein gewürfelt
- 1 Möhre, fein gewürfelt
- 2 TL frischer Thymian
- 250 ml Hühnerbrühe
- 2 vollreife Tomaten, geschält, entkernt und gewürfelt
- 4 feste grüne Birnen, geschält (Stiele nicht entfernt), halbiert und entkernt
- 1 Zimtstange
- 60 g blanchierte Mandeln, geröstet, gehackt
- 1 Knoblauchzehe
- 100 ml Weinbrand
- Salz und Pfeffer

1 Öl in einer Bratpfanne erhitzen und Ente bei mittlerer Hitze zuerst auf der Hautseite, dann rundum braun braten. Aus der Pfanne nehmen und beiseite stellen. 4 EL Bratfett aufheben und die Pfanne auswischen.

2 2 EL Fett in die Pfanne zurückgeben. Zwiebeln, Möhre und Thymian zugeben und bei mittlerer Hitze 5 Minuten braten, bis die Zwiebeln weich sind. Brühe und Tomaten zugeben und zum Kochen bringen. Hitze reduzieren und bei leicht geöffnetem Deckel 30 Minuten köcheln lassen, bis die Sauce dickflüssig wird. Etwas abkühlen lassen und im Mixer glatt pürieren. Sauce mit der Ente wieder in die Pfanne geben. Bei schwacher Hitze 30–40 Minuten köcheln lassen, bis die Ente weich ist.

3 Inzwischen, Birnen mit Zimt in einem Topf mit kaltem Wasser knapp bedecken. Zum Kochen bringen, Hitze reduzieren und 5 Minuten schwach köcheln lassen, bis die Birnen weich, aber noch bissfest sind. Herausnehmen, zugedeckt warm halten und 125 ml der Pochierflüssigkeit in die Tomatensauce geben.

4 Ente aus der Sauce nehmen und warm halten. Mandeln, Knoblauch und Weinbrand im Mörser zu einer Paste zerstoßen oder im Mixer glatt pürieren. In die Sauce geben, diese mit Salz und Pfeffer abschmecken und 10 Minuten kochen.

5 Entenbrüste auf einem Servierteller anrichten und Sauce darüber gießen. Birnen um die Ente anrichten und servieren.

Hinweis Das Gericht stammt aus Katalonien, wo es traditionell mit Gans zubereitet wird.

SPANIEN

ENTE MIT BIRNEN

Ente und Sauce wieder in die Pfanne geben.

Mandeln, Knoblauch und Weinbrand im Mörser zerstoßen oder im Mixer pürieren.

LINKS: Pato con peras

OLIVEN ZUBEREITEN

Oliven werden unreif, also noch grün und hart, oder vollreif – braun, rot, violett oder schwarz – geerntet. Roh sind sie ungenießbar und müssen erst mit Natronlauge behandelt und milchsauer vergoren werden, bevor sie eingelegt werden. Man kann sie auch selbst konservieren; das Verfahren ist einfach, erfordert aber etwas Zeit und Geduld.

GRÜNE OLIVEN SELBST EINLEGEN UND KONSERVIEREN

Um ihnen die Bitterstoffe zu entziehen, Oliven mit einem Schälmesser bis zum Stein einschneiden oder mit einem Holzschlegel spalten. Oliven in eine Schüssel geben und mit kaltem Wasser bedecken. Jeden Tag abgießen und mit frischem Wasser bedecken. Sind sie nach 2 Wochen immer noch bitter, weiter wässern und Wasser wechseln. Dies kann bis zu 4 Wochen dauern. Anschließend in Olivenöl oder in Lake mit Kräutern und Gewürzen nach Wahl einlegen.

IN ÖL KONSERVIEREN

Oliven abgießen und an einem warmen Ort auf Küchenkrepp über Nacht trocknen lassen. In eine Mischung aus 2 Teilen Olivenöl und 1 Teil Essig geben und mit Knoblauch, Minze, Pfeffer und Salz würzen. Zudecken und gelegentlich umrühren. Nach 3 Tagen in sterile Gläser füllen, verschließen und mit Olivenöl bedecken. Bis zu 6 Wochen kalt stellen. Zimmerwarm servieren.

IN LAKE KONSERVIEREN

Oliven abgießen und trocknen. 1 Teil Steinsalz mit 10 Teilen Wasser zum Kochen bringen und mit Lorbeerblättern, Zitronenaroma, Pfeffer und Kräutern 5 Minuten köcheln lassen. Oliven in sterile Gläser füllen, mit Lake bedecken, verschließen und vollständig erkalten lassen. 1 Woche ziehen lassen. Nach dem Öffnen kühl aufbewahren; innerhalb von 4 Wochen verbrauchen.

SCHWARZE OLIVEN EINLEGEN UND KONSERVIEREN

Die traditionelle Methode, schwarzen Oliven die Bitterstoffe zu entziehen, ist zwar einfach, dauert aber länger als bei grünen Oliven. Schwarze Oliven voll-

ständig mit Wasser bedecken, zudecken und 6 Wochen stehen lassen. Wasser jeden zweiten Tag wechseln. Oliven abgießen, dann mit Steinsalz bedecken und 2 Tage stehen lassen. Das gesamte Salz abspülen und Oliven gründlich trocknen lassen. Wie die grünen entweder in Olivenöl oder Lake einlegen.

OLIVEN MIT FENCHEL UND ORANGE

1 fein gehobelte Fenchelknolle und 1 TL Fenchelsamen 10 Minuten in Olivenöl braten. 350 g gewässerte und getrocknete Oliven, 2 in Scheiben geschnittene Knoblauchzehen, 1 EL fein geriebene unbehandelte Orangenschale und je 60 ml Orangensaft und Rotweinessig in eine ofenfeste Form geben. Bei 180 °C (Gas 2) 20 Minuten im Ofen backen. Mit Salz und Pfeffer abschmecken, mit Olivenöl beträufeln und warm oder zimmerwarm servieren. Im Kühlschrank 2 Wochen haltbar.

KRÄUTEROLIVEN

Je 250 g entsteinte grüne und Kalamata-Oliven, 3 frische Thymianzweige, 1 EL frische Oreganoblätter, 2 Lorbeerblätter, 1 TL Paprikapulver und 2 TL geriebene Schale einer unbehandelten Zitrone in einer Schüssel vermengen. In ein sterilisiertes Glas mit 1 l Fassungsvermögen füllen, 500 ml Olivenöl zugießen und Glas verschließen. 1–2 Wochen im Kühlschrank marinieren. Bis zu 4 Wochen haltbar.

Hinweis Das Aroma der Marinade dringt besser in die Oliven ein, wenn man sie mit einem Holzschlegel spaltet oder mit einem Schälmesser bis zum Stein einschneidet.

OLIVEN MARINIEREN
OLIVEN MIT ZITRONE UND CHILI

500 g in Lake eingelegte Oliven abgießen, mit kaltem Wasser bedecken und 1 Stunde stehen lassen. Abgießen. In feine Streifen geschnittene Schale einer eingelegten Zitrone (S. 247), 2 halbierte frische rote Chilischoten, 2 leicht zerdrückte Knoblauchzehen und 2 TL getrockneten Oregano zugeben. In sterilisierte Gläser füllen, mit Olivenöl bedecken, verschließen und 1 Woche ziehen lassen. Bis zu 4 Monate im Kühlschrank haltbar.

Hinweis Flockt das Öl im Kühlschrank aus, vor dem Verzehr kurz bei Zimmertemperatur stehen lassen. Das Öl kann über gegrillten Fisch geträufelt oder als Dressing verwendet werden.

GLÄSER STERILISIEREN

Gläser heiß waschen und spülen; nicht trockenwischen, sondern im warmen Backofen vollständig trocknen lassen.

IM UHRZEIGERSINN VON OBEN LINKS: Oliven mit Fenchel und Orange; Kräuteroliven; Oliven mit Zitrone und Chili

HABAS VERDES EN SALSA DE TOMATE
(Grüne Bohnen in Tomatensauce)

Zubereitungszeit: 10 Minuten
Kochzeit: 30 Minuten
Für 4 Personen

300 g grüne Bohnen, geputzt
1 EL Olivenöl
1 Zwiebel, fein gehackt
2 Knoblauchzehen, fein gehackt
1 EL Paprikapulver
1/4 TL Chiliflocken
1 Lorbeerblatt, zerdrückt
400 g zerkleinerte Tomaten aus der Dose
2 EL frische glatte Petersilie, gehackt
Salz und Pfeffer

1 Bohnen in kochendem Wasser 3–5 Minuten weich garen. Abgießen und beiseite stellen.
2 Öl erhitzen, Zwiebel bei mittlerer Hitze 5 Minuten weich braten. Knoblauch 1 Minute mitbraten. Paprika, Chili und Lorbeer zufügen, 1 Minute erhitzen, Tomaten zugeben. 15 Minuten köchelnd eindicken lassen. Bohnen und Petersilie zugeben, 1 Minute kochen, salzen und pfeffern. Warm oder zimmerwarm servieren.

COCHIFRITO
(Geschmortes Lamm)

Zubereitungszeit: 15 Minuten
Kochzeit: 2 Stunden 15 Minuten
Für 4 Personen

80 ml Olivenöl
1 kg Lammschulter, gewürfelt
1 große Zwiebel, fein gehackt
4 Knoblauchzehen, zerdrückt
2 TL Paprikapulver
5 EL Zitronensaft
2 EL frische glatte Petersilie, gehackt
Salz und Pfeffer

1 Öl in einer tiefen Bratpfanne stark erhitzen. Lamm in 2 Portionen je 5 Minuten braun braten. Herausnehmen und beiseite stellen.
2 Zwiebel zugeben und 4–5 Minuten weich und goldbraun braten. Knoblauch und Paprika zugeben und unter Rühren 1 Minute erhitzen. Fleisch mit 4 EL Zitronensaft und 1,75 l Wasser wieder in die Pfanne geben und bei schwacher Hitze unter gelegentlichem Rühren 2 Stunden köcheln lassen, bis die Flüssigkeit fast verdampft ist und das Öl wieder sichtbar wird. Restlichen Zitronensaft und Petersilie zufügen, mit Salz und Pfeffer abschmecken und servieren.

UNTEN: *Habas verdes en salsa de tomate*

SPANIEN

COCIDO MADRILENO

Grüne Bohnen längs in Streifen schneiden.

Kichererbsen im Mullsäckchen, Schweinsfuß und Chorizo in den Kochtopf geben.

COCIDO MADRILENO
(Madrilenisches Fleisch und Gemüse)

Zubereitungszeit: 25 Minuten
 + 1 Nacht Einweichzeit
Kochzeit: 2 Stunden 45 Minuten
Für 6–8 Personen

☆☆

220 g getrocknete Kichererbsen
1 Huhn (etwa 1 kg), dressiert
500 g Rinderbrust, am Stück
250 g Räucherspeck, am Stück
125 g Tocino oder durchwachsenen Speck
1 Schweinsfuß
200 g Chorizo
1 Zwiebel, mit 2 Gewürznelken gespickt
1 Lorbeerblatt
Salz und Pfeffer
1 Morcilla-Blutwurst, nach Belieben
250 g grüne Bohnen, längs geschnitten
250 g Weißkohl, in Segmente geschnitten
300 g Mangold, abgespült, Stiele entfernt
4 kleine Kartoffeln
2 Lauchstangen, in 10 cm lange Stücke geschnitten
1 Prise Safranfäden
75 g Suppennudeln

1 Kichererbsen über Nacht in kaltem Wasser einweichen. Abgießen, abspülen, in ein Mullsäckchen füllen und locker zusammenbinden.
2 3 l kaltes Wasser in einen breiten, tiefen Schmortopf geben. Huhn, Rindfleisch, Speck und Tocino darin zum Kochen bringen. Kichererbsen, Schweinsfuß und Chorizo zugeben und aufkochen. Zwiebel, Lorbeerblatt und ½ TL Salz zugeben und 2½ Stunden bei nicht ganz geschlossenem Deckel köcheln lassen.
3 Nach 2 Stunden Morcilla in einen Topf kochendes Wasser legen und 5 Minuten köcheln lassen. Abgießen und beiseite legen. Bohnen in ein Mullsäckchen füllen und locker zusammenbinden. 1 l Wasser in einem großen Topf zum Kochen bringen. Bohnen, Kohl, Mangold, Kartoffeln, Lauch, Safran und 1 TL Salz darin aufkochen und 30 Minuten köcheln lassen.
4 Sud von Fleisch und Gemüse in einen großen Topf abseihen. Aufkochen, mit Salz und Pfeffer abschmecken, Suppennudeln zugeben und 6–7 Minuten köcheln lassen. Kichererbsen aus dem Säckchen nehmen, auf einer vorgewärmten Platte anrichten und Tocino entfernen. Fleisch und Würste aufschneiden und an einem Ende der Platte anrichten. Bohnen aus dem Säckchen nehmen und mit dem Gemüse am anderen Ende der Platte anrichten. Etwas Sud (ohne Nudeln) über das Fleisch geben, Rest in eine Suppenterrine füllen. Sofort servieren. Suppe und Hauptgang werden traditionell zusammen aufgetragen, die Suppe wird aber zuerst gegessen.

OBEN: Cocido madrileño

235

DAS GROSSE BUCH DER MITTELMEERKÜCHE

GEFÜLLTE LAMMKEULE

Fleisch flach ausbreiten und Füllung längs in die Mitte geben.

Fleisch mit gewürztem Mehl gründlich bedecken.

OBEN: Gefüllte Lammkeule

GEFÜLLTE LAMMKEULE

Zubereitungszeit: 25 Minuten
Kochzeit: 2 Stunden 15 Minuten
Für 6–8 Personen

FÜLLUNG

1 dicke Scheibe weißes Bauernbrot ohne Rinde

70 g Hühnerleber, gesäubert

60 g Tocino oder durchwachsener Speck

1 EL trockener Sherry

1 Knoblauchzehe, zerdrückt

1 EL frische glatte Petersilie, gehackt

½ EL frischer Schnittlauch, gehackt

1 TL frischer Rosmarin, fein gehackt

1 EL Kapern, fein gehackt

Salz und frisch gemahlener schwarzer Pfeffer

große Lammkeule (ca. 3 kg), entbeint

1 TL süßes Paprikapulver

1 EL Mehl

4 ganze Knoblauchzehen, geschält

2 EL Olivenöl

375 ml trockener Weißwein

1 EL Schweineschmalz

125 ml Hühner- oder Gemüsebrühe

1 Für die Füllung Brot in Stücke brechen und mit Hühnerleber und Tocino im Mixer fein hacken. Herausnehmen und in einer Schüssel mit Sherry, Knoblauch, Petersilie, Schnittlauch, Rosmarin, Kapern und reichlich Salz und Pfeffer vermengen.

2 Backofen auf 210 °C (Gas 3–4) vorheizen. Lammkeule flach ausbreiten und Füllung in die Mitte geben. Fleisch um die Füllung zusammenrollen und mit Küchengarn fest zusammenbinden. Paprikapulver und Mehl mit ¼ TL Salz vermengen, das Fleisch darin wälzen und die

Mehlschicht andrücken. Knoblauch in einer Reihe in die Mitte eines Bräters legen und Öl darüber gießen. Lammkeule auf den Knoblauch legen und Wein darüber gießen. Mit Schweineschmalz bestreichen.

3 Etwa 20 Minuten braten, dann Backofen auf 170 °C (Gas 1–2) schalten. Mit Fleischsaft begießen und 1 Stunde 45 Minuten unter häufigem Begießen weiter braten, bis das Fleisch gar ist. Auf einem Tranchierbrett warm halten. Überschüssiges Öl vom Fleischsaft abschöpfen und diesen (es dürften etwa 125 ml sein) in einen kleinen Topf füllen. Brühe zugeben, bei starker Hitze etwas einkochen lassen und abschmecken. Fleisch in Scheiben schneiden und auf einer vorgewärmten Platte anrichten. Sauce darüber gießen und warm servieren.

Hinweis Lammkeule vom Fleischer entbeinen und zu einer etwa rechteckigen Scheibe schneiden lassen.

HUHN-CHORIZO-PAELLA

Zubereitungszeit: 30 Minuten
Kochzeit: 1 Stunde
Für 6 Personen

60 ml Olivenöl
1 große rote Paprikaschote, entkernt und in
  5 mm breite Streifen geschnitten
600 g Hühnerschenkel, entbeint, in 3 cm große
  Würfel geschnitten
200 g Chorizo, in 2 cm dicke Scheiben
  geschnitten
200 g Champignons, dünnblättrig geschnitten
3 Knoblauchzehen, zerdrückt
1 EL unbehandelte Zitronenschale, abgerieben
700 g vollreife Tomaten, grob gehackt
200 g grüne Bohnen, in 3 cm lange Stücke
  geschnitten
1 EL frischer Rosmarin, gehackt
2 EL frische glatte Petersilie, gehackt
¼ TL Safranfäden, in 60 ml heißem Wasser
  aufgelöst
440 g Rundkornreis
750 ml heiße Hühnerbrühe
Salz und Pfeffer
6 Zitronenschnitze, unbehandelt, zum Servieren

1 Olivenöl in einer Paellapfanne oder einer großen, tiefen Bratpfanne bei mittlerer Temperatur erhitzen. Paprika zugeben und unter Rühren 6 Minuten weich braten, dann aus der Pfanne nehmen.

2 Hühnerschenkel in die Pfanne geben und 10 Minuten auf allen Seiten braun braten. Herausnehmen und Chorizo 5 Minuten braten, bis die Wurst auf allen Seiten goldbraun ist. Herausnehmen und Champignons, Knoblauch und Zitronenschale bei mittlerer Hitze 5 Minuten braten.

3 Tomaten und Paprika einrühren und weitere 5 Minuten erhitzen, bis die Tomaten weich sind.

4 Bohnen, Rosmarin, Petersilie, Safran, Reis, Huhn und Wurst zugeben. Kurz umrühren und Brühe zugeben. Nicht mehr rühren. Hitze reduzieren und 30 Minuten köcheln lassen. Vom Herd nehmen, mit Salz und Pfeffer abschmecken und zugedeckt 10 Minuten stehen lassen. Mit Zitronenschnitzen servieren.

Hinweis Paellapfannen sind in gut sortierten Haushaltsgeschäften erhältlich.

UNTEN: Huhn-Chorizo-Paella

GEFÜLLTE FEIGEN

Mit scharfem Messer Schokolade zu Röllchen schaben.

Eine Mandel und einige Schokoladenkringel in die Schlitze stecken.

TORTE DE ALMENDRA
(Mandeltorte)

Zubereitungszeit: 15 Minuten
Kochzeit: 1 Stunde 20 Minuten
Für 8 Personen

450 g blanchierte ganze Mandeln, leicht geröstet
150 g weiche Butter
400 g feiner Zucker
6 Eier
150 g Mehl
2 TL Zitronenschale
2 EL Zitronensaft
Puderzucker zum Bestäuben

1 Backofen auf 170 °C (Gas 1–2) vorheizen. Backform mit 24 cm Durchmesser leicht einfetten. Mandeln im Mixer fein mahlen.
2 Mit dem Handrührgerät Butter und Zucker in einer Schüssel schaumig schlagen. Eier einzeln zugeben und jedes gründlich verrühren. Mehl, gemahlene Mandeln und Zitronenschale mit einem großen Metalllöffel darunter heben, bis sich die Zutaten gerade verbinden.
3 Teig in die Form geben und 1 Stunde 20 Minuten backen; die Torte ist gar, wenn an einem in die Mitte eingesteckten Holzstäbchen kein Teig haften bleibt. Kuchen 5 Minuten abkühlen lassen, dann mit Zitronensaft bestreichen. Auf einem Kuchengitter erkalten lassen. 2 Streifen Pergamentpapier kreuzweise darauf legen und Kuchen mit Puderzucker bestäuben.

RICOTTA MIT HONIG UND PINIENKERNEN

Zubereitungszeit: 5 Minuten
Kochzeit: 2 Minuten
Für 2 Personen

300 g Ricotta
2 EL Honig
Pinienkerne, geröstet, zum Servieren

1 Ricotta auf 2 Schälchen verteilen, mit Honig beträufeln und mit Pinienkernen bestreuen.
Hinweis Dieser einfache Nachtisch wird traditionell aus Requeson, einem weichen milden Käse, gemacht.

HIGAS RELLENOS
(Gefüllte Feigen)

Zubereitungszeit: 30 Minuten +
  3 Stunden Einweichzeit
Kochzeit: 30 Minuten
Für 6 Personen

175 g Honig
125 ml süßer dunkler Sherry
1/4 TL gemahlener Zimt
18 große getrocknete Feigen
18 ganze blanchierte Mandeln
100 g dunkle Schokolade, zu Kringeln geschabt
Butter zum Einfetten
Crème double zum Servieren, nach Belieben

1 Honig, Sherry, Zimt und Feigen mit 375 ml Wasser in einem Topf bei starker Hitze vermengen. Zum Kochen bringen und 10 Minuten köcheln lassen. Vom Herd nehmen und 3 Stunden ziehen lassen. Anschließend Feigen mit dem Schaumlöffel herausnehmen und Flüssigkeit beiseite stellen.
2 Backofen auf 180 °C (Gas 2) vorheizen. Flüssigkeit bei starker Hitze 5 Minuten zu Sirup einkochen. Feigenstiele mit der Schere abschneiden. Feigen an der Oberseite mit einem kleinen scharfen Messer aufschneiden und mit je 1 Mandel und einigen Schokoladenröllchen füllen. In eine leicht mit Butter gefettete Form geben und 15 Minuten backen, bis die Schokolade schmilzt.
3 Feigen auf Schälchen verteilen. Mit etwas Sirup und nach Belieben mit Crème double servieren.

MANDEL-HORCHATA
(Mandelmilchgetränk)

Das Getränk wird traditionell aus Tigernüssen (Chufanüssen) hergestellt, doch Mandeln sind ein guter Ersatz. 500 g blanchierte ganze Mandeln mit 1 l warmem Wasser im Mixer zu Mus mahlen und in eine große Schüssel füllen. 1/2 Zitrone in Scheiben schneiden und mit 1 Zimtstange und 500 ml warmem Wasser zum Mandelmus geben. Gut verrühren, zudecken und bei Zimmertemperatur mindestens 2 Stunden stehen lassen. Flüssigkeit durch ein Mulltuch abseihen, 2 EL Zucker zugeben und kühl servieren. Für 4 Personen.

GEGENÜBERLIEGENDE SEITE, VON OBEN: Torte de almendra; Mandel-Horchata; Higas rellenos

SPANIEN

HELADO DE CANELA
(Zimteis)

Zubereitungszeit: 15 Minuten + Kühlzeit
Kochzeit: 15 Minuten
Für 6 Personen

☆☆

1 l Milch
2 Stücke unbehandelte Zitronenschale
3 Zimtstangen
375 g feiner Zucker
6 Eigelb
1 TL gemahlener Zimt

1 Milch, Zitronenschale, Zimtstangen und die Hälfte des Zuckers bis knapp unter dem Siedepunkt erhitzen. 10 Minuten beiseite stellen.
2 Mit dem Rührgerät Eigelbe, restlichen Zucker und gemahlenen Zimt in einer Schüssel verrühren, bis die Masse hell und dick wird. Milch in einem gleichmäßigen Strahl einrühren.
3 Topf waschen, Milchmischung hineingeben und bei schwacher Hitze 5–10 Minuten rühren, bis sie dickflüssig ist; eine Fingerspitze, durch die Mischung auf dem Rücken eines Holzlöffels gezogen, sollte einen klaren Strich hinterlassen. In eine Schüssel abseihen und auf Zimmertemperatur abkühlen lassen. In einer Metallschale 2 Stunden ins Gefriergerät stellen, bis sie fest wird.
4 Wenn sie am Rand halb gefroren ist, gut verschlagen, dann wieder gefrieren lassen. Vorgang noch 2-mal wiederholen.

UNTEN: Helado de canela

LECHE FRITA
(Gebratene Puddingstücke)

Zubereitungszeit: 20 Minuten +
    1 Stunde Kühlzeit
Kochzeit: 25 Minuten
Für 4– 6 Personen

☆

500 ml Milch
1 Zimtstange
Stück Schale einer unbehandelten Zitrone
    5 x 1 cm groß
1 Vanilleschote, aufgeschlitzt
140 g Butter
250 g Mehl
160 g feiner Zucker
4 Eier, getrennt
125 g Semmelbrösel
Pflanzenöl zum Braten
4 EL feiner Zucker und 1 TL gemahlener Zimt,
    gemischt, zum Bestäuben

1 Eine 27 x 17 cm große Form einfetten und Boden und lange Seiten mit Backpapier auslegen. Milch, Zimtstange, Zitronenschale und ausgekratztes Mark der Vanilleschote im Topf zum Kochen bringen. Hitze ausschalten.
2 Butter in einem großen Topf schmelzen. 185 g Mehl einrühren; die Mischung wird einen lockeren Klumpen um den Löffel bilden. Bei schwacher Hitze 30 Sekunden verrühren, dann

Zucker einrühren. Milch langsam unter ständigem Rühren durch ein Sieb zugießen und alles zu einer glatten, glänzenden Masse verschlagen. Vom Herd nehmen, Eigelbe einzeln zugeben und verrühren. In die Form füllen und glatt streichen. 1 Stunde erstarren lassen.
3 Eiweiß mit einer Gabel leicht verschlagen. Pudding aus der Form stürzen und vorsichtig in 5 cm große Quadrate schneiden. Auf allen Seiten mit dem restlichen Mehl bestäuben, in Eiweiß, dann in Brösel tauchen. Beiseite stellen.
4 Öl 1 cm hoch in eine Pfanne gießen und erhitzen. Puddingquadrate portionsweise auf jeder Seite etwa 1 Minute bräunen. Auf Küchenkrepp abtropfen lassen und heiß mit Zucker und Zimt bestäuben. Heiß oder kalt servieren.

CREMA CATALANA
(Katalanische Creme)

Zubereitungszeit: 15 Minuten + 1 Nacht Kühlzeit
Kochzeit: 20 Minuten
Für 6 Personen

1 l Milch
1 Vanilleschote
1 Zimtstange, Mark ausgekratzt
Schale einer kleinen unbehandelten Zitrone, in feine Streifen geschnitten
2 Stücke unbehandelte Orangenschale, je 4 x 2 cm groß
8 Eigelb
125 g feiner Zucker
4 EL Maisstärke
3 EL brauner Zucker

1 Milch, Vanille, Zimtstange, Orangen- und Zitronenschale zum Kochen bringen. 5 Minuten köcheln lassen, abseihen und beiseite stellen.
2 Eigelbe mit Zucker in einer Schüssel 5 Minuten schlagen, bis sie hell und cremig sind. Maismehl gründlich hineinrühren. Warme Milchmischung langsam unter die Eier rühren. Wieder in den Topf geben und bei schwacher bis mittlerer Hitze unter ständigem Rühren 5–10 Minuten schlagen, bis die dick und cremig ist; nicht kochen, sonst gerinnt die Creme. Auf 6 ofenfeste Formen mit je 250 ml Fassungsvermögen verteilen und 6 Stunden oder über Nacht kalt stellen.
3 Gleichmäßig mit braunem Zucker bestreuen und 3 Minuten grillen, bis er karamellisiert.

MEMBRILLO
(Quittenpaste)

3 große Quitten waschen, in einem Topf mit Wasser bedeckt 30 Minuten köcheln lassen, bis sie weich sind. Abgießen, schälen, entkernen und durch ein Sieb oder eine Kartoffelpresse drücken. Fruchtfleisch wiegen und mit der gleichen Menge Zucker bei schwacher Hitze und unter gelegentlichem Rühren mit dem Holzlöffel $3\frac{1}{2}$–$4\frac{1}{2}$ Stunden zu einer dicken Paste kochen. In eine flache, 28 x 18 cm große und mit Klarsichtfolie ausgelegte Form füllen und erkalten lassen. Die Paste ist in einem luftdicht verschlossenen Behälter mehrere Monate haltbar. Mit Käse, Wild oder Wildgeflügel, beispielsweise Fasan, servieren.

OBEN: Crema catalana

CHURROS

Teig rühren, bis er eine Kugel um den Löffel bildet und eine Schicht am Topfboden zurückbleibt.

Teigröllchen braten, bis sie aufgehen und goldbraun werden.

OBEN: Churros

CHURROS
(Brandteiggebäck)

Zubereitungszeit: 10 Minuten
Kochzeit: 25 Minuten
Für 4 Personen

☆☆

125 g Zucker
1 TL gemahlene Muskatnuss
30 g Butter
150 g Mehl
½ TL geriebene Schale einer unbehandelten Orange
¼ TL feiner Zucker
1 Prise Salz
2 Eier
1 l Pflanzenöl zum Frittieren

1 Zucker und Muskatnuss mischen und auf einen Teller streuen.
2 Butter, Mehl, Orangenschale, Zucker, 170 ml Wasser und Salz in einem Topf bei schwacher Hitze verrühren, bis die Butter schmilzt und sich mit den anderen Zutaten zu einem Teig verbindet. 2–3 Minuten unter ständigem Rühren erhitzen, bis der Teig eine Kugel um den Löffel bildet und eine Schicht am Topfboden zurückbleibt.
3 Teig in die Küchenmaschine geben und bei laufendem Motor Eier zufügen; nur kurz vermengen. Man sollte den Teig mit der Küchenschere schneiden können; sonst in den Topf zurückgeben und bei schwacher Hitze unter Rühren erhitzen, bis er fester wird. In einen Spritzbeutel mit kleiner Sterntülle füllen.
4 Öl in einem breiten Topf auf 180 °C erhitzen; ein Brotwürfel sollte innerhalb von 15 Sekunden bräunen. 6–8 cm lange Teigstücke portionsweise ins Öl spritzen; dazu mit einer Hand den Beutel drücken und mit der anderen den Teig mit der Küchenschere abschneiden. Etwa 3 Minuten frittieren, dabei einige Male wenden, bis die Churros aufgehen und rundum goldbraun sind. Auf Küchenkrepp abtropfen lassen, noch heiß in der Zucker-Muskat-Mischung wälzen und sofort servieren.
Hinweis Churros isst man in Spanien gern zum Frühstück; dazu wird gewöhnlich heiße Schokolade getrunken (siehe Seite 243).

ANISGEBÄCK

Zubereitungszeit: 15 Minuten
Backzeit: 35 Minuten
Ergibt 16 Stück

375 g Mehl
1 TL Salz
125 ml Olivenöl
125 ml Bier
3 EL Anisette
125 g feiner Zucker
40 g Sesamsamen
2 EL Anissamen

1 Backofen auf 200 °C (Gas 3) vorheizen. Backblech mit Backpapier auslegen.
2 Mehl und Salz in eine große Schüssel sieben und in die Mitte eine Vertiefung drücken. Öl, Bier und Anisette zugeben und verrühren, bis sich die Zutaten verbinden. Auf einer leicht bemehlten Arbeitsfläche 3–4 Minuten zu einem glatten Teig kneten und in 16 Portionen teilen. Zucker, Sesamsamen und Anissamen vermengen.
3 Samenmischung auf die Arbeitsfläche häufen und darauf jede Teigportion zu einem Kreis mit 15 cm Durchmesser ausrollen, sodass die Samen in die Unterseite gedrückt werden. Mit den Samen nach oben auf das Backblech legen und 5–6 Minuten backen, bis der Boden kross ist. 40 Sekunden unter dem Grill im Abstand von 10 cm erhitzen, bis der Zucker karamellisiert und die Oberfläche goldbraun ist. Auf einem Kuchengitter abkühlen lassen.
Hinweis Statt Anissamen kann man 1½ TL Fenchelsamen verwenden.

> ### SPANISCHE HEISSE SCHOKOLADE
>
> „Chocolate a la taza" wird traditionell zur Zubereitung dieses Getränks verwendet, da sie eine Stärke enthält, die beim Kochen eindickt. Da sie nicht überall erhältlich ist, kann man ersatzweise Maisstärke zum Eindicken nehmen. 2 EL Maisstärke mit 2 EL Milch in einer kleinen Schüssel glatt rühren. 1 l Milch und 200 g gehackte dunkle Schokolade in einen Topf geben und bei schwacher Hitze unter ständigem Rühren erwärmen. 2 EL Schokoladenmilch in die Maisstärkemischung rühren, dann diese in die Schokoladenmilch geben. Unter ständigem Rühren aufkochen, dann vom Herd nehmen. Nach Belieben noch etwas Zucker zufügen und noch 1 Minute verrühren. Für 4–6 Personen.

ANISSAMEN
Anis, ein mit dem Schierling verwandter Strauch, kam vermutlich aus dem Orient in den Mittelmeerraum. Die Samen haben einen intensiven lakritzähnlichen Geschmack und werden bei der Herstellung von alkoholischen Getränken wie Pernod, Ouzo, Pastis und Likören sowie für Kleingebäck, Kuchen und Brot verwendet. Fein dosiert verleihen sie Fischgerichten ein apartes Aroma. Anissamen kauft man am besten nur bei Bedarf in kleinen Mengen, da sie schnell die Würzkraft verlieren.

LINKS: Anisgebäck

NORDAFRIKA

Die Küche Nordafrikas und insbesondere der Maghrebstaaten Marokko, Algerien und Tunesien hat eine ganz eigene Faszination, die der exotischen Kombination von mediterranen, berberischen und orientalischen Einflüssen zu verdanken ist. Einen herausragenden Platz nimmt die marokkanische Küche ein. Auf die sorgfältige Zubereitung der Mahlzeiten legt man großen Wert, wobei die Arbeit dadurch erleichtert wird, dass meist ein paar einfache Schmorgerichte dazugehören. Charakteristisch für Nordafrika sind Gewürznelken, Muskatnuss, Paprika, Safran, Cayennepfeffer, Kreuzkümmel, Ingwer und Zimt. Häufig anzutreffen sind auch Couscous, Zitrusfrüchte, Granatäpfel, Datteln, Mandeln, Aprikosen und Kichererbsen.

DAS GROSSE BUCH DER MITTELMEERKÜCHE

HARISSA
Diese scharfe Würzpaste, die es in verschiedener Zusammensetzung gibt, besteht aus bis zu 20 frischen und getrockneten Gewürzen. Sie wird zu vielen nordafrikanischen Gerichten gereicht, z. B. zu Couscous, aber sie dient auch als Gewürz für Suppen, Schmorgerichte und Salat mit getrockneten Bohnen. Harissa kann auch mit Olivenöl gemischt und zu Fladenbrot serviert werden. Fertigmischungen sind in Feinkostgeschäften und gut sortierten Supermärkten erhältlich.

RECHTS: Harissa

HARISSA

Vorbereitungszeit: 30 Minuten
 + 1 Stunde Einweichzeit
Kochzeit: keine
Ergibt 600 ml

125 g getrocknete rote Chilischoten ohne Stiele
1 EL getrocknete Minze
1 EL gemahlener Koriander
1 EL gemahlener Kreuzkümmel
1 TL gemahlene Kümmelsamen
10 Knoblauchzehen, gehackt
125 ml Olivenöl
½ TL Salz

1 Chili grob hacken, mit kochendem Wasser übergießen und 1 Stunde einweichen lassen. Abgießen und mit Minze, Gewürzen, Knoblauch, 1 EL Öl und Salz im Mixer 20 Sekunden pürieren. Paste an den Seiten der Schüssel nach unten streichen und weitere 30 Sekunden mixen. 2 EL Öl hineinrühren und Vorgang wiederholen, bis eine dicke Paste entsteht.
2 In ein sterilisiertes Einmachglas (siehe Hinweis) füllen, dünn mit Olivenöl bedecken und das Glas verschließen. Mit dem Datum versehen.

Hinweis Um ein Einmachglas zu sterilisieren, Backofen auf 120 °C (Gas 1) vorheizen. Glas und Deckel heiß waschen und spülen; nicht auswischen. 20 Minuten im Backofen völlig trocknen lassen.
Die Würzpaste hält sich im Kühlschrank bis zu 6 Monate. Köstlich zu Tagine und Couscous.

FISCHFILETS MIT HARISSA UND OLIVEN

Vorbereitungszeit: 15 Minuten
Kochzeit: 25 Minuten
Für 4 Personen

80 ml Olivenöl
4 Fischfilets mit weißem Fleisch wie Kabeljau, Schnapper oder Flussbarsch
Mehl, mit Salz und Pfeffer gewürzt, zum Bestäuben
1 Zwiebel, gehackt
2 Knoblauchzehen, zerdrückt
400 g zerkleinerte Tomaten aus der Dose
2 TL Harissa
2 Lorbeerblätter
1 Zimtstange

NORDAFRIKA

Salz und frisch gemahlener schwarzer Pfeffer
185 g schwarze Kalamata-Oliven, in Salz eingelegt
1 EL Zitronensaft
2 EL frische glatte Petersilie, gehackt

1 40 mm Öl in einer Bratpfanne erhitzen. Fisch mit Mehl bestäuben und bei mittlerer Hitze jeweils 2 Minuten von beiden Seiten goldgelb braten. Auf eine Platte legen.
2 Restliches Öl in die Pfanne geben und Zwiebel und Knoblauch darin 3–4 Minuten weich braten. Tomaten, Harissa, Lorbeer und Zimt zufügen. 10 Minuten kochen, bis die Sauce eindickt. Salzen und pfeffern.
3 Fisch wieder in die Pfanne geben, Oliven zufügen und Fisch mit der Sauce übergießen. Lorbeerblätter und die Zimtstange herausnehmen und weitere 2 Minuten kochen, bis der Fisch weich ist. Zitronensaft und Petersilie zugeben und servieren.

HAMAD M'RAKAD
(Eingelegte Zitronen)

Vorbereitungszeit: 1 Stunde
 + 6 Wochen Ruhezeit
Kochzeit: keine
Für ein Einmachglas mit 2 l Fassungsvermögen

8–12 kleine unbehandelte Zitronen mit dünner Schale
315 g grobes Meersalz
500 ml Zitronensaft (von 8–10 Zitronen)
½ TL schwarze Pfefferkörner
1 Lorbeerblatt
Olivenöl

1 Zitronen unter warmem Wasser abbürsten. Längs vierteln, dabei den Boden am Stängelansatz nicht durchschneiden. Jede Zitrone vorsichtig öffnen, Kerne entfernen, 1 EL Salz auf die Schnittflächen verteilen und Zitrone wieder zusammendrücken. In ein verschließbares Einmachglas dicht gepackt füllen.
2 250 ml Zitronensaft, Pfeffer, Lorbeer und das restliche Salz in das Einmachglas geben. Glas mit dem restlichen Zitronensaft auffüllen, verschließen und gut schütteln. An einem kühlen, dunklen Ort 6 Wochen ruhen lassen. Jede Woche das Glas umdrehen.
3 Um zu prüfen, ob die Zitronen richtig konserviert sind, ein Viertel in der Mitte durchschneiden. Wenn sich die weiße Haut noch nicht verfärbt hat, Glas wieder verschließen, eine weitere Woche stehen lassen und erneut prüfen. Die Zitronenschale sollte weich sein und das Weiße die gleiche Farbe wie die Schale haben.
4 Wenn die Zitronen fertig konserviert sind, Lake mit einer Schicht Olivenöl bedecken. Ölschicht jedesmal erneuern, wenn man Zitronenstücke herausgenommen hat. Glas nach dem Öffnen im Kühlschrank aufbewahren.
Hinweis Mit eingelegten Zitronen kann man Couscous, Füllungen und Schmorgerichte aromatisieren. Zum Kochen wird nur die Schale verwendet, die abgespült und in feine Scheiben geschnitten oder gehackt wird.

OBEN: Hamad m'rakad

1 Auberginen in 1 cm dicke Scheiben schneiden, mit Salz bestreuen und 30 Minuten im Durchschlag ziehen lassen. Abspülen, vorsichtig ausdrücken und trockentupfen. Öl in eine große Pfanne 5 mm hoch füllen, erhitzen und Auberginen bei mittlerer Hitze portionsweise auf beiden Seiten goldbraun braten. Auf Küchenkrepp abtropfen lassen, zerkleinern und im Durchschlag restliches Öl abtropfen lassen. In einer Schüssel mit Knoblauch, Paprika, Kreuzkümmel und Zucker vermengen.

2 Pfanne auswischen und Mischung darin bei mittlerer Hitze 2 Minuten rühren. In einer Schüssel mit Zitronensaft mischen, mit Salz und Pfeffer abschmecken. Zimmerwarm servieren.

MARINIERTER BRATFISCH

Vorbereitungszeit: 15 Minuten
 + 24 Stunden Marinierzeit
Kochzeit: 15 Minuten
Für 4–6 Personen

☆☆

60 g Mehl
1 Prise Cayennepfeffer
Salz
500 g Fisch mit festem weißem Fleisch wie
 Leng, in 24 Streifen geschnitten
125 ml Olivenöl
250 g Zwiebeln, in dünne Ringe geschnitten
250 g Möhren, in dünne Scheiben geschnitten
8 Frühlingszwiebeln, schräg in Röllchen
 geschnitten
12 Knoblauchzehen, gehackt
1 EL frischer Thymian, gehackt
je 2 Lorbeerblätter und Gewürznelken
8 Wacholderbeeren
1 TL schwarze Pfefferkörner
je 250 ml Weißweinessig und Weißwein
2 EL frische glatte Petersilie, gehackt

1 Mehl mit Cayennepfeffer und Salz würzen. Fisch mit Küchenkrepp trockentupfen und im Mehl wenden.

2 2 EL Öl in einer großen Bratpfanne erhitzen und Fisch portionsweise goldbraun braten; nicht zu lange braten, da er sonst beim Marinieren zerfällt. In eine Form geben (kein Metall).

3 Pfanne säubern, 3 EL Öl darin erhitzen und Zwiebeln, Möhren und Frühlingszwiebeln 5 Minuten kurz anbraten, bis sie weich sind.

ALGERISCHE AUBERGINEN-KONFITÜRE

Vorbereitungszeit: 10 Minuten
 + 30 Minuten Ruhezeit
Kochzeit: 20 Minuten
Für 6–8 Personen

☆

2 Auberginen (ca. 400 g)
Salz und Pfeffer
Olivenöl zum Braten
2 Knoblauchzehen, zerdrückt
1 TL edelsüßes Paprikapulver
1½ TL gemahlener Kreuzkümmel
½ TL Zucker
1 EL Zitronensaft

OBEN: Algerische Auberginenkonfitüre; Marinierter Bratfisch

NORDAFRIKA

Knoblauch, Kräuter und Gewürze, Essig, Wein und 250 ml Wasser zufügen. 2 Minuten köcheln lassen, dann mit 1 TL Salz würzen.
4 Über den Fisch gießen und abkühlen lassen. Zudeckt mindestens 24 Stunden kalt stellen.
5 Wieder zimmerwarm werden lassen, dann Fisch und Gemüse mit dem Schaumlöffel herausnehmen und auf eine Platte legen. Petersilie mit 2 EL Marinade mischen und darüber gießen.

DICKE-BOHNEN-DIP

Vorbereitungszeit: 10 Minuten
  + 1 Nacht Einweichzeit
Kochzeit: 6 Stunden
Für 6 Personen

200 g getrocknete dicke Bohnen (Favabohnen)
2 Knoblauchzehen, zerdrückt
¼ TL gemahlener Kreuzkümmel
1½ EL Zitronensaft
bis zu 75 ml Olivenöl
2 EL frische glatte Petersilie, gehackt
Fladenbrot zum Servieren

1 Bohnen gut abspülen, in eine große Schüssel geben, mit 500 ml Wasser übergießen und über Nacht einweichen lassen.
2 Wenn man geschälte Bohnen verwendet, diese mit dem Einweichwasser in einen großen Topf geben. Ungeschälte Bohnen nach dem Einweichen abtropfen lassen, dann mit 500 ml frischem Wasser in den Topf geben. Zum Kochen bringen, zudecken und bei schwacher Hitze 5–6 Stunden köcheln lassen. Nach Bedarf von Zeit zu Zeit etwas kochendes Wasser zugeben, damit die Bohnen feucht bleiben. Nicht umrühren, aber den Topf gelegentlich schütteln, damit nichts anhängt. Beiseite stellen und leicht abkühlen lassen.
3 Topfinhalt in der Küchenmaschine pürieren, in eine Schüssel geben und Knoblauch, Kreuzkümmel und Zitronensaft unterrühren. Nach und nach so viel Öl (zunächst etwa 50 ml) zugießen, dass die Mischung dickflüssig wird. Wenn der Dip beim Abkühlen dicker wird, etwas warmes Wasser unterrühren.
4 Dip in eine Schale geben und die Petersilie darüber streuen. Mit Fladenbrot servieren.
Hinweis Den Dip kann man auch mit anderen getrockneten Bohnensorten zubereiten, z. B. mit weißen Bohnen oder Wachtelbohnen.

FLADENBROT
Ungesäuertes Fladenbrot wird meist mit allerlei Köstlichkeiten gefüllt. Man kann es auch mit verschiedenen Gewürzen bestreuen und rösten, bis es knusprig ist, und dann zu Dips reichen. Fladenbrot lässt sich gut einfrieren. Deshalb bietet es sich an, immer einen Vorrat für unerwartete Gäste auf Lager zu halten.

LINKS: Dicke-Bohnen-Dip

DAS GROSSE BUCH DER MITTELMEERKÜCHE

250

NORDAFRIKA

TUNESISCHER MÖHREN-SALAT

Vorbereitungszeit: 10 Minuten
Kochzeit: 10 Minuten
Für 6 Personen

500 g Möhren, in dünne Scheiben geschnitten
3 EL frische glatte Petersilie, fein gehackt
1 TL gemahlener Kreuzkümmel
80 ml Olivenöl
60 ml Rotweinessig
2 Knoblauchzehen, zerdrückt
¼–½ TL Harissa (Seite 246)
Salz und Pfeffer
12 schwarze Oliven
2 Eier, hart gekocht, geviertelt

1 500 ml Wasser zum Kochen bringen, Möhren weich kochen, abgießen und in eine Schüssel geben. Petersilie, Kreuzkümmel, Olivenöl, Essig und Knoblauch zufügen. Mit Harissa, Salz und Pfeffer würzen. Gut umrühren.
2 Salat in eine Servierschüssel geben und mit Oliven und Eiern garnieren.

GURKEN-FETA-SALAT

Vorbereitungszeit: 15 Minuten
Kochzeit: keine
Für 4 Personen

120 g Feta
4 kleine Gurken
1 kleine rote Zwiebel, in dünne Ringe geschnitten
1½ EL frischer Dill, fein gehackt
1 EL getrocknete Minze
3 EL Olivenöl
1½ EL Zitronensaft
Salz und schwarzer Pfeffer

1 Käse in eine große Schüssel bröckeln. Gurken schälen, entkernen und in 1 cm große Würfel schneiden. Mit Zwiebel und Dill in die Schüssel geben.
2 Minze im Mörser zu Pulver zerstoßen oder durch ein Sieb streichen. Mit Öl und Zitronensaft mischen, mit Salz und Pfeffer würzen und über den Salat gießen. Alles gründlich mischen.

TUNESISCHE BRIK
(Würzige Teigtaschen mit Thunfisch und Ei)

Vorbereitungszeit: 30 Minuten
Kochzeit: 20 Minuten
Für 2 Personen

30 g Butter
1 kleine Zwiebel, fein gehackt
200 g Dosenthunfisch in Öl, abgetropft
1 EL Kapern, abgespült und gehackt
1 EL frische glatte Petersilie, fein gehackt
2 EL geriebener Parmesan
Salz und frisch gemahlener schwarzer Pfeffer
6 Blätter Filoteig
30 g Butter, zerlassen
2 kleine Eier

1 Backofen auf 200 °C (Gas Stufe 3) vorheizen. Butter in einer kleinen Pfanne zerlassen und Zwiebel bei schwacher Hitze 5 Minuten weich braten. Zwiebel, Thunfisch, Kapern, Petersilie und Parmesan in einer Schüssel mischen. Mit Salz und Pfeffer würzen.
2 Filoteigblätter quer halbieren. 4 halbe Teigblätter übereinander legen, dabei jedes Blatt mit zerlassener Butter bestreichen. Restlichen Teig mit einem feuchten Küchentuch bedecken. Die Hälfte der Thunfischfüllung auf ein Ende des Teigstreifens geben, dabei einen Rand lassen. Eine Mulde in die Mitte der Füllung drücken, 1 Ei aufschlagen und behutsam in die Mulde gleiten lassen; das Eigelb soll ganz bleiben. Salzen und pfeffern.
3 2 weitere mit Butter bestrichene Teigblätter aufeinander und dann auf die Thunfischfüllung und das Ei legen. Die Längsseiten des Teiges einschlagen, dann das Ganze zu einem festen Päckchen rollen; dabei darauf achten, dass das Eigelb ganz bleibt. Auf ein leicht eingefettetes Backblech legen und mit zerlassener Butter bestreichen. Den Vorgang mit den übrigen Teigblättern, der restlichen Füllung und dem zweiten Ei wiederholen. 15 Minuten goldbraun backen. Warm oder zimmerwarm servieren.
Hinweis Das Eigelb ist nach 15 Minuten noch weich. Wenn es fester sein soll, die Backzeit entsprechend verlängern.

TUNESISCHE BRIK

Ei in die Mitte der Thunfischfüllung gleiten lassen.

2 Filoteigblätter auf die Füllung legen und die Längsseiten einschlagen.

Den Teig vorsichtig zu einem festen Päckchen aufrollen; das Eigelb soll ganz bleiben.

GEGENÜBERLIEGENDE SEITE, VON OBEN: Tunesischer Möhrensalat; Gurken-Feta-Salat; Tunesische Brik

DAS GROSSE BUCH DER MITTELMEERKÜCHE

ROTWEINESSIG
„Vinaigre", das französische Wort für Essig, bedeutet so viel wie saurer Wein. Rotweinessig wird hergestellt, indem man Rotwein langsam gären lässt, bis er sich in Essig verwandelt hat. Die besten Sorten reifen in Eichenfässern. Je älter der Essig wird, desto mehr gewinnt er an Aroma, und desto kräftiger und köstlicher ist sein Geschmack.

SALATET ADS
(Linsensalat)

Vorbereitungszeit: 15 Minuten
   + 30 Minuten Ruhezeit
Kochzeit: 30 Minuten
Für 4–6 Personen

1 kleine Zwiebel, mit 2 Gewürznelken gespickt
300 g Puy-Linsen
1 Streifen unbehandelte Zitronenschale
2 Knoblauchzehen, geschält
1 frisches Lorbeerblatt
2 TL gemahlener Kreuzkümmel
2 EL Rotweinessig
60 ml Olivenöl
1 EL Zitronensaft
2 EL frische Minzeblätter, fein gehackt
3 Frühlingszwiebeln, fein gehackt
Salz und Pfeffer

1 Zwiebel mit Linsen, Zitronenschale, Knoblauch, Lorbeer, 1 TL Kreuzkümmel und 875 ml Wasser in einem Topf zum Kochen bringen und bei mittlerer Hitze 25–30 Minuten sanft köcheln lassen, bis die Linsen weich sind. Abtropfen lassen und Zwiebel, Zitronenschale und Lorbeer wegwerfen. Knoblauch fein hacken.
2 Essig, Öl, Zitronensaft, Knoblauch und restlichen Kreuzkümmel mit dem Schneebesen verrühren. Dressing mit Minze und Frühlingszwiebeln unter die Linsen rühren. Mit Salz und Pfeffer kräftig würzen. 30 Minuten stehen lassen und zimmerwarm servieren.

CHORBA BIL HOUT
(Fischsuppe)

Vorbereitungszeit: 30 Minuten
Kochzeit: 30 Minuten
Für 6 Personen

2 rote Paprikaschoten
1 lange frische rote Chilischote
2 EL Olivenöl extra vergine
1 Zwiebel, fein gehackt
1 EL Tomatenmark
2–3 TL Harissa (Seite 246)
4 Knoblauchzehen, fein gehackt
2 TL gemahlener Kreuzkümmel
750 ml Fischbrühe
400 g zerkleinerte Tomaten aus der Dose
750 g Fisch mit festem weißem Fleisch wie Leng, in 2 cm große Stücke geschnitten
2 Lorbeerblätter
2 EL frischer Koriander, gehackt
Salz und Pfeffer
6 dicke Scheiben Baguette
1 Knoblauchzehe, halbiert
Zitronenschnitze nach Belieben

RECHTS: Salatet ads

NORDAFRIKA

ORANGEN-DATTEL-SALAT

Die Datteln entkernen und in dünne Streifen schneiden.

Die Orangen in Spalten schneiden und dabei die Häutchen entfernen.

1 Paprikaschoten vierteln und von weißen Häutchen und Kernen befreien. Chilischote halbieren und entkernen. Beides grillen, bis die Haut schwarz wird und aufplatzt. In einem Plastikbeutel abkühlen lassen, dann die Haut abziehen und Paprika und Chili in dünne Streifen schneiden.
2 Öl in einem großen Topf erhitzen und Zwiebel 5 Minuten weich braten. Tomatenmark, Harissa, Knoblauch, Kreuzkümmel und 125 ml Wasser unterrühren. Brühe, Tomaten und 500 ml Wasser zugeben. Zum Kochen bringen, dann die Hitze reduzieren und Fisch und Lorbeer zufügen. 7–8 Minuten köcheln lassen, bis der Fisch gerade gar ist. Fisch mit dem Schaumlöffel herausnehmen und auf eine Platte legen. Lorbeer wegwerfen. Wenn die Suppe leicht abgekühlt ist, die Hälfte des Korianders zufügen und die Suppe im Mixer glatt pürieren. Salzen und pfeffern.
3 Suppe wieder in den Topf geben, Fisch, Paprika und Chili zufügen und köcheln lassen.
4 Brot rösten und mit dem Knoblauch einreiben. Auf Suppentassen verteilen und auf jede Scheibe mehrere Fischstücke häufen. Suppe darüber gießen und mit dem restlichen Koriander garnieren. Nach Belieben Zitronenschnitze dazureichen.

ORANGEN-DATTEL-SALAT

Vorbereitungszeit: 30 Minuten + Kühlzeit
Kochzeit: keine
Für 4–6 Personen

6 Navelorangen
2 TL Orangenblütenwasser
8 Datteln, entkernt und längs in dünne Streifen geschnitten
90 g Mandelsplitter, leicht geröstet
1 EL frische Minze, zerpflückt
1/4 TL Ras el-hanout (Seite 261) oder Zimt

1 Orangen schälen und weiße Haut entfernen. Jeweils an beiden Seiten eines Segments zwischen Fruchtfleisch und Häutchen einschneiden und Segmente herauslösen. Spalten in eine Schüssel geben und Häutchen darüber ausdrücken. Orangenblütenwasser vorsichtig unterrühren. Mit Klarsichtfolie zugedeckt kalt stellen.
2 Gekühlte Orangen auf eine große Platte geben und Datteln und Mandeln darüber verteilen. Minze und Ras el-hanout über die Orangenspalten streuen. Gekühlt servieren.

OBEN: Orangen-Dattel-Salat

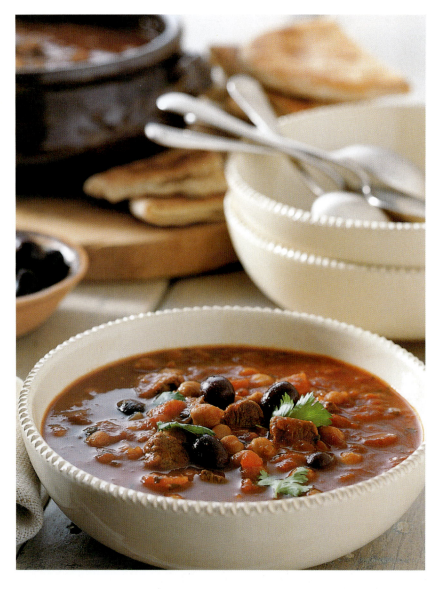

OBEN: Harira

HARIRA
(Lammsuppe mit Kichererbsen und Koriander)

Vorbereitungszeit: 15 Minuten
Kochzeit: 2 Stunden 25 Minuten
Für 4 Personen

2 EL Olivenöl
2 kleine Zwiebeln, gehackt
2 große Knoblauchzehen, zerdrückt
500 g Lammschulter, von überschussigem Fett und Sehnen befreit, in kleine Stücke geschnitten
1½ TL gemahlener Kreuzkümmel
2 TL Paprikapulver
½ TL gemahlene Gewürznelken
1 Lorbeerblatt
2 EL Tomatenmark
1 l Rinderbrühe
900 g Kichererbsen aus der Dose, abgespült und abgetropft
800 g zerkleinerte Tomaten aus der Dose
30 g frischer Koriander, fein gehackt
Salz und Pfeffer
frische Korianderblätter zum Garnieren
kleine schwarze Oliven zum Servieren

1 Öl in einem großen Topf erhitzen und Zwiebeln und Knoblauch 5 Minuten weich braten. Fleisch portionsweise zugeben und bei starker Hitze auf allen Seiten braun braten. Das gesamte Fleisch wieder in den Topf geben.
2 Gewürze und Lorbeerblatt zufügen und kochen, bis sie duften. Tomatenmark zufügen und unter ständigem Rühren etwa 2 Minuten kochen. Brühe zugießen, gründlich umrühren und zum Kochen bringen.
3 Kichererbsen, Tomaten und gehackten Koriander in den Topf geben. Umrühren und zum Kochen bringen. Hitze reduzieren und 2 Stunden köcheln lassen, bis das Fleisch weich ist; gelegentlich rühren. Mit Salz und Pfeffer würzen.
4 Suppe mit Korianderblättern und Oliven garniert servieren. Nach Belieben geröstetes, mit Olivenöl beträufeltes Pitabrot dazureichen.

MELOKHIA-SUPPE

Vorbereitungszeit: 20 Minuten
Kochzeit: 35 Minuten
Für 4 Personen

2 Mangoldblätter, Stiele enfernt
1,25 l Hühnerbrühe
1 Zwiebel, halbiert
6 Kardamomkapseln, aufgebrochen
400 g zerkleinerte TK-Melokhia-Blätter (siehe Hinweis) oder 30 g getrocknete, zerkrümelt
2 EL Ghee oder Butterschmalz
4 Knoblauchzehen, zerdrückt
¼ TL Salz
1 TL gemahlener Koriander
1 Prise Chilipulver

DRESSING
1 kleine Zwiebel, fein gehackt
2 EL Zitronensaft

NORDAFRIKA

1 Mangoldblätter fein zerkleinern. Brühe, Zwiebel und Kardamomkapseln in einem großen Topf zum Kochen bringen und die Brühe 12–15 Minuten auf etwa 1 l einkochen. Zwiebel und Kardamomkapseln mit dem Schaumlöffel herausnehmen und wegwerfen. Mangold- und Melokhia-Blätter in den Topf geben und zum Kochen bringen, Hitze reduzieren und im offenen Topf 10 Minuten köcheln lassen.
2 In der Zwischenzeit Ghee in einem kleinen Topf erhitzen und Knoblauch und Salz zufügen. Bei schwacher Hitze unter ständigem Rühren braten, bis der Knoblauch goldgelb ist. Vom Herd nehmen und Koriander und Chilipulver unterrühren.
3 Für das Dressing Zwiebel und Zitronensaft in einer kleinen Servierschüssel mischen.
4 Knoblauchmischung unter die Suppe rühren und 2 Minuten köcheln lassen. Dressing separat servieren.
Hinweis Melokhia ist hierzulande kaum erhältlich. Man kann diese Suppe aus der ägyptischen Küche aber auch ersatzweise mit Spinat zubereiten.

THUNFISCHSPIESSE MIT CHERMOULA

Vorbereitungszeit: 20 Minuten
 + 10 Minuten Marinierzeit
Kochzeit: 5 Minuten
Für 4 Personen

800 g Thunfischsteaks, in 3 cm große Würfel geschnitten
2 EL Olivenöl
½ TL gemahlener Kreuzkümmel
2 TL fein geriebene, unbehandelte Zitronenschale

CHERMOULA
½ TL gemahlener Koriander
3 TL gemahlener Kreuzkümmel
2 TL Paprikapulver
1 Prise Cayennepfeffer
4 Knoblauchzehen, zerdrückt
15 g frische glatte Petersilie, gehackt
25 g frischer Koriander, gehackt
80 ml Zitronensaft
125 ml Olivenöl

1 Wenn man Holzspieße verwendet, diese etwa 30 Minuten einweichen, damit sie beim Grillen nicht verbrennen.
2 Thunfisch in eine flache Form (kein Metall) geben. Öl, Kreuzkümmel und Zitronenschale verrühren und über den Fisch gießen. Mischen, bis der Fisch rundum mit Sauce überzogen ist, dann zudecken und im Kühlschrank 10 Minuten ziehen lassen.
3 In der Zwischenzeit für das Chermoula Koriander, Kreuzkümmel, Paprikapulver und Cayennepfeffer in eine kleine Pfanne geben und bei mittlerer Hitze 30 Sekunden erhitzen, bis die Gewürze duften. Mit den übrigen Chermoula-Zutaten mischen und beiseite stellen.
4 Thunfisch auf die Spieße stecken. Rost eines Grills leicht einölen und die Spieße auf jeder Seite grillen, und zwar 1 Minute, wenn sie nur leicht gebraten, und 2 Minuten, wenn sie durchgebraten sein sollen. Spieße auf Couscous servieren und Chermoula über den Thunfisch träufeln.

UNTEN: Thunfischspieße mit Chermoula

KEFTA GHAN' MI BEL'
(Lammfleischbällchen)

Vorbereitungszeit: 30 Minuten
Kochzeit: 40 Minuten
Für 4 Personen

1 kg Hackfleisch vom Lamm
1 Zwiebel, fein gehackt
2 Knoblauchzehen, fein gehackt
2 EL frische glatte Petersilie, fein gehackt
2 EL frische Korianderblätter, fein gehackt
1/2 TL Cayennepfeffer
1/2 TL gemahlener Piment
1/2 TL gemahlener Ingwer
1/2 TL gemahlener Kardamom
1 TL gemahlener Kreuzkümmel
1 TL Paprikapulver
Salz und Pfeffer

SAUCE

2 EL Olivenöl
1 Zwiebel, fein gehackt
2 Knoblauchzehen, fein gehackt
2 TL gemahlener Kreuzkümmel
1/2 TL gemahlener Zimt
1 TL Paprikapulver
800 g zerkleinerte Tomaten aus der Dose
2 TL Harissa (Seite 246)
4 EL frische Korianderblätter, gehackt

1 Backofen auf 180 °C (Gas 2) vorheizen. 2 Backbleche leicht einfetten. Hackfleisch, Zwiebel, Knoblauch, Kräuter und Gewürze in eine Schüssel geben und gründlich mischen. Salzen und pfeffern. Mischung esslöffelweise zu Bällchen formen und diese auf die Backbleche verteilen. 20 Minuten braun backen.
2 Inzwischen für die Sauce Öl in einem großen Topf erhitzen und die Zwiebel bei mittlerer Hitze 5 Minuten weich braten. Knoblauch, Kreuzkümmel, Zimt und Paprikapulver zufügen und 1 Minute erhitzen. Tomaten und Harissa unterrühren und zum Kochen bringen. Hitze reduzieren und Sauce 20 Minuten köcheln lassen. Fleischbällchen zufügen und 10 Minuten köcheln lassen, bis sie gar sind. Koriander unterrühren, abschmecken und servieren.

SAFRANREIS

Vorbereitungszeit: 5 Minuten
 + 30 Minuten Ruhezeit
Kochzeit: 15 Minuten
Für 6 Personen

500 g Langkornreis
1/2 TL Safranfäden, zerrieben
2 EL Olivenöl
Salz
20 g Butter
60 g Pistazien, geschält und grob gehackt, zum Garnieren, nach Belieben

1 Reis in einem Sieb waschen, bis das Wasser klar bleibt, dann gut abtropfen lassen.
2 900 ml Wasser zum Kochen bringen und Safran zugeben. 20 Minuten ziehen lassen.
3 Öl in einem Topf erhitzen, Reis zufügen und rühren, bis der gesamte Reis mit Öl überzogen ist. Safranwasser und 1/4 TL Salz zugeben und

UNTEN: Kefta Ghan' mi bel'

NORDAFRIKA

gründlich umrühren. Zum Kochen bringen und 1 Minute kochen lassen. Mit einem fest schließenden Deckel zudecken, auf niedrigste Stufe schalten und 10-12 Minuten garen, bis der Reis das gesamte Wasser aufgesogen hat. Herd ausschalten, dann den Topf zugedeckt mindestens 10 Minuten stehen lassen. Butter zufügen und Reis mit einer Gabel leicht auflockern. Nach Belieben mit Pistazien garniert servieren.

FORELLEN MIT DATTEL-FÜLLUNG

Vorbereitungszeit: 30 Minuten
Kochzeit: 20 Minuten
Für 4 Personen

4 mittelgroße Forellen
Salz und Pfeffer
140 g Datteln, gehackt
45 g Reis, gekocht
1 Zwiebel, fein gehackt
4 EL frische Korianderblätter, gehackt
1/4 TL gemahlener Ingwer
1/4 TL gemahlener Zimt
50 g Mandeln, abgezogen und grob gehackt
40 g weiche Butter
Zimt zum Bestäuben

1 Backofen auf 180 °C (Gas 2) vorheizen. Forellen unter fließendem kaltem Wasser abspülen und mit Küchenkrepp trockentupfen. Leicht mit Salz und Pfeffer würzen.
2 Datteln, Reis, die Hälfte der Zwiebel, Koriander, Ingwer, Zimt, Mandeln und die Hälfte der Butter in einer Schüssel mischen. Kräftig mit Salz und Pfeffer würzen.
3 Die Forellen mit der Mischung füllen und jede auf eine doppelte Lage gut eingefettete Alufolie legen. Mit der restlicher Butter bestreichen, mit Salz und Pfeffer würzen und mit restlicher Zwiebel bestreuen. Forellen in die Folie wickeln, auf ein Backblech legen und 15-20 Minuten backen; je nach Geschmack kann die Backzeit verlängert werden. Mit Zimt bestäubt servieren.

OBEN: Forellen mit Dattelfüllung

GEMÜSE-COUSCOUS

Kürbis, Blumenkohl und Zucchini in den Topf geben und 10 Minuten köcheln lassen.

Das restliche Öl und die Butter zum Couscous geben und den Couscous mit einer Gabel auflockern.

GEGENÜBERLIEGENDE SEITE, VON OBEN: Gemüse-Couscous; Lamm-Tagine mit Quitten

GEMÜSE-COUSCOUS

Vorbereitungszeit: 40 Minuten
Kochzeit: 30 Minuten
Für 4–6 Personen

3 EL Olivenöl
2 kleine Zwiebeln, in dünne Ringe geschnitten
1 TL Kurkuma
1/2 TL Chilipulver
2 TL geriebener frischer Ingwer
1 Zimtstange
2 Möhren, in dicke Scheiben geschnitten
2 Pastinaken, in dicke Scheiben geschnitten
375 ml Gemüsebrühe
315 g Kürbis, in kleine Würfel geschnitten
250 g Blumenkohl, in Röschen geschnitten
2 Zucchini, in dicke Scheiben geschnitten
425 g Kichererbsen aus der Dose, abgetropft
1 Prise Safranfäden
2 EL frischer Koriander, gehackt
2 EL frische glatte Petersilie, gehackt
230 g Instant-Couscous
250 ml kochendes Wasser
30 g Butter

1 2 EL Öl in einem großen Topf erhitzen und Zwiebeln bei mittlerer Hitze unter gelegentlichem Rühren 5 Minuten weich braten. Kurkuma, Chilipulver und Ingwer zufügen und unter Rühren 1 weitere Minute erhitzen.
2 Zimtstange, Möhren, Pastinaken und Brühe in den Topf geben und rühren, bis alles gründlich gemischt ist. Zudecken und zum Kochen bringen. Hitze reduzieren und 5 Minuten köcheln lassen, bis das Gemüse fast weich ist.
3 Kürbis, Blumenkohl und Zucchini zufügen und weitere 10 Minuten köcheln lassen. Kichererbsen, Safran, Koriander und Petersilie einrühren und ohne Deckel 5 Minuten köcheln lassen. Zimtstange herausnehmen.
4 Couscous in eine Schüssel geben und das kochende Wasser darüber gießen. Zudecken, 5 Minuten stehen lassen, dann restliches Öl und Butter zufügen und Couscous mit der Gabel auflockern. Auf Teller verteilen und das Gemüse darüber geben.
Hinweis Man kann fast jedes Gemüse der Saison für dieses Gericht nehmen. Geeignet sind beispielsweise auch Kartoffeln, Bataten, grüne Bohnen, kleine Zwiebeln und rote oder grüne Paprikaschoten.

LAMM-TAGINE MIT QUITTEN
(Lammragout)

Vorbereitungszeit: 20 Minuten
Kochzeit: 1 Stunde 40 Minuten
Für 4–6 Personen

1,5 kg Lammschulter, in 3 cm große Stücke geschnitten
2 große Zwiebeln, gewürfelt
1/2 TL gemahlener Ingwer
1/2 TL Cayennepfeffer
1/4 TL Safranfäden, zerrieben
1 TL gemahlener Koriander
1 Zimtstange
25 g frischer Koriander, grob gehackt
Salz und Pfeffer
40 g Butter
500 g Quitten, geschält, entkernt und geviertelt
100 g getrocknete Aprikosen
frische Korianderzweige zum Garnieren

1 Lammfleisch in einen Schmortopf geben und 1 Zwiebel, Ingwer, Cayennepfeffer, Safran, gemahlenen Koriander, Zimtstange, frischen Koriander und etwas Salz und Pfeffer zufügen. Mit kaltem Wasser übergießen und bei mittlerer Hitze zum Kochen bringen. Hitze reduzieren und mit leicht geöffnetem Deckel 1 Stunde 30 Minuten köcheln lassen, bis das Lammfleisch weich ist.
2 In der Zwischenzeit die Butter in einer Pfanne zerlassen und die zweite Zwiebel und die Quitten darin 15 Minuten bei mittlerer Hitze goldgelb braten.
3 Nach 1 Stunde Garzeit Quitten und die Aprikosen zum Lammfleisch geben.
4 Sauce abschmecken. Ragout auf einer warmen Servierplatte anrichten und mit Korianderzweigen bestreuen. Couscous oder Reis dazureichen.
Hinweis Tagine heißen nicht nur die klassischen marokkanischen Schmorgerichte, sondern auch das spezielle, häufig schön dekorierte irdene Kochgeschirr mit kegelförmigem Deckel, in dem die Gerichte gegart werden. Dieses Kochgeschirr ist in manchen Haushaltswarengeschäften erhältlich, es lässt sich aber durch einen Schmortopf mit einem fest schließenden Deckel ohne weiteres ersetzen.

NORDAFRIKA

259

DAS GROSSE BUCH DER MITTELMEERKÜCHE

OBEN: Afelia

AFELIA
(Zyprisches Schweineragout mit Koriander

Vorbereitungszeit: 15 Minuten
 + 1 Nacht Kühlzeit
Kochzeit: 1 Stunde 20 Minuten
Für 4–6 Personen

☆☆

1½ EL Koriandersamen
½ TL schwarze Pfefferkörner, zerstoßen
800 g Schweinefilet, 2 cm groß gewürfelt
1 EL Mehl
60 ml Olivenöl
1 große Zwiebel, in feine Ringe geschnitten
375 ml Rotwein
250 ml Hühnerbrühe
1 TL Zucker
Salz und Pfeffer
frische Korianderzweige zum Garnieren

1 Koriandersamen im Mörser zerstoßen. Mit Pfefferkörnern und Schweinefleisch in eine Schüssel geben und mischen, bis das Fleisch von den Gewürzen überzogen ist. Zudecken und über Nacht kühl stellen.
2 Mehl unter das Fleisch mischen. 2 EL Öl in einer Pfanne erhitzen und Fleisch darin bei starker Hitze portionsweise jeweils 1–2 Minuten braun braten. Aus der Pfanne nehmen.
3 Restliches Öl in der Pfanne erhitzen, Zwiebel darin bei mittlerer Hitze 2–3 Minuten hell goldgelb braten. Fleisch wieder in die Pfanne geben, Rotwein, Brühe und Zucker zufügen. Mit Salz und Pfeffer würzen, zum Kochen bringen, dann Hitze reduzieren und alles zugedeckt 1 Stunde köcheln lassen.
4 Fleisch herausnehmen. Sauce bei starker Hitze 3–5 Minuten kochen, bis sie leicht eindickt. Über das Fleisch gießen und Korianderzweige darüber streuen.

BISTEEYA
(Marokkanische Hühnerpastete)

Vorbereitungszeit: 30 Minuten
Kochzeit: 1 Stunde 20 Minuten
Für 6–8 Personen

☆☆☆

200 g Butter
1 Huhn (1,5 kg), in 4 Stücke zerlegt
1 große Zwiebel, fein gehackt
3 TL gemahlener Zimt
1 TL gemahlener Ingwer
2 TL gemahlener Kreuzkümmel
¼ TL Cayennepfeffer
½ TL gemahlener Kurkuma
½ TL Safranfäden, in 2 EL warmem Wasser
 eingeweicht
125 ml Hühnerbrühe
Salz und Pfeffer
4 Eier, leicht verschlagen
25 g frischer Koriander, gehackt
3 EL frische glatte Petersilie, gehackt
50 g Mandeln, gehackt
3 EL Puderzucker und Puderzucker zum
 Bestäuben
375 g Filoteig

1 Backofen auf 180 °C (Gas 2) vorheizen. Eine Pizzaform einfetten.
2 40 g Butter in einer großen Bratpfanne

NORDAFRIKA

zerlassen, Huhn, Zwiebel, 2 TL Zimt, alle anderen Gewürze und Hühnerbrühe zugeben. Mit Salz und Pfeffer würzen, zudecken und 30 Minuten köcheln lassen, bis das Huhn gar ist.

3 Huhn herausnehmen. So weit abkühlen lassen, bis man das Fleisch von den Knochen lösen kann, Haut und Knochen wegwerfen und Fleisch in dünne Streifen schneiden.

4 Flüssigkeit in der Pfanne zum Köcheln bringen und Eier hineinrühren. Unter ständigem Rühren weiter erhitzen, bis die Mischung stockt und ziemlich trocken ist. Huhn, Koriander und Petersilie zugeben, salzen und pfeffern und alles vermengen. Vom Herd nehmen.

5 Mandeln auf einem Backblech goldbraun rösten. Leicht abkühlen lassen, dann mit Puderzucker und restlichem Zimt in der Küchenmaschine oder Gewürzmühle grob mahlen.

6 Restliche Butter zerlassen. 1 Filoteigblatt in die Pizzaform legen und mit zerlassener Butter bestreichen. Zweites Blatt leicht versetzt darauf legen und mit Butter bestreichen. Insgesamt 8 Teigblätter, jeweils mit Butter bestrichen, so versetzt aufeinander legen, dass zum Schluss die Ecken einen Zackenrand bilden. Füllung darauf verteilen und mit Mandelbröseln bestreuen.

7 Teigränder über Füllung schlagen. 1 Teigblatt darauf legen und mit Butter bestreichen. Weitere 7 Teigblätter jeweils mit Butter bestrichen und ebenfalls leicht versetzt auflegen. Überhängende Ränder nach unten einschlagen, dass ein rundes Paket entsteht. Mit der restlichen Butter großzügig bestreichen. Pastete 40–45 Minuten backen, bis sie durchgegart und goldgelb ist. Vor dem Servieren mit Puderzucker bestäuben.

RAS EL-HANOUT

Diese in der marokkanischen Küche häufig verwendete Gewürzmischung kann bis zu 12 Gewürze enthalten. Jeder Anbieter hütet streng sein Geheimrezept.

Um sie selbst herzustellen, 7 g Kurkuma, 15 g Pimentkörner, 30 g schwarze Pfefferkörner, 1½ ganze Muskatnüsse, 1 Gewürznelke, 10 Kardamomkapseln, 1 Zimtstange, 1 TL Cayennepfeffer und 3 Rosenknospen in einer Gewürzmühle mahlen, gründlich mischen und dann durchsieben. In ein fest verschließbares Gefäß füllen und kühl aufbewahren.

BISTEEYA

Die Mandelbrösel über die Huhnmischung streuen.

Die Teigränder über die Füllung schlagen.

LINKS: Bisteeya

DAS GROSSE BUCH DER MITTELMEERKÜCHE

MECHOUI
(Lammbraten mit Kreuzkümmel)

Vorbereitungszeit: 15 Minuten
Kochzeit: 3 Stunden 30 Minuten
Für 6 Personen

2,2 kg Lammkeule
75 g zimmerwarme Butter
3 Knoblauchzehen, zerdrückt
2 TL gemahlener Kreuzkümmel
3 TL gemahlener Koriander
1 TL Paprikapulver
Salz
1 EL Kreuzkümmel zum Tunken

1 Backofen auf 220 °C (Gas 4–5) vorheizen. Mit einem kleinen scharfen Messer kurze tiefe Einschnitte an der Oberseite und den Seiten der Lammkeule anbringen.
2 Butter, Knoblauch, Gewürze und ¼ TL Salz in einer Schüssel zu einer glatten Paste mischen.
3 Paste mit einem Löffelrücken auf das Fleisch reiben, dann mit den Fingern über das gesamte Fleisch gleichmäßig verteilen.
4 Keule mit der Knochenseite nach unten in eine tiefe Auflaufform geben und auf die oberste Schiene des Backofens schieben. 10 Minuten braten, dann mit Bratensaft begießen und wieder in den Backofen schieben. Hitze auf 160 °C (Gas 1–2) reduzieren. 3 Stunden 20 Minuten braten, dabei alle 20–30 Minuten mit Bratensaft begießen. Fleisch in dicke Stücke tranchieren. Kreuzkümmel mit 1¼ TL Salz mischen und getrennt zum Lamm reichen.

MECHOUI
Ein traditionelles Gericht, das früher aus einem ganzen Lamm bestand. Mechoui wurde in einem Lehmofen gebraten, der tief im Boden eingegraben war. In vielen Gegenden Nordafrikas wird das Gericht an besonderen Feiertagen und bei Familienfesten immer noch auf diese Weise zubereitet. Es gilt als Nationalgericht und wird oft als Höhepunkt von Mechouifesten serviert. Es ist auch ein Standardgericht der Garküchen in der Region, wo es zusammen mit einer Mischung aus Salz und gemahlenem Kreuzkümmel angeboten wird.

RECHTS: Mechoui

NORDAFRIKA

OKRA MIT KORIANDER UND TOMATENSAUCE

Vorbereitungszeit: 5 Minuten
Kochzeit: 15 Minuten
Für 4–6 Personen

60 ml Olivenöl
1 Zwiebel, gehackt
2 Knoblauchzehen, zerdrückt
500 g frische Okraschoten (siehe Hinweis)
400 g zerkleinerte Tomaten aus der Dose
2 TL Zucker
60 ml Zitronensaft
60 g frischer Koriander, fein gehackt

1 Öl in einer großen Bratpfanne erhitzen und Zwiebel darin bei mittlerer Hitze 5 Minuten glasig und goldgelb braten. Knoblauch zugeben und 1 weitere Minute braten.
2 Okras in die Pfanne geben und unter Rühren 4–5 Minuten garen, dann Tomaten, Zucker und Zitronensaft zufügen und unter gelegentlichem Rühren 3–4 Minuten köcheln lassen, bis die Okras weich sind. Koriander unterrühren. Vom Herd nehmen und servieren.
Hinweis Statt frischer Okras kann man 800 g Okras aus der Dose verwenden. Abspülen und zusammen mit dem Koriander zugeben.

HUHN MIT MANDELN

Vorbereitungszeit: 15 Minuten
Kochzeit: 1 Stunde
Für 6 Personen

1 Huhn (1,5 kg), in 4 Stücke geteilt
60 g Butter
1 Zwiebel, gehackt
½ TL gemahlener Ingwer
½ TL Safranpulver oder 2 Prisen Safranfäden
½ TL gemahlener Zimt
1 EL frische Korianderblätter, fein gehackt
je 1 TL Salz und Pfeffer
2 EL Öl
125 g Mandeln, abgezogen
30 g frische glatte Petersilie, fein gehackt

1 Huhn in einen großen Topf geben. Butter, Zwiebel, Gewürze, Koriander, Salz und Pfeffer zufügen und 320 ml Wasser zugießen. Zudecken und bei schwacher Hitze 1 Stunde garen. Huhn gelegentlich wenden; nach Bedarf Wasser zufügen.
2 Öl bei schwacher Hitze in einer Pfanne erhitzen und Mandeln darin goldgelb braten. Herausnehmen.
3 Petersilie zum Huhn geben und 2–3 Minuten garen. Mit Mandeln bestreut servieren.

OKRA

Diese Frucht einer Gemüsepflanze stammt ursprünglich aus Afrika und wurde von Sklavenhändlern in den Nahen Osten und die arabischen Länder eingeführt. Wenn Okra zerkleinert und lange gekocht wird, sondert sie eine schleimige Substanz ab, die Suppen und Saucen bindet und Eintöpfen eine dickere Konsistenz verleiht. Sie lässt sich mit Tomaten, Knoblauch, Zwiebeln und Gewürzen gut kombinieren und ist zu einer wesentlichen Zutat vieler Gerichte der arabischen Küche geworden. Wenn man die Okraschoten ganz lässt und schnell gart, ändert sich die Konsistenz kaum.

OBEN: Okra mit Koriander- und Tomatensauce

OBEN: Huhn mit eingelegten Zitronen und Oliven

HUHN MIT EINGELEGTEN ZITRONEN UND OLIVEN

Vorbereitungszeit: 10 Minuten
Kochzeit: 1 Stunde
Für 4 Personen

60 ml Olivenöl
1 Huhn (1,6 kg)
1 Zwiebel, gehackt
2 Knoblauchzehen, gehackt
600 ml Hühnerbrühe
1/2 TL gemahlener Ingwer
1 1/2 TL gemahlener Zimt
1 Prise Safranfäden
100 g grüne Oliven
Schale von 3 eingelegten Zitronen (Seite 247) abgespült und in dünne Streifen geschnitten
2 Lorbeerblätter
2 Hühnerlebern
3 EL frische Korianderblätter, gehackt

1 Backofen auf 180 °C (Gas 2) vorheizen. 2 EL Öl in einer großen Bratpfanne erhitzen, Huhn zugeben und auf allen Seiten braun braten. In eine tiefe Auflaufform geben.
2 Restliches Öl erhitzen und Zwiebel und Knoblauch bei mittlerer Hitze 3–4 Minuten weich braten. Brühe, Ingwer, Zimt, Safran, Oliven, Zitronen und Lorbeerblätter zufügen und die Mischung rund um das Huhn in die Form gießen. 45 Minuten braten; Wasser oder Brühe zugießen, falls die Sauce zu trocken wird.
3 Huhn aus der Form nehmen, mit Alufolie zudecken und ruhen lassen. Sauce in eine Pfanne gießen, Hühnerlebern darin garen und dabei zerdrücken. Insgesamt 5–6 Minuten kochen, bis die Sauce einkocht und dickflüssig ist. Koriander zufügen. Huhn in 4 Portionen zerlegen und mit der Sauce servieren.

SEMIT
(Ägyptische Sesambrotringe)

Vorbereitungszeit: 45 Minuten
 + 1 Stunde Aufgehzeit
Backzeit: 15 Minuten
Ergibt 20 Stück

1 Päckchen (7 g) Trockenhefe
1 TL Zucker
bis zu 500 g Mehl
1 TL Salz
125 ml Milch
1 Ei, leicht verschlagen
80 g Sesamsamen

1 Hefe, Zucker und 60 ml warmes Wasser in einer kleiner Schüssel verrühren, bis sich die Hefe aufgelöst hat. An einem warmen Ort 10 Minuten gehen lassen, bis sich Blasen auf der Oberfläche bilden und die Mischung ihr Volumen vergrößert hat.
2 375 g Mehl und Salz in eine Schüssel sieben. Milch mit 125 ml Wasser lauwarm erhitzen. Eine Mulde in das Mehl drücken und Milch-Wasser- sowie Hefemischung hineingießen. Mit dem Holzlöffel mischen und nach und nach Mehl in kleinen Mengen unterrühren, bis ein weicher Teig entsteht. Auf ein leicht bemehltes

NORDAFRIKA

Brett legen und 10 Minuten kneten, bis der Teig glatt und elastisch ist. In eine eingeölte Schüssel geben, zudecken und an einem warmen Ort 15 Minuten gehen lassen, bis der Teig sein Volumen verdoppelt hat.

3 Teig auf ein bemehltes Brett legen und mit der Faust zusammendrücken. Eigroße Teigstücke jeweils zu einem 1 cm dicken und 20 cm langen Strang formen und diesen zu einem Ring zusammenlegen. Enden befeuchten und zusammendrücken. Vorgang wiederholen, bis der gesamte Teig aufgebraucht ist.

4 Backofen auf 200 °C (Gas 3) vorheizen. Eine mit heißem Wasser gefüllte Auflaufform auf den Boden des Ofens stellen.

5 2 Backbleche einfetten und mit Mehl bestäuben. Teigringe darauf legen, mit Ei bestreichen und mit Sesamsamen bestreuen. Mit einem feuchten Küchentuch bedecken und an einem warmen Ort 30 Minuten gehen lassen. Dann 15 Minuten backen, bis sie goldgelb sind. Sofort mit heißem Wasser bestreichen, damit sich beim Abkühlen eine Kruste bildet.

Hefemischung unterrühren. Zu einem festen Teig vermengen und kneten, bis er glatt ist. Zudecken und 20 Minuten ruhen lassen.

3 Teig in 16 Stücke teilen, jedes Stück zu einer Kugel formen, dann zu Kreisen von 8 cm Durchmesser ausrollen. Auf das Backblech legen, mit Ei bestreichen und mit Sesamsamen bestreuen. Zudecken und 10 Minuten beiseite stellen. 12 Minuten goldgelb backen.

MAROKKANISCHER PFEFFERMINZTEE

Diesen süßen Tee trinkt man in Marokko häufig vor und immer nach einer Mahlzeit; Gästen wird er zu jeder Tageszeit grundsätzlich gereicht.

So wird er traditionell zubereitet: Die Teekanne wärmen und 1 EL grünen Tee, 30 g Zucker und 1 große Hand voll frische Pfefferminzblätter und -stängel hineingeben. Mit kochendem Wasser auffüllen und mindestens 5 Minuten ziehen lassen. Nach Bedarf noch Zucker zufügen.

MAROKKANISCHES FLADENBROT

Vorbereitungszeit: 1 Stunde
 + 30 Minuten Aufgehzeit
Backzeit: 12 Minuten
Ergibt 16 Stück

375 g Vollkornmehl

1 TL feiner Zucker

1 Päckchen (7 g) Trockenhefe

1 TL Salz

½ TL edelsüßes Paprikapulver

50 g Maismehl

1 EL Öl

1 Ei, leicht verschlagen

2 EL Sesamsamen

1 Backofen auf 180 °C (Gas 2) vorheizen. Backblech leicht einfetten. 75 g Mehl, Zucker, Hefe, Salz und 320 ml lauwarmes Wasser in eine Schüssel geben und rühren, bis alles aufgelöst ist. Zudecken und an einem warmen Ort 10 Minuten gehen lassen, bis sich Blasen bilden. Die Mischung sollte schaumig sein und ihr Volumen vergrößert haben.

2 Paprikapulver, Maismehl und restliches Vollkornmehl in eine Schüssel sieben. Öl und dann

UNTEN: Marokkanisches Fladenbrot

265

SÜSSER COUSCOUS

Vorbereitungszeit: 10 Minuten
 + 10 Minuten Ruhezeit
Kochzeit: 5 Minuten
Für 4–6 Personen

80 g Pistazienkerne, Pinienkerne und abgezogene Mandeln, gemischt
45 g getrocknete Aprikosen
90 g getrocknete Datteln, entkernt
250 g Instant-Couscous
60 g feiner Zucker
250 ml kochendes Wasser
90 g weiche Butter
1 Prise Salz
2 EL feiner Zucker zum Bestreuen
1/2 TL gemahlener Zimt zum Bestreuen
380 ml heiße Milch zum Servieren

1 Backofen auf 160 °C (Gas 1–2) vorheizen. Nüsse auf ein Backblech verteilen und etwa 5 Minuten leicht goldgelb backen. Abkühlen lassen, dann grob hacken und in eine Schüssel geben. Aprikosen in Streifen schneiden und Datteln der Länge nach vierteln. Beides unter die Nüsse mischen.

2 Couscous und Zucker in eine große Schüssel geben und mit kochendem Wasser übergießen. Gut umrühren, dann Butter und Salz unterrühren, bis die Butter schmilzt. Mit einem Küchentuch zudecken und 10 Minuten beiseite stellen. Mit einer Gabel auflockern und die Hälfte der Nussmischung unterheben.

3 Zum Servieren Couscous in die Mitte einer Platte häufen. Restliche Nussmischung um den Couscous herum anrichten. Zucker und Zimt in einer kleinen Schüssel mischen und separat zum Bestreuen servieren. Die heiße Milch ebenfalls separat in einem Gefäß servieren.

Hinweis Dieses Gericht kann bis zu 4 Tage im Voraus zubereitet werden. Zugedeckt kalt stellen. Erst zimmerwarm werden lassen, dann 20 Minuten in den auf 180 °C (Gas 2) vorgeheizten Backofen stellen.

OM ALI
(Nussauflauf)

Vorbereitungszeit: 20 Minuten
Backzeit: 35 Minuten
Für 6 Personen

☆☆

6 Blätter Filoteig
3 EL Butter, zerlassen
60 g Rosinen
140 g gemischte Nüsse wie Pistazien, Mandelblättchen und gehackte Haselnüsse
1 l Milch
315 ml Crème double
90 g Zucker
1 TL gemahlener Zimt

1 Backofen auf 200 °C (Gas 3) vorheizen.
2 1 Blatt Filoteig abnehmen und die übrigen mit einem feuchten Küchentuch bedecken. Teigblatt mit zerlassener Butter bestreichen und auf ein Backblech legen. 2 weitere gebutterte Teigblätter darauf legen. Restliche 3 Teigblätter ebenso auf ein zweiten Backblech legen. 5 Minuten goldgelb backen. Hitze auf 180 °C (Gas 2) reduzieren. Teigblätter einzeln in eine Auflaufform bröckeln, dabei auf jedes Blatt Rosinen und Nüsse streuen.

UNTEN: Süßer Couscous

NORDAFRIKA

MANDELTEIGSCHLANGE

Die Mandelpaste portionsweise zu Strängen rollen.

Den Zimt und das Eigelb mischen und die Schlange damit bestreichen.

3 Milch, Sahne und Zucker in einem Topf langsam bis knapp vor den Siedepunkt erhitzen. In die Form gießen und Auflauf 25–30 Minuten goldbraun backen. Mit Zimt bestreuen. Warm oder kalt servieren.

MANDELTEIGSCHLANGE

Vorbereitungszeit: 30 Minuten
Backzeit: 40 Minuten
Für 8 Personen

70 g Mandeln, gemahlen

30 g Mandelblättchen

175 g Puderzucker

1 Ei, getrennt

1 TL fein geriebene Schale einer unbhandelten Zitrone

1/4 TL Mandelessenz

1 EL Rosenwasser

je 2 EL Olivenöl und Mandelöl

9 Blätter Filoteig

1 Prise gemahlener Zimt

Puderzucker zum Bestäuben

1 Backofen auf 180 °C (Gas 2) vorheizen. Eine Springform mit einem Durchmesser von 20 cm leicht einfetten.
2 Mandeln mit Puderzucker in eine Schüssel geben. Eiweiß in einer Schüssel mit der Gabel leicht verschlagen. Mit Zitronenschale, Mandelessenz und Rosenwasser zu den Mandeln geben und zu einer Paste verrühren.
3 Mischung in 3 Portionen teilen und jede zu einem 45 cm langen und 1 cm dicken Strang formen. Wenn die Paste zu klebrig ist, Arbeitsfläche mit Puderzucker bestäuben.
4 Beide Öle in einer Schüssel mischen. 1 Teigblatt abnehmen und restliche Blätter mit einem feuchten Küchentuch bedecken. Teigblatt mit Öl bestreichen und 2 weitere mit Öl bestrichene Blätter darauf legen. 1 Mandelstrang der Länge nach auf den Teig legen und darin einrollen. Zu einer Spirale formen und diese in die Mitte der Form setzen. Restliche Mandelstränge ebenso in Teig einrollen und so um den ersten legen, dass zum Schuss eine große Spirale ensteht; dabei die Enden der Teigrollen mit Öl verbinden.
5 Zimt mit Eigelb mischen und die Schlange damit bestreichen. 30 Minuten backen, dann den Rand der Form abnehmen und die Schlange umdrehen. Weitere 10 Minuten backen, bis der Boden knusprig wird. Mit Puderzucker bestäuben und warm servieren.

OBEN: Mandelteigschlange

267

HONIGKÜCHLEIN

Den Teig mit einem Holzlöffel rühren, bis er glatt, aber noch etwas klebrig ist.

Mit einem Ausstechförmchen runde Teigstücke ausstechen.

OBEN: Frittierte Honigküchlein

FRITTIERTE HONIGKÜCHLEIN

Vorbereitungszeit: 20 Minuten
   + 1 Stunde Ruhezeit
Kochzeit: 20 Minuten
Für 4–6 Personen

3 Eier
60 ml Orangensaft
60 ml Pflanzenöl
1 EL geriebene unbehandelte Orangenschale
60 g feiner Zucker
300 g Mehl
1 TL Backpulver
etwa 4 EL Mehl zum Ausrollen

SIRUP
2 EL Zitronensaft
275 g Zucker
115 g Honig
1 EL geriebene unbehandelte Orangenschale
Pflanzenöl, zum Frittieren

1 Eier, Orangensaft und Öl in einer großen Schüssel mit dem Schneebesen verrühren. Orangenschale und Zucker zufügen und schaumig rühren. Mehl und Backpulver hineinsieben und alles mit dem Holzlöffel mischen, bis der Teig glatt, aber noch ein wenig klebrig ist. Zudecken und 1 Stunde beiseite stellen.

2 Für den Sirup 320 ml kaltes Wasser, Zitronensaft und Zucker in einem Topf unter Rühren erhitzen, bis sich der Zucker aufgelöst hat. Zum Kochen bringen, die Hitze reduzieren und 5 Minuten köcheln lassen. Honig und Orangenschale zugeben und weitere 5 Minuten köcheln lassen. Warm stellen.

3 Teig mit etwas Mehl bestreuen und auf eine leicht bemehlte Arbeitsfläche legen. Gerade so viel Mehl einarbeiten, dass der Teig nicht mehr an den Händen klebt. 5 mm dick und so lange ausrollen, bis er sich nicht mehr zusammenzieht. Mit einem runden Ausstechförmchen Teigstücke ausstechen.

4 Öl in einer großen, tiefen Pfanne auf 170 °C erhitzen; ein Brotwürfel sollte darin in 20 Sekunden bräunen. Jeweils 3 oder 4 Küchlein in das Öl geben und 1 Minute auf jeder Seite frittieren, bis sie aufgehen und goldgelb sind. Mit einer Zange herausnehmen und auf Küchenkrepp abtropfen lassen.

5 Jedes Küchlein mit einer Zange so lange in den Sirup tauchen, bis es durchtränkt ist. Auf eine Platte geben. Warm oder kalt servieren.

NORDAFRIKA

GEBACKENE QUITTEN

Vorbereitungszeit: 25 Minuten
Backzeit: 1 Stunde
Für 4–6 Personen

4 Quitten (siehe Hinweis)
40 g Butter
1 EL Rosenwasser
310 g Zucker
½ TL gemahlener Zimt
¼ TL Gewürznelken
Honig zum Beträufeln
Pistazienkerne, geröstet, zum Bestreuen
dicker Naturjoghurt zum Servieren

1 Backofen auf 150 °C (Gas 1) vorheizen. Eine ofenfeste Form leicht einfetten.
2 Quitten schälen, dann vierteln und Kerngehäuse entfernen.
3 Quitten mit der Schnittfläche nach oben in die Form geben, Butter darauf verteilen, Rosenwasser darüber träufeln und Zucker und Gewürze darüber streuen. Form mit Alufolie zudecken und Quitten etwa 1 Stunde weich backen. Danach mit Honig beträufeln und mit Pistazien bestreuen. Mit Joghurt servieren.
Hinweis Die genaue Backzeit hängt von der Größe der Quitten ab.

DATTELKONFEKT

Vorbereitungszeit: 10 Minuten
Kochzeit: 15 Minuten
Für 6–8 Personen

150 g Walnusshälften
2 EL Sesamsamen
100 g Ghee oder Butterschmalz
600 g getrocknete Datteln, entkernt und grob gehackt

1 Backofen auf 180 °C (Gas 2) vorheizen und den Boden und 2 gegenüberliegende Seiten einer 18 x 18 cm großen Form mit Backpapier auslegen. Nüsse auf einem Backblech 5 Minuten rösten, dann grob hacken. Sesamsamen goldgelb backen.
2 Ghee in einem großen Topf zerlassen und Datteln darin zugedeckt bei schwacher Hitze etwa 10 Minuten unter häufigem Rühren weich braten. Mit einem in kaltes Wasser getauchten Löffelrücken die Hälfte der Datteln in der Form verteilen. Nüsse darauf streuen und in die Datteln drücken. Die restlichen Datteln darüber verteilen. Mit nassen Händen glatt streichen und fest hinunterdrücken. Sesamsamen darüber streuen und leicht in die Datteln drücken. Die Masse nach dem Abkühlen in kleine Rauten schneiden.

QUITTEN
Wenn Quitten langsam gegart werden, bekommen sie eine wunderschöne dunkelrosa Farbe. Sie sind dann so weich, dass sie auf der Zunge zergehen, schmecken süß und duften intensiv, und es ist leicht zu verstehen, warum sie in der Antike zum Symbol für Liebe, Glück und Fruchtbarkeit wurden. Sie können für Desserts und Gelees verwendet werden, passen gut zu Käse und eignen sich sehr gut dazu, pikanten Gerichten eine süße Note zu verleihen.

LINKS: Dattelkonfekt

NAHER OSTEN

Der Nahe Osten blickt auf eine jahrtausendealte Geschichte zurück, in der unterschiedliche Bevölkerungsgruppen ihre Spuren in der Esskultur der Region hinterlassen haben. So zeichnet sich die Küche des Nahen Ostens durch eine große Vielfalt aus. Zutaten, die anderswo am Mittelmeer sehr gebräuchlich sind, wie Petersilie, Minze, Zitrusfrüchte, Olivenöl und Zimt, werden hier wesentlich zurückhaltender eingesetzt. Piment, Joghurt, getrocknete Bohnen, Reis und Bulgur, Artischocken, Fisch, Lamm und Huhn sind dagegen sehr beliebt. Die Speisen mögen kompliziert wirken, die Technik ist aber überraschend einfach. Einzigartige Gerichte wie Tabbouleh und Kibbeh sind auch in vielen Regionen außerhalb des Nahen Ostens beliebt.

DAS GROSSE BUCH DER MITTELMEERKÜCHE

KICHERERBSEN
Hülsenfrüchte wie Kichererbsen spielen eine zentrale Rolle in der Küche des Nahen Ostens. Teilweise hängt dies mit den Ernährungsvorschriften des Islam zusammen, der vorherrschenden Religion in dem Gebiet, denn Kichererbsen dürfen auch während der Fastenzeiten gegessen werden. Sie werden bereits in der Bibel erwähnt und galten früher als Nahrung der Armen. Kichererbsen sind eine preiswerte und beliebte Eiweißquelle, und es gibt viele regionale Gerichte, die auf diesen Hülsenfrüchten basieren. Sie werden als Gemüse gegessen, sind Bestandteil von Salaten und Dips und verleihen Gemüse-, Fleisch-, Reis- und Nudelgerichten mehr Substanz. Wie alle getrockneten Hülsenfrüchte mit Ausnahme von Linsen müssen Kichererbsen vor dem Kochen eingeweicht werden. Dazu ist eine große Menge Wasser erforderlich, denn sie saugen viel Flüssigkeit auf. Gelegentlich wird die Haut nach dem Kochen entfernt. Einweich- und Garzeit hängt vom Alter der Kichererbsen ab: Je älter, desto länger müssen sie gegart werden.

Oben: Falafel

FALAFEL
(Frittierte Kichererbsenbällchen)

Vorbereitungszeit: 20 Minuten + 48 Stunden Einweichzeit + 50 Minuten Ruhezeit
Kochzeit: 10 Minuten
Ergibt 30 Stück

☆☆

150 g getrocknete geschälte dicke Bohnen
220 g getrocknete Kichererbsen
1 Zwiebel, grob gehackt
6 Knoblauchzehen, grob gehackt
2 TL gemahlener Koriander
1 EL gemahlener Kreuzkümmel
15 g frische glatte Petersilie, gehackt
1/4 TL Chilipulver
1/2 TL Natron
3 EL frische Korianderblätter, gehackt
Salz und Pfeffer
leichtes Öl zum Frittieren

1 Bohnen mit reichlich Wasser bedecken und 48 Stunden einweichen. Abgießen, dann mehrere Male mit frischem Wasser abspülen.

2 Kichererbsen mit reichlich Wasser bedecken und 12 Stunden einweichen.

3 Bohnen und Kichererbsen gründlich abtropfen lassen, dann in der Küchenmaschine mit Zwiebel und Knoblauch zu einer glatten Masse verarbeiten.

4 Gemahlenen Koriander, Kreuzkümmel, Petersilie, Chilipulver, Natron und Korianderblätter zufügen. Mit Salz und Pfeffer würzen und alles gründlich mischen. In eine große Schüssel geben und 30 Minuten beiseite stellen.

5 Mischung esslöffelweise zu Bällchen formen, diese flach drücken, auf ein Tablett legen und 20 Minuten kalt stellen.

6 Einen Frittiertopf zu einem Drittel mit Öl füllen und auf 180 °C erhitzen; ein Brotwürfel sollte in 15 Sekunden braun werden. Bällchen portionsweise jeweils 1–2 Minuten goldgelb frittieren und auf Küchenkrepp abtropfen lassen. Heiß oder kalt mit Hummus (S. 246), Baba ghannouj (S. 275) und Pitabrot (S. 290) servieren.

Hinweis Geschälte dicke Bohnen sind nicht überall erhältlich. Werden ungeschälte verwendet, muss man die Haut nach dem Einweichen abziehen. Dazu die Haut mit dem Fingernagel einritzen und dann ablösen.

NAHER OSTEN

PAPRIKA-WALNUSS-DIP

Vorbereitungszeit: 10 Minuten
 + 1 Nacht Kühlzeit
Kochzeit: 15 Minuten
Für 4–6 Personen

450 g rote Paprikaschoten

50 g Walnüsse

2 Knoblauchzehen, zerdrückt

40 g frische Weißbrotbrösel

2 frische kleine rote Chilischoten, entkernt und fein gehackt

2 EL Olivenöl

1 TL Granatapfelsirup (Grenadine)

2 EL Zitronensaft

1 TL Kreuzkümmelsamen, grob gemahlen

½ TL Chiliflocken, zerstoßen, Salz

1 Die Paprika in große Stücke schneiden und mit der Hautseite nach oben unter dem Grill rösten, bis die Haut schwarz ist. In einem Plastikbeutel abkühlen lassen, die Haut abziehen und im Mixer pürieren.
2 Walnüsse, Knoblauch und Brösel im Mixer fein mahlen. Paprika, Chili, Öl, Sirup und Zitronensaft zufügen und stoßweise vermengen. In eine Schüssel geben, Kreuzkümmel und Chiliflocken unterrühren, salzen und über Nacht kalt stellen. Zimmerwarm mit Fladenbrot servieren.

TABBOULEH

(Bulgursalat)

Vorbereitungszeit: 20 Minuten + 1 Stunde
 30 Minuten Einweichzeit + 30 Minuten
 Trockenzeit
Kochzeit: keine
Für 6 Personen

130 g Bulgur

3 reife Tomaten

1 Salatgurke

4 Frühlingszwiebeln, in Röllchen geschnitten

120 g frische glatte Petersilie, gehackt

25 g frische Minze, gehackt

Dressing

80 ml Zitronensaft

Salz und frisch gemahlener schwarzer Pfeffer

60 ml Olivenöl

1 EL Olivenöl extra vergine

1 Bulgur in einer Schüssel mit 500 ml Wasser übergießen und 1½ Stunden einweichen.
2 Tomaten halbieren, vorsichtig ausdrücken, um alle Kerne zu entfernen, und in 1 cm große Würfel schneiden. Gurke längs halbieren, entkernen und in 1 cm große Würfel schneiden.
3 Für das Dressing Zitronensaft und 1½ TL Salz in einer Schüssel mit dem Schneebesen gut verrühren. Kräftig pfeffern und das Olivenöl nach und nach mit dem Schneebesen unterrühren.
4 Bulgur abgießen und das verbleibende Wasser ausdrücken. Auf einem sauberen Küchentuch oder auf Küchenkrepp etwa 30 Minuten trocknen lassen. Bulgur in eine große Salatschüssel geben, Tomaten, Gurke, Frühlingszwiebeln, Petersilie und Minze zufügen und alles gut vermengen. Dressing über den Salat gießen und untermischen.

Unten: Tabbouleh

DAS GROSSE BUCH DER MITTELMEERKÜCHE

LORBEERBLÄTTER
Ein Merkmal der Küche des Nahen Ostens ist der Gebrauch von aromatisierenden Zutaten wie Lorbeerblättern, die sowohl frisch als auch getrocknet erhältlich sind. Sie sind die Blätter des im Mittelmeerraum heimischen immergrünen Lorbeerbaums, dessen Zweige seit alters als Symbol für Sieg und Ruhm stehen. In der Küche sind die Blätter ein wesentlicher Bestandteil des Bouquet garni, des Gewürz- oder Kräutersträußchens, und werden zum Würzen von Gemüse- und Fleischgerichten, Suppen und Eintöpfen verwendet. Es empfiehlt sich, nicht zu viel Lorbeer zu nehmen, sonst kann das Gericht bitter schmecken.

RECHTS: Labneh makbur

LABNEH MAKBUR
(Marinierte Joghurt-Käse-Bällchen)

Vorbereitungszeit: 35 Minuten
+ 3 Tage Abtropfzeit + 3 Stunden Kühlzeit
Kochzeit: keine
Ergibt 18 Stück

☆☆☆

1,5 kg stichfester Naturjoghurt
2 TL Salz
2 Mulltücher, 50 x 50 cm groß
2 frische Lorbeerblätter
3 Zweige frischer Thymian
2 Zweige frischer Oregano
500 ml Olivenöl

1 Joghurt und Salz in einer Schüssel gut mischen. Mulltücher übereinander legen und den Joghurt in die Mitte geben. Tücher über dem Joghurt mit einer Schnur fest zubinden. Das Bündel über einer Schüssel aufhängen, kalt stellen und 3 Tage abtropfen lassen.
2 Wenn der Joghurt abgetropft ist, hat er eine Konsistenz wie Ricotta. Aus den Tüchern nehmen und in eine Schüssel geben.
3 Joghurt esslöffelweise zu Bällchen formen und auf ein Tablett legen. Zudecken und 3 Stunden kalt stellen, bis sie fest sind.

4 Bällchen mit Lorbeerblättern, Thymian und Oregano in ein sauberes, trockenes Einmachglas mit 1 l Fassungsvermögen geben und mit Öl auffüllen. Verschließen und bis zu 1 Woche kalt stellen. Zimmerwarm servieren.

FATAYER SABANIKH
(Spinatpasteten)

Vorbereitungszeit: 25 Minuten
+ 2 Stunden Aufgehzeit
Kochzeit: 20 Minuten
Ergibt etwa 20 Stück

☆☆

1 Päckchen (7 g) Trockenhefe
1 TL Zucker
375 g Mehl
125 ml Olivenöl
750 g Spinat, Stiele entfernt
1 große Zwiebel, fein gehackt
1 Knoblauchzehe, zerdrückt
80 g Pinienkerne, geröstet
2 EL Zitronensaft
1 TL fein geriebene Zitronenschale
1/4 TL gemahlene Muskatnuss
Salz und Pfeffer
1 Ei, leicht verschlagen

NAHER OSTEN

1 Hefe, Zucker und 60 ml Wasser in einer Schüssel verrühren. 10 Minuten ruhen lassen, bis die Mischung schaumig ist. Mehl in eine Schüssel sieben, Hefemischung, 2 EL Öl und 200 ml warmes Wasser unterrühren, bis ein Teig entsteht. Auf ein leicht bemehltes Brett geben und 10 Minuten kneten, bis der Teig glatt und elastisch ist. In eine eingeölte Schüssel legen und bis zu 2 Stunden an einem warmen, vor Zugluft geschützten Ort gehen lassen, bis sich das Volumen verdoppelt hat.
2 Backofen auf 190 °C (Gas 2–3) vorheizen. 2 Backbleche einfetten. Spinat waschen, mit dem anhaftenden Wasser in einen Topf geben, zudecken und bei starker Hitze kochen, bis die Blätter zusammenfallen. In einen Durchschlag geben und mit einem Holzlöffel ausdrücken. Grob zerkleinern.
3 1 EL Öl in einer Pfanne erhitzen und Zwiebel und Knoblauch darin weich braten. Mit Spinat, Pinienkernen, Zitronensaft und -schale in einer Schüssel mischen. Mit Muskatnuss und etwas Salz und Pfeffer würzen. Abkühlen lassen.
4 Teig auf ein bemehltes Brett geben und mit der Faust zusammendrücken. In eigroße Bällchen teilen und diese zu Kreisen von 10 cm Durchmesser ausrollen. Je 1 EL Füllung in die Mitte setzen. Teigränder mit Wasser bestreichen, dann an 3 Stellen so hochziehen, dass ein Dreieck entsteht, und die Rnder zusammendrücken. Mit einigem Abstand voneinander auf die Backbleche setzen. Mit Ei bestreichen und 15 Minuten goldgelb backen. Heiß servieren.

BABA GHANNOUJ
(Auberginendip)

Vorbereitungszeit: 20 Minuten
 + 30 Minuten Abkühlzeit
Kochzeit: 50 Minuten
Ergibt etwa 450 g

2 große Auberginen

3 Knoblauchzehen, zerdrückt

1/2 TL gemahlener Kreuzkümmel

80 ml Zitronensaft

2 EL Tahin (Sesampaste)

1 Prise Cayennepfeffer

1 1/2 EL Olivenöl

Salz

1 EL frische glatte Petersilie, gehackt

schwarze Oliven zum Garnieren

1 Backofen auf 200 °C (Gas 3) vorheizen. Die Auberginen mehrmals mit einer Gabel einstechen, dann über offener Flamme etwa 5 Minuten rösten, bis die Haut schwarz ist und Blasen wirft. In eine Backform legen und 40–45 Minuten backen, bis die Auberginen sehr weich und schrumpelig sind. In einen Durchschlag geben, damit der bittere Saft abtropfen kann, und 30 Minuten abkühlen lassen.
2 Die Haut von den Auberginen vorsichtig abziehen und das Fruchtfleisch zerkleinern. Mit Knoblauch, Kreuzkümmel, Zitronensaft, Tahin, Cayennepfeffer und Öl in der Küchenmaschine oder mit einer Gabel verrühren, bis eine glatte und cremige Masse entsteht. Mit Salz abschmecken und die Petersilie unterrühren. In einer flachen Schüssel oder auf einer Platte anrichten und mit Oliven garnieren. Mit Fladenbrot servieren.

OBEN: Baba ghannouj

275

NAHER OSTEN

LAHM BI AJEEN
(Teigröllchen mit Lammfüllung)

Vorbereitungszeit: 25 Minuten
Kochzeit: 25 Minuten
Ergibt 12 Stück

1 EL Olivenöl
350 g mageres Hackfleisch vom Lamm
1 kleine Zwiebel, fein gehackt
2 Knoblauchzehen, zerdrückt
1 EL gemahlener Kreuzkümmel
1 TL gemahlener Ingwer
1 TL Paprikapulver
1 TL gemahlener Zimt
1 Prise Safranfäden, in etwas warmem Wasser eingeweicht
1 TL Harissa (siehe S. 15)
2 EL frischer Koriander, gehackt
2 EL frische glatte Petersilie, gehackt
3 EL Pinienkerne, geröstet
1 Ei
6 Blätter Filoteig
60 g Butter, zerlassen
1 EL Sesamsamen

JOGHURTSAUCE
250 g Naturjoghurt
2 EL frische Minze, gehackt
1 Knoblauchzehe, zerdrückt

1 Backofen auf 180 °C (Gas 2–3) vorheizen. Backblech leicht einfetten.
2 Öl in einer großen Pfanne erhitzen und das Hackfleisch darin 5 Minuten braten; dabei Fleischklumpen mit dem Rücken eines Holzlöffels auflösen. Zwiebel und Knoblauch zugeben und 1 Minute braten. Gewürze, Harissa, Koriander und Petersilie zufügen und 1 Minute unter Rühren braten. In ein Sieb geben und das Fett abtropfen lassen.
3 Mischung in eine Schüssel geben und etwas abkühlen lassen. Pinienkerne und Ei unterrühren.
4 1 Blatt Filoteig mit einer Schmalseite nach vorn auf die Arbeitsfläche legen. Restliche Blätter mit einem feuchten Küchentuch zudecken, damit sie nicht austrocknen. Teigblatt längs in 4 gleich große Streifen schneiden. 2 Streifen mit zerlassener Butter bestreichen und aufeinander legen. Vorgang mit den anderen beiden Streifen wiederholen. Jeweils 1 EL der Fleischmischung auf ein Ende des Streifens setzen, die Seiten einschlagen und den Teig wie eine Zigarre aufrollen. Diesen Vorgang wiederholen, bis der gesamte Filoteig und die Fleischmischung aufgebraucht ist.
5 Die Teigröllchen auf das Backblech verteilen. Mit der restlichen zerlassenen Butter bestreichen und mit Sesamsamen bestreuen. 15 Minuten backen, bis sie leicht goldgelb sind.
6 Alle Zutaten für die Joghurtsauce in einer kleinen Schüssel verrühren. Die Sauce separat zu den warmen Teigröllchen reichen.

SLAT AVOCADO VE PRI HADA
(Salat mit Zitrusfrüchten und Avocados)

Vorbereitungszeit: 10 Minuten
Kochzeit: keine
Für 4 Personen

2 reife Avocados, in 1 cm dicke Scheiben geschnitten
2 Orangen, in Segmente geteilt, und 1 EL aufgefangener Saft
1 Grapefruit (vorzugsweise rosa), in Segmente geteilt
90 g junge Rucola
1 TL fein geriebene Schale einer unbehandelten Orange
1 EL Orangensaft
75 ml Olivenöl extra vergine
1 EL Rotweinessig
½ TL Dijon-Senf
1 TL Zucker
Salz und Pfeffer
1 EL frische Minze, gehackt

1 Avocados und Zitrusfrüchte mit aufgefangenem Saft in eine Servierschüssel oder auf eine Platte geben und behutsam mit den Rucolablättern mischen.
2 Orangenschale und -saft, Olivenöl, Essig, Senf und Zucker in eine zweite Schüssel geben. Mit Salz und Pfeffer würzen und mit dem Schneebesen verrühren. Das Dressing gleichmäßig über den Salat gießen. Mit der gehackten Minze bestreuen und sofort servieren.

LAHM BI AJEEN
Diese köstlichen Teigröllchen werden manchmal auch *Sambusik bi Lahm* genannt. Jede Kombination aus Lammfleisch und Teig heißt normalerweise *Lahm bi ajeen*. Dies bedeutet soviel wie „Fleisch mit Teig".

GEGENÜBERLIEGENDE SEITE: Slat avocado ve pri hada (oben); Lahm bi ajeen

GEFÜLLTES GEMÜSE

Türken und Griechen nehmen für sich in Anspruch, gefülltes Gemüse „erfunden" zu haben. Beliebt ist es indes in der gesamten Mittelmeerwelt, und schon vor Jahrhunderten wurde es während der Zeit des Osmanischen Reiches bei den opulenten Banketten der Sultane serviert. Die langwierige und komplizierte Zubereitung, die diese Gerichte normalerweise benötigen, kam dem Wunsch der Reichen und Mächtigen nach Exklusivität entgegen, und die feine Ausgewogenheit von Gemüse und Füllung schmeichelte dem verwöhnten Gaumen.

OBEN: Aroishawki mihshi

AROISHAWKI MIHSHI
(Gefüllte Artischocken)

Vorbereitungszeit: 1 Stunde 30 Minuten
Kochzeit: 1 Stunde 25 Minuten
Für 6 Personen

125 ml Zitronensaft
12 Artischocken
500 g Hackfleisch vom Lamm
40 g frische Weißbrotbrösel
1 Ei, leicht verschlagen
1 EL frischer Thymian, gehackt
Salz und Pfeffer
Olivenöl zum Frittieren
125 ml Olivenöl extra vergine
1/2 TL gemahlener Kurkuma
1 Lorbeerblatt
bis zu 375 ml Hühnerbrühe
40 g Butter
2 EL Mehl

1 Eine große Schüssel mit Wasser füllen und 60 ml Zitronensaft zufügen. Äußere Blätter der Artschocken entfernen und Stiele und Boden knapp abschneiden. Oben gerade abschneiden und Blätterkelche und Heu entfernen. Artischocken in das Zitronenwasser legen.

2 Hackfleisch, Brösel, Ei, Thymian, etwas Salz und Pfeffer in einer Schüssel mischen. Artischocken mit Küchenkrepp trockentupfen und jeweils mit 2 EL Fleischmischung füllen.

3 Frittiertopf zu einem Drittel mit Öl füllen und das Öl auf 180 °C erhitzen; ein Brotwürfel sollte in 15 Sekunden braun werden. Artischocken portionsweise jeweils 5 Minuten goldbraun frittieren. Abtropfen lassen.

4 Öl, Kurkuma, Lorbeer, restlichen Zitronensaft, 250 ml Brühe, etwas Salz und Pfeffer in einen Schmortopf mit 1,25 l Fassungsvermögen geben und zum Kochen bringen. Artischocken zufügen, die Hitze reduzieren, zudecken und 1 Stunde köcheln lassen, bis sie weich sind; dabei 2-mal wenden. Nach Bedarf Brühe zugießen. Artischocken herausnehmen und warm halten. Sud beiseite stellen.

5 Butter zerlassen, das Mehl zugeben und 1 Minute rühren, bis es schäumt. Vom Herd nehmen und nach und nach Sud unterrühren. Aufkochen und rühren, bis die Sauce eindickt, dann die Hitze reduzieren und 2 Minuten köcheln lassen. Sofort mit den Artischocken servieren.

NAHER OSTEN

FATTOUSH
(Libanesischer Salat mit geröstetem Brot)

Vorbereitungszeit: 15 Minuten
Kochzeit: 10 Minuten
Für 6 Personen

2 Fladen Pitabrot (je 17 cm Durchmesser)
6 Blätter Romana-Salat, klein geschnitten
1 große Gurke, fein gewürfelt
4 vollreife Tomaten, fein gewürfelt
8 Frühlingszwiebeln, gehackt
4 EL frische glatte Petersilie, gehackt
1 EL frische Minze, gehackt
2 EL frischer Koriander, gehackt
Salz und gemahlener schwarzer Pfeffer

DRESSING
2 Knoblauchzehen, zerdrückt
100 ml Olivenöl extra vergine
100 ml Zitronensaft

1 Backofen auf 180 °C (Gas 2) vorheizen. Brot waagrecht durchschneiden und auf einem Backblech etwa 8 Minuten goldgelb und knusprig rösten; nach der Hälfte der Backzeit wenden. In kleine Stücke brechen.
2 Alle Zutaten für das Dressing in einer Schüssel mit dem Schneebesen verquirlen.
3 Brotstücke und restliche Salatzutaten in einer Schüssel mischen. Dressing darüber gießen und alles gut vermengen. Mit Salz und Pfeffer abschmecken. Sofort servieren.

SALATA BALADI
(Arabischer Gemüsesalat)

Vorbereitungszeit: 10 Minuten
Kochzeit: keine
Für 4–6 Personen

2 EL Olivenöl extra vergine
2 EL Zitronensaft
Salz und Pfeffer
1 Romana-Salat, klein geschnitten
3 vollreife Tomaten, geachtelt
1 grüne Paprikaschote, in mundgerechte Stücke geschnitten
1 Salatgurke, entkernt und gehackt
6 Radieschen, klein geschnitten
1 kleine milde Speisezwiebel oder rote Zwiebel, in dünne Ringe geschnitten
2 EL frische glatte Petersilie, gehackt
2 EL frische Minze, gehackt

1 Öl und Zitronensaft mit dem Schneebesen verrühren. kräftig mit Salz und Pfeffer würzen.
2 Restliche Zutaten in einer großen Servierschüssel gründlich mischen. Dressing darüber gießen und alles vermengen.

RADIESCHEN
Radieschen, die Wurzeln der Rettichpflanze, haben traditionell die Aufgabe, den Gaumen zu reinigen und ihn auf andere Speisen und Getränke vorzubereiten. Sie gehören zu den ältesten Kulturpflanzen und waren Bestandteil der Lebensmittelzuteilung der Arbeiter, die die Pyramiden bauten. Im Nahen Osten, einer Region, in der man Gemüse allgemein schätzt, sind sowohl die länglichen weißen als auch die runden leuchtend roten Radieschen beliebt. Man nimmt sie dort als Zutat für Salate und mischt sie häufig – als Kontrast zu der knackigen Konsistenz und dem scharfen pfeffrigen Geschmack – mit weichen, saftigen Orangen. Radieschen werden noch knackiger, wenn sie einige Stunden vor dem Verzehr in Eiswasser gelegt werden.

LINKS: Fattoush

KIBBEH BIL SANIEH
(Lamm-Bulgur-Auflauf)

Vorbereitungszeit: 30 Minuten
  + 30 Minuten Einweichzeit
  + 10 Minuten Abkühlzeit
Kochzeit: 50 Minuten
Für 4–6 Personen

350 g Bulgur
400 g Hackfleisch vom Lamm
1 große Zwiebel, fein gehackt
1 TL gemahlener Kreuzkümmel
1 TL gemahlener Piment
Salz und Pfeffer
Olivenöl zum Bestreichen

FÜLLUNG
1 EL Olivenöl
1 Zwiebel, fein gehackt
1 TL gemahlener Zimt
1 EL gemahlener Kreuzkümmel
500 g Hackfleisch vom Lamm
80 g Rosinen
100 g Pinienkerne, geröstet

1 Bulgur in kaltem Wasser 30 Minuten einweichen, abtropfen lassen und ausdrücken. Hackfleisch, Zwiebel, Kreuzkümmel, Piment etwas Salz und Pfeffer im Mixer vermengen. Bulgur zufügen und alles zu einer Paste verarbeiten. Kalt stellen. Backofen auf 180 °C (Gas 2) vorheizen. 20 x 30 cm große Auflaufform leicht einfetten.
2 Für die Füllung Öl in einer großen Pfanne erhitzen und Zwiebel bei mittlerer Hitze 5 Minuten weich braten. Zimt und Kreuzkümmel unter Rühren 1 Minute mitbraten, bis sie duften. Hackfleisch zugeben, Klumpen auflösen und 5 Minuten braun braten. Rosinen und Pinienkerne untermengen und abschmecken.
3 Hälfte der Bulgurmischung auf dem Boden der Form verteilen, andrücken und mit feuchten Händen glatt streichen. Füllung darauf geben, mit dem Rest der Bulgurmischung bedecken und wieder glatt streichen.
4 Mit einem scharfen Messer Oberfläche rautenförmig einritzen und leicht mit Öl bestreichen. 35–40 Minuten knusprig braun backen. 10 Minuten abkühlen lassen und in Rauten schneiden. Mit Joghurt und Salat servieren.

FISCHKEBAB

Vorbereitungszeit: 10 Minuten + Marinierzeit
Grillzeit: 6 Minuten
Für 4 Personen

750 g Fischfilets mit festem, weißem Fleisch
2 EL Olivenöl
1 Knoblauchzehe, zerdrückt
3 EL frischer Koriander, gehackt
2 TL gemahlener Kreuzkümmel
1 TL gemahlener Pfeffer, Salz

1 Fischfilets in 3 cm große Würfel schneiden. Auf eingeölte Spieße stecken und beiseite stellen.
2 Für die Marinade Öl, Knoblauch, Koriander, Kreuzkümmel und Pfeffer mischen. Fisch damit bestreichen, mit Klarsichtfolie zudecken und mehrere Stunden oder über Nacht kalt stellen; gelegentlich wenden. Abtropfen lassen; Marinade auffangen. Kurz vor dem Grillen würzen.
3 Spieße auf den heißen, leicht geölten Grillrost legen. 5–6 Minuten grillen, bis der Fisch weich ist, dabei einmal wenden und mehrmals mit Marinade bestreichen. Mit Pitabrot und Salat servieren.

UNTEN: Kibbeh bil sanieh

NAHER OSTEN

MANGOLD
Mangold, der zur Familie der Rübenpflanzen gehört, wird gelegentlich mit Spinat verwechselt. Schmackhaft sind sowohl die großen dunkelgrünen Blätter als auch die weißlichen Stiele. Die Blätter werden für Salate verwendet, als Gemüse gereicht oder, mit anderen Zutaten wie Käse gemischt, als Füllung für pikantes Gebäck oder Pasta. Die Stiele schmecken gekocht, geschmort oder gedünstet, man kann sie mit Olivenöl und Zitronensaft anmachen, in Béchamelsauce oder gratiniert servieren. Beim Kauf wählt man jungen, zarten Mangold mit festen Stielen und kleinen Blättern. Man bewahrt ihn im Plastikbeutel im Kühlschrank auf und wäscht ihn erst unmittelbar vor der Zubereitung.

WARMER KICHERERBSEN-MANGOLD-SALAT

Vorbereitungszeit: 30 Minuten
   + 1 Nacht Einweichzeit
Kochzeit: 2 Stunden
Für 4 Personen

☆☆

250 g getrocknete Kichererbsen
125 ml Olivenöl
1 Zwiebel, in dünne Schnitze geteilt
2 vollreife Tomaten
1 TL Zucker
¼ TL gemahlener Zimt
2 Knoblauchzehen, gehackt
1,5 kg Mangold
3 EL frische Minze, gehackt
2–3 EL Zitronensaft
1½ EL gemahlener Sumach (siehe S. 15)
Salz und Pfeffer

1 Die Kichererbsen in eine große Schüssel geben, mit Wasser bedecken und über Nacht einweichen. Abgießen und in einen großen Topf geben. Mit Wasser bedeckt zum Kochen bringen, dann 1¾ Stunden köcheln lassen, bis sie weich sind. Abtropfen lassen.
2 Das Öl in einer Pfanne erhitzen, dann die Zwiebel darin bei schwacher Hitze 5 Minuten braten, bis sie weich ist und zu bräunen beginnt.
3 Die Tomaten halbieren, die Kerne mit einem Teelöffel herauskratzen und das Fruchtfleisch würfeln. Mit Zucker, Zimt und Knoblauch zur Zwiebel in die Pfanne geben und 2–3 Minuten weich garen.
4 Den Mangold gründlich waschen und mit Küchenkrepp trockentupfen. Die Stiele entfernen und die Blätter fein schneiden. Mit den Kichererbsen zur Tomatenmischung geben und 3–4 Minuten garen, bis der Mangold zusammenzufallen beginnt. Minze, Zitronensaft und Sumach untermischen, mit Salz und Pfeffer würzen und 1 Minute kochen. Sofort servieren.

OBEN: Warmer Kichererbsen-Mangold-Salat

OBEN: Adas bis silq

ADAS BIS SILQ
(Linsen-Mangold-Suppe)

Vorbereitungszeit: 20 Minuten
Kochzeit: 3 Stunden 30 Minuten
Für 6 Personen

HÜHNERBRÜHE

1 kg Hühnerteile (Hals, Rücken, Flügel), Fett entfernt
1 kleine Zwiebel, grob gehackt
1 Lorbeerblatt
3–4 Zweige frische glatte Petersilie
1–2 frische Oregano- oder Thymianzweige

280 g braune Linsen, gewaschen
850 g Mangold
60 ml Olivenöl
1 große Zwiebel, fein gehackt
4 Knoblauchzehen, zerdrückt
35 g frische Korianderblätter, fein gehackt
80 ml Zitronensaft
Salz und Pfeffer
Zitronenschnitze zum Servieren

1 Alle Zutaten für die Brühe in einem großen Topf mit 3 l Wasser zum Kochen bringen. Den Schaum abschöpfen, die Hitze reduzieren und 2 Stunden köcheln lassen. Die Brühe durch ein Sieb gießen; Hühnerteile, Zwiebel und Kräuter wegwerfen. Man braucht 1 l Brühe.
2 Das Fett von der Brühe abschöpfen. Linsen, Brühe und 1 l Wasser in einem großen Topf zum Kochen bringen, dann die Hitze reduzieren und zugedeckt 1 Stunde köcheln lassen.
3 In der Zwischenzeit die Stiele vom Mangold entfernen und die Blätter klein schneiden. Das Öl bei mittlerer Hitze in einem Topf erhitzen und die Zwiebel darin 2–3 Minuten glasig braten. Den Knoblauch zufügen und 1 Minute mitbraten. Den Mangold zugeben und 2–3 Minuten garen, bis die Blätter zusammenfallen. Die Mischung unter die Linsen rühren. Koriander und Zitronensaft zufügen, mit Salz und Pfeffer würzen und zugedeckt 15–20 Minuten köcheln lassen. Mit Zitronenschnitzen servieren.

MÖHREN-KORIANDER-SUPPE

Vorbereitungszeit: 15 Minuten
Kochzeit: 1 Stunde 10 Minuten
Für 4 Personen

2 EL Olivenöl
1 Zwiebel, gehackt
800 g Möhren, grob gehackt
1 Lorbeerblatt
je 1 TL gemahlener Kreuzkümmel, Cayennepfeffer und gemahlener Koriander
2 TL Paprikapulver
1,25 l Hühner- oder Gemüsebrühe
Salz und Pfeffer
250 g stichfester Naturjoghurt
2 EL frische Korianderblätter, gehackt
frische Korianderblätter zum Garnieren

1 Das Olivenöl in einem Topf erhitzen, Zwiebel und Möhren zugeben und bei schwacher Hitze 30 Minuten garen.

NAHER OSTEN

2 Das Lorbeerblatt und die Gewürze zufügen und weitere 2 Minuten garen. Die Brühe zugießen, zum Kochen bringen, dann die Hitze reduzieren und im offenen Topf 40 Minuten köcheln lassen, bis die Möhren weich sind. Etwas abkühlen lassen, dann portionsweise im Mixer pürieren. Wieder in den Topf geben und vorsichtig erhitzen. Mit Salz und Pfeffer würzen.
3 Joghurt und Koriander in einer Schüssel mischen. Die Suppe auf Suppentassen verteilen und etwas Joghurtmischung darauf setzen. Mit frischem Koriander garnieren.

KOUSA MIHSHI BI LABAN
(Gefüllte Zucchini mit Joghurtsauce)

Vorbereitungszeit: 20 Minuten
Kochzeit: 1 Stunde 10 Minuten
Für 4 Personen

4 Zucchini
375 ml Hühnerbrühe

FÜLLUNG
1 EL Olivenöl
1 Zwiebel, fein gehackt
1 1/2 EL Pinienkerne
125 g Hackfleisch vom Lamm
55 g Rundkornreis
1 vollreife Tomate, entkernt und gehackt
2 EL frische glatte Petersilie, gehackt
1/2 TL gemahlener Piment
1/2 TL gemahlener Zimt

JOGHURTSAUCE
250 g stichfester Naturjoghurt
1 TL Stärkemehl
1 Knoblauchzehe, zerdrückt
1 TL getrocknete Minze
Salz und Pfeffer

1 Die Zucchini längs halbieren. Das Fruchtfleisch bis auf eine 2 mm starke Schicht herauskratzen und wegwerfen; die Schale muss unversehrt bleiben. Die Zucchinischalen 10 Minuten in Salzwasser einweichen, dann abgießen und trockentupfen.
2 Für die Füllung das Öl in einer Pfanne erhitzen und die Zwiebel darin bei mittlerer Hitze 5 Minuten weich braten. Die Pinienkerne zufügen und 3–5 Minuten goldgelb braten. Etwas abkühlen lassen, dann in eine große Schüssel geben. Die übrigen Zutaten für die Füllung zufügen und alles gut mischen.
3 Die Füllung in die Zucchinihälften geben und die Hälften in eine große Pfanne oder einen breiten Schmortopf setzen. Mit der Brühe übergießen, dann den Topf mit einem Teller zudecken. Bei schwacher Hitze 1 Stunde schwach köcheln lassen.
4 15 Minuten vor Ende der Garzeit die Sauce zubereiten. Dazu den Joghurt bei mittlerer Temperatur in einem Topf erhitzen. Stärkemehl mit 1 EL Wasser glatt rühren, dann unter den Joghurt mischen. Zum Kochen bringen und Knoblauch und Minze zufügen. Kräftig mit Salz und Pfeffer würzen, dann die Hitze reduzieren und 8–10 Minuten unter regelmäßigem Rühren köcheln lassen.
5 Die Zucchini aus dem Topf nehmen und die Joghurtsauce darüber gießen. Heiß mit gedämpftem Reis servieren.

UNTEN: Kousa mihshi bi laban

KIBBEH

Jeweils 2 EL Bulgurmischung zu einer Wurst formen.

Mit dem Zeigefinger einen Hohlraum für die Füllung in die Mitte jeder Wurst drücken.

Jeweils 2 TL Füllung in die Würste geben und die Öffnung zudrücken.

Jede Wurst zu einem länglichen Klops mit leicht spitzen Enden formen.

RECHTS: Kibbeh

KIBBEH
(Lamm-Bulgur-Klopse)

Vorbereitungszeit: 45 Minuten
 + 2 Stunden Kühlzeit
Kochzeit: 25 Minuten
Ergibt 15 Stück

235 g feiner Bulgur
150 g mageres Lammfleisch, gehackt
1 Zwiebel, fein gehackt
2 EL Mehl
1 TL gemahlener Piment
Salz und Pfeffer

FÜLLUNG
2 TL Olivenöl
1 kleine Zwiebel, fein gehackt
100 g mageres Hackfleisch vom Lamm
je 1/2 TL gemahlener Piment und Zimt
80 ml Rinderbrühe
2 EL Pinienkerne, grob gehackt
2 EL frische Minze, gehackt
Salz und zerstoßener Pfeffer

Öl zum Frittieren

1 Bulgur mit kochendem Wasser übergießen und 5 Minuten einweichen. In einem Durchschlag abtropfen lassen und gründlich ausdrücken. Auf Küchenkrepp trocknen lassen.
2 Bulgur, Fleisch, Zwiebel, Mehl und Piment im Mixer zu einer Paste verarbeiten. Kräftig mit Salz und Pfeffer würzen. 1 Stunde kalt stellen.
3 Für die Füllung Öl in einer Pfanne erhitzen und Zwiebel bei schwacher Hitze 3 Minuten weich braten. Hackfleisch, Piment und Zimt zufügen und 3 Minuten bei starker Hitze unter Rühren braten. Brühe zugießen und mit leicht geöffnetem Deckel bei schwacher Hitze 6 Minuten kochen, bis das Fleisch weich ist. Pinienkerne und Minze unterrühren. Mit Salz und zerstoßenem Pfeffer würzen, in eine Schüssel geben und abkühlen lassen.
4 Je 2 EL Bulgurmischung zu einer 6 cm langen Wurst formen. Hände in kaltes Wasser tauchen und mit dem Zeigefinger in jede Wurst einen Hohlraum drücken. Je 2 TL Füllung hineingeben, Öffnung verschließen, Würste zu länglichen Klopsen formen und glatt streichen. Auf einem mit Alufolie ausgelegtem Tablett verteilen, aber nicht zudecken und 1 Stunde kalt stellen.
5 Einen Frittiertopf zu einem Drittel mit Öl füllen und erhitzen; ein Brotwürfel sollte in 15 Sekunden braun werden. Klopse portionsweise jeweils 2–3 Minuten braun frittieren. Auf Küchenpapier abtropfen lassen. Heiß servieren.

NAHER OSTEN

PINIENKERNE
Diese kleinen Samen aus den Zapfen verschiedener Kiefernarten sind teuer, weil ihre Ernte sehr arbeitsintensiv ist. Da Pinienkerne einen hohen Fettgehalt haben und deshalb schnell ranzig werden, empfiehlt es sich, sie erst unmittelbar vor Gebrauch zu kaufen. Notfalls kann man sie in einem luftdichten Behälter bis zu 3 Monate im Kühlschrank aufbewahren oder bis zu 9 Monate einfrieren. Ihr Aroma entfaltet sich, wenn sie in einer Pfanne oder unter dem Grill ohne Fettzugabe geröstet werden. Pinienkerne werden unter anderem für die Herstellung von Pesto verwendet. In der Küche des Nahen Ostens sind sie eine beliebte Zutat für süße und pikante Gerichte. Die Wahl einer bestimmten Samen- oder Nussart weist auf die Herkunft des Kochs oder des Gerichts hin: Pinienkerne und Mandeln sind für die syrische und ägyptische Küche, Walnüsse für die türkische charakteristisch.

BRATHUHN MIT PINIENKERNEN UND REIS GEFÜLLT

Vorbereitungszeit: 30 Minuten
Kochzeit: 2 Stunden 30 Minuten
Für 4–6 Personen

FÜLLUNG
60 g geklärte Butter (siehe Hinweis) oder Ghee, zerlassen
1 Zwiebel, gehackt
1 TL Piment, gemahlen
60 g Basmatireis
30 g Walnüsse, gehackt
50 g Pinienkerne
55 g Sultaninen
125 ml Hühnerbrühe
½ TL Salz
¼ TL frisch gemahlener schwarzer Pfeffer

1 Huhn (1,6 kg), 170 ml Hühnerbrühe

1 Backofen auf 180 °C (Gas 2) vorheizen. Die Hälfte der Butter in eine große Pfanne geben und die Zwiebel bei mittlerer Hitze 5 Minuten glasig braten. Den Piment unterrühren.
2 Den Reis und die Nüsse in die Pfanne geben und 3–4 Minuten bei mittlerer bis starker Hitze braten. Sultaninen, Brühe und 60 ml Wasser zufügen. Zum Kochen bringen, dann die Hitze reduzieren und 8–10 Minuten köcheln lassen, bis das Wasser aufgesogen ist. Abkühlen lassen.
3 Das Huhn innen und außen mit kaltem Wasser abspülen und mit Küchenkrepp trockentupfen.
4 Die abgekühlte Füllung in die Bauchhöhle des Huhns geben. Das Huhn mit Küchengarn dressieren, in einen Bräter legen und Salz und Pfeffer mit den Fingern in die Haut reiben.
5 Die restliche Butter über das Huhn geben, dann die Brühe in die Form gießen. 2 Stunden 10 Minuten braten, dabei alle 20–25 Minuten mit Bratensaft begießen. Das Huhn vor dem Tranchieren 15 Minuten ruhen lassen.
Hinweis Die Butter zum Klären in einem Topf bei schwacher Hitze zerlassen, dann vom Herd nehmen und die festen Eiweißbestandteile auf den Topfboden absinken lassen. Man verwendet nur die gelbe Flüssigkeit, das reine Fett. Die Ablagerungen am Topfboden wegwerfen.

OBEN: Brathuhn mit Pinienkernen und Reis gefüllt

285

DAS GROSSE BUCH DER MITTELMEERKÜCHE

KORIANDER

Der im Mittelmeerraum heimische Koriander gilt als das weltweit am meisten verwendete Kraut. Zum Würzen dienen sowohl die Wurzeln als auch die Stiele, Blätter und Samen. Die frischen Blätter und die getrockneten Samen schmecken völlig unterschiedlich und sind in Rezepten nicht austauschbar. Frischer Koriander wird in der Küche des Nahen Ostens für Eintöpfe, Saucen, Suppen und Salate verwendet, und er findet sich auf den Tellern mit frischen Kräutern, die zu den Mahlzeiten auf den Tisch gestellt werden. Die Samen sind die reifen, getrockneten Früchte der Pflanze. Sie wurden bereits in ägyptischen Gräbern aus der Zeit um 960 v. Chr. entdeckt und sind in der Bibel erwähnt. Die ganzen oder gemahlenen Samen sind ein typisches Merkmal der zyprischen Küche und sind im Nahen Osten ein wichtiger Bestandteil von Dukkah, einer Mischung aus Gewürzen und gemahlenen Nüssen, die besonders in Ägypten beliebt ist.

OBEN: Lammbraten mit Zitrone und Koriander

LAMMBRATEN MIT ZITRONE UND KORIANDER

Vorbereitungszeit: 15 Minuten
Kochzeit: 1 Stunde 20 Minuten
Für 4–6 Personen

☆

1,8 kg Lammkeule, überschüssiges Fett entfernt
2 Knoblauchzehen, in Scheiben geschnitten
3 breite Streifen Schale einer unbehandelten Zitrone, in 1 cm große Stücke geschnitten
25 g frischer Koriander, gehackt
3 EL frische glatte Petersilie, gehackt
2 EL Olivenöl
1 TL gemahlener schwarzer Pfeffer

1 Backofen auf 180 °C (Gas 2) vorheizen. Lammfleisch mit einem scharfen Messer tief einschneiden und je 1 Stück Knoblauch und Zitronenschale in die Einschnitte stecken.
2 Koriander, Petersilie, Öl und Pfeffer mischen und auf das Fleisch verteilen. Fleisch auf den Rost über der Fettpfanne legen. 250 ml Wasser in die Fettpfanne gießen und Fleisch 1 Stunde 20 Minuten braten. Während des Garens noch Wasser zugießen, falls das Fleisch zu trocken wird. In Scheiben schneiden und mit dem Bratensaft und mit Gemüse der Saison servieren.

SHISH BARAK
(Fleischklößchen in Joghurtsauce)

Vorbereitungszeit: 40 Minuten
+ 30 Minuten Ruhezeit
Kochzeit: 35 Minuten
Für 4–6 Personen

☆☆☆

250 g Mehl
1 TL Salz
60 g geklärte Butter, zerlassen, zum Backen
40 g geklärte Butter zum Servieren
2 Knoblauchzehen, zerdrückt, zum Servieren
1 EL getrocknete Minze zum Servieren

NAHER OSTEN

FÜLLUNG
20 g Butter, geklärt
1 kleine Zwiebel, fein gehackt
2 EL Pinienkerne
250 g Hackfleisch vom Lamm
1 Prise gemahlener Piment
Salz und Pfeffer

JOGHURTSAUCE
750 g Naturjoghurt
2 TL Stärkemehl
1 Eiweiß, leicht verschlagen
2 TL Salz

1 Für den Teig Mehl und Salz in eine Schüssel sieben, nach und nach 185 ml Wasser zugießen, alles mischen und den Teig zu einer Kugel formen. Zudecken und 30 Minuten ruhen lassen.
2 Für die Füllung die Butter in einer tiefen Pfanne zerlassen und die Zwiebel darin bei mittlerer Hitze 5 Minuten weich braten. Die Pinienkerne zufügen und unter ständigem Rühren bräunen. Bei starker Hitze Fleisch und Piment unterrühren, bis das Fleisch braun wird. Mit Salz und Pfeffer würzen und abkühlen lassen.
3 Backofen auf 180 °C (Gas 2) vorheizen. 2 Backbleche leicht einfetten.
4 Den Teig auf einem bemehlten Brett etwa 5 mm dick ausrollen und mit einem runden Ausstechförmchen mit 5 cm Durchmesser Kreise ausstechen. Je 1 TL Füllung in die Mitte der Kreise setzen und diese sichelförmig zusammenfalten. Die Ränder fest zuammendrücken, die Teigsichel um einen Finger wickeln und die Enden zusammenpressen, sodass die Klößchen die Form eines Hutes bekommen. Auf die Backbleche verteilen und leicht mit Butter bestreichen. 10 Minuten hellbraun backen; der Teig muss nicht vollständig durchgebacken sein.
5 Den Joghurt in einem großen Topf glatt rühren. Das Stärkemehl mit 380 ml Wasser verrühren, dann mit Eiweiß und Salz zum Joghurt geben. Bei mittlerer Hitze unter ständigem Rühren kochen, bis die Sauce eindickt. Die Klößchen in den Topf geben, sehr vorsichtig umrühren, dann ohne Deckel bei schwacher Hitze 10 Minuten unter gelegentlichem Rühren ziehen lassen; die Sauce darf nicht kochen.
6 Direkt vor dem Servieren die Butter in einer kleinen Pfanne zerlassen und den Knoblauch darin einige Sekunden braten. Die Minze unterrühren. Vom Herd nehmen und über die Klößchen gießen. Mit Reis servieren.

GEKLÄRTE BUTTER
Geklärte Butter oder Samna, wie man sie im Nahen Osten nennt, hat – wie auch Olivenöl und andere Pflanzenöle – ausgelassenes Lammfett als Kochfett in den Küchen des gesamten Nahen Ostens ersetzt. Bei der traditionellen Herstellung wird Butter von Büffelmilch verwendet, die langsam über kochendem Wasser zerlassen und durch ein feuchtes Mulltuch gesiebt wird, um das Wasser, die festen Eiweißbestandteile und etwaige Verunreinigungen zu entfernen. Geklärte Butter ist ein beliebtes Bratfett, weil sie ein unverwechselbares Aroma hat und hoch erhitzbar ist. Die indische Variante, Ghee, ist einfach herzustellen: Ungesalzene Butter wird langsam bei schwacher Hitze zerlassen und der Schaum, der sich auf der Oberfläche bildet, abgeschöpft. Das zurückbleibende klare Butterfett wird durch ein Mulltuch in ein Gefäß abgesiebt.

LINKS: Shish barak

WÜRZIGER BRATFISCH MIT GEMÜSE

Vorbereitungszeit: 15 Minuten
 + 30 Minuten Marinierzeit
Kochzeit: 45 Minuten
Für 4–6 Personen

☆☆

1 EL Kreuzkümmelsamen
4 Knoblauchzehen
1 kleine rote Chilischote, grob gehackt
60 g frische Korianderblätter, -stiele und -wurzeln, gehackt
1 EL Zitronensaft
1 TL Salz
2 EL Olivenöl
1 ganzer Fisch (1,5 kg) wie Wolfsbarsch oder Zackenbarsch, geschuppt und ausgenommen
450 g Frühkartoffeln, in Scheiben geschnitten
2–3 Roma-Tomaten, halbiert und in 1 cm große Stücke geschnitten
100 g grüne Oliven, entkernt und halbiert
60 ml Olivenöl

1 Die Kreuzkümmelsamen ohne Fettzugabe in einer Pfanne bei mittlerer Hitze 2–3 Minuten rösten. Im Mörser zerstoßen oder in der Gewürzmühle fein mahlen. Mit Knoblauch, Chilischote, Koriander, Zitronensaft und Salz im Mixer zu einer glatten Paste verarbeiten. Bei laufender Maschine nach und nach das Öl zugießen.

2 Mit einem scharfen Messer den Fisch auf beiden Seiten an der dicksten Stelle 3-mal schräg einschneiden, damit er gleichmäßig gart. Mit der Gewürzmischung einreiben, mit Klarsichtfolie zudecken und im Kühlschrank 30 Minuten marinieren.

3 Backofen auf 240 °C (Gas 4–5) vorheizen. Den Fisch in die Mitte einer großen ofenfesten Form legen und Kartoffeln, Tomaten und Oliven rundum verteilen. 60 ml Wasser und das Öl darüber gießen. 40 Minuten braten, bis Fisch und Gemüse gar sind, dabei häufig mit Bratensaft begießen.

HUHN MIT ZWIEBELN AUF FLADENBROT

Vorbereitungszeit: 25 Minuten
 + 1 Nacht Marinierzeit
Kochzeit: 1 Stunde 20 Minuten
Für 6–8 Personen

☆☆

1 Huhn (1,5 kg)
1 TL gemahlener Zimt
1/2 TL gemahlener weißer Pfeffer
3 EL Zitronensaft
1 TL Salz
125 ml Olivenöl
2 EL Sumach (siehe S. 15)
1/2 TL Kardamomkapseln, leicht zerdrückt
750 g Zwiebeln, in dünne Ringe geschnitten
250 ml Hühnerbrühe
2 große Pitabrote, aufgeschnitten
125 g Pinienkerne, geröstet
Sumach zum Garnieren

1 Das Huhn in 8 gleich große Stücke zerlegen und überschüssiges Fett entfernen. Zimt, Pfeffer, Zitronensaft und Salz mischen und die Hühnerstücke damit einreiben, dann zudecken und in einer Tonform über Nacht kalt stellen.

2 Das Öl bei mittlerer Hitze in einem großen Topf erhitzen, dann Sumach, Kardamom, Zwiebeln und Brühe zugeben und 40 Minuten

UNTEN: Würziger Bratfisch mit Gemüse

NAHER OSTEN

kochen, bis die Zwiebeln weich sind. Vom Herd nehmen und den Kardamom entfernen.
3 Backofen auf 200 °C (Gas 3) vorheizen. Die Zwiebelmischung auf dem Boden einer ofenfesten Tonform verteilen, die Hühnerstücke mit der Hautseite nach unten darauf legen und fest mit Alufolie zudecken. 20 Minuten braten, dann aus dem Ofen nehmen.
4 Das Pitabrot in gleich große Stücke mit etwa 8 cm Seitenlänge brechen und auf dem Boden einer leicht eingeölten 30 x 25 cm großen ofenfesten Tonform auslegen. Die Hühnerstücke beiseite stellen. Die Zwiebelmischung samt Flüssigkeit gleichmäßig auf dem Brot verteilen, dann die Hühnerstücke mit der Hautseite nach oben darauf legen und weitere 20 Minuten braten, bis die Haut knusprig und goldgelb ist. Mit Pinienkernen und Sumach bestreut servieren.

PSARI TAHINA
(Gebratener Fisch mit Tahinsauce)

Vorbereitungszeit: 30 Minuten
Kochzeit: 30 Minuten
Für 4 Personen

- 1 ganzer Fisch (1 kg) mit weißem Fleisch wie Brasse oder Brachse, geschuppt und ausgenommen
- 3 Knoblauchzwiebeln, zerdrückt
- 2 TL Harissa
- 2 EL Olivenöl
- 1 unbehandelte Zitrone, in dünne Scheiben geschnitten
- 1 Zwiebel, in dünne Ringe geschnitten
- 2 große feste, vollreife Tomaten, in Scheiben geschnitten
- 4 Zweige frischer Thymian

TAHINSAUCE
- 2 TL Olivenöl
- 1 Knoblauchzehe, zerdrückt
- 3 EL leichter Tahin (Sesampaste)
- 2½ EL Zitronensaft
- 1½ EL frischer Koriander, gehackt
- Salz und Pfeffer

1 Backofen auf 200 °C (Gas 3) vorheizen. Eine große Auflaufform leicht einfetten. Fisch auf jeder Seite 3-mal schräg einschneiden, damit er gleichmäßig gart. Knoblauch, Harissa und Olivenöl in einer Schüssel mischen und 2 TL in die Bauchhöhle des Fisches geben. Rest auf dem

Fisch verteilen und in die Einschnitte reiben. 2 Zitronenscheiben in die Bauchhöhle stecken.
2 Zwiebelringe in der Auflaufform auslegen. Tomaten, Thymian und die restlichen Zitronenscheiben darüber verteilen. Den Fisch darauf legen und 25–30 Minuten im Ofen ohne Deckel garen, bis das Fischfleisch nicht mehr glasig ist.
3 Für die Tahinsauce Öl in einem kleinen Topf erhitzen. Knoblauch bei mittlerer Hitze 30 Sekunden braten, dann Tahin, Zitronensaft und 125 ml Wasser unterrühren. Bei Bedarf Wasser zugießen; die Sauce soll sämig sein. 2 Minuten kochen, vom Herd nehmen und den Koriander hineinrühren. Mit Salz und Pfeffer würzen.
4 Zwiebelringe und Tomaten in eine Servierschüssel geben. Den Fisch darauf legen und mit Salz würzen. Etwas Sauce darüber gießen und die restliche Sauce separat servieren.

OBEN: Psari tahina

DAS GROSSE BUCH DER MITTELMEERKÜCHE

1 Backofen auf 180 °C (Gas 2) vorheizen. Die Entenbrüste auf der Hautseite 2- oder 3-mal mit einem scharfen Messer einritzen. In einer beschichteten Pfanne bei starker Hitze mit der Hautseite nach unten 6 Minuten braten, bis sie knusprig sind und das meiste Fett ausgelassen ist. In eine Auflaufform geben.
2 Das Fett bis auf 1 EL aus der Pfanne entfernen. Die Zwiebel hineingeben und bei mittlerer Hitze 2–3 Minuten goldgelb braten. Granatapfel- und Zitronensaft, Zucker, Zimt und 125 g Walnüsse zufügen und 1 Minute kochen. Über die Entenbrüste gießen und 15 Minuten braten.
3 Die Entenbrüste 5 Minuten ruhen lassen. Das Fett von der Sauce schöpfen. Die Entenbrüste in Scheiben schneiden und mit etwas Sauce anrichten. Mit den Granatapfelsamen und den restlichen Walnüssen garnieren.
Hinweis Wenn kein Granatapfelsaft erhältlich ist, 60 ml Granatapfelsirup (Grenadine) mit 190 ml Wasser mischen.

PITABROT

Vorbereitungszeit: 20 Minuten
 + 40 Minuten Aufgehzeit
Backzeit: 5 Minuten
Ergibt 12 Stück

☆☆

1 Päckchen (7 g) Trockenhefe
1 TL feiner Zucker
435 g Mehl
2 EL Olivenöl

KHORESHE FESENJAN
(Entenbrust mit Walnüssen und Granatapfel-Sauce)

Vorbereitungszeit: 15 Minuten
 + 5 Minuten Ruhezeit
Kochzeit: 25 Minuten
Für 4 Personen

☆

4 große Entenbrüste
1 Zwiebel, fein gehackt
250 ml frischer Granatapfelsaft (siehe Hinweis)
2 EL Zitronensaft
2 EL weicher brauner Zucker
1 TL gemahlener Zimt
185 g Walnüsse, gehackt
Granatapfelsamen zum Garnieren

OBEN: Khoreshe fesenjan

1 Hefe, Zucker und 380 ml lauwarmes Wasser in einer Schüssel verrühren, bis sich die Hefe aufgelöst hat. An einem warmen Ort 10 Minuten gehen lassen, bis sich Blasen auf der Oberfläche bilden und die Mischung ihr Volumen leicht vergrößert hat.
2 Mehl, Hefemischung und Öl in der Küchenmaschine 30 Sekunden zu einem Teig verarbeiten. Man kann die Zutaten auch in eine Schüssel geben und mit einem Holzlöffel oder den Händen zu einem weichen Teig mischen.
3 Den Teig auf eine bemehlte Arbeitsfläche legen und kneten, bis er glatt und elastisch ist. In eine gut geölte Schüssel geben, mit Klarsichtfolie und einem Küchentuch zudecken und an einem warmen Ort 20 Minuten gehen lassen, bis sich das Volumen des Teigs fast verdoppelt hat.
4 Den Teig mit de Faust zusammendrücken und in 12 gleich große Portionen teilen. Jede Portion zu einem 5 mm dicken Fladen ausrollen.

NAHER OSTEN

Auf eingefettete Backbleche legen und reichlich mit Wasser bestreichen. Weitere 20 Minuten gehen lassen.
5 Backofen auf 250 °C (Gas 4–5) vorheizen. Falls der Teig trocken geworden ist, ihn erneut mit Wasser bestreichen. 4-5 Minuten backen. Das Pitabrot sollte weich, hell und leicht aufgebläht sein. Warm mit Kebab oder Falafel reichen oder auf Kuchengittern abkühlen lassen und mit Salat servieren.

FLADENBROT MIT ZAHTAR

Vorbereitungszeit: 35 Minuten
 + 2 Stunden Aufgehzeit
Backzeit: 15 Minuten
Ergibt 10 Stück

2 Päckchen (à 7 g) Trockenhefe
1 TL Zucker
400 g Mehl
1/2 TL Salz
125 ml Olivenöl
4 EL Zahtar (siehe Hinweis und S. 15)
1 EL Meersalz

1 Hefe, Zucker und 60 ml warmes Wasser in einer Schüssel verrühren, bis sich die Hefe aufgelöst hat. An einem warmen Ort 10 Minuten gehen lassen, bis sich Blasen auf der Oberfläche bilden und die Mischung ihr Volumen leicht vergrößert hat.
2 Mehl und Salz in eine große Schüssel sieben. In die Mitte eine Mulde drücken und die Hefemischung und 315 ml warmes Wasser hineingießen. Zu einem Teig mischen, dann auf einer bemehlten Arbeitsfläche 10–15 Minuten kneten, bis der Teig glatt und elastisch ist; dabei nach und nach 1 EL Öl einarbeiten. Zudecken und an einem warmen Ort 1 Stunde gehen lassen.
3 Den Teig mit der Faust zusammendrücken und erneut kneten. Zugedeckt 30 Minuten gehen lassen. Wieder kurz kneten und in 10 Portionen teilen. Jede Portion zu einer Kugel formen und jede Kugel zu einem 5 mm dicken Fladen ausrollen. Mit einem Küchentuch zudecken und weitere 20 Minuten gehen lassen.
4 Backofen auf 220 °C (Gas 4–5) vorheizen. 2 Backbleche einfetten. Die Fladen auf die Backbleche legen und die Oberfläche mit den Fingern mehrmals leicht eindrücken. Mit dem restlichen Öl bestreichen, mit Zahtar und Salz bestreuen. 12–15 Minuten backen. Warm servieren.
Hinweis Zahtar, eine Kräuter-Gewürz-Mischung, ist in Orientläden erhältlich.

BACKHEFE
Hefe besteht aus winzigen lebenden einzelligen Organismen, die beim Backen für eine Lockerung des Teigs sorgen. Das Zusammenspiel von Kohlendioxid, Feuchtigkeit, Wärme und Zucker bewirkt, dass sich die Hefezellen vermehren und der Teig dadurch aufgeht. Hefe ist als frische Presshefe oder als Trockenhefe erhältlich. Frisch enthält sie viel Feuchtigkeit und muss im Kühlschrank aufbewahrt werden; man kann sie auch bis zu 2 Monate einfrieren. Die entwässerten Hefezellen der Trockenhefe werden erst aktiv, wenn sie mit warmer Flüssigkeit gemischt werden. Trockenhefe sollte an einem kühlen, trockenen Ort gelagert werden.

LINKS: *Fladenbrot mit Zahtar*

291

RICOTTA

Dieser Frischkäse auf der Basis von Kuh-, Schaf- oder Ziegenmilch wird aus der Molke zubereitet, die bei der Herstellung anderer Käsesorten anfällt. Der italienische Name bedeutet „wiedergekocht". Zunächst wird die Molke von gekochter Milch wieder erhitzt, dann werden alle festen Teile, die an der Oberfläche schwimmen, abgeschöpft. Anschließend lässt man den Käse abtropfen. Wie andere Frischkäsesorten wird Ricotta gern als Zutat für gekochte Speisen verwendet. Sein zartes Aroma und seine cremige Konsistenz ergänzen sich gut mit würzigeren Zutaten wie Spinat oder mit Zitrus- und Trockenfrüchten. Beim Kauf achtet man darauf, dass der Ricotta fest ist. Er wird im Kühlschrank aufbewahrt und sollte innerhalb einiger Tage verbraucht werden, da er relativ schnell ranzig wird.

GEGENÜBERLIEGENDE SEITE: Ma' amoul b'jowz (oben); Ataif Mihshi

ATAIF MIHSHI
(Gefüllte frittierte Pfannkuchen)

Vorbereitungszeit: 20 Minuten
 + 1 Stunde Aufgehzeit
Backzeit: 1 Stunde
Ergibt etwa 16 Stück

★★★☆

PFANNKUCHENTEIG

1 Päckchen (7 g) Trockenhefe
1 TL Zucker
185 g Mehl

SIRUP

500 g Zucker
2 TL Zitronensaft, 2 EL Rosenwasser

FÜLLUNG

250 g Ricotta

Erdnussöl zum Frittieren

1 Hefe, Zucker und 60 ml warmes Wasser in einer Schüssel verrühren, bis sich die Hefe aufgelöst hat. An einem warmen Ort 10 Minuten stehen lassen, bis sich Blasen auf der Oberfläche bilden und die Mischung ihr Volumen leicht vergrößert hat. Das Mehl in eine große Schüssel sieben, in die Mitte eine Mulde drücken und die Hefemischung und 380 ml Wasser hineingießen. Mit einem Holzlöffel das Mehl nach und nach einarbeiten, bis der Teig glatt ist. Die Schüssel mit einem Tuch zudecken und den Teig an einem warmen Ort 1 Stunde gehen lassen.
2 Für den Sirup den Zucker in einem Topf mit 315 ml Wasser bei mittlerer Hitze unter gelegentlichem Rühren auflösen. Zum Kochen bringen, den Zitronensaft zufügen und 8–10 Minuten köcheln lassen, bis der Sirup so dick ist, dass er an einem Löffelrücken eine Schicht bildet und eine Konsistenz wie dünnflüssiger Honig hat. Das Rosenwasser zugießen und 1 weitere Minute kochen. Vollständig abkühlen lassen.
3 Für die Zubereitung der Pfannkuchen eine Bratpfanne leicht einfetten und bei mittlerer Temperatur erhitzen. 60 ml Wasser unter den Teig rühren. 1½ EL Teig in die Pfanne gießen, dabei die Pfanne etwas neigen, damit der Teig einen Kreis von etwa 10 cm Durchmesser bildet. Wenn der Teig zu dick ist, etwas Wasser zugeben. Die Pfannkuchen jeweils 3 Minuten backen, bis sie auf der Unterseite goldgelb sind und sich auf der Oberfläche Blasen bilden. Aus der Pfanne nehmen, auf eine Platte legen und etwas abkühlen lassen.
4 Jeweils 1 EL Ricotta auf die ungebackene Seite der Pfannkuchen setzen. Jeden Pfannkuchen zu einem Halbkreis zusammenfalten und die Ränder zusammendrücken.
5 Das Öl in der Fritteuse oder im Frittiertopf auf 190 °C erhitzen; ein Brotwürfel sollte in 10 Sekunden braun werden. Die gefüllten Pfannkuchen portionsweise jeweils 2–3 Minuten goldgelb frittieren. Mit einem Schaumlöffel herausnehmen und auf Küchenkrepp abtropfen lassen. Die heißen Pfannkuchen in den abgekühlten Sirup tauchen und warm oder kalt auf einer großen Platte servieren.

MA' AMOUL B'JOWZ
(Osterküchlein mit Walnüssen)

Vorbereitungszeit: 15 Minuten
Backzeit: 20 Minuten
Ergibt 28 Stück

☆

200 g weiche Butter
125 g feiner Zucker
2 EL Orangenblütenwasser
250 g Mehl, durchgesiebt

WALNUSSFÜLLUNG

50 g Walnüsse, gehackt
60 g feiner Zucker
1 TL gemahlener Zimt

1 Backofen auf 160 °C (Gas 1–2) vorheizen. 2 Backbleche leicht einfetten und mit Backpapier auslegen.
2 Butter und Zucker in einer kleinen Schüssel zu einer schaumigen Creme verrühren. In eine große Schüssel geben. Mit einem Metalllöffel den Orangenblütensaft und das Mehl unterziehen und alles gut mischen. Mit den Händen zu einem festen Teig zusammendrücken.
3 Alle Zutaten für die Walnussfüllung in einer Schüssel gründlich mischen.
4 Gehäufte EL Teig zu Kugeln formen. Mit dem Daumen eine Vertiefung in jede Kugel drücken und 1 TL Füllung hineingeben. Auf die Backbleche verteilen und leicht flach drücken, dabei die Füllung nicht mit Teig verdecken. 15–20 Minuten goldgelb backen. Auf einem Kuchengitter abkühlen lassen und servieren.

NAHER OSTEN

DAS GROSSE BUCH DER MITTELMEERKÜCHE

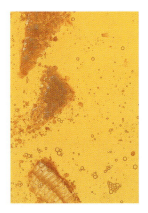

HONIG

Schon in vorbiblischen Zeiten wurde Honig, das erste Süßungsmittel der Welt, im Nahen Osten genossen. Im alten Ägypten wurde eine Art Fruchthonig aus Datteln und Trauben gewonnen, und es hieß, dass die syrischen Bienen den besten Bienenhonig erzeugten. Honig wird in der Küche des Nahen Ostens verwendet, um Gebäck und Kuchen zu aromatisieren und haltbarer zu machen. Früher wurden sie in Honig eingeweicht, um sie vor dem Austrocknen zu schützen bzw. wieder genießbar zu machen. Der Duft und das Aroma des Honigs hängen von den Blüten und Pflanzen ab, denen die Bienen den Nektar bzw. die Pflanzensäfte und den Honigtau entnehmen. Deshalb bezeichnet man Honig im Allgemeinen mit dem Namen der Pflanze, von der er stammt. Faustregel ist, dass der Honig umso kräftiger schmeckt, je dunkler er ist. Wenn in einem Rezept ein spezieller Honig verlangt wird, kann er deshalb nicht ohne weiteres durch andere Honigsorten ersetzt werden. Vielseitig verwendbar ist ein heller, milder Honig wie Kleehonig.

OBEN: Mahallabia

MAHALLABIA
(Mandelcremepudding)

Vorbereitungszeit: 15 Minuten
 + 1 Stunde Kühlzeit
Kochzeit: 40 Minuten
Für 4 Personen

500 ml Milch
75 g feiner Zucker
je 2 EL Stärkemehl und gemahlener Reis
75 g gemahlene abgezogene Mandeln
1 TL Rosenwasser
2 EL Blütenhonig
2 EL geschälte Pistazien, gehackt

1 Die Milch und den Zucker in einen Topf geben und bei mittlerer Hitze rühren, bis sich der Zucker aufgelöst hat.
2 Stärkemehl, gemahlenen Reis und 60 ml Wasser zu einer Paste mischen. Zur Milch geben und bei schwacher Hitze 20 Minuten unter gelegentlichem Rühren kochen. Die Mandeln zufügen und 15 Minuten kochen, dann das Rosenwasser zugießen. In kleine Servierschüsseln füllen und 1 Stunde kalt stellen. Mit Honig beträufeln, mit Pistazien bestreuen und servieren.

SUFGANIYOT
(Israelische Krapfen)

Vorbereitungszeit: 40 Minuten
 + 10 Minuten Ruhezeit + 1 Nacht Kühlzeit
 + 30 Minuten Aufgehzeit
Backzeit: 25 Minuten
Ergibt 14 Stück

185 ml lauwarme Milch
1 EL Trockenhefe
2 EL feiner Zucker
375 g Mehl
2 TL gemahlener Zimt
1 TL fein geriebene Zitronenschale
2 Eier, getrennt
Salz
40 g weiche Butter
100 g Pflaumen-, Erdbeer- oder Aprikosenkonfitüre oder eingemachtes Obst
Öl zum Frittieren
feiner Zucker zum Überziehen

1 Die Milch in eine kleine Schüssel geben, die Hefe und 1 EL Zucker unterrühren und die Mischung an einem warmen Ort 10 Minuten

NAHER OSTEN

stehen lassen, bis sich Blasen auf der Oberfläche bilden und die Mischung ihr Volumen leicht vergrößert hat.

2 Das Mehl in eine große Schüssel sieben und Zimt, Zitronenschale, Eigelbe, Hefemischung, den restlichen Zucker und Salz untermischen. Den Teig auf eine leicht bemehlte Arbeitsfläche legen und 5 Minuten kneten. Die Butter nach und nach einarbeiten, dabei ständig kneten, bis der Teig elastisch ist; dafür braucht man etwa 10 Minuten. In eine große Schüssel geben und mit einem sauberen, feuchten Tuch zudecken. Über Nacht im Kühlschrank gehen lassen.

3 Den Teig auf einer leicht bemehlten Arbeitsfläche 3 mm dick ausrollen. Mit einem runden Ausstechförmchen mit 6 cm Durchmesser 28 Kreise ausstechen. 14 Kreise auf ein leicht bemehltes Tablett legen und jeweils ¾ TL Konfitüre oder etwas eingemachtes Obst in die Mitte setzen. Die Eiweiße leicht verschlagen und die Ränder der Kreise damit bestreichen; dabei darauf achten, dass kein Eiweiß auf die Konfitüre gelangt. Die restlichen 14 Kreise darauf setzen und an den Rändern fest andrücken. Mit einem Küchentuch zudecken und 30 Minuten gehen lassen. Prüfen, ob sich irgendwelche Ränder gelöst haben, und diese gegebenenfalls wieder fest zusammendrücken.

4 Einen Frittiertopf zu einem Drittel mit Öl füllen und auf 170 °C erhitzen; ein Brotwürfel sollte in 20 Sekunden braun werden. Das Gebäck portionsweise jeweils 1½ Minuten auf jeder Seite goldgelb frittieren. Auf zusammengeknülltem Küchenkrepp abtropfen lassen und in Zucker wälzen. Sofort servieren.

JOGHURTGETRÄNK

Fast jedes Land im Nahen Osten hat seine eigene Version dieses Joghurtgetränks. Es wird häufig in Cafés serviert und an Straßenständen verkauft.

500 g stichfesten Naturjoghurt in einer Schüssel glatt rühren, dann 500 ml eiskaltes Wasser zugießen und kräftig schlagen, bis die Flüssigkeit glatt ist. 1 Prise Salz und 1 EL (oder nach Geschmack) getrocknete, zerstoßene Minze unterrühren. Gekühlt und mit Eis servieren. Für 4 Personen.

SUFGANIYOT
Sufganiyot ist die israelische Version des traditionellen polnischen Gebäcks, das „ponchik" genannt wird. Wie andere frittierte Speisen wird es zur Chanukka gegessen, einem 8 Tage dauernden jüdischen Fest, das auch als Lichterfest bekannt ist. Es wird zur Erinnerung an die Wiedereinweihung des Tempels in Jerusalem 165 v. Chr. gefeiert. Es gab damals nur so viel Öl, dass die Menora, der Tempelleuchter, 1 Tag brennen konnte. Auf wundersame Weise reichte das Öl jedoch 8 Tage, bis die Ölvorräte wieder aufgefüllt werden konnten.

LINKS: Sufganiyot

DAS GROSSE BUCH DER MITTELMEERKÜCHE

REGISTER

Kursive Seitenzahlen beziehen sich auf Fotografien.

A
Abbacchio 129
Aceto balsamico 98
Adas bis silq 282, *282*
Afelia 260, *260*
Aïoli mit Crudités 153, *153*
Albondigas en picante salsa de tomate 202, *202*
    Fleischbällchen in würziger Tomatensauce 219
Alcachofas en aromatico vinaigrette 211, *211*
Algerische Auberginen-Konfitüre 248, *248*
Almejas a la marinera 210, *210*
Amandine 190
Anchoiade 157
Andalusischer Spargel 216
Anisgebäck 243, *243*
Antipasti 96–97
Aprikosenkompott 186, *187*
Arancini 90, *90*
Arborio-Reis 10
Arni jahni 46
Aroishawki mihshi 278, *278*
Artischocke 127
    Aroishawki mihshi 278, *278*
    Artischockenherzen 10
    auf römische Art 127, *127*
    gefüllt 278, *278*
    geschmort, mit dicken Bohnen 50
    in aromatischer Vinaigrette 211, *211*
    Lammfrikassee mit Artischocken 173, *173*
Ataif mihshi 292, *292*
Aubergine 229
    Auberginendip 275, *275*
    Auberginen-Konfitüre, algerisch 248, *248*
    Auberginenpüree 20
    Auberginensalat 28
    Baba ghannouj 275, *275*
    gebacken 68, *68*
    gebacken, mit Tomaten und Mozzarella 102, *102*
    Hunkar begendi 72, *73*
    Imam bayildi 68
    Lammfleisch mit Auberginencreme 72, *73*
    Melitzanosalata 20
    Moussaka 44, *44*

B
Baba ghannouj 275, *275*
Backfisch mit Paprika, Chili und Kartoffeln 228, *228*
Backhefe 291
Bagna cauda 152
Baklava 84, *84*
Balsamessig 98
Balsamico-Zwiebeln, geröstet 98, *98*
Basilikum 113
Bauernsalat, griechisch 28, *28*
Béchamelsauce 55
Beignets de fruits 186, *187*
Besanmehl 66
Birnen
    Ente mit Birnen 231, *231*

Pato con peras 231, *231*
Poschierte Birnen in Rotwein 190, *190*
Biscotti 148, *148*
Bisteeya 260, *261*
Blumenkohl, eingelegt 25
Blumenkohl, frittiert 66
Bocconcini 10
Bohnen
    Artischocken, geschmort, mit dicken Bohnen 50
    Bohnendip mit Rosmarin 88, *88*
    Bohnenkasserolle 50, *51*
    Bohnensuppe 36
    Borlottibohnen 10
    Cannellinobohnen 10
    dick, in Wein 215
    Dicke-Bohnen-Dip 249, *249*
    grün, in Tomatensauce 234, *234*
    grün, mit Knoblauchbrot 121
    grün, mit Tomaten und Olivenöl *34*, 66, *66*
    Lammhaxen, geschmort, mit Perlbohnen 76, *76*
    Perlbohnen 76
    Schweinswürste mit weißen Bohnen 230, *230*
    Thunfisch-Bohnen-Salat 101, *101*
Borek 65, *65*
Borlottibohnen 10
Bouillabaisse mit Rouille 166, *166*
Bourride 164, *164*, 164
Brandade de morue 156, *156*
Bratfisch, eingelegt 208, *208*
Bratfisch, mariniert 248, *248*
Bratfisch, würzig, mit Gemüse 288, *288*
Breitling, frittiert 100, *100*
Briami 52, *52*
Brik, tunesisch 250, *251*
Brot
    Fattoush 279
    Fladenbrot 249
    Fladenbrot, italienisch 139, *139*
    Fladenbrot, marokkanisch 265, *265*
    Fladenbrot mit Zahtar 291, *291*
    Focaccia 139, *139*
    Fougasse 184, *184*
    Haloumi mit Salat und Knoblauchbrot 29, *29*
    Huhn mit Zwiebeln auf Fladenbrot 288
    Olivenbrot 138, *138*
    Osterbrot 60, *60, 61*
    Pan con tomate 201
    Pitabrot 290
    Salat, libanesisch, mit geröstetem Brot 279
    Sesambrotringe, ägyptisch 264
    Tortilla 212, *212*
    türkisch *35*, 80, *81*
    Walnussbrot 185, *185*
    Weißbrot mit Olivenöl 184, *184*
Bucatini alla Norma 113, *113*
Bucatini amatriciana 109
Bulgur 10
    Bulgursalat 273, *273*
    Kibbeh 284, *284*
    Kibbeh bil sanieh 280, *280*

REGISTER

Lamm-Bulgur-Auflauf 280, *280*
Lamm-Bulgur-Klopse 284, *284*
Linsen-Bulgur-Puffer mit Joghurtsauce 31, *31*
Tabbouleh 273, *273*
Bunuelos de bacalao 204, *204*
Butter, geklärt 287

C

Cacciatora 122
    Huhn cacciatora 122, *122*
Calamares a la plancha 197, *197*
Calasparra-Reis 10
Cannellinobohnen 10
Cannoli, sizilianisch 144, *145*
Caponata mit Thunfisch 131, *131*
Carciofi alla Romana 127, *127*
Cassata alla Siciliana 141, *141*
Cerkes tavugu 78, *78*,
Champinones al ajillo 207, *207*
Chili
    Backfisch mit Paprika, Chili und Kartoffeln 228, *228*
    Gambas al pil pil 196
    Garnelen mit Chili und Knoblauch 196
    Oliven mit Zitrone und Chili 233, *233*
    Spaghettini mit Knoblauch und Chili 110
Chorba bil hout 252
Chorizo 11, 202, *219*
    Chorizo en sidra 202, *203*
    Cocido, Madrileno 235, *235*
    Fleisch, madrilenisch, und Gemüse 235, *235*
    Huhn-Chorizo-Paella 237, *237*
    in Apfelwein 202, *203*
    Kichererbsen mit Chorizo 198, *199*
Churros 242, *242*
Cilbir 75, *75*
Clafoutis 191
    Kirschauflauf 191, *191*
Cochifrito 234
Cocido madrileno 235, *235*
Couscous 11
    Couscous, süß 266, *266*
    Gemüse-Couscous 258, *259*
Crema Catalana 241, *241*
Creme, katalanisch 241, *241*
Cremeschnitten *58*, 59
Crêpes, gefüllt 114, *115*
Crespelle ripiene 114, *115*
Croquetas del jamon y de la seta 206, *206*
Crostini 94, *95*
Crostini aus Neapel 94, *95*

D

Datteln
    Dattelkonfekt 269, *269*
    Forellen mit Dattelfüllung 257, *257*
    Orangen-Dattel-Salat 253, *253*
Dips
    Aïoli 153
    Anchoiade 157
    Auberginendip 275, *275*
    Auberginenpüree 20
    Baba ghannouj 275, *275*
    Bagna cauda 152
    Dicke-Bohnen-Dip 249, *249*
    Fischrogenpaste 20, *20*, *35*
    Hummus *35*, 64, *64*
    Joghurt-Dip mit Gurke 18, *18*
    Kichererbsenpüree *35*, 64, *64*
    Knoblauchsauce 18, *34*
    Melitzanosalata 20
    Paprika-Walnuss-Dip 273

Paste aus Oliven, Sardellen und Kapern 152, *152*
Sahnesauce, warm 152
Skordalia 18, *34*
Tapenade 152, *152*
Taramosalata 20, *20*, *35*
Tsatsiki 18, *18*
Dolmadakia 19, *19*, *35*
Dressings 158–159

E

Eier
    Cilbir 75, *74*
    Ei-Zitronen-Sauce 37
    gebacken 214, *214*
    Hühnersuppe avgolemono 37, *37*
    Huevos à la Flamenca 214, *214*
    pochiert, mit Joghurt 75, *75*
    Saltsa avgolemono 37
Eiscreme
    Helado de canela 240, *240*
    Lavendeleis 186, *187*
    Schornsteinfeger-Eis 148
    Zimteis 240, *240*
Empanadas 196, *196*
Ensalata Rusa 217, *217*
Ente 172
    Entenbrust mit Walnüssen und Granatapfel-Sauce 290, *290*
    Khoreshe Fesenjan 290, *290*
    mit Birnen 231, *231*
    mit Oliven 172, *172*
    Pato con peras 231, *231*
Erbsenpaste 32
Erdbeeren mit Balsamessig 140, *140*
Escabeche 208, *209*
Escalivada 216, *216*
Esparrago de Andalucia 216
Espresso-Granita 147

F

Falafel 272, *272*
Fatayer sabanikh 274
Fattoush 279
Fava 32
Fegato garbo e dolce 121, *121*
Feigen
    gefüllt 238, *239*
    Hähnchen mit Feigen 46, *46*
    Higas rellenos 238, *239*
    in Honigsirup 82, *82*
    Kotopoulo me syko 46, *46*
    mit Prosciutto 91
    pochiert, mit Thymian, in Rotwein 192
Fenchel
    Fenchelsalat 98
    Fenchelsalat mit Orange 160, *160*
    Fisch, gegrillt, mit Fenchel und Zitrone 181
    frittiert 124, *124*
    Oliven mit Fenchel und Orange *232*, 233
    Spaghetti mit Sardinen, Fenchel und Tomaten 111, *111*
Feta 11, 65
    Borek 65, *65*
    Garithes me feta 42, *43*
    Garnelen, gebacken, mit Feta 42, *43*
    Gurken-Feta-Salat *250*, 251
    Käsetaschen 22, *23*
    Mangold-Käse-Pastete 48, *48*
    Spanakopitta 48, *48*
    Tiropitakia 22, *23*
    Türkische Teigtaschen 65, *65*

297

DAS GROSSE BUCH DER MITTELMEERKÜCHE

Filoteig 11
    Borek 65, *64*
    Cremeschnitten *58*, 59
    Galaktobouriko *58*, 59
    Hähnchenpastete 41, *41*
    Lahm bi ajeen 277
    Mandelteigschlange 267, *267*
    Mangold-Käse-Pastete 48, *48*
    Nussauflauf 266
    Om Ali 266
    Sigara boregi 67, *67*
    Spanakopitta 48, *48*
    Teigröllchen, frittiert 67, *67*
    Teigröllchen mit Lammfüllung 276, *277*
    Teigtaschen, türkisch 65, *65*
Fisch
    Backfisch mit Paprika, Chili und Kartoffeln 228, *228*
    Bouillabaisse mit Rouille 166, *166*
    Bratfisch, eingelegt 208, *209*
    Bratfisch, mariniert 248, *248*
    Bratfisch, würzig, mit Gemüse 288, *288*
    Chorba bil hout 252
    Escabeche 208, *209*
    Fischeintopf mit roter Knoblauchsauce 166, *166*
    Fischfilets mit Harissa und Oliven 246
    Fischkebab 280
    Fischrogenpaste 20
    Fischsuppe 252
    Fischtopf, katalanisch 221, *221*
    Forellen mit Dattelfüllung 257, *257*
    gebacken 38, *38*
    gebraten, mit Tahinsauce 289, *289*
    gegrillt, mit Fenchel und Zitrone 181
    in der Papierhülle 170, *170*
    in der Salzkruste backen 222
    Meeräsche in Weinblättern 42, *43*
    Psari plaki 38, *38*
    Psari tahina 289, *289*
    Sardinen, gebacken 31
    Schwertfischröllchen 134, *134*
    Taramosalata 20
    Zarzuela de pescado 221, *221*
Fleischbällchen in würziger Tomatensauce 202, *203*, 219
Fleischklößchen 22, *23*
Fleischklößchen in Joghurtsauce 286, *287*
Focaccia 139, *139*
Fougasse 184, *184*
Friséesalat mit Knoblauchcroûtons 11, 157, *157*
Frittata di asparagi alla menta 91, *91*
Fritto misto di mare 125, *125*
Früchtesoufflé 192, *192*

G
Galaktoboureko *58*, 59
Gambas al ajillo 207, *207*, 218
Gambas al pil pil 196
Garides me feta 42, *43*
Garnelen
    am Spieß mit Romescosauce 200, *200*
    Fritto misto di mare 125, *125*
    Gambas al ajillo 207, *207*, 218
    Gambas al pil pil 196
    Garides me feta 42, *43*
    gebacken, mit Feta 42, *43*
    Insalata di frutti di mare 99, *99*
    Knoblauchgarnelen 207, *207*, 218
    Meeresfrüchte, frittiert 125, *125*
    mit Chili und Knoblauch 196
    Risotto mit Meeresfrüchten 116, *116*

    Salat mit Meeresfrüchten 99, *99*
Gasconnade 183, *183*
Gazpacho, rot 220, *220*
Gemüse 52
    Aïoli mit Crudités 153, *153*
    eingelegt 25
    gefüllt 45, 278
    Gemüseauflauf, mallorquinisch 229, *229*
    Gemüse-Couscous 258, *259*
    Gemüseragoût 174, *174*
    Gemüsesalat, arabisch 279
    Gemüsesalat, gegrillt 216, *216*
    Gemüsesuppe mit Basilikumpaste 165, *165*
    Gemüse-Tian 179, *179*
    Knoblauchmayonnaise mit Rohkost 153, *153*
    Ratatouille 174, *174*
    Salata baladi 279
    Soupe au pistou 165, *165*
    Tumbet 229, *229*
Gnocchi Romana 114, *115*
Granatapfel 71
    Entenbrust mit Walnüssen und Granatapfel-Sauce 290, *290*
    Granatapfelmelasse 13
    Khoreshe fesenjan 290, *290*
    Oliven-Granatapfel-Salat mit Walnüssen 71, *71*
    Paprika-Walnuss-Dip 273
Grießmehl 14
    Grießkuchen 61, *61*
    Grießrauten mit Nüssen 85, *85*
    Halvas fourno 61, *61*
Gurken-Feta-Salat *250*, 251
Gurken-Joghurt-Salat 65

H
Habas verdes en salsa de tomate 234, *234*
Hähnchen, gebraten, mit Rosmarin 132, *132*
Haloumi 12, 21
    mit Salat und Knoblauchbrot 29, *29*
    Saganaki haloumi 21, *21*, 35
Halvas fourno 61, *61*
Hamad m'rakad 247, *247*
Harira 254, *254*
Harissa 246
Helado de canela 240, *240*
Higas rellenos 238, *238*
Honig 294
    Feigen in Honigsirup 82, *82*
    Honigküchlein *58*, 59
    Honigküchlein, frittiert 268, *268*
    Melomakarona *58*, 59
    Pinienkerntorte 149, *149*
    Ricotta mit Honig und Pinienkernen 238
Huevos a la flamenca 214, *214*
Huhn
    Bisteeya 260, *261*
    Brathuhn, gefüllt, mit Pinienkernen und Reis 285, *285*
    Cerkes tavugu 78, *78,*
    Crostini mit Leberpüree 94, *95*
    Hähnchen, gebraten, mit Rosmarin 132, *132*
    Hähnchen mit Feigen 46, *46*
    Hähnchenpastete 41, *41*
    Hühnerpastete, marokkanisch 260, *261*
    Hühnersuppe Avgolemono 37, *37*
    Huhn cacciatora 122, *122*
    Huhn-Chorizo-Paella 237, *237*
    Knoblauchhuhn 224, *224*
    Kotopoulo me syko 46, *46*
    mit eingelegten Zitronen und Oliven 264, *264*
    mit Mandeln 263

REGISTER

mit Paprika und Oliven 223, *223*
mit vierzig Knoblauchzehen 176, *177*
mit Zwiebeln auf Fladenbrot 288
Pollo à la chilindron 223, *223*
tscherkessisch 78
Zitronenhähnchen 39, *39*
Hummus 35, 64, *64*
Hunkar begendi 72, *73*

I
Imam bayildi 68, *68*
Innereien 26
Insalata caprese 93, *93*
Insalata di frutti di mare 99, *99*

J
Jakobsmuscheln auf provenzalische Art 171, *171*
Jemista 45
Joghurt 70
　Cilbir 75, *75*
　Eier, poschiert, mit Joghurt 75, *75*
　Fleischklößchen in Joghurtsauce 286, *287*
　Gurken-Joghurt-Salat 65
　Joghurt-Dip mit Gurke 18, *18*
　Joghurtgetränk 295
　Joghurt-Käse-Bällchen, mariniert 274, *274*
　Joghurtkuchen mit Sirup 83, *83*
　Joghurtsauce 277
　Joghurtsuppe 70, *70*
　Jogurt tatlisi 83, *83*
　Kousa mihshi bi laban 283, *283*
　Labneh makbur 274, *274*
　Linsen-Bulgur-Puffer mit Joghurtsauce 31, *31*
　Naturjoghurt 27
　Shish barak 286, *287*
　Tsatsiki 18, *18*
　Zucchini, gefüllt, mit Joghurtsauce 283, *283*

K
Kabeljau, gesalzen 14, 227
　Brandade de morue 156, *156*
　Bunuelos de bacalao 204, *204*
　Creme aus gesalzenem Kabeljau 156, *156*
　Kabeljau, gesalzen, mit roter Paprika 226, 227
　Kabeljauhäppchen, frittiert 204, *204*
Käse-Sandwiches 89
Käsetaschen 22, *23*
Kaffee, türkisch 84
Kakavia 36, *36*
Kalamata-Oliven 29
Kalbfleisch
　Kalbskoteletts mit Parmesankruste 130, *130*
　Kalbsschnitzel mit Schinken 124
　mit Essig 40
　Saltimbocca 124
　Sofrito 40
Kalmar
　Calamares a la plancha 197, *197*
　eingelegt 27, *27*
　frittiert 49
　gefüllt 54, *54*
　gefüllt, mit Reis 224, *225*
　gegrillt 197, *197*
　gegrillt, mit Salsa verde 123, *123*
　Insalata di frutti di mare 99, *99*
　Kalamaria jemista 54, *54*
　Kalamaria tiganita 49
　Kalamaria toursi 27, *27*
　Meeresfrüchte garen 49
　Risotto mit Meeresfrüchten 116, *116*
　Salat mit Meeresfrüchten 99, *99*

Kammmuscheln Ceviche 212
Kaninchen in Senfsauce 167, *167*
Kaninchen mit Rosmarin in Weißwein 135, *135*
Kapern 11, 95
　Paste aus Oliven, Sardellen und Kapern 152, *152*
　Schweinefilet mit Salbei und Kapern 178, *178*
　Tapenade 152
　Thunfischspieße mit Kapernfrüchten 199
Kartoffeln 129
　Backfisch mit Paprika, Chili und Kartoffeln 228, *228*
　Briami 52, *52*
　Kartoffelkuchen, provenzalisch 168, *169*
　Kartoffeln, frittiert, in Tomatensauce 205, *205*
　Kartoffelpüree mit Öl 176, *177*
　Kartoffelsalat, pikant 215, *215*
　Kartoffelsalat mit Sardellen 155
　Kartoffel-Varianten 129
　Kartoffel-Zucchini-Auflauf 52, *52*
　Lammbraten mit Zitrone und Kartoffeln 50, *51*
　Patatas bravas 205, *205*
　Rosmarinkartoffeln 129
Kataifi me amigdala 57, *57*
Kefalotiri 12
Kefta ghan' mi bel' 77, *77*, 256, *256*
Keftedes 22, *23*
Khoreshe fesenjan 290, *290*
Kibbeh 284, *284*
Kibbeh bil sanieh 280, *280*
Kichererbsen 11, 32, 272
　Besanmehl 66
　Cocido Madrileno 235, *235*
　Falafel 272, *272*
　Fleisch, madrilenisch, und Gemüse 235, *235*
　frittiert 32, *32*
　Harira 254, *254*
　Hummus 35, 64, *64*
　Kichererbsenbällchen, frittiert 272, *272*
　Kichererbsenfladen 163
　Kichererbsen-Mangold-Salat, warm 281, *281*
　Kichererbsenplätzchen 162, *163*
　Kichererbsenpüree 64, *64*
　Kichererbsensalat 69
　Lammsuppe mit Kichererbsen und Koriander 254, *254*
　mit Chorizo 198, *199*
　Panisses 162, *163*
Kirschauflauf 191, *191*
Knoblauch 18
　Aïoli mit Crudités 153, *153*
　Ajo blanco 220
　Bohnen, grün, mit Knoblauchbrot 121
　Bourride 164, *164*
　Champinones al ajillo 207
　Fischsuppe mit Knoblauchmayonnaise 164, *164*
　Friséesalatsalat mit Knoblauchcroûtons 157, *157*
　Gambas al ajillo 207, *207*, *218*
　Haloumi mit Salat und Knoblauchbrot 29, *29*
　Huhn mit vierzig Knoblauchzehen 176, *177*
　Knoblauch-Champignons 207
　Knoblauchgarnelen 207, *207*, *218*
　Knoblauchhuhn 224, *224*
　Knoblauch-Mandel-Suppe, gekühlt 220
　Knoblauchmayonnaise mit Rohkost 153, *153*
　Knoblauchsauce 18
　Knoblauchsuppe 184
　Krake in Knoblauch-Mandel-Sauce 213, *213*
　Pilze, geröstet, mit Knoblauch 100
　Schnecken mit Kräuter-Knoblauch-Butter 160
　Skordalia 18
　Spaghettini mit Knoblauch und Chili 110
Kohlrouladen 24, *24*

299

Konfekt, türkisch 82
Koriander 286
    Afelia 260, *260*
    Harira 254, *254*
    Lammbraten mit Zitrone und Koriander 286, *286*
    Lammsuppe mit Kichererbsen und Koriander 254, *254*
    Möhren-Koriander-Suppe 282
    Okra mit Koriander und Tomatensauce 263, *263*
    Schweineragout, zypriotisch, mit Koriander 260, *260*
Kotopoulo me syko 46, *46*
Kourabiedes 56, *56*
Kousa mihshi bi laban 283, *283*
Krabben, gefüllt 222
Kräuteroliven 233, *233*
Kräuterravioli mit Salbeibutter 112, *112*
Kräuterricotta 102
Kräutersträußchen 173
Krake
    in Knoblauch-Mandel-Sauce 213, *213*
    in Rotwein 49, *49*
    in Tomate und Wein 180, *180*
    Meeresfrüchte garen 49
    Oktapodi krassato 49, *49*
    Poulpe Provençal 180, *180*
Krapfen, israelisch 294, *295*

L

Labneh makbur 274, *274*
Lachano dolmathes 24, *24*
Lachs, pochiert 170
Lahm bi ajeen 276, 277
Lamm 47
    Abbacchio *128*, 129
    Arni Jahni 46
    Cochifrito 234
    Gasconnade 183, *183*
    geschmort 234
    Harira 254, *254*
    Hunkar begendi 72, *73*
    Kefta ghan' mi bel' 77, *77*, 256, *256*
    Kibbeh 284, *284*
    Kibbeh bil sanieh 280, *280*
    Lahm bi ajeen 276, 277, *277*
    Lammbraten 183
    Lammbraten mit Kreuzkümmel 262
    Lammbraten mit Zitrone und Kartoffeln 50, *51*
    Lammbraten mit Zitrone und Koriander 286, *286*
    Lamm-Bulgur-Auflauf 280, *280*
    Lammeintopf 46
    Lammfleischbällchen 77, *77*, 256, *256*
    Lammfleisch mit Auberginencreme 72, *73*
    Lammfleischspieße 47, *47*
    Lammfrikassee mit Artischocken 173, *173*
    Lammhaxen, geschmort, mit Perlbohnen 76, *76*
    Lammkeule, gefüllt 236, *236*
    Lammkeule nach Art der Gascogne 183, *183*
    Lamm-Pilaw 79, *79*
    Lammsuppe mit Kichererbsen und Koriander 254, *254*
    Lamm-Tagine mit Quitten 258, *259*
    Mechoui 262, *262*
    mit Kräuterkruste 168, *169*
    Moussaka 44, *44*
    Shish barak 286, *287*
    Shish kebab mit Paprika und Kräutern 74, *74*
    Souvlaki 47, *47*
    Teigröllchen mit Lammfüllung 276, *277*
Latholemono 21
Lavendeleis 186, *187*

Leber 26
    Crostini mit Leberpüree *94*, 95
    Fegato garbo e dolce 121, *121*
    mit Oregano 26, *26*
    süß-sauer 121, *121*
Leche frita 240
Linguine mit Pesto 108, *108*
Linsen
    Adas bis silq 282, *282*
    Du-Puy-Linsen 12, 177
    in Rotwein 176, 177
    Linsen-Bulgur-Puffer mit Joghurtsauce 31, *31*
    Linsen-Mangold-Suppe 282, *282*
    Linsensalat 252, *252*
    Rote-Linsen-Suppe 70
    Salatet Ads 252, *252*
Lorbeerblätter 274
Lubyi bi zayt *34*, 66, *66*

M

Ma' amoul b'jowz 292, *292*
Mahallabia 294, *294*
Makkaroni-Auflauf 55, *55*
Mandeln 213
    Ajo Blanco 220
    Almond horchata 238, *239*
    Amandine 190
    Baklava 84, *84*
    Cassata alla Siciliana 141, *141*
    Engelshaarröllchen mit Mandeln 57, *57*
    gesalzen 202
    Grießrauten mit Nüssen 85, *85*
    Halbgefrorenes mit Mandeln 142, *142*
    Huhn mit Mandeln 263
    Kataifi me amigdala 57, *57*
    Knoblauch-Mandel-Suppe, gekühlt 220
    Kourabiedes 56
    Krake in Knoblauch-Mandel-Sauce 213, *213*
    Mahallabia 294, *294*
    Mandelcremepudding 294, *294*
    Mandelgebäck 56, *56*,
    Mandelkrokant 190
    Mandelmilchgetränk 238, *239*
    Mandelteigschlange 267, *267*
    Mandeltorte 238, *239*
    Nuss-Honig-Schnitten 84, *84*
    Torte de almendra 238, *239*
Mangold 15, 281
    Adas bis silq 282, *282*
    Kichererbsen-Mangold-Salat, warm 281, *281*
    Linsen-Mangold-Suppe 282, *282*
    Mangold, gebraten *128*, 129
    Mangold Käse-Pastete 48, *48*
    Mangoldpastete mit Äpfeln 189, *189*
    Melokhia-Suppe 254
    Spanakopitta 48, *48*
    Tourte de blettes 189, *189*
Marinaden 74
Marjoram salmoriglio 132
Marsala 12, 124
    Schweinekoteletts mit Marsala 126
Mayonnaise klassisch 158, *158*
Mechoui 262, *262*
Meeräsche in Weinblättern *42*, 43
Meeresfrüchte
    Bourride 164, *164*
    Fischsuppe mit Knoblauchmayonnaise 164, *164*
    Fritto misto di mare 125, *125*
    Insalata di frutti di mare 99, *99*
    Meeresfrüchte, frittiert 125, *125*
    Meeresfrüchte garen 49

Risotto mit Meeresfrüchten 116, *116*
Salat mit Meeresfrüchten 99, *99*
Melitzanosalata 20
Melokhia 12
Melokhia-Suppe 254
Melomakarona *58*, 59
Membrillo 241
Meze 34–35
Minestrone mit Pesto 104, *104*
Möhren-Koriander-Suppe 282
Möhrensalat, tunesisch *250*, 251
Moussaka 44, *44*
Mozzarella in carozza 12, 89
Muscheln 99
Almejas à la marinera 210, *210*
gefüllt 201, *201*
Insalata di frutti di mare 99, *99*
in Tomaten-Kräuter-Sauce 133, *133*
Jakobsmuscheln auf provenzalische Art 171, *171*
Kammmuscheln Ceviche 212
Muschel-Saganaki 33, *33*
Risotto mit Meeresfrüchten 116, *116*
Salat mit Meeresfrüchten 99, *99*
Venusmuscheln in Weißwein 210, *210*

N
Niçoise-Oliven 175
Nieren in Sherry 204
Nougat, 193, *193*
Nudeln
Bucatini alla Norma 113, *113*
Bucatini amatriciana 109
Kräuterravioli mit Salbeibutter 112, *112*
Linguine mit Pesto 108, *108*
Makkaroni-Auflauf 55, *55*
Nudeln selbst gemacht 106–107
Orecchiette mit Brokkoli 108
Pastitsio 55, *55*
Penne alla Napolitana 109, *109*
Spaghetti mit Sardinen, Fenchel und Tomaten 111, *111*
Spaghettini mit Knoblauch und Chili 110
Spaghetti puttanesca 110, *110*
Nussauflauf 266

O
Okra mit Koriander und Tomatensauce 12, 263, *263*
Oktapodi krassato 49, *49*
Olivenöl 136–137
Bohnen, grün, mit Tomaten und Olivenöl *34*, 66, *66*
Kartoffelpüree mit Öl *176*, 177
Latholemono 21
Lubyi bi zayt *34*, 66, *66*
Öl-Zitronen-Dressing 21
Oliven 232–233
Bauernsalat, griechisch 28, *28*
Crostini mit Olivenpaste *94*, 95
einlegen und konservieren 232
Empanadas 196, *196*
Ente mit Oliven 172, *172*
Fischfilets mit Harissa und Oliven 246
gefüllt 92
grün 232
Huhn mit eingelegten Zitronen und Oliven 264, *264*
Huhn mit Paprika und Oliven 223, *223*
in Lake konservieren 232
in Öl konservieren 232
Kalamata-Oliven 29
Kräuteroliven 233, *233*
marinieren 233
mit Fenchel und Orange *232*, 233
mit Zitrone und Chili 233, *233*
Niçoise-Oliven 175
Olivenbrot 138, *138*
Oliven-Granatapfel-Salat mit Walnüssen 71, *71*
Paste aus Oliven, Sardellen und Kapern 152, *152*
Pollo à la Chilindron 223, *223*
Salata Choriatiki 28, *28*
schwarz 232
Tapenade 152, *152*
Om ali 266
Orangen
eingelegt 143
Fenchelsalat mit Orange 160, *160*
Oliven mit Fenchel und Orange *232*, 233
Orangen-Dattel-Salat 253, *253*
Salat mit Zitrusfrüchten und Avocados 276, *277*
Slat Avocado ve pri hada 276, *277*
Orangenblüten-Wasser 13
Orecchiette mit Brokkoli 108
Osterbrot 60, *60*, 61
Osterküchlein mit Walnüssen 292, *293*

P
Pan bagnat 156, *156*
Pancetta 13, 92
Pan con tomate 201
Panettone 146, *146*
Panisses 162, *163*
Panzanella 103, *103*
Pappa al pomodoro 105, *105*
Paprika 75
Backfisch mit Paprika, Chili und Kartoffeln 228, *228*
gebacken, mit Sardellen 89, *89*
gefüllt *45*, 45
geröstet 77
Huhn mit Paprika und Oliven 223, *223*
Kabeljau, gesalzen, mit roter Paprika *226*, 227
Lammbraten mit Kreuzkümmel 262
Mechoui 262
Paprika-Walnuss-Dip 273
Pollo à la Chilindron 223, *223*
rot, mariniert *198*, 199
Shish kebab mit Paprika und Kräutern 74, *74*
Pastitsio 55, *55*
Patatas bravas 205, *205*
Penne alla Napolitana 109, *109*
Perlbohnen 76
Pesche ripiene 143, *143*
Pesto 104, 108
Pfefferminztee, marokkanisch 265
Pfirsiche, gefüllt 143, *143*
Picada 221
Picada-Dressing 197
Pilze
Champignones al ajillo 207
Champignons, gefüllt 182, *182*
Croquetas del jamon y de la seta 206, *206*
geröstet, mit Knoblauch 100
Knoblauch-Champignons 207
Pilzrisotto 117, *117*
Polenta mit Pilzragoût 126, *126*
Porcini 13
Schinken-Champignonkroketten 206, *206*
Pinienkerne 285
Brathuhn, mit Pinienkernen und Reis gefüllt 285, *285*
Mangoldpastete mit Äpfeln 189, *189*

301

Pesto 104, 108
Pinienkerntorte 149, *149*
Ricotta mit Honig und Pinienkernen 238
Spinat mit Rosinen und Pinienkernen 226, 227
Tourte de blettes 189, *189*
Pissaladière 162, *162*
Pistazien 79
Pitabrot 290
Pizza
    Margherita 118
    Pissaladière 162, *162*
    rustica 120, *120*
    selbst gemacht 118–119
    türkisch *80*, 81
    Prosciutto und Rucola 119
    Quattro formaggio 119
Polenta mit Pilzragoût 13, 126, *126*
Pollo a la chilindron 223, *223*
Porcini 13
Poulpe Provençal 180, *180*
Prosciutto 14
    Feigen mit Prosciutto 91
    Kalbsschnitzel mit Schinken 124
    Saltimbocca 124
    und Rucola 119
Provence, Regionalküche 168
    Kartoffelkuchen, provenzalisch 168, *169*
    Paste aus Oliven, Sardellen und Kapernm 152, *152*
    Tapenade 152, *152*
    Tomaten, überbacken 168, *169*
Provolone 14
Psari plaki 38, *38*
Psari tahina 289, *289*
Puddingstücke, gebraten 240

Q
Quattro formaggio 119
Quitten 269
    gebacken 269
    Lamm-Tagine mit Quitten 258, *259*
    Membrillo 241
    Quittenpaste 241

R
Rachatlukum 82
Radicchio, gebacken 131
Radieschen 279
Ras-el-hanout 14, 261
Ratatouille 174, *174*
Reis 224
    Arancini 90, *90*
    Arborioreis 10
    Brathuhn, gefüllt mit Pinienkernen und Reis 285, *285*
    Calasparrareis 10
    Gemüse, gefüllt 45
    Huhn-Chorizo-Paella 237, *237*
    Kalmar, gefüllt 54, *54*
    Kalmar, gefüllt, mit Reis 224, *225*
    Kalamaria jemista 54, *54*
    Lammpilaw 79, *79*
    Paprika, gefüllt 45
    Pilzrisotto 117, *117*
    Reisbällchen, gefüllt 90, *90*
    Reiskroketten, sizilianisch 144, *145*
    Reispilaw 48
    Risotto 117
    Risotto mit Meeresfrüchten 116, *116*
    Safranreis 256
    Safranreis, süß 83
    Spanakorizo 38

    Spinatreis 38
    Tomaten, gefüllt mit Reis 53, *53*
    Tomates jemistes 53, *53*
    Zerde 83
Ricotta 292
    Ataif mihshi 292, *293*
    Cannoli, sizilianisch 144, *145*
    Kräuterricotta 102
    Pfannkuchen, gefüllt, frittiert 292, *293*
    Ricotta mit Honig und Pinienkernen 238
Rindfleisch
    Cocido Madrileno 235, *235*
    Fleisch, madrilenisch, und Gemüse 235
    Makkaroni-Auflauf 55, *55*
    Pastitsio 55, *55*
    Rindsragout auf provenzalische Art 175, *175*
    Schmortopf 40
    Stifado 40
Rucolasalat mit Pecorino 14, 105
Romescosauce 200, *200*
Rosmarin 132
    Bohnendip mit Rosmarin 88, *88*
    Hähnchen, gebraten, mit Rosmarin 132, *132*
    Kalbskoteletts mit Parmesankruste 130, *130*
    Kaninchen mit Rosmarin in Weißwein 135, *135*
    Rosmarinkartoffeln 129
Rosenwasser 14
Rote Beten mit Skordalia 25, *25*
Rote-Bete-Salat mit Ziegenkäse 155, *155*
Rotweinessig 252
Rucolasalat mit Pecorino 13, 105
Russischer Salat 217, *217*

S
Safran 14
    Safranreis 256
    Safranreis, süß 83
Saganaki haloumi 21, *21*, 35
Salade Niçoise 154, *154*
Salat, libanesisch, mit geröstetem Brot 279
Salata baladi 279, *279*
Salata choriatiki 28, *28*, 28
Salatet ads 252, *252*
Salat mit Zitrusfrüchten und Avocados 276, *277*
Salatzubereitung 105
Salbei 178
    Kräuterravioli mit Salbeibutter 112, *112*
    Schweinefilet mit Salbei und Kapern 178, *178*
Salsa rossa 130
Saltimbocca 124
Saltsa avgolemono 37
Sangria 227
Sardellen 10, 103
    Anchoiade 157
    Bagna cauda 152
    Kartoffelsalat mit Sardellen 155
    Paprika, gebacken, mit Sardellen 89, *89*
    Paste aus Oliven, Sardellen und Kapern 152, *152*
    Sardellenbutter 154
    Tapenade 152, *152*
Sardinen 111
    Sardinas murciana 208, *209*
    auf murcianische Art 208, *209*
    gebacken 31
    gefüllt 92, *92*, 97
    Spaghetti mit Sardinen, Fenchel und Tomaten 111, *111*
Saucen 159
    ravigote *158*, 159

REGISTER

verte 159, *159*
vierge 159, *159*
weiß 201
Schinken
   Bohnen, dick, in Wein 215
   Croquetas del jamon y de la seta 206, *206*
   Empanadas 196, *196*
   Schinken-Champignon-Kroketten 206, *206*
   Serranoschinken 215, *218*
Schmortopf 40, *40*
Schnecken mit Kräuter-Knoblauch-Butter 160
Schokolade, heiß, spanisch 243
Schornsteinfeger-Eis 148
Schwarzkümmel 12
Schweinefleisch
   Afelia 260, *260*
   Schweinefilet mit Salbei und Kapern 178, *178*
   Schweinekoteletts mit Marsala 126
   Schweineragoût, zyprisch, mit Koriander 260, *260*
   Schweinswürste mit weißen Bohnen 230, *230*
Schwertfischröllchen 134, *134*
Schwertfisch-Spieße 72, *73*
Semit 264
Sesambrotringe, ägyptisch 264
Shish barak 286, *287*
Shish kebab mit Paprika und Kräutern 74, *74*
Sigara boregi 67, *67*
Skordalia 18, *34*
Slat avocado ve pri hada 277, *277*
Sofrito 40, *40*
Soupe au pistou 165, *165*
Souvlaki 47, *47*
Spaghetti mit Sardinen, Fenchel und Tomaten 111, *111*
Spaghettini mit Knoblauch und Chili 110
Spaghetti puttanesca 110, *110*
Spanakopitta 48, *48*
Spanakorizo 38
Spargel, grün 91
   Andalusischer Spargel 216
   Esparrago de Andalucia 216
   Frittata di asparagi alla menta 91, *91*
   Spargel, grün, mit Vinaigrette 174
   Spargelomelett mit Minze 91, *91*
Spinat mit Rosinen und Pinienkernen 226, *227*
Spinatpasteten 274
Spinatreis 38
Stifado 40, *40*
Süßigkeiten, griechisch 61
Sufganiyot 294, *295*, 295
Sumach 15, 281
Suppen
   Adas bis silq 282, *282*
   Ajo blanco 220
   Bohnensuppe 36
   Bouillabaisse mit Rouille 166, *166*
   Bourride 164, *164*
   Chorba bil hout 252
   Fischsuppe 252
   Fischsuppe mit Knoblauchmayonnaise 164, *164*
   Gazpacho, rot 220, *220*
   Gemüsesuppe mit Basilikumpaste 165, *165*
   Harira 254, *254*
   Hühnersuppe Avgolemono 37, *37*
   Joghurtsuppe 70, *70*
   Knoblauch-Mandel-Suppe, gekühlt 220
   Knoblauchsuppe 184
   Lammsuppe mit Kichererbsen und Koriander 254, *254*
   Linsen-Mangold-Suppe 282, *282*
   Melokhia-Suppe 254
   Minestrone mit Pesto 104, *104*
   Möhren-Koriander-Suppe 282
   Pappa al Pomodoro 105, *105*
   Rote-Linsen-Suppe 70
   Soupe au pistou 165, *165*
   Tomatensuppe, kalt 220, *220*
   Tomatensuppe mit Brot 105, *105*

T

Tabbouleh 273, *273*
Tahin 15, 289
Tapas 218–219
Tapenade 152, *152*
Tarama 15, 20
Taramosalata 20, *20*, 35
Tart au citron 188, *188*
Teigröllchen, frittiert 67, *67*
Teigtaschen, spanisch 196, *196*
Teigtaschen, türkisch 65, *65*
Thunfisch 101
   Caponata mit Thunfisch 131, *131*
   Thunfisch-Bohnen-Salat 101, *101*
   Thunfischspieße mit Chermoula 255, *255*
   Thunfischspieße mit Kapernfrüchten 199
Tian 179
Tintenfisch 125
Tiropitakia 22, *23*
Tomaten 109
   Albondigas en picante salsa de tomate 202, *203*, *219*
   Auberginen, gebacken, mit Tomaten und Mozzarella 102, *102*
   Bohnen, grün, in Tomatensauce 234, *234*
   Bohnen, grün, mit Tomaten und Olivenöl 34, 66, *66*
   Crostini mit Tomaten *94*, 95, *97*
   Fisch, gebacken 38, *38*
   Fleischbällchen in würziger Tomatensauce 202, *203*, *219*
   Gazpacho, rot 220, *220*
   gefüllt mit Reis 53, *53*
   Habas verdes en salsa de tomate 234, *234*
   halb getrocknet 123
   Insalata caprese 93, *93*
   Kartoffeln, frittiert, in Tomatensauce 205, *205*
   Krake in Tomate und Wein 180, *180*
   Lubyi bi zayt *34*, 66, *66*
   mit Mozzarella und Basilikum 93, *93*
   Muscheln in Tomaten-Kräuter-Sauce 133, *133*
   Okra mit Koriander und Tomatensauce 263
   Pan con tomate 201
   Pappa al pomodoro 105, *105*
   Passierte Tomaten 15
   Patatas bravas 205, *205*
   Poulpe Provençal 180, *180*
   Psari plaki 38, *38*
   sonnengetrocknet 15
   Spaghetti mit Sardinen, Fenchel und Tomaten 111, *111*
   Tomatendressing, frisch 159, *159*
   Tomatensuppe, kalt 220, *220*
   Tomates jemistes 53, *53*
   Tomatensuppe mit Brot 105, *105*
   überbacken 168, *169*
Tonformen 214
Torte de almendra 238, *239*
Tortilla 212, *212*, *219*
Tourte de Blettes 189, *189*
Tsoureki 60, *60*, 61
Tumbet 229, *229*
Txangurro 222
Tzatziki 18, *18*

303

V
Vinaigrette, Grundrezept 158, *158*

W
Wachteln, gegrillt 30, *30*
Wachteln in Weinblättern 22, *23*
Walnüsse 185
    Baklava 84, *84*
    Entenbrust mit Walnüssen und Granatapfelsauce 290, *290*
    Khoreshe fesenjan 290, *290*
    Ma' amoul b'jowz 292, *292*
    Oliven-Granatapfel-Salat mit Walnüssen 71, *71*
    Osterküchlein mit Walnüssen 292, *293*
    Paprika-Walnuss-Dip 273
    Walnussbrot 185, *185*
    Walnuss-Taratoor 64
Wein
    Almejas à la marinera 210, *210*
    Birnen, poschiert, in Rotwein 190, *190*
    Feigen, poschiert, mit Thymian in Rotwein 192
    Kaninchen mit Rosmarin in Weißwein 135, *135*
    Krake in Rotwein 49, *49*
    Krake in Tomate und Wein 180, *180*
    Linsen in Rotwein *176*, 177
    Nieren in Sherry 204
    Oktapodi krassato 49, *49*
    Poulpe Provençal 180, *180*
    Venusmuscheln in Weißwein 210, *210*
Weinblätter 15
    Dolmadakia 19, *19, 35*
    Meeräsche in Weinblättern *42*, 43
    Wachteln in Weinblättern 22, *23*
    Weinblätter, gefüllt 19, *19, 35*

Z
Zabaione 140, *140*
Zahtar 15, 291
Zarzuela de pescado 221, *221*
Zerde 83
Ziegenkäsekuchen 161, *161*
Zimteis 240, *240*
Zimtstangen 199
Zitrone 39
    eingelegt 13, 247, *247*
    Ei-Zitronen-Sauce 37
    Fisch, gegrillt, mit Fenchel und Zitrone 181
    Hamad M'rakad 247, *247*
    Hühnersuppe Avgolemono 37, *37*
    Huhn mit eingelegten Zitronen und Oliven 264, *264*
    Lammbraten mit Zitrone und Kartoffeln 50, *51*
    Lammbraten mit Zitrone und Koriander 286, *286*
    Latholemono 21
    Öl-Zitronen-Dressing 21
    Oliven mit Zitrone und Chili 233, *233*
    Saltsa Avgolemono 37
    Tart au citron 188, *188*
    Zitronen-Granita 147
    Zitronenhähnchen 39, *39*
    Zitronenkuchen 188, *188*
Zitronatzitrone 11
Zucchini
    Briami 52, *52*
    gefüllt, mit Joghurtsauce 283, *283*
    Kartoffel-Zucchini-Auflauf 52, *52*
    Zucchiniblüten 88
    Zucchiniblüten, gefüllt 88, *96*
    Zucchinifrikadellen 69, *69*
    Zucchini-Omelett 181, *181*
    Zucchinisalat 54
Zuppa Inglese 142
Zwiebeln
    Balsamico-Zwiebeln, geröstet 98, *98*
    Fisch, gebacken 38, *38*
    Huhn mit Zwiebeln auf Fladenbrot 288
    Psari plaki 38, *38*
    Schmortopf 40
    Stifado 40
    Zwiebeln, gefüllt 182

Danksagung

HAUSWIRTSCHAFTLICHE BERATUNG: Alison Adams, Renee Aiken, Kate Brodhurst, Rebecca Clancy, Ross Dobson, Justin Finlay, Jo Glynn, David Herbert, Michelle Lawton, Michaela Le Compte, Valli Little, Ben Masters, Tracey Meharg, Kate Murdoch, Justine Poole, Margot Smithyman, Angela Tregonning, Wendy Quisumbing

REZEPTENTWICKLUNG: Alison Adams, Roslyn Anderson, Janene Brooks, Jane Charlton, Rebecca Clancy, Judy Clarke, Ross Dobson, Michele Earl, Sue Forster-Wright, Jo Glynn, David Herbert, Katy Holder, Caroline Jones, Eva Katz, Kathy Knudsen, Jane Lawson, Valli Little, Barbara Lowery, Kerrie Mullins, Kate Murdoch, Christine Osmond, Sally Parker, Sarah Randell, Tracy Rutherford, Sylvia Sieff, Melita Smilovic, Margot Smithyman, Dimitra Stais, Angela Tregonning, Alison Turner, Jody Vassallo, Lovoni Welch

FOTOGRAFIE: Jon Bader, Craig Cranko; Ben Dearnley, Joe Filshie, Phil Haley, Chris Jones, Tony Lyon, André Martin, Luis Martin, Valerie Martin, Reg Morrison, Peter Scott, Mil Truscott

FOODSTYLING: Marie-Hélène Clauzon, Carolyn Fienberg, Mary Harris, Michelle Noerianto, Maria Villegas, Sophie Ward

Der Verlag dankt den folgenden Firmen in New South Wales für ihre Hilfe bezüglich der in diesem Buch verwendeten Fotografien:
Bertolli Olive Oil, Breville Holdings Pty Ltd; Chief Australia; MEC-Kambrook Pty Ltd